한국 아동문학의 형성

아동의 발견, 그 이후의 문학

지은이 **조은숙**(趙銀淑, Cho, Eun-Sook)은, 1969년 서울에서 태어났다. 고려대학교 국어교육과와 같은 대학 국어국문과 대학원에서 공부했으며, 2005년 「한국 아동문학의 형성과정 연구」로 박사학위를 받았다. 현재 단국대학교 동양학연구소 연구교수로 재직하고 있으며, 계간 『창비어린이』의 편집위원으로도 활동하고 있다.

한국 아동문학의 형성

아동의 발견, 그 이후의 문학

2009년 2월 20일 1판 1쇄 인쇄
2009년 2월 28일 1판 1쇄 발행

지은이 _ 조은숙
펴낸이 _ 박성모
펴낸곳 _ 소명출판
등록 _ 제13-522호
주소 _ 137-878 서울시 서초구 서초동 1621-18 (란빌딩 1층)
대표전화 _ (02) 585-7840
팩시밀리 _ (02) 585-7848

somyong@korea.com | www.somyong.co.kr

값 20,000원
ISBN 978-89-5626-379-3 93810

한국 아동문학의 형성

아동의 발견, 그 이후의 문학

The Formation of Korean Children's Literature: The Literature Since Discovery of Children

조은숙

소명출판

책머리에

아동문학을 공부하지 않았다면, 삶과 문학을 다른 위치에서 생각해 볼 기회를 좀처럼 얻지 못했을 것이다. 아동문학을 공부하는 일은 우리의 삶을 분절하는 경계들에 대해, 보편적인 것이라고 믿어지는 문학의 미적 이념에 대해 곰곰이 따져보는 것으로부터 출발한다. 어느덧 나는 아동문학을 공부함으로써 갖게 된 어떤 세계상—비록 세계의 화해로움보다는 균열과 간극에 더 민감한 것일지라도—에 대해 강한 애착과 일종의 의무감마저 가지게 되었다. 아동문학을 공부하게 된 것은 우연한 일이었지만, 특별한 행운이기도 하다.

이 책은 2005년 제출한 박사학위논문과 그 이후에 쓴 몇 편의 논문으로 이루어졌다. 박사논문의 내용을 수정 보완하여 1부를 구성했고, 주제나 시기를 확장한 논문들은 2부에 엮어 넣었다. 돌이켜 보면, 나는 이 글들을 쓰는 내내 '아동의 발견'이라는 말을 화두처럼 품고 있었던 것 같다. 다시 공부를 시작하겠다고 마음먹고 박사과정에 들어갔던 1990년대 말에 처음 마주치게 된 '아동의 발견'이라는 말은, 아동문학의 정체성을 근본적으로 흔들어 놓을 만한 위험한 뇌관이라도 감추고 있는 것처럼 느껴졌다. 고백컨대, 나는 그 수상한 낌새에 매료되었고 공부하는 일이 갑자기 흥미진진해졌다. 아동문학의 형성기인 20세기 초에 관심이 쏠렸던 것도 이 때문이었다. 아동문학의 기원적 시간을 향해 "아동문학이란 무엇인가" 혹은 "아동문학을 아동문학으로 만드는 힘은 무엇인가"

라는 질문을 근원에서부터 새롭게 던져보고자 하는 치기어린 욕망에 사로잡혔던 것이다.

그러나 형성기를 공부하는 과정은 생각처럼 순조롭지 않았다. 우선 자료를 구하는 것부터 쉽지 않았다. 아동문학 관련 자료들은 소재조차 파악하기 어려운 경우가 많았으며, 근대적 아동관과 아동기에 대한 연구들도 충분하게 정리되어 있지 않기는 마찬가지였다. 기존의 아동문학사는 완고하기보다는 허술할 때가 더 많았다. 전복적 인식의 날카로움보다 실증적 태도의 성실함이 먼저 요구되는 상황이었다. 또한 아동문학 형성에 관여하는 제반 힘들의 역동적 관계를 섬세하게 포착해내기 어렵다는 것도 문제였다. 형성기의 공간에는 막 발견되기 시작한 아동과 급격하게 변환되는 문학이 있었으며, 이들의 사건과도 같은 우연한 만남과 무수한 위치의 이동이 있었다. 삶의 모든 조건이 급격하게 변환되는 근대적 전환의 국면에서 어린 존재에 대한 인식과 제도는 주체 생성의 기획과 맞물려 전면적으로 재구성되고 있었다. 복합적인 변수와 유동적인 지표들로 아동문학의 위상을 기입하는 일은 단지 아동과 성인, 동화와 소설 등의 차이를 분별하는 것 뿐 아니라 그러한 차이를 생산해내는 경계의 구조와 그 바깥을 상상해낼 수 있는 힘을 요구하는 것이었다. 능력의 부족을 느낄 때가 한두 번이 아니었다. 애초의 계획은 번번이 수정되었으며, 진도는 더디 나갈 수밖에 없었다. 이 책은 잦은 시행착오와 더딘 진행 속에서 가까스로 작성할 수 있었던 소략한 보고서이자 앞으로의 연구를 위한 일종의 계획서인 셈이다.

물론 아동의 발견이라는 표현은 지금의 시점에서는 지극히 상식적인 관용구가 되어 버렸다. 지난 10년 사이에 아동의 발견이라는 화두가 던져주었던 문제의식의 참신성도 빠른 속도로 퇴색해버린 듯하다. 그러나 그것이 아동문학의 근대성에 대해 근본적으로 성찰할 수 있는 중요한 계기를 마련해 주었다는 것만은 분명한 것 같다. 아동문학 연구는 이제 아동의 발견이라는 문제 설정 이후에 만들어진 상식의 지대 위에서 그

가능성을 다시 설정해 나가야 할 것이다. 그것이 어떤 것이 될지는 아직 모르겠지만 그 또한 흥미진진한 일이 될 것이다.

첫 책을 내면서 감사드리고 싶은 분들, 생각나는 사람들이 참 많다. 좋은 문학의 아름다움과 가치에 대해 가르쳐 주신 이남호 선생님께, 문학이 아닌 것들에 대해서도 생각하게 해 주시는 윤석달 선생님께 감사드린다. 부족한 제자를 믿고 기다려주시는 선생님들의 마음에 언제나 보답할 수 있을까. 책을 낼 수 있도록 따뜻하게 배려해 주신 연세대 김영민 선생님께도 감사의 인사를 드린다. 언제나 의지가 되는 혜경 언니와 재원 언니에게, 중요한 시절의 한 고비를 함께 넘었던 다정한 친구들에게도 우정의 인사를 보내고 싶다. 아동문학을 공부하면서 좋은 분들을 많이 만나 참 행복하다. 그 분들과도 기쁨을 나누고 싶다. 고려대 민족문화연구원의 햇빛 잘 들던 연구실, 단국대 동양학연구소의 화기애애한 연구실이 떠오른다. 마음이 따뜻해진다. 내 글에 엮여진 숱한 인용문들에게 감사한다. 허방을 딛는 듯 막막할 때마다 그들과 대화하며 방향을 찾을 수 있었다. 마지막으로 가족들에게 사랑의 마음을 전한다. 누구보다 기뻐해 주실 부모님. 나의 빈 구석을 넉넉하게 채워주시는 어머님. 명랑하고 씩씩한 나의 아이들. 윤. 서. 무엇보다 내 모든 글의 가장 훌륭한 독자인 사랑하는 당신에게.

2009년 2월

조은숙

● 차례 ●

제1부

제1장
‘아동의 발견’이라는 화두

1. 아동문학이라는 낯선 사건

‘아동문학’은 아동의 존재를 명시적으로 드러냄으로써 성립한다. 동화(童話), 동요(童謠), 동시(童詩), 아동극(兒童劇) 등 아동문학의 하위 장르명들은 ‘아동’이라는 말을 내세움으로써 여타 문학 장르와의 차이를 표시한다. 아동문학은 아동으로써 정의 내려지고, 아동으로 인해 특별한 성격을 부여받는 문학이다. 이러한 문학적 관습은 우리에게 무척 자연스럽게 느껴지는 것이지만, 아동을 위한 문학이 별도로 제도화되는 것은 전대에는 찾아보기 어려운 일이었다. ‘아동’과 ‘문학’의 결합은 근대적 문화 공간에서 발생한 새롭고 낯선 사건들 중 하나라고 할 수 있다.

우리의 경우, 아동문학이라는 사건은 대략 1900년대 후반부터 1920년대 전반에 이르는 기간에 발생했다. 삶의 전반이 큰 폭으로 변환되었던 소위 근대적 전환의 시기에, 아동에 대한 근대적 표상이 출현하였으며, 아동을 사회적으로 가시화시키는 제반 제도들이 자리 잡아 나갔고, 아동문학의 장르 개념과 양식적 규준이 형성되었다. 그러나 아동이든 문학이든 한창 변전을 거듭하며 구성되는 중이었으므로, 아동과 문학은 다양한 지점에서 만나고 흩어졌다. 아동문학이 처음으로 모습을 갖추기 시작한 '어떤' 시기를 향한 이 책의 질문들, 예컨대 우리의 상황에서 아동과 문학의 결합은 어떠한 조건 속에서 가능할 수 있었는가, 아동과 문학은 어떠한 논리적 맥락으로 맺어질 수 있었나, 아동과 문학의 특정한 결합 방식은 아동문학 텍스트에 어떠한 형태로 새겨졌는가 하는 질문들은, 지금 우리에게 부동의 실체처럼 주어져 있는 아동문학의 정체성이 어떠한 방식으로 구성되어 있는가를 묻고자 하는 현재적 동기를 지닌 것이기도 하다.

그러나 이 책에서는 아동문학의 정체성을 탐문하는 작업을, 그간의 아동문학 연구에서 흔히 이루어져왔던 것처럼 '동심(童心)'[1]의 성격을 미리 초역사적이고 보편적인 것으로 전제한 뒤, 아동문학은 '동심의 문학'이라는 식의 정의를 확증해 나가는 방식으로 진행하지는 않으려고 한다. 예컨대, 아동문학은 "동심의 세계를 조명하거나 묘파하는 문학"[2]

---

1) '동심'은 아동문학을 설명하는 가장 핵심적인 개념이 되어 왔다. 1920년대 초반, 아동문학이 제도적으로 정착하는 데 선도적인 역할을 했던 방정환은 동화를 "天使갓흔 마음 깨끗한 가슴"을 지닌 아이들에게 줄 수 있는 "가장 適合하난 깨끗한 神聖한 것", "갑잇난 선물", "새로운 조그만 藝術"이라고 표현한 바 있다.(牧星, 「童話를 쓰기 前에 어린이 기르는 父兄과 教師에게」, 『천도교회월보』 126호, 1921.12) 그러나 이러한 아동과 아동문학에 대한 관점은 곧이어 계급주의 비평가들에 의해 동심 천사주의 등의 용어로 매도되면서 감상적이고 비현실적이라는 비판을 받게 된다. '동심' 또한 "현실적 사회 정세의 반영"이 이루어지는 것이므로 "계급성"이 부여될 수 있다는 주장이 제기되었던 것이다.(신고송, 「동심의 계급성」, 『중외일보』, 1930.3.7~9) 그러나 이러한 경우에조차도 아동은 성인과 구별되는 나름의 인지적 · 정서적 특성을 지니므로 자연히 별도의 문학을 필요로 한다는 관념까지 부정되었던 것은 아니었다. 시기별, 입장별로 해석상의 차이는 컸을 지라도, '동심'은 근대 아동문학이 형성된 이래 아동문학의 문학성을 설명하는 데 가장 널리, 지속적으로 사용되어 온 개념이다.

2) 이상현, 『아동문학강의』, 일지사, 1987, 9면.

이라거나, "아동이나 동심의 고향으로 돌아가고 싶어 하는 어른에게 읽힐 것을 목적으로 창조한 시, 동화, 소설, 희곡 등의 총칭"[3]이라는 기존의 정의를 그대로 답습하는 것으로는 아동문학의 근대성을 성찰할 수 있는 새로운 입지점을 확보하기 어렵다고 생각하기 때문이다. 동심으로 아동문학을 묻는다는 것, 혹은 아동문학을 통해 동심의 의미를 규명한다는 것은 질문이 답을 전제하고 답이 질문을 보완하는 동어반복의 순환 행위이며, 근대적인 것에 보편의 이미지를 덧씌우는 작업이 되기 쉽다. 오히려 이 책에서 드러내고자 하는 핵심적인 문제 중 하나는 동심이 갖는 역사적 성격이다. 즉 '동심'으로 대표되는 곱고 아름다우며 순수하고 천진한 아동의 표상 자체가 역사적인 한 시기, 근대적 문화 공간에서 만들어진 것이라는 점, 무엇보다 이러한 표상을 매개로 하여 아동문학이라는 새로운 장르의 정체성이 구성될 수 있었다는 점에 있다.

따라서 가장 친숙하게 느껴지고 가장 자연스럽게 받아들여지는 '아동'과 '문학'의 개념일수록 제일 먼저 의심해 보아야 할 대상이 된다. 그렇지 않으면 "人間이 있으므로 文學이 있고 文學이 있으므로 人間이 文學을 통하여 美(眞)를 追求하게 된다. (…중략…) 文學이란 것이 人間이 享有해야 할 精神的 所產이라 할 것 같으면 成人은 成人대로의 文學이 있을 것이고 兒童은 兒童대로의 文學이 必然的으로 있어야 할 것"[4]이라는 등의 관성적 인식의 자장으로부터 크게 벗어날 수 없을 것이다. '문학'을 인간 정신의 한 부분인 '정(情)'의 영역을 만족시키는 '미(美)'적 향유물로 특화시키는 것, '성인의 정신'과 '아동의 정신'의 차이를 단절적으로 강조하는 것은 근대 문학의 이념이며 근대 문화의 특색이라 할 수 있다. 만약 문학의 미적 자율성의 이념이나 아동이 사회적으로 존재하는 방식이 지금과 다른 어떤 곳에서라면 아동을 위한 글쓰기의 형태는 다를 수 있을 것이요, 심지어 존립마저도 의심스러울 수

3) 석용원, 『아동문학원론』, 학연사, 1989, 12면.
4) 최인학, 「동화의 특질과 발달과정 연구」, 경희대 박사논문, 1967, 5면.

있을 것이다. 그러나 지금까지의 아동문학사 서술은 아동과 문학 그 자체가 가질 수 있는 역사적 상대성을 의심하지 않고, 근대 문화의 특성을 보편적이고 초월적인 것으로 특권화하는 방향에서 진행되어 왔다.

아동문학에 대한 연구가 본격적인 학문 체계를 갖추고 문학사 기술의 형태로 나타나기 시작한 것은 6,70년대에 들어서이다.[5] 이 시기에 축적된 연구는 이후 아동문학을 바라보는 기본적인 관점과 논리의 틀, 아동문학사에 대한 학문적 이해의 근간을 제공하게 된다는 점에서 주목을 요한다.

먼저 최인학의 『동화의 특질과 발달과정 연구』[6]는 동화에 대한 기본적인 정의와 특성, 동화의 역사적 전개과정에 대해 정리한 것으로 아동문학사를 다룬 첫 번째 학위논문이다. 이 논문은 동화의 개념을 광의와 협의로 구분하였는데, 동화가 신화·민화·우화·전설 등에서 파생되었다는 것은 부인할 수 없는 일이므로 동화의 정의를 고찰할 때에, 창작동화 외에도 구비적 성격의 전래동화까지 포괄하는 광의의 개념을 선택하지 않을 수 없다고 하였다. 또한 "童話의 本質과 成長過程의 史的見地에서 볼 때는 必然的으로 說話文學을 더듬어 올라가지 않고서는 안 되겠기에 創作童話가 어떤 過程을 거쳐 왔는지를 把握하기 위하여 韓國 古代로부터 時代別로 훑어 내려오는 段階的 方法을 취하고자"[7] 했다면서 전대의 문헌 설화 중 아동문학적 요소를 갖추고 있다고 생각되는 것들을 선택하여 제시하였다.

---

5) 최지훈은 60년대에 들어 아동문학에 대한 연구가 진전될 수 있었던 계기를 잡지 『아동문학』(1962~1969, 강소천·김동리·박목월·조지훈·최태호 등이 편집 동인이 된 아동문학 이론과 비평 전문지)이 발간됨으로써 아동문학의 본질에 대한 이론을 수렴하고 논의를 확산시켰다는 점, 1960년대초, 초등 교원 양성 기관인 교육대학이 설립되면서 교육과정에 아동문학 과목이 설정되었고 이에 따라 학문적 체계를 갖춘 아동문학 입문서, 개론서가 요구된 점 등에서 찾았다.(최지훈, 「한국 아동문학 연구의 발자취」, 『어린이를 위한 문학』, 비룡소, 2001, 284~304면)

6) 최인학, 「동화의 특질과 발달과정 연구」, 경희대 박사논문, 1967.

7) 최인학, 「동화의 특질과 발달과정 연구」, 경희대 박사논문, 1967, 93면.

70년대 말에 발간된 이재철의 『한국현대아동문학사』[8]는 우리의 근대가 이식된 것이며, 문화적 전통은 단절되었다는 관점에 반발하면서 문학사의 내적 연속성을 강조하는 관점을 취하고 있다. 이에 따라 『한국현대아동문학사』가 실제로 다루고 있는 기간은 1908년부터 1960년대까지 이지만 "현대 아동문학"이 시작되기 전의 기간을 "고전 아동문학" 시기로 상정하여, "아동문학의 범주와 영역을 전래동요 및 전래동화까지 포함한다면 삼국시대의 민요 및 설화로부터 그 아득한 사적 계보를 들추어 내어야 될 것"[9]이라는 입장을 원칙적으로 견지하였다. 더 나아가 "현대 아동문학이 지니고 있는 형식적 내용적 특성들이 그대로 우리의 고전 속에 내재해 있다."고 함으로써 아동문학을 민족의 전통을 계승하는 담지자로서 정립시키고자 했다. "고전 아동문학"이라는 항목 아래 "동화문학적 원형"으로 단군신화를, "동요문학적 원형"으로 「구지가」, 「서동요」, 「해가사」 등을 제시한 것이나, "설화와 동화의 보고인 고대 문헌 『삼국유사』 및 『삼국사기』, 민요라는 큰 이름 아래 채집된 동요" 등의 표현을 사용한 것도 이 때문이다.[10]

그러나 이와 같은 관점은 단지 『동화의 특질과 발달과정 연구』나 『한국현대아동문학사』 등에 한정되는 것이 아니다. 이러한 연구 관점은 최근에 이르기까지도 지속적인 영향력을 행사하고 있으므로 대표적인 예로 상술되었을 뿐, "고전 아동문학사"의 개념은 표현을 변주해가며 오랜 기간 아동문학사 서술에 적용되어 왔다. 물론 석용원처럼 "개화 이전기"를 설정하여 '구토설화', '서동요' 등을 아동문학의 원형으로 '홍길동

8) 이재철, 『한국현대아동문학사』, 일지사, 1978. 『한국현대아동문학사』는 저자의 6,70년대의 연구 활동을 집성한 것으로 방대한 규모의 자료를 체계적으로 정리한 역작이다. 20여 년이 지난 최근에 이르기까지도 이에 비견될 만한 문학사 서술은 시도된 바 없을 정도로 아동문학 연구의 기본 시각을 제공하는 중심으로서의 위치를 공고히 유지하고 있다. 그러나 『한국현대아동문학사』가 이룬 성과가 독보적이고, 그 권위가 절대적인 만큼 이에 대한 새로운 검토 또한 필수적으로 요구된다.

9) 이재철, 『한국현대아동문학사』, 일지사, 1978, 18면.

10) 이재철, 『한국현대아동문학사』, 일지사, 1978, 25~29면.

전', '장화홍련전', '콩쥐 팥쥐전' 등을 아동독자를 가진 고대 소설로 제시하면서도, "다만 그 시대에도 아동문학과 관계될 수 있는 것, 곧 '아동문학거리'가 없을까 하고 찾아본 데 지나지 않는다"[11]라고 스스로의 작업에 유보적인 단서를 다는 경우도 있지만, 구인환 등의 경우처럼 "풍부한 고전의 전래 아동문학에 비해 개화기 이후의 아동문학은 『소년』 이후 성장을 위한 발버둥을 쳐오다가 50년 이후에 와서야 비로소 그 본격적인 활동을 하게 된 것이다"[12]라는 식의 관점을 취하는 경우가 보다 일반적이었다고 볼 수 있다.

사실 동화는 전래되어 오던 이야기에서 소재를 취하는 경우가 많고 양식상으로도 재래의 서사물과 유사한 점이 많으므로 이러한 관점들은 무리하게 느껴지지 않을 수도 있다. 그러나 이는 재래의 이야기류와 아동을 위한 문학으로서의 동화가 실제로 구현되는 상황 맥락의 상이성을 무시하고, 근대적 가치와 기준을 과거로 소급 적용할 때만 가능한 것이다. 이러한 점에서 "『삼국유사』가 아동용 도서로 사용될 수 있는 가능성과 무관하게 아동문학으로 불릴 수는 없"[13]을 것이라는 권복연의 지적은 적절한 것이라고 볼 수 있다. 풍부한 전통 유산을 실증함으로써 전통 단절의 틈새를 메우고자 하는 민족문학사의 욕망은 설화, 민요, 고소설 등이 실제로 유통될 당시의 사회·역사적 맥락을 걷어내 버리기 쉽다.[14]

---

11) 석용원, 『아동문학원론(증보판)』, 동아출판사, 1992, 71~72면.

12) 구인환·김은전·이상익, 『아동문학』, 서울대 출판부, 1973, 139~140면.

13) 권복연, 「근대 아동문학 형성과정 연구: 1910~1920년대 초를 중심으로」, 연세대 석사논문, 1999, 25면.

14) 마리아 니콜라예바는 "아동문학사가들이 첫 번째로 저지른 가장 큰 실수는 아동문학의 역사를 전래 동화(*원문은 'Folktales'이다. '전래동화'보다는 '민담' 정도로 번역하는 것이 저자의 의도에 보다 부합되리라 생각한다—인용자)에서 시작한 일"이라고 하였다. 즉 민간에 전해져 오던 설화는 애초에는 아동을 청자로 하여 창조된 것이 아니었는데, 아동용으로 정착되는 과정에서 걸러지고 수정되었으며, 이에 따라 전대의 커뮤니케이션 상황에서 설화를 통해 얻게 되는 세계상과 현대의 아이들이 동화를 통해 경험하게 되는 세계상은 근본적인 차이가 생겨나게 되므로 민담을 아동문학과 같은

그간의 아동문학사 서술을 관통해 온 또 하나의 욕망은 '아동문학도 문학이다.'라는 명제를 확고히 하고자 하는 것이었다. 이때의 '문학'이란, '본격'문학, '예술'로서의 문학, 서구의 장르 체계에 기준을 둔 '근대' 문학이며, 결국은 '성인'의 문학이다.

> 兒童文學(英美 Children's literature; Juvenile literature, 佛 Litte'rature enfantine, 獨 Kinderliteratur)이란 작가가 아동이나 童心을 가진 아동다운 成人에게 읽히기 위해 쓴 모든 著作으로 문학의 본질에 바탕을 두면서 어린이를 위해(目的·對象), 어린이가 함께 갖는(共有), 어린이가 골라 읽어온 또는 읽어갈(選擇·繼承) 特殊文學으로서, 童謠·童詩·童話·兒童小說·兒童劇 등의 장르를 통털어 일컫는 명칭이다.
>
> **따라서 아동문학이란 이름은 성인문학과 구별하려는 外的인 한 분류에 의한 편의적 用語에 지나지 않는다.** 아동문학은 창작문학에 관한 모울튼(Moulton, Richard Green·1849~1924)의 형태적 분류에 따른다면 동시와 동요는 창조적 冥想인 詩歌(抒情詩·lyric)에, 동화와 아동소설은 창조적 敍述인 譚創作(敍事詩·epic)에, 아동극은 창조적 表出인 戱曲(戱詩·drama)에 각각 대입시켜 구분할 수 있으므로 굳이 특수문학이라 고집할 수 없다. 그러나 아동문학은 주체를 '아동'과 '동심'에 두는 특수한 조건을 충족시켜야 되는 특수한 문학임으로 해서 그렇게 불리어질 수도 있는 것이다.
>
> —이재철, 『아동문학개론』, 서문당, 1983, 9면[15)]

아동문학이란 명칭은 다만 문학 "外的" 필요에 의해 "편의적"으로 사용되는 것일 뿐이라는 진술은 아동문학도 근대문학으로서 손색이 없다는 것을 강조하고자 하는 의도를 배면에 깔고 있다. 아동문학은 "특

장르로 볼 수 없다는 것이다. Maria Nikolajeva, Children's Literature Comes of Age : Toward a New Aesthetic, New York & London : Garland Publishing, Int., 1996, 14~15면(김서정 역, 『용의 아이들』, 문학과지성사, 1998, 31~33면).

15) 위의 인용문의 정의는 『한국현대아동문학사』(23면)에서 이미 선보였던 것인데 몇 부분의 표현이 약간 다듬어졌다. 위의 강조한 부분에 "外的인 한 분류에 의한"이라는 구절이 첨가된 것도 그 한 예이다. 아동문학의 문학성은 일반문학과 다르지 않으며, 차이는 단지 문학 외적인 것일 뿐이라는 점을 강조하고자 했던 것으로 보인다.

수문학"의 이름으로 "(성인)문학"의 보편적 지평에 참예할 자격을 얻는다. 그러나 예술로서의 근대문학이 '자율성', '순수성'을 강조하게 될 때 흔히 대타적 개념으로 삼는 '교육성', '계몽성' 등을 아동문학 또한 아무런 저항 없이 대타 관계로 삼기는 어렵다는 데에서 이러한 진술은 모순 접합의 균열 지점을 쉽게 드러내게 된다. 아동을 독자로 전제하는 한, 아동문학이 계몽의 이념을 완전히 던져버리고 미적 자율성의 논리를 극한으로 밀고 나가기란 어려운 일이다. 아동문학과 교육의 관계는 태생적으로 복잡다단하게 얽혀 있는 것이므로, 가볍게 무시해 버릴 수는 없을 것이다. 아동문학은 일반 문학의 예술 이념을 수용하면서도 나름의 양식적 규준을 마련하고 미적 가치를 구성하면서 자신의 문학적 영토를 꾸준히 개척해 왔다. 그럼에도 불구하고 '아동문학도 문학이다'라는 명제에 대한 강박적 집착은 아동문학의 문학적 특질을 일반 문학의 미적 기준에 따라 평가하게 함으로써 미숙한 혹은 불완전한 문학으로서의 위계적 가치를 그 정의 내에 내포하게 만들 위험을 지닌다. '문학'에 대한 집착은 생래적 열등감을 동반하게 되고 아동문학사는 이를 전도하고자 하는 무의식적 욕망에 곧잘 사로잡혀 왔다.

물론 아동문학사 서술에서 아동문학도 문학이라는 명제는 문학으로서의 아동문학에 대한 가치를 재고시키려는 의도에서 강조되어 온 것이다. 그러나 이러한 명제는 본래의 의도와는 달리 도리어, 문학 양식적 특징으로 볼 때 아동문학은 미숙한 것일 수밖에 없다는 논리를 강화시키는 데 사용될 가능성도 컸다.

> 그런데 여기서 내가 새로 문제하고 싶은 것은 〈동화〉라는 스토리 테일 형식이 정말 현대 문학의 형식이 될 수 있을까 하는 일이다. 흔히 동화의 문장은 시적(詩的)인 것을 특질로 한다고 이야기하지만 하여튼 양식상으론 산문이요, 스토리를 가진 산문문학일 바에는 이것은 소설의 카테고리에 들어가야 할 것이다.

그러나 소설에 있어서 스토리의 위치란 벌써 근대 이래 거의 의미가 없어지고 말았다. 소설이 동화와 마찬가지로 본시는 스토리 테일이었던 것이 차츰 본격적인 소설로 되면서 스토리의 요소는 후퇴한 것과 마찬가지로 동화도 그것이 좀 더 본격적인 문학양식으로 되기 위하여는 소설과 합류해야 할 것으로 안다. (…중략…)

현대의 아동문학이 아동 세계를 소재로 하고 아동이 즐길 수 있는 작품이라고 해서 그 때문에 아동문학이 일반 문학에서 뛰어나와 혼자 설 수 있는 근거도 없으며 또 독자라 하더라도 아동문학 작품은 아동만이 즐길 수 있고 성인은 즐길 수 없다는 이유는 있을 수 없을 것이다.

과거와 같이 아동문학이라고 하면 동화와 동요를 쓰는 관념을 버리고 더 본격의 아동문학은 그 아동 세계의 재료를 활용하여 소설을 쓰고 시를 쓰는 일이 되어야 한다고 믿는다.

— 백철, 「아동문학의 문제점」, 『아동문학』 5호, 1963.6

백철은 아동문학이라고 해도 근대문학의 범주를 벗어날 수 있는 것이 아니므로 안일하게 스토리 중심의 '동화'를 쓰는 것에 머무르지 말고 본격 문학인 '소설'을 써야 한다는 다소 과격한 주장을 편다. 이와 같은 주장은 근대 서사 문학의 대표적인 장르인 '소설'이 양식적으로 가장 발달한 문학이라는 서구 문예사적 지식에 기초한 확고한 믿음 때문에 가능했다. 근대 소설의 양식적 특징을 보편적인 기준으로 삼을 때, 동화로 대표되는 아동문학은 공시적으로는 언제까지나 "모호한 형식"[16]이며, 통시적으로는 근대의 전 단계에 머물러 있는 '미숙한 문학'일 수밖에 없다.[17]

---

16) 백철, 「아동문학의 문제점」, 『아동문학』 5호, 1963.6, 31면.

17) 조지훈은 동화와 소설을 비교하면서 "동화는 문학형태 발달의 제3단계에 위치하고 소설은 제4단계에 위치한다"고 설명했다. 즉, 서사 문학은 ① 민요무용(民謠舞踊, Ballad dance) → ② 이야기문학(說話 文學), 구비 동화 → ③ 서사시(敍事詩), 동화(童話) → ④ 소설(小說), 소년소설(少年小說)의 발달 단계를 밟아 왔다는 것이다. 그의 설명에 따르면 ③단계와 ④단계는 모두 창작 문학이라는 공통점이 있다. 그러나 동화가 서사시에 가까워 시적이며 낭만적 성격을 띠는 것에 반해, 역사적으로 가장 늦게 발달한 장르인 소설은 산업혁명을 전후한 과학문명 실증주의의 산물로서 근대정신의 문학적

따라서 아동문학이라는 명칭은 "成人文學과 구별하려는 外的인 한 분류에 의한 편의적 용어에 불과하다"[18]는 진단은 새로운 방향에서 검토될 필요가 있다. 즉 이를 아동문학도 여타 문학 장르와 별반 다르지 않다는 주장을 펴기 위한 전제로 사용할 것이 아니라, 아동문학은 본질적으로 "외적인" 편의에 크게 의존하여 존립하는 장르라는 점을 논의의 출발점으로 삼는 것이다. 물론 아동문학의 특성이 독자 등의 문학 외적 조건에서 비롯되는 것임은 그동안에도 누차 지적되어 왔다. 그러나 이러한 문제는 우리의 근대가 가지고 있는 '아동'에 대한 인식 구조를 근본적으로 의심해 보지 않는다면 기존의 관점으로부터 크게 벗어나기 어려운 것이다. 기존의 연구는 "문학은 인간 전반에게, 고루 즐기고 또 감명을 받을 수 있게 되어야 하는 것인데 아동만을 염두에 둔 아동문학이 필요한 것은, 문학이 가지는 본뜻을 달리하는 것이 아니고, 아동의 이해력이 어른들의 그것과는 큰 차이를 가지고 있으므로 아동이 쉬 이해할 수 있는 형식과 내용을 필요로 하기 때문"[19]이라는 논리를 오랫동안 반복해 왔다. 이러한 설명은 현실 경험의 지평에서 충분한 설득력을 가지고 있다. 그러나 이러한 논리에는 근대 문화의 제 영역에서 아동과 성인의 인지적·심리적 특성을 대비적으로 설정하는 방식, 이를 바탕으로 아동문학과 성인문학을 분리하여 유지하는 시스템, 그 결과로 발생하는 문화적 효과 등에 대한 반성과 성찰이 끼어들 여지가 없다. 아동

표현이며, 사실주의 자연주의가 근간을 이룬다고 설명했다. 물론 이러한 방식의 이해는 개인적인 견해라기보다는 문학 양식사적 상식에 가깝다. 그러나 양식사의 상식은 대부분 서구의 역사적 경험을 일반화하고 있는 것이어서, 이러한 선적 도식을 한국 문학사에 그대로 적용하는 것은 문제가 있을 뿐 아니라, 근대의 문화 지평에서 '비동시적' 위치를 부여받는 것들의 '동시적'인 작동 방식을 은폐하는 지적 이데올로기로 기능할 수도 있다.(조지훈, 「동화의 위치 : 문학 형태 발달과정에서 본 동화와 소설」, 『아동문학』 2호, 1962.11) 한편, 이와 같은 관점은 근본적으로는 서구의 '메르헨(märchen)'을 '동화(童話)'로 번역함으로써 생겨난 오해일 수 있다.(김환희, 「뒤엉킨 용어의 실타래」, 『옛이야기의 발견』, 우리교육, 2007 참조)

18) 이재철, 『아동문학개론』, 서문당, 1983, 9면.

19) 이원수, 「아동문학입문」(『이원수 아동문학전집 28 : 아동문학 입문』, 1984, 9면), 1965.

의 사회적 존재 방식에 대한 근본적인 검토가 동반되지 않는다면, 아동에 대한 제반 지식들, 예컨대 신체적 발육이나 심리적 특성에 대한 전문적이고 체계적인 지식들이 동원된다 하더라도 결국은 오래된 상식에 대해 보다 섬세하고 정교한 부연 설명을 덧붙이는 것이 되고 말 가능성이 크다.

그러나 1990년대 후반에 접어들면서 아동문학 연구는 급격한 변화의 양상을 보이기 시작했다. 한 사회가 '아동'에 대해 갖는 관념은 시기와 지역에 따라 상대적인 것이며, 무엇보다 '아동' 자체가 근대적 산물일 수 있다는 관점을 수용한 연구들이 진행되면서 아동문학 연구는 새로운 국면에 접어들고 있다.

2. 아동문학의 형성을 고찰하는 문제틀

'아동의 발견'은 1990년대 후반 이래, 아동문학 연구자들에게 던져진 공통의 화두였다고 해도 과언이 아니다. 널리 인용되어 지금은 익숙해진 가라타니 고진의 전언, "아동이 객관적으로 존재하고 있다는 것은 누구에게나 자명하게 보이"지만 "우리가 보고 있는 것 같은 '아동'은 극히 최근에 형성되었다"[20]는 주장은, 그의 저작 속에서는 근대문학의 기원이라고 할 수 있는 주체의 내면 형성과정을 논의하기 위한 여러 가지 전제 중 하나였을 뿐이지만, 아동문학계에는 그 자체로 확실한 충격이 될 수밖에 없었다. 이는 아동에 대한 잘못된 인식을 교정하라는 부분적인 주문이 아니라, 아동에 대한 인식과 제도 전반을 회의하라는 근본적인

20) 가라타니 고진, 박유하 역, 「아동의 발견」, 『일본 근대문학의 기원』, 민음사, 1997, 153면.

요청으로 받아들여질 수 있었기 때문이다. 가라타니 고진, 필립 아리에스[21] 닐 포스트만[22] 등의 외국 학자들에 의해서만 아니라 우리 사회의 아동의 형성에 관한 역사 · 사회적 접근의 연구[23]를 통해서도 각양의 수사로 변주되었던 '아동의 발견'이라는 화두는 아동문학계에 지금까지와는 전혀 다른 관점과 연구 방법을 요구하였으며, 이에 따라 바야흐로 아동문학 연구의 패러다임이 큰 폭으로 전환되는 새로운 국면이 전개되기 시작했다. 줄여 말하자면, 근대 아동의 역사적 형성을 언급하지 않고서는 아동문학의 발생과 정체성을 이야기할 수 없는 국면, 그것이 '아동의 발견'이라는 화두와 맞닥뜨리게 된 새로운 상황의 요체이며, 아동문학의 역사를 다시 쓸 수밖에 없게 된 배경이라고 할 수 있을 것이다.

1990년대 말 이래, 최근 10년간 이루어진 아동문학 형성 관련 연구들[24]은 전대의 연구들과는 패러다임의 전환이라고 불러도 좋을 만큼

---

21) Philippe Ariés, *Centuries of Childhood, trans by Robert Baldick*, New York : Vitage Books, 1962 (문지영 역, 『아동의 탄생』, 새물결, 2003).

22) Neil Postman, *The Disappearance of Childhood*, New York : Delacorte Press, 1982(임채정 역, 『사라지는 어린이』, 분도출판사, 1987).

23) 아동관이나 아동기에 관련된 연구는 교육학이나 가정학 분야에서의 성과가 두드러지기는 하지만, 이에 대한 연구는 특정한 하나의 분과에서 담당할 수 있는 것이 아니라 학제간 협력이 필요한 복합 학문으로서의 성격을 지니는 것이라고 생각된다. 아동기 관련 연구로 참조할 만한 성과는 다음과 같다. 김혜경, 「일제하 '어린이기'의 형성과 가족변화에 관한 연구」, 이대 박사논문, 1998; 김현철, 「일제기 청소년 문제에 대한 연구」, 연세대 박사논문, 1999; 백혜리, 「한국에서의 아동관 연구 동향과 과제」, 『교수논총(서울신학대)』 18호, 2003.

24) 아동문학 '형성기'에 한정하여 최근의 주요 논문을 정리해 보면 다음과 같다. 박숙경, 「한국 근대 창작동화 형성과정 연구」, 인하대 석사논문, 1999; 권복연, 「근대 아동문학 형성과정 연구」, 연세대 석사논문, 1999; 신현득, 「한국 근대 아동문학 형성과정 연구」, 『국문학논총』 17호, 2000; 원종찬, 「한일 아동문학의 기원과 성격 비교」, 『아동문학과 비평정신』, 창작과비평사, 2001; 김화선, 「한국 근대 아동문학 형성과정 연구」, 충남대 박사논문, 2002; 김자연, 『아동문학 이해와 창작의 실제』, 청동거울, 2003; 최배은, 「한국 근대 청소년소설의 형성 연구」, 숙명여대 석사논문, 2005; 조은숙, 「한국 아동문학의 형성과정 연구」, 고려대 박사논문, 2005; 최기숙, 「'신대한 소년'과 '아이들보이'의 문화생태학 : 『소년』과 『아이들보이』를 중심으로」, 『상허학보』 16호, 2006; 정혜원, 「1910년대 아동문학 연구 : 아동 매체를 중심으로」, 성신여대 박사논문, 2008; 원종찬, 「한국 아동문학 형성과정 연구—『소년』(1908)에서 『어린이』(1923)까지」, 『동북아

현격한 차이를 보이면서도 상호 간에는 비슷한 관점과 인식을 공유하고 있음을 확인할 수 있다. 이 책 또한 '아동의 발견'이라는 화두에 자극받으면서 이루어진 연구 중 하나라고 할 수 있다. 그러나 최근의 형성기 연구들이 아동의 발견이라는 문제에 같은 방식으로 응답하고 있다고 보기는 어렵다. 공유하고 있는 것은 기본적인 문제 설정의 방식일 뿐, 해석과 판단의 차이는 적지 않으며 각 연구들은 이러한 차이를 드러내는 데에 주저하지 않는 적극적인 면을 보여주고 있다. 그럼에도 불구하고 이러한 논쟁점들이 크게 부각되지 않는 것은 우리 아동문학 연구의 토양이 상호 간의 대화를 충분하게 활성화시키지 못하고 있기 때문이라고 볼 수 있을 것이다. 그간 산발적으로 제기되어 서로 충분한 대화의 기회를 갖지 못한 아동관과 아동문학의 형성에 대한 쟁점들을 간략히 정리해 보도록 하자.

최초의 창작 동화는 무엇인가

첫 번째 쟁점은 창작 동화가 언제 처음 쓰였는가 하는 것으로 '최초의 창작 동화 논쟁'이라고 부를 수 있다. 그런데 최초의 텍스트를 규정하는 일은 결과적으로 하나의 발생 시점을 주목하는 기점 논쟁의 양상을 띠게 된다.

> 이 작품은(이광수의 「내 소와 개」-인용자) 어디까지나 체험담의 형식을 빈 허구, 나아가 한 편의 온전한 창작동화(소년소설)임이 분명하다. 지금껏 최초의 창작동화로 일컬어지던 마해송의 「바위나리와 아기별」(『샛별』, 1923)보다 8년이 앞서는 성과다.
>
> —박숙경, 「한국 근대 창작동화 형성과정 연구」, 인하대 석사논문, 1999, 33~34면[25]

문화연구』 15집, 2008.

기점 논의가 갖는 한계를 누구보다 먼저 지적했던 박숙경이 다시 기점론으로 빨려 들어갔던 것은 기존 아동문학사에 대한 대타적 의식이 컸기 때문일 것이다. 기존의 문학사적 상식을 해체하고 새로운 관점을 구축하고자 하는 동기는 기존 문학사의 문제 설정 방식을 '따라가면서 해체하고자' 하는 욕망을 부추겼으리라 짐작된다. 박숙경은 아동문학 형성기에 생산되었던 텍스트들을 검토하면서, 지금까지 유지되어 온 아동문학사적 상식의 지층이 예상 외로 허술하다는 점을 발견한다. 이에 따라 첫째, 아동을 독자로 삼고 있는가 둘째, 옛이야기의 재화나 외국동화의 번안이 아닌 개인의 창작물인가 셋째, 지금 어린이들에게 읽어주어도 좋을 동시대적 문장·구성·내용인가 등의 요건을 기준 삼는다면, 지금까지 최초의 창작 동화라고 알려져 온 1920년대의 『바위나리와 아기별』(『새ㅅ별』, 1923)[26]보다 더 이른 시기에도 이러한 기준을 충족시킬 만한 텍스트를 찾을 수 있다고 주장했다. 『새별』 1915년 1월호에 발표되었던 이광수의 「내 소와 개」가 바로 그 최초의 창작동화라는 이름에 값할 만한 작품으로 새롭게 꼽힌 텍스트이다. 이러한 주장은 관행적으로 받아들여져 온 문학사적 지식의 권위에 의문을 제기하는 사뭇 도전적인 것이었음에도 불구하고 아동문학계에서는 이에 대한 찬, 반 어떤 종류의 응답도 신속하게 보여주지 않았다. 그만큼 아동문학계가 논쟁에 둔감하다는 것을 보여주는 사례라고 할 수 있을 것이다.

25) 이와 같은 주장이 처음 제기된 것은 「이광수의 근대 창작동화의 기원」(『아침햇살』, 1998년 여름)에서였다.

26) 마해송의 「바위나리와 아기별」은 개성에서 박홍근에 의해 발간된 잡지 『새ㅅ별』지에 1923년 발표된 것으로 알려져 왔다. 그러나 현재 자료가 남아 있지 않아 사실이 확인되지는 못했다. 최근 원종찬은, 작가가 해방 전까지는가 이 작품을 1923년경에 지어서 1926년 1월호 『어린이』에 처음 발표했다고 일관되게 진술했으나, 해방 이후에는 『새ㅅ별』에 실었다고 수정했다는 점을 확인하고 「바위나리와 아기별」에 대한 논의가 문학사적 실증 없이 진행되어 왔음을 비판했다.(원종찬, 「잘못된 아동문학사 연표」, 『아동청소년문학연구』 2호, 2008)

> 그러나 필자는 이(「내 소와 개」-인용자)보다 앞서 1914년 『아이들보이』에 발표된 「센둥이와 검둥이」(최남선)를 한국 최초 창작동화로 주목하고자 한다. (…중략…)
>
> 「센둥이와 검둥이」는 우선 주인공을 '아이'로 설정한 점, 기존의 단편적인 평가와는 달리 흥미로운 이야기 전개, 새로운 주제 지향, 어린이를 존중하려는 의도에서 시도된 '습니다'의 경어체 문장 사용 등 한국 최초의 근대동화로 내세우기에 손색이 없다.
>
> —김자연, 『아동문학 이해와 창작의 실제』, 청동거울, 2003, 72~73면

이에 대한 응답은 위의 인용문에서 볼 수 있는 것처럼 몇 해가 지나서야 나타났다. 김자연은 그의 저서 『아동문학 이해와 창작의 실제』 중 「최남선과 한국 창작동화의 기원」이라는 절을 통해 지금까지 마해송의 「바위나리와 아기별」에 최초의 창작 동화라는 문학사적 의의를 부여해 왔던 자신의 관점을 수정하여,[27] 최남선의 「센둥이와 검둥이」(『아이들 보이』 12, 1914)를 최초의 창작 동화로 볼 수 있다고 주장한다. 김자연은 아동문학이란 본질적으로 아동에게 들려주거나 읽히기 위한 문학으로서 그 핵심에는 '아동의 발견'이라는 문제가 전제되어 있다고 할 때, 한국 근대 창작동화의 출발선에 놓일 수 있는 작품은 무엇보다 아동 독자를 인식하고 쓰여진 최초의 작품으로 전대의 이야기 형식에서 탈피한 것이어야 한다고 했다. 이는 박숙경의 기준과 거의 일치하는 것이다. 그러나 박숙경과 달리 김자연은 이광수의 「내 소와 개」보다 1년 먼저 발표된 「센둥이와 검둥이」(1914)를 최초의 창작 동화라고 주장했다. 김자연

27) 이보다 앞서 김자연은 『한국 아동문학 연구』(서문당, 2000, 98~111면)에서 이광수의 「내 소와 개」는 순수한 창작동화로 보기 어렵다고 하면서, 마해송의 「바위나리와 아기별」을 "한국에서 씌어진 창작동화로서는 최초의 작품"으로 재인정한 바 있다.. 그러나 이는 박숙경의 주장에 본격적으로 대응한 것이라기보다는 기존의 아동문학사의 관점을 그대로 유지하면서 작품 해석을 보충하는 성격이었다고 할 수 있다. 김자연의 본격적인 응답은 몇 년 후 『한국 아동문학 이해와 창작의 실제』라는 저서를 통해 이루어졌는데, 관련 내용을 다루고 있는 「최남선과 한국 창작동화의 기원」이라는 절의 제목은 확실히 박숙경의 「이광수의 근대 창작동화의 기원」을 대응하여 붙인 것으로 보인다.

의 주장에서 박숙경과 가장 차이가 나는 부분은 창작 동화의 문체에 대한 해석이다. 박숙경은 이광수의 「내 소와 개」를 분석하면서 "'-ㅆ다', '-ㄴ다' 위주로 쓴 말끔한 단문의 문체가 갖는 힘"[28]을 높이 샀다. 지금의 아이들이 읽어도 무리가 없을 정도의 문체적 동시대성이야말로 근대적 창작물이 갖추어야 할 중요한 요건 중 하나라고 판단했던 것이다.[29] 이에 반해 김자연은 「센둥이와 검둥이」가 '-습니다'의 경어체 문장으로 되어 있다는 점에 유의하면서 이는 아동독자를 존중하는 근대적 가치를 담은 것이라고 해석했다. 김자연의 주장대로 '-습니다'로 종결되는 문장은 다른 장르의 서사물과 구별되는 동화적 문체라고 볼 수 있으며, 이것이 아동에 대한 근대인의 가치와 심성을 반영하는 것이라는 설명 또한 설득력이 있다고 생각된다.[30] 그러나 그렇다고 하더라도 「센둥이와 검둥이」가 최초의 창작 동화인가 하는 점은 의심스럽지 않을 수 없다. 「센둥이와 검둥이」보다 더 일찍 발표된 텍스트 중에서도 김자연이 제시한 요건을 충족시키는 창작물을 찾아볼 수 있기 때문이다. 즉 아동독자를 고려하면서 창작한 허구이면서 '-습니다(-습닉다)'체를 사용한 텍스트는 『붉은 져고리』(1913)에서도 여러 편 발견할 수 있다.[31]

---

28) 박숙경, 『한국 근대 창작동화 형성과정 연구』, 34면.

29) 「내 소와 개」의 문체는 이 글이 실렸던 '읽어리' 란이 근대적 문장의 규범적인 모델이 될 만한 독본용 텍스트를 실었다는 점과 직접적인 관계가 있는 것으로서 이를 아동문학의 장르적 특색으로 단언할 수는 없을 것 같다. 무엇보다 형성기 동화의 문체는 소설과는 달리 '-습니다'의 경어체로 실현되었다고 볼 수 있기 때문에 "말끔한 단문의 문체"를 아동문학 문체의 기준으로 삼는 것은 부적절해 보인다.

30) 그러나 동화의 규범적 문체 형성은 개인의 선구적인 시도와 노력, 아동존중 사상의 반영이라는 설명만으로는 부족하다. 장르나 문체의 규범 형성이 특정 작가나 하나의 텍스트에 의해 곧장 일반화되기는 어렵기 때문이다. 동화의 '-습니다' 종결형의 형성은 학교와 같은 공적 교육의 제도, 외국의 동화 특히 일본 동화의 번역, 식민지 시기 성행했던 '동화회(童話會)' 등의 새로운 '구연(口演)' 양식 등을 함께 살펴야 아동문학의 문체적 특성을 만들어낸 힘들을 복합적으로 설명할 수 있을 것이다.

31) 예컨대 「세 가지 시험(솔거의 꿈)」(『붉은 져고리』 3~6호, 1913.2.1~1913.3.15), 「말굽 가는 곳」(『붉은 져고리』, 1914.4.1~1913.6.1) 등이 그러하다. 이 작품들은 역사적 모티프

그러나 이 지점에서 생각해 보아야 하는 것은 최초의 창작동화가 「내 소와 개」냐 「센둥이와 검둥이」냐 혹은 그보다 앞서 발표된 또 다른 텍스트인가 점이 아니라, '최초'의, 단 '한 편'의 창작동화라는 것이 갖는 문학사적 의미일 것이다. 사실 시기만을 갱신하는 기점 논의는 아동문학의 역사적 형성에 대한 이해를 갱신하는 데에는 큰 효과를 발휘하지 못한다. 오히려 문학사 연구의 작업이 하나의 선구적인 특별한 텍스트를 찾는 일로 대치될 경우 형성기의 혼란과 그 속에 잠재되어 있던 창조적 역동성을 놓치기 쉽다. 그럼에도 불구하고 그간의 문학사가 최초의 텍스트를 찾는 일에 오랜 기간 열정적인 에너지를 투사해 온 것은 그러한 텍스트에 한 장르의 출발점, 혹은 시조(始祖)로서의 가치와 권위가 집중적으로 부여되기 때문일 것이다. 이는 소위 '족보학'적 역사 서술이 만들어내는 지식 담론의 효과일 것이다. 이와 같은 문제는 아동문학사적 가치와 의미에 대한 해석을 보다 강하게 의식하며 전개되어 온 아동문학의 기원에 관한 논쟁에서도 마찬가지로 찾아 볼 수 있다.

아동문학의 기원은 무엇인가

최초의 창작 동화 논쟁에서 박숙경과 김자연은 모두 1910년대의 아

를 활용한 허구로 지금의 관점에서 본다면 '역사동화'라고 부를 만한 텍스트들이다. 그러나 1910년대에는 '동화'라는 용어와 개념이 널리 통용되지 않았으며, 최남선 자신도 자기가 창작한 아동용 텍스트를 동화라고 부르지는 않았다. 예술로서의 동화의 개념이 자리 잡은 것은 1920년대 이후라고 말할 수 있다. 일본에서도 아동용 읽을거리를 가리키는 여러 어휘들과 혼용되던 동화라는 말이 아동을 위한 예술의 의미로 개념화된 것은 1918년 『붉은 새』의 창간 이후였다는 점을 생각해 본다면, 1910년대에 아동을 위해 창작된 작품들에 대해서는 '아동용 이야기' 정도의 표현이 적합하지 않을까 한다. 일본에서의 '오토기바나시', '동화' 등의 개념과 용어의 정착 과정에 대해서는 다음의 글 참조. 박숙경, 「일본 아동문학의 장르와 그 특질」, 『어린이문학 용어 짚어 보기』(보림출판사 창사 30주년 기념 세미나 자료집), 보림, 2006; 가와하라 카즈에, 양미화 역, 『어린이관의 근대』, 소명출판, 2007.

동을 위한 정기 간행물의 등장과 아동독자의 형성을 중요한 문제로 파악했다. 그런데 김자연은 '아동독자의 발견'을 '아동의 발견'이라는 주제와 직결시켜 '최초의 창작 동화'론을 전개했던 반면, 박숙경은 '아동독자의 발견'과 '창작 동화의 탄생'은 연관 짓되 '아동의 발견'이라는 문제와는 분리시켜 생각했다. 즉 박숙경은 최남선과 이광수가 출판인, 혹은 문인으로서 "어린이 독자를 발견"하기는 했으나, 일제의 압박과 중세적 속박에서 어린이의 인격과 인권을 구하고자 했던 "'아동의 발견'은 천도교의 아동애호 사상을 온전히 이어받은 방정환에 가서야 가능"했다고 함으로써 '아동의 발견'을 '아동독자'나 '창작동화' 등장의 문제와 분리하여 다음 시기로 이월시킨다. 이는 '아동의 발견'을 아동해방, 아동 애호의 사상 문제로 이해했기 때문으로 보인다.

원종찬 또한 박숙경과 마찬가지로 최남선에게는 '아동의 발견'이 이루어지지 않았다고 주장하면서, 아동문학의 기원을 1920년대 이후 방정환의 활동에서 찾고자 했다. 원종찬은 최남선의 『소년』을 아동문학의 기원으로 보는 것에 반대하는 입장을 견지하는 대표적인 연구자이다. 그는 1990년대 전반에 발표한 「한국 현대아동문학사의 쟁점」이라는 논문에서, 최남선이 말하는 '소년'은 지금 우리가 생각하는 '어린이'와는 차이가 크며, 따라서 "잡지 『소년』은 아동문학을 정의할 때 고려사항이 되는 어린이를 의식한 데서 나온 제목이 아니"[32]라는 점을 강조한 바 있다. 또한 그는 『소년』을 아동문학의 첫 자리에 놓을 수 없는 이유로 최남선에게는 '아동의 발견'이 이루어지지 않았다는 점을 든다.

> 한국에서 오늘날 우리가 이해하고 있는 바의 '아동문학'이 온전히 발생한 것은, 여러 사람들이 지적하듯이 방정환에 의해 『어린이』(1923~34)가 발행된 바로 그 무렵부터라고 할 수 있다. 3·1운동 이후, 계몽주의를 대신하여 낭만주

32) 원종찬, 「한국 현대아동문학사의 쟁점」, 『아동문학과 비평정신』, 창작과비평사, 2001, 144면.

의운동이 고조되는데 이 속에서 오늘과 같은 의미의 '문학'이 확립되었고, 과거에는 그 존재에 의미가 부여되지 않았던 '아동'이 새로 발견되었다.
—원종찬, 「한일 아동문학의 기원과 성격 비교」, 『한국학연구』 11호, 2000, 12면

그는 방정환으로부터 비로소 한국 아동문학이 시작되었다고 주장한다. 물론 그간 다른 많은 아동문학사들도 1920년대 이후에 아동문학의 '본격적인' 출발이 이루어졌다고 언급해왔다. 그러나 원종찬에게서 보다 중요하게 고려되는 것은 '본격적인' 아동문학이 갖추어야 할 요건보다는 '진정한' 아동문학의 가져야 할 정신이다. 방정환의 문학 정신을 '동심주의'가 아니라 '낭만주의'라고 고쳐 부름으로써, 제국주의 일본의 토양에서 발견된 '동심'과 식민지 조선의 현실에서 발견된 '동심'의 성격을 구별하고자 했던 것도 이 때문이라고 볼 수 있다. 이때 원종찬이 제기하는 '아동의 발견'의 문맥은 지금 이어받아야 할 긍정적인 '아동문학의 전통'이란 무엇인가 하는 현재적이고 비평적인 관심과 강하게 연결된 것이라고 볼 수 있다. 그의 아동문학사 서술에는 친일 행적 등 부정적인 평가를 받을 수 있는 최남선, 이광수의 활동을 아동문학 전통과 연관 짓고 싶지 않다는 의지가 강하게 작용하고 있는 것으로 보인다. 이는 원종찬과 마찬가지로 1920년대 『어린이』 기원설을 주장했지만 작가(성인)와 독자(아동) 간의 집단적 커뮤니케이션 방식의 분석을 통해 이러한 문제에 접근했던 권복연의 경우와도 관심의 초점이나 입장이 다른 것이라고 할 수 있다.[33)]

이에 반해 김화선은 1900년대야말로 아동문학의 기원적 시기라고 말하면서 『소년』 기원론에 동의하는 태도를 취했다. 그러나 김화선이 근거하는 바는 과거의 문학사가 주로 근거했던 바, 『소년』을 발간할 당시 최남선의 나이가 불과 20살 미만이었다거나, 잡지에 소년의 읽을거리나 아동문학적 양식을 가진 텍스트들이 많았다는 점과는 거리가 있다. 김

33) 권복연, 「근대 아동문학 형성과정 연구」, 연세대 석사논문, 1999.

화선이 주목하는 것은 국민국가 건설을 열망하는 근대 계몽의 시선에 소년들의 존재적 가치가 새롭게 발견되기 시작했다는 점이다. 김화선은 방대한 양의 근대 계몽 위생 담론이나 교육 담론 등을 분석하면서 계몽의 다층적 기획 속에서 소년들이 어떻게 포착되는가를 면밀하게 분석한다. 이러한 분석을 토대로 그는 아동문학의 기원을 근대적 아동의 출현에서 찾을 수 있다고 한다면, 1900년대야말로 아동문학의 기원을 찾을 수 있는 시기라고 주장한다. 이러한 주장은 '아동의 발견'은 곧 '아동문학의 기원'이라는 생각을 전제로 한다. 원종찬처럼 '아동문학의 기원'을 이어받아야 할 전통의 의미와 연결 짓지 않고 근대 기획과 연관 지음으로써 유의미한 역사를 보존하는 것보다는 해체하는 작업을 시도하는 것이 특징이다. 그러나 1900년대냐, 1920년대냐 하는 식의 문제 구성은 '아동의 발견'을 역사적으로 반복될 수 있는 사건이라기보다는 일회적으로 종결되는 사건으로 파악한다는 한계를 지니고 있다. 또한 '아동의 발견'과 '아동문학의 기원'을 곧장 연결시켜 1900년대의 의미를 강조하는 것은 근대 계몽의 기획과 아동문학과의 연관성을 드러낸다는 중요한 의의에도 불구하고, 계몽 기획의 분화에 따른 '문학' 기획이 가질 수 있는 특수성을 해명하지 못한다는 문제가 있다.

이처럼 '아동의 발견'을 공통된 입론으로 삼더라도 그것을 분석하고 가치 부여하는 것에 따라 아동문학사의 이해에는 적지 않은 차이가 생겨난다. '아동의 발견'이라는 문제 설정 속에서는 아동의 생물학적 '연령'보다 아동에게 부여되는 '자질'이 더 중요한 문제로 부각되며, 이에 대한 해석과 평가가 동반되기 때문일 것이다.

형성기 아동문학 연구의 쟁점을 돌아볼 때, 전체적인 흐름은 시기 구분을 중심에 둔 기점론으로부터 근대적 문화 구조의 형성과정을 묻는 기원론으로 이동해가고 있는 듯하다. 그러나 여전히 아동문학 형성기의 주요 논의들이 최남선이나 방정환 개인의 활동이나 사상 혹은 『소년』과 『어린이』등을 비교하는 것에 초점이 맞춰지고 있으며 이렇게 이분법적으로 나누어 사고하는 것은 '아동의 발견'이 갖는 문제 설정의 의미를 축소시키는 결과를 낳지 않을까 우려되기도 한다. '아동의 발견'이라는 문제 설정에서 아동문학의 기원에 대한 고찰은 '성인과 아동', '소설과 동화', '소년과 어린이', '계몽성과 낭만성'과 같은 대립항들이 사실은 내부적인 결속의 관계로 구조화되어 있음을 놓치지 않을 때 보다 풍부한 논의를 생산할 수 있을 것이다.

아울러 이런 점에서 『소년』과 『어린이』 사이에서 출현했던, 1910년대 신문관 아동잡지들의 존재는 보다 주의 깊게 검토될 필요가 있다. 『붉은 져고리』, 『아이들보이』, 『새별』과 같은 1910년대의 아동잡지들은 『소년』과 마찬가지로 최남선이 주재하여 신문관에서 발간되었지만 이는 『소년』과는 달리 아동만을 독자로 삼은 최초의 정기 간행물이었으며, 아동용 읽을거리를 만들어내기 위한 적극적이고도 다채로운 시도를 보여준다는 점에서 각별한 주목이 필요하다. 단지 최남선이 발간했다는 이유로 『소년』과 비슷한 성격을 갖는 것으로 취급되어 오거나 『어린이』 이전이라고 해서 과도적 의미로만 치부되어 온 것은 자료에 대한 실증적 고찰이 충분하지 않았기 때문이라고 볼 수 있다. 아동문학의 형성과정과 근대 주체 기획의 다층성을 이해하는 데 1910년대에 대한 이해는 필수적이다. 앞서 살핀 것처럼 시점론이 놓치고 있는 풍부한 창조적 역동성을 살필 수 있으며, 아동에 대한 혹은 아동문학에 관여하는 힘들의 배치가 달라짐에 따라 아동문학 텍스트가 어떻게 다르게 생산될 수 있는지를 사고할 수 있게 하기 때문이다.

90년대 후반 이후, 아동문학 형성과 관련한 최근의 연구들은 아동에 대한 관념, 아동문학의 개념과 범주 등 아동문학의 본질적 성격을 재검토하고자 하는 문제의식을 공유하고 있다. 6,70년대의 선구적 작업 이래 협소하게 고착되었던 아동문학 연구는 잊혀졌거나 무시되었던 장면들의 의미를 되묻는 최근의 작업에 의해 새로운 단계에 들어서기 시작했다고 볼 수 있다. 그러나 아직은 출발 단계에 있는 만큼 이룩한 성과

보다는 해결해야 할 과제가 훨씬 더 크다. 새로운 문제의식을 뒷받침할 수 있는 자료의 수집·정리와 이에 대한 체계적이고 실증적인 검토, 아동문학의 특성을 고려한 연구 방법의 개발 등이 앞으로의 연구에 남겨진 시급한 과제이다.

이 책은 대략 19세기 말부터 20세기 초, 1900년대부터 1920년대 초반까지의 아동문학 형성기를 대상으로 삼는다. 이 기간은 아동문학을 사적으로 고찰하기 시작한 때부터 하나의 분석 단위로 지속적인 주목을 받아왔다. '태동기',[34] '형성기',[35] '발생기',[36] '초창기'[37] 등 명명 방식에는 다소 차이가 있지만 이 기간은 아동문학사 서술의 첫 번째 단위로 구분되어 왔다. 특히 1908년과 1923년은 전후의 시기를 가르는 중요한 결절(結節)의 지점으로 이해되어 왔는데 이는 각각 잡지 『소년』과 『어린이』의 발간 연도이기 때문이다. 앞에서 살핀 것처럼 지금까지의 형성기 연구에서 가장 논쟁적인 부분은 아동문학의 출발을 언제부터로 볼 것인가 하는 문제였다고 할 수 있다. 기존의 아동문학사는 『소년』과 『어린이』을 중심으로 해서 아동문학의 기점 뿐만 아니라, 아동문학의 본질과 가치, 장르와 양식에 대한 판단 등의 논의를 전개해 왔다.

그러나 이 책에서는 문학사적 사건들을 시간 순으로 배열하고 이를 인과적이고 연속적인 논리로 설명하는 데에 관심을 두기보다는 아동과 문학, 혹은 아동문학과 외부적 힘들의 불연속적인 만남을 보다 중시하고자 한다. 김화선이 지적했듯, "아동문학의 출발선에만 논의를 집중시켜서 얻어지는 결론은 아주 한정된 것일 수밖에 없고, 하나의 기점을 선택하면 다른 부분의 역사적 의미가 감해지는 결과를 낳을 수밖에 없"[38]기 때문이다. 따라서 이 책에서는 '아동문학'의 요건을 다만 "어른

34) 이재철, 「한국 아동문학사의 시대구분 시고」, 『대구교육대학교논문집』 1, 1965.
35) 석용원, 『아동문학원론』(증보판), 동아출판사, 1980.
36) 박화목, 『아동문학개론』, 민문고, 1989.
37) 김현희, 홍순정 공저, 『아동문학』, 한국방송통신대, 1993.
38) 박숙경, 『한국 근대 창작동화 형성과정 연구』, 5면.

들이 아이들에게 읽히기 위해 쓴 문학"[39] 정도로 설정함으로써, 그 본질적 속성을 미리 규정하지 않고자 한다. 아동문학 형성기의 공간에는 이미 완성된 '아동문학'이 있었다기보다 막 발견되기 시작한 '아동'과 급격하게 변환되는 '문학'이 있었으며, 이들의 사건과도 같은 우연한 '만남'과 무수한 위치의 '이동'이 있었다.

따라서 이 책에서는 형성기라는 기간의 역동적인 모습을 살피기 위해, 이 기간을 다양한 영역의 제반 힘들이 쟁투를 벌이면서 새로운 지형의 윤곽을 만들어 가는 역사적 생성의 '공간'으로 가정해 보기로 한다. 하나의 사건이 앞선 사건을 대체하면서 단선적인 발전의 노선을 밟아가는 '선형도'를 그리는 것이 아니라, 사건과 사건들이 서로 관계 맺는 다양한 방식을 추적함으로써 역동적으로 형성되는 새로운 배치의 '지형도'를 그리고자 하는 것이다. 새로운 사건과 기존의 사건들, 한 부분의 사건과 인접 영역의 사건들은 서로 경쟁/협력, 배제/포섭, 대치/승계 등 여러 가지 방식으로 연관 맺으며 산포됨으로써 근대의 사회·문화적 공간을 구성해 나가는 것이라고 상정할 수 있을 것이며, 이렇게 분산된 위치들이 만들어 내는 관계의 구조를 통해 우리의 아동문학이 갖고 있는 근대적 성격을 가늠해 볼 수 있을 것이다.[40]

먼저 제2장에서는 아동문학의 발생을 가능케 했던 역사적 조건들을 탐사할 것이다. 아직 성인이 아닌 어리고 작은 존재들은 어느 때, 어느 곳에나 있기 마련이지만, 미성년들이 사회적으로 실재하는 방식은 사회·역사적 구조에 따라 상이하다. 20세기 초 근대적 전환의 국면에서

39) 김이구, 「아동문학을 보는 시각」, 『아침햇살』, 1998년 가을.

40) 아동문학 형성기를 공간의 단위로 상정함으로써 어떤 언표가 최초로 발화되었는가, 얼마나 독창적이고 개성적인 표현인가, 발화의 실제 주체는 누구인가는 그다지 중요한 문제가 아니게 된다. 푸코에 따르자면, 보다 중요한 것은 "언표의 규칙성"과 "동일한 언표를 생산해 낼 수 있는 주체의 다양한 '위치들'"이다. 이 논문의 주된 관심은 아동문학 형성기에 만들어진 최초의 텍스트나 텍스트들의 차례가 아니라 무수한 아동문학 텍스트들을 생산해 낼 수 있게 하는 주체의 위치와 새롭게 만들어졌던 규칙들의 집합에 있다.(질 들뢰즈, 권영숙·조형근 역, 『들뢰즈의 푸코』, 새길, 23~24면)

우리 사회에서는 미성년에 대한 유례없는 관심이 촉발되었고 새로운 주체를 형성하기 위한 전략이 다양한 차원에서 제기되었다. 미성년의 사회적 존재 방식이 전면적으로 재설정되는 과정을 분석함으로써 아동문학이 발생할 수 있었던 외적 조건으로서의 아동의 존재 방식에 대해 점검하는 것이 이 장의 목표이다. 이를 위해 먼저 근대적 미성년 담론을 구성하는 데에 구심적 역할을 했던 '소년', '청년', '어린이' 등의 어휘들을 중심으로 미성년에 대한 명명법과 연령 분절의 체계가 변동하는 과정을 분석하고, 이후 1900년대에서 1920년대까지의 미성년에 대한 사회적 담론의 변화를 시대적 맥락과 함께 살펴보도록 하도록 하겠다.

제3장에서는 아동문학의 개념이 어떠한 방식으로 구성되었는지에 대해 살펴보도록 하겠다. 아동문학은 아동으로써 정의 내려지는 장르로서, 아동문학의 제반 담론적 실천은 아동에 대한 표상 체계와 직, 간접적인 연관관계를 가지고 전개될 수밖에 없다. 이 장에서는 아동문학의 개념이 논리적인 형태로 나타나기 시작한 1920년대 전반의 아동문학론을 중심으로 당시에 새롭게 출현한 아동의 미적 표상과 아동 예술의 이념이 결합하는 양상을 살펴보기로 한다. 특히 성인과 구별되는 아동의 내면적 속성을 지시하는 개념인 '동심'은 아동문학론이 정체성을 구성하는 데에 여러 가지 층위에서 매개적 역할을 했다는 점에 주목하여, 이러한 문제를 중심으로 아동문학의 장르적 특성화 논리를 분석해 보기로 하겠다.

제4장에서는 아동문학의 양식적 특질에 대해 살펴보고자 한다. 아동을 별도의 그룹으로 설정한 담론 공간에서 다양한 종류의 텍스트들이 이합집산하며 생산되는 과정을 추적함으로써 아동문학 텍스트들을 생산해 내는 담론적 장치와 규준들을 확인해 보고자 한다. 이 장의 관심은 다양한 종류의 텍스트들을 아동용 서사나 시가로 만들어내는 문학적 장치는 어떠한 것들이며 그것이 만들어내는 효과는 무엇인가 하는 점에 있다. 특히 1910~1920년대의 아동 잡지, 소년회와 같은 미성년 단

체, 동화회를 비롯한 각종 문화 공연 등은 아동문학이 구현되었던 구체적인 장소가 된다는 점에서 중요한 참조 사항이 될 것이다. 이러한 근대적 매체 환경의 물적 조건들은 미성년에 대한 세대적 기획과 맞물리면서 아동문학의 양식을 특정한 방향으로 유도하게 된다.

제2장
아동문학 발생의 역사적 조건

'아동'은 아동문학을 가능하게 하는 기본 조건이다. 아동은 아동문학이 존재하는 순간부터 이미 전제되어 있는 '선험적 조건'이며, 아동문학장의 바깥으로부터 도입된다는 점에서 '외적 조건'이기도 하다. 그러나 지금까지 아동문학 연구는 선험적 조건으로서의 아동의 지위는 강조하면서도 외적 조건으로서의 아동의 성격에 대해서는 무관심해 왔다. 바꾸어 말하자면 아동이 '있다'는 사실 진술을, 아동이 '어떻게 있는가' 하는 사회 · 역사적 질문으로 전화시켜 보지 않은 채 아동을 위한 문학으로서의 당위적 가치만을 강조해 왔던 것이다. 몸집이 작고 나이가 어린 아이들이 '있다'는 사실은 당연할 수 있지만, 아이들이 어느 시대 어느 사회에서나 우리가 잘 알고 있는 익숙한 방식으로 존재하는 것은 아니다. 그 사회가 가지고 있는 주체 형성의 기획에 따라 아동이 성인이 되는 과정에는 차이가 있으며, 아동에 대한 관념, 아동기의 범주, 아동에 대한 제도 또한 다를 수 있기 때문이다.

이 장에서는 사회·역사적 구성물로서의 아동의 문제를 '미성년의 계보'라는 주제로 접근해 보고자 한다. '아동' 대신 '미성년'이라는 말을 사용하는 것은, 우리 사회의 근대적 전환이 이루어졌던 20세기 초반에는 '아동'이라는 말도 '신문명 어휘'[1] 중 하나로서 안정적 용법을 획득하지 못하고 있었다는 사정을 고려한 것이며, 미성년이라는 어휘가 '완성태'로서의 성인을 상정하는 것이라는 문제점을 지니고 있음에도 불구하고, 그 자체로 성년과의 상대적 관계와 위치를 표시하고 있어 논의 전개에 유용한 점이 많기 때문이다. 우리 사회에서 근대적 주체를 형성해 내기 위해 인생의 주기가 어떻게 분절되었으며, 미성년기는 어떠한 구도로 재편되었는가, 이 과정에서 아동은 어떻게 중층 결정되었으며, 이것이 아동문학 형성 문제에 시사하는 바는 무엇인가 하는 것이 이 장의 주된 관심사이다.

아동은 아동문학의 '선험적 조건'이다. 아동문학의 담론적 실천은 아동의 존재를 전제로 해서 이루어진다. 아동문학이 아무리 파격적인 의미로 재규정된다고 하더라도 아동을 수반하지 않은 채 설명될 가능성은 없어 보인다. 그러나 아동이라는 조건은 역사적 시공간을 초월하여 부여되는 조건은 아니다. 아동은 구체적이고 실질적인 상황에서 주어지는 '역사적인 선험성'으로 작용하는 조건이다. 문제는 너무나 익숙해져서 이제는 더 이상 보이지 않게 된 '역사적 기원'들을 다시 환기시켜 내는 일일 것이다.

1) '신문명어휘'는 송민이 사용한 것으로, 1870년대 이래 신문명이나 새로운 개념을 수용하는 과정에서 새롭게 나타났거나, 어의(語義)나 어형(語形)에 변화를 입은 신생한 자어들을 가리킨다. '소년', '청년', '아동' 등 미성년을 지칭하는 어휘들은 전대에도 사용했던 것이지만, 미성년에 대한 근대적 관념을 표현하기 위하여 기존의 한자어휘를 차용하여 의미를 개신(改新)한 신문명어휘의 예에 속한다고 볼 수 있다.(송민, 「개화기 국어에 나타나는 신문명 어휘」, 『어문학논총』 19호, 국민대 어문학연구소, 2000)

1. 미성년 담론의 구심—소년, 청년, 어린이

19세기 말, 20세기 초는 미성년에 대한 인식과 제도가 전반적으로 급격히 재편된 시기였던 만큼 기존에 사용되던 미성년에 대한 어휘가 새로운 용법을 얻어 급부상하기도 했으며, 신생어가 보급되어 재래의 어휘들과 경쟁을 벌이면서 미성년에 대한 인식을 분화시켜 나가기도 했다. 30년 정도의 짧은 기간이지만 시기별, 분야별로 미성년 관련 어휘는 전에 없이 다양하고 급격한 변화를 보였다. 이러한 변화들은 단지 기호 체계의 변화가 아니라 미성년에 대해 말하고 생각하는 사회적 방식의 전환과 맞물려 있는 것이므로 각별히 주목할 필요가 있다.

이 시기에 사용되었던 각종 미성년 관련 어휘들의 용법과 의미를 일일이 파악하는 것은 어려운 일이다. 우선 대표적인 어휘들의 유의 관계(synonymy)와 상하 관계(hyponymy), 연령 범주 등 주로 '상호 관계'와 '대상 지시'에 관련된 문제로부터 논의해 보기로 하겠다.

특히 '소년', '청년', '어린이' 등이 주된 관심의 대상이 된다. 이들 어휘는 근대 전환의 국면에서 미성년에 대한 사회적 담론을 구성했던 '기초 어휘(basic vocabulary)'[2]라고 판단되기 때문이다. 이들 어휘는 미성년에 대한 새로운 관점과 논의를 사회적으로 확산시키는 데 구심적인 역할을 하였으며, 현실 속에서 적극적인 실천을 추동해내는 전략적인 입지를 가지고 있었다. 이러한 사정은 우리에게만 국한된 것은 아니어서, 일본이나 중국 등 동아시아의 근대 주체 형성의 기획에서 미성년은 '청년', '소년'[3] 등의 이름으로 호명되어 특별한 지위를 부여받은 바 있

---

2) '기초 어휘'란 특정 언어 가운데 그 중추적 부분으로서 구조적으로 존재하는 어의 부분 집단을 의미한다. 언어 생활에서 빈도수가 높고, 분포(사용범위)가 넓으며, 파생이나 합성 등 이차조어의 근간이 되는 최소한의 필수 어휘로 규정된다.(임지룡, 「국어의 기초어휘에 대한 연구」, 『국어교육연구』 23호, 1991.12)

3) 중국의 정치 상황 개혁을 위해 사회진화론을 재구하여 '소년중국설'을 제창한 양계

다.[4] 미성년에 대한 관심이 특별히 근대적 전환의 국면에서 촉발되었던 것은 새로운 주체를 생산해야 한다는 요구가 사회 전반에서 강력하게 제기되었다는 사정과 긴밀한 관련을 맺고 있다.

'소년', '청년', '어린이', '아동' 등의 기표 자체는 오래된 연원을 가지고 있다.[5] 기존의 연구는 이들 어휘의 인상만으로 기표 자체도 근대 전

초의 논리는 1900년대 후반의 계몽적 소년 담론에 큰 영향을 준 것으로 보인다. "쳥국 지ᄉᆞ(뜻잇는 션비) 량계초씨가 말ᄒᆞ기를 로인은 ᄒᆞᆼ샹 지나간 일을 ᄉᆡᆼ각ᄒᆞ고 쇼년은 ᄒᆞᆼ샹 오는 일을 ᄉᆡᆼ각ᄒᆞᄂᆞ니"로 시작되는 『대한매일신보』의 논셜(「미국 공립신보 론셜을 등ᄌᆡᄒᆞᆷ : 쳥년 동포의게 경고ᄒᆞᆷ이라」, 『대한매일신보』, 1908.8.24)은 '청년(소년)'의 능력을 곧 국가의 '진보ᄒᆞᄂᆞᆫ 힘'과 일치시키고 있다. 사회진화론의 수용과 양계초의 영향에 대해서는 다음의 글을 참조할 것. 신승하, 「구한말 애국계몽운동시기 양계초 문장의 전입과 그 영향」, 『아세아연구』 41권2호, 1998; 신연재, 「구한말의 사회진화론 수용과 그 영향」, 『사회과학논집』 6권 2호, 울산대학교, 1996; 전복희, 『사회진화론과 국가사상』, 한울아카데미, 1996.

4) 백영서, 『중국현대대학문화연구』, 일조각, 1994, 8~20면; 권보드래, 『한국 근대소설의 기원』, 소명출판, 2000, 179~180면.

5) • '소년'은 젊은 시기, 혹은 그러한 때의 사람을 지시하는 말로 널리 사용되었으며 옛 문헌에서 자주 접할 수 있다. 비교적 이른 시기에 나타난 예로는, 신라 경덕왕 4년(745년)에 설치된 '소년감전(少年監典)'이라는 관서의 명칭을 들 수 있다.

• '청년' 또한 『명조실록』(6년 9월 무신조)에서 한정록을 일컬어 '청년하관(靑年下官)'으로 칭한 경우나, 『선조실록』(26년 9월 경오조)에서 세자 광해군 이혼을 '청년'으로 표기한 예를 찾아볼 수 있다.(김현철, 「일제기 청소년 문제에 대한 연구」, 연세대 박사논문, 1999, 9면 참조)

• '어린이'는 1920년대 초반에 만들어진 말로 전대에는 사용하지 않았던 것으로 알려져 있다. 그러나 '어린이'라는 말 자체는 이미 17세기 문헌에서도 찾을 수 있다. 이기문은 17, 8세기의 문헌에서 '어린이'가 사용된 예를 상세히 밝혀 놓은 바 있다. 즉, 『警民編』(규장각 소장본, 1658)에도 '長不卹幼'를 '얼운은 어린이를 어엿비 너기디 아니ᄒᆞ며'로 번역해놓은 예가 있으며, 『童蒙先習諺解』(동경 小倉文庫 소장본, 1797)에도 '長幼有序'를 '얼운과 어린이 ᄎᆞ례 이시며'로 옮겨놓은 예가 있다는 것이다.(이기문, 「어원탐구1 : 어린이」, 『새국어생활』 7권 2호, 1997 참조)

좀더 가까운 시기의 근대적 인쇄물에서도 사용례를 찾아볼 수 있다. 최남선이 발간했던 신문관 잡지에 한정해 보더라도 1908년 『소년』 창간호("純勇과 戰譚이 어린이의 마음을 感動함이 큰 까닭이라"), 1913년 『붉은 져고리』 4호("그 오빅만명 어린이가 스ᄉᆞ로 우리 동무가 되시려 들어야 ᄒᆞᆯ 일이 아니오닛가"), 1914년 『청춘』 1호(「어린이 꿈」), 1915년 『새별』 16호(「와싱톤이 어린이를 살니다」) 등에서 사용된 바 있다. 그러나 1920년대 이전에 '어린이'라는 어휘는 극히 드물게 나타났으며, 설혹 나타났다 하더라도 의미나 용법이 크게 달랐으므로, '어린이'를 1920년대에 나타난 신생어라고 부른다고 해도 그리

환기에 새로 수입되거나 만들어진 것처럼 소개하기도 했지만 새롭게 출현한 것은 기표 자체라기보다는 그것을 사용하는 방식과 전략이었다고 하는 편이 실제 사정에 부합될 것이다. 기표 자체가 언제 어느 문헌에 누구에 의해 처음 등장했느냐가 가르쳐주는 것은 생각보다 많지 않으며 그다지 중요한 일이 아닐 때가 많다. 필립 아리에스의 말처럼 "실제로 변화는 절대적 쇄신이 아니라 재기호화인 경우가 많"[6]기 때문이다.

1) 미성년 관련 어휘의 사용 양상

서로 다른 기표를 갖는 어휘가 '혼용' 또는 '교체'될 수 있는 것은 두 어휘가 개념상 큰 차이가 없거나 특정한 문맥에서 비슷한 기능을 할 수 있는 동의 관계에 있기 때문이라고 상정해 볼 수 있다. 20세기 초의 미성년 관련 어휘들의 사용 양상을 살필 때, 지금의 상식적 이해와 가장 큰 괴리를 보이는 부분 중 하나가 이들 어휘가 빈번하게 혼용된다는 점이다. 특히 '소년'은 미성년을 지칭하는 어휘들과 다양한 동의 관계를 맺으면서 가장 많이 활용된 단어였다.

> ① 엇던 사룸은 말ᄒᆞ기를 사룸이 늙으면 졍신이 혼몽ᄒᆞ고 긔력이 쇠진ᄒᆞ여 연구ᄒᆞᄂᆞᆫ 힘이 **쳥년**만 못ᄒᆞ고 인내ᄒᆞᄂᆞᆫ 셩픔이 **쳥년**만 못ᄒᆞ며 (…중략…) 로인 동포들은 그 정신과 긔력은 **쇼년**만 못홀지언뎡 엇지 그 칙임이 아조 업다 ᄒᆞ리

잘못된 표현은 아닐 것이다.

• '아동'이라는 말도 조선시대의 여러 문헌에서 사용례를 들 수 있다. 예컨대 『훈민정음 합자해』("·一起ㅣ聲 於國語無用 兒童之言 邊野之語 或有之 當合二字而用"), 교훈서인 『增補山林經濟 訓子孫』("兒童氣多好放縱嬉遊者"), 풍속지인 『동국세시기』('오월 단오' 부분의 "男女兒童取菖蒲湯□面" 등) 등에서 '아동'이 나타난 예를 찾아볼 수 있다.

6) 아리에스는 자신의 연구에 대해, 자연스러운 변화의 흐름마저도 절대적 격변인 것처럼 해석하여 기원을 찾는 데에 집착하는 측면이 있다고 비판한 학계의 지적을 수용하면서 위와 같이 말했다.(필립 아리에스, 문지영 역, 『아동의 탄생』, 새물결, 2003, 41면)

잇가 (…중략…) 로인동포들이여 우리 쇼년들은 로인동포의 아ᄃᆞᆯ이 아니면 아ᄃᆞᆯ의 벗이오 손ᄌᆞ가 아니면 손ᄌᆞ의 벗이라 (…중략…) 셔국사ᄅᆞᆷ의 말ᄉᆞᆷ에 ᄇᆡᆨ셰된 쟈도 쇼년이 잇고 삼셰된 쟈도 로인이 잇다ᄒᆞ니 이ᄂᆞᆫ 셩실ᄒᆞᆫ ᄆᆞᄋᆞᆷ과 용ᄆᆡᆼᄒᆞᆫ 긔운이 잇스면 비록 나히 만ᄒᆞ나 쳥년이라 ᄒᆞᆯ지며

—룡쳔 쟝영보, 「국ᄂᆡ에 로인동포에게 ᄒᆞᆫ 번 경고ᄒᆞᆷ」, 『대한매일신보』, 1909.10.9

② 一種의 差別性 色眼鏡을 낀 그들의 눈에 보이는 것이 오직 酒樓와 娼妓와 거기 出入하는 青年學生 密會와 戀愛便紙와 댄스홀과 키스와 活動寫眞館과 演劇場 밖에는 아니 보이는 모양이다. 그들은 쩍하면 우리가 少年쩍에는 이렇지 않았거니 하고 現代의 青年의 墮落을 慨嘆함으로써 愛國志士然하기를 즐겨한다. (…중략…) 朝鮮의 青年男女여, 우리의 任務는 크고 우리의 責任은 무겁다. (…중략…) 그대들은 이것을 回避하려는가. 大膽히 首肯하려는가. 少年들아, 더욱이 朝鮮의 소년들아, 野望을 가지자.

—「야망을 가지자(압수본)」, 『동아일보』, 1927.7.2

③ 나는 이것을 볼 때에 농촌의 수만흔 소년들을 위하야 대단히 비관 안할 수 업습니다. 우리 조선의 뎨이세국민(第二世國民)인 소년시대에 처하야 장래에 상당한 디위를 차지할만한 준비로서 신체(身體) 정신(精神) 도덕(道德)을 발휘(發揮)할 수 잇는 기회(機會)를 만히 가저여야 될 우리 조선의 어린이가 아님닛가

—이성환, 「농촌소년을 위하야」, 『어린이』 3년 7호, 1925.8.10

④ 童話는 그 少年-兒童의 精神生活의 重要한 一部面이고 最緊한 食物이다.

—소파, 『개벽』 31호, 1923.1

①은 1900년대 신문 논설의 일부로 '소년'과 '청년'이 서로 교체 가능하며 둘 모두 '노인'의 대립항으로 기능한다는 점을 보여준다. 즉 '소년'과 '청년'은 같은 문장, 같은 문단 안에서도 대체 가능할 정도로 거의 동일한 의미와 용법을 가졌으며, 이때 '소년(청년)'은 '노인이 아닌', '늙지 않은' 사람 정도로 의미화되고 있음을 알 수 있다. 이는 '소년'이 '유

년'과 '청년' 사이에서, 즉 '유년'이 아니고 '청년'이 아닌 위치에서 의미화 되는 지금의 경우와는 결정적으로 차이가 있는 것이다. 또한 '소년'들이 "로인동포의 아들" 혹은 "손자"라고 표현된 것으로 보아, '소년(청년)'이라는 용어는 젊거나 어린 세대를 아우르는 폭넓은 연령 범주를 가지고 있음을 알 수 있다. 당시 '소년(청년)'이라는 말이 미성년층 내부의 차이는 명확하게 반영하지 않았던 데 반해 '少年 : 老人'의 이분적 대립구도는 확연하게 표시하고 있었다는 것을 보여주는 예이다. 표면적으로 볼 때 일단 이러한 대립의 구도는 재래의 '노소(老小)', '장유(長幼)'의 이분법을 이어받고 있는 듯하다. 연장자에 대한 공경심을 강조하고 아랫사람의 도리를 설파하는 유교 담론에서도 이러한 구도는 익숙하게 활용되어 오던 것이다. 그러나 20세기 초의 '소년(청년)'과 '노인'의 대립을 축으로 한 대부분의 근대 계몽 담론들은 위의 인용문의 경우처럼, '정신', '기력', '성실한 마음', '용맹한 기운'이 있는 자는 '소년(청년)'이며, 없는 자는 '노인'이라고 설정하여 긍정적 의미 자질을 '소년(청년)'에게만 부과했다는 점에서 차이가 있다. 재래의 이분법적 구도를 그대로 활용하되 이를 전도시켜 역설의 논리를 펴는 것은 근대 계몽 담론의 구성 방식 중 대표적인 것의 하나였다.

②는 1920년대 후반의 신문 논설이다. ①에서 살핀 '소년'과 '청년'의 교체 사용 어법이 1920년대 후반까지도 지속되고 있었다는 것을 보여준다.[7] ②도 역시 기성 세대와 젊은 세대를 이분하여 대립시키고 있는데, 특히 젊은 세대를 폭넓게 아우르면서 이를 통해 새로운 세대의 시

7) 다음과 같은 예를 보충할 수 있다. 인생 주기를 '노년', '중년', '청년'으로 삼분하고 있는 아래의 인용문에서 '청년'이 다시 '소년'이라는 말로 대체되어 사용되고 있음을 확인할 수 있다. "團體의 中에도 老年, 中年, 靑年의 三階級이 有훈대 其輕重의 次序를 論하면 靑年이 先에 居하고 中年이 其次이오 老年이 又其次에 在훌지니 何故인고하면 少年은 국가의 杆城이며 사회의 重鎭이며 民族의 先鋒이며 文化의 城寨이며 事業의 新旗幟를 樹立훌者임으로써ㅣ라"(「조선학생대회에 대하야」, 『매일신보』, 1921.7.2)

대적 사명을 각성시키고자 하는 동기를 가졌을 때 이러한 용법이 두드러지게 나타났다. 그러나 이 논설이 쓰여진 1920년대 후반에는 이처럼 '소년'과 '청년'을 혼용하는 것이 모든 영역에서 보편적으로 나타난 양상은 아니었다. 뒤에서 좀더 살피겠지만 1910년대 후반에는 미성년을 통칭하는 '소년' 담론 대신 미성년의 상위 연령층을 특화하는 '청년' 담론이 대두되었다. 또한, 1920년대 초반에 이르면 근대 학제가 미성년기를 분절하는 기준으로 광범위하게 자리를 잡아, '소년회'와 '청년회', '소년(아동) 잡지'와 '청년 잡지'의 구별이 뚜렷해지는 등 사회의 제반 영역에서 '소년'과 '청년'을 구분하는 것이 보다 일반적인 경향이었다. ②와 같은 용법은 미성년기를 세분하는 것이 제도화된 이후에도 미성년 전체를 통칭하는 것이 유리할 경우, 전략적으로 나타났다.

③은 1920년대 잡지 『어린이』에 실렸던 글로 '소년'과 '어린이'가 동의어처럼 사용되고 있어 위의 예들과 비교가 된다. 1920년대 초반부터 사회에 보급되기 시작한 '어린이'는 보다 친숙하고 상대적으로 안정적인 용법을 가진 '소년'이라는 말로 다시 풀이되는 경우가 많았다.[8] 그러나 ②의 예처럼 비슷한 시기에 '소년'과 '청년'이 통용되는 경우가 있었다고 해서 '어린이'와 '청년'도 유의어처럼 사용될 수 있었던 것은 아니다. 1910년대까지만 해도 '어린이'는 단순히 어린 사람 정도의 의미를 지녔으므로, 경우에 따라서는 '청년'에게 사용할 수도 있는 말이었지만,[9] '어

---

8) 몇 가지 예를 더 들어본다.

• 매년 '오월 일일'을 조선의 **'어린이날'**로 명하고(……) (「五月 一日로 **'少年日'**」, 『동아일보』 1923.4.20)

• 지난 초하룻날 낫 한시에 시내 경운동에서 어린이 설흔 여덜 사람이 한데 모혀 서울에 잇는 모든 **어린이모힘(少年團體)**을 다- 모와 하나를 맨드는(團結) 때에 (同時) 가장 뜻깁흔 **어린이 운동**을 힘굿세게 일으키기 위하야 (……) (「서울**少年團**」, 『동아일보』, 1925.2.5)

• 우리 「어린이」가 둘재 돌을 맛자 어린이(少年少女)가티 귀여웁고 사랑스러운 봄철도 슬며시 오고 말앗슴니다.(설의식, 「빗조흔 개살구 '점잔타'」, 『어린이』 3권 3호, 1925.3.1)

9) 1910년대에 현상윤은 조선의 '청년'들을 수신자로 한 「말을 반도청년의게 붓침」(『학

린이'라는 말이 특정한 의미를 띠고 본격적으로 보급되기 시작하면서 '청년'들을 '어린이'라 지칭하는 예는 수사적 표현을 제외하고는 찾아보기 어렵게 되었다.[10] '어린이'는 미성년에 대한 새로운 인식을 촉구하고자 하는 소위 '소년 운동'의 실천 과정에서 비롯된 말로, 당시 문화적 계몽의 주체로 나섰던 '청년'들은 '어린이'라는 새로운 호칭을 도구 삼아 자신들보다 어린 연령층을 대상으로 사회 제 분야의 실천을 벌여 나갔다. 1920년대 '청년'들에게 '어린이'는 타자의 호칭이 될 수밖에 없었다.

④는 방정환이 아동문학의 개념을 설명한 글의 일부인데, '소년'을 '아동'으로 바꿔서 표현하고 있는 것을 알 수 있다. 앞에서도 언급했듯이 '아동'이라는 말은 이미 전대에도 사용되었던 말이었으나, 근대적 제도나 개념이 수입되는 과정에서 새로운 의미를 얻어 일반에게 보급된 대표적인 '신문명어' 중 하나였다. '아동'은 주로 일본으로부터 위생, 보육, 교육, 아동문학 분야의 근대 지식 담론이 번역되어 수용되는 과정에서 유입되었다. '아동'은 위의 예와 같이 '소년'과 혼용되기도 했지만, '어린이', '유년', '유아'의 동의어로도 자주 사용되었으며,[11] '청년' 이

지광』 4호, 1915.5.2)이라는 글에서 '청년'들을 '어린이'라고 불렀다. "애닯다 諸君아 나이 어리다고 辭讓말고 힘이 弱하다 사양마라, 어린이의 꾀라고 꾀안임은 안일지며 약한이의 힘이라고 힘안임은 안일지온"에서 '어린이'란 단순히 나이가 어린 사람이라는 뜻으로 '청년'들을 가리키는 말이었다. '청년'들이 스스로를 '어린이'라고 부르는 것은 자신들이 사회적 약자임을 강조함으로써 동정을 얻는 데 유리할 수 있었다. 그러나 '청년'을 '어린이'라고 지칭하는 것은 '어린이'가 특정한 의미로 보급된 1920년대 이후에는 가능하지 않은 일이 되었다.

10) 물론 '어린이'라는 말이 대중적으로 보급되기 전에는 동인지 잡지의 지면에서도 '어린이'가 '청년'을 지시하는 말로 사용된 경우를 찾아 볼 수 있다. 즉 전영택은 주요한에게 보내는 서한 형식의 글에서 동인지 문학청년들을 '어린이들'이라고 표현한 바 있으며, 오천석도 사랑의 떨리는 감정을 효과적으로 표현하기 위해 시적 자아를 '어린이'라고 표현한 바 있다. "(……) 幸이랄지 不幸이랄지 모르지만, 스사로 도라보면 참 아모것도 아닌 우리 어린이들이라 도 「衰殘한 藝術」을 復興식히는 큼 짐이 우리들의 억개에 메워졋스니 (……)"(늘봄, 「벌쏫君의게」, 『창조』 5호, 1920.3); "(……) 그러나, 불붓허 올나오는/어린이의 픗사랑은/오－랜 침묵을 용서하지안코/그의손우에 어린이의 손을/가마－ㄴ히 언져보앗셔요 (……)"(오천원, 「꿈길」, 『창조』 5호, 1920.3)

11) "그런대 이敎訓에 산다는 우리의 幼年에게 對한 養生送死, 愼終追遠은 如何한가

하의 미성년을 통칭하는 어휘로 사용되는 경우도 많았다.[12] 때로는 "少年은곳兒童의一部", "比較的큰兒童을가르처 少年이라 할 것"에서 볼 수 있는 것처럼 '소년'의 상위어로 사용되는 경우도 있었다.[13]

지금까지 살펴본 미성년 관련 어휘들의 사용 방식을 통해 다음과 같은 점을 정리해 볼 수 있다. 첫째, 1900년대에는 젊은층 일반을 아울러 통칭하는 경우가 많았으며, '소년'과 '청년'이 동의 관계를 갖는 것은 흔한 현상이었다. 둘째, 1910년대에는 '청년'의 의미가 특화되어 그 이하 연령층과 분리되는 경향이 두드러졌다. 셋째, 1920년대에 들어서면 '청년'과 그 이하 연령층의 분리가 더욱 일반화되는 경향 속에서 '청년' 아래의 연령층을 지시하는 용어로 '소년', '어린이', '아동' 등이 사용되었으며, 이들 어휘들은 서로 빈번하게 혼용되고 있었다. 다시 강조해 둘 것은, 이러한 변화들은 단지 기호 체계의 문제가 아니라 미성년에 대해 말하고 생각하는 것을 가능하게 만드는 조건들의 변화라는 점이다.

2) 미성년 관련 어휘의 지시 대상 범주

흔히 미성년을 지칭하는 어휘들은 특정한 성장의 단계를 투명하게 지시하고 있는 것으로 오해되곤 한다. 미성년 관련 어휘들은 자연적이고 생물학적인 성숙의 단계들을 그대로 반영하고 있으며 미성년기를

써러진소반이 어던 兒童에게로 돌려라 찌썩이 飮食物이어던 幼兒에게 주어라 함이 兒童養生法이다.(……) / 幼年이라함은 成年의 對稱이라 見할지며 成年이라함은 更히 成人이라 解할 것이다."(김소춘, 「장유유서의 말폐」, 『개벽』 2호, 1920)

12) "希望은 襁褓에서 墓地에 至하는 間에 吾人을 支配하는 唯一의 指南車ㅣ니 兒童에게는 此를教호대 有爲한 智識의 前途로써하고 靑年에게는 中年後의 幸福인 生活과 聲譽로써 하고 又 成人된 人人에게는 他人의 上에 卓絶한 事或은 名聲을 博하야(……)"(鮮于 綠東, 「希望의 力」, 『청춘』 9호, 1917.7); "朝鮮人의 兒童혹은 靑年을 如何히 教育홀가(……)"(「조선인을 어떻게 교육할 것인가(1)」, 『매일신보』, 1918.3.5)

13) 이돈화, 「신조선의 건설과 아동문제」, 『개벽』 18호, 1921.12.

분절하는 시간의 단위들은 발달의 단계와 정확하게 대응하고 있는 것처럼 생각되는 것이다. 물론 아이가 어른이 되는 것은 연속하는 시간의 자연스러운 결과이며, 개체의 생물학적 성숙에는 일정한 순서가 있고, 전후를 구분할 수 있는 단계를 설정할 수 있다는 것은 분명한 사실로 보인다.

그러나 언제부터 언제까지를 미성년기라고 할 것인가, 성장하는 과정의 시간들을 어떠한 단위로 나누어 설명할 것인가 하는 것은 생물학적 성숙에 국한된 것이 아닌 사회적인 성격의 문제라고 할 수 있다. 또한 생물학적 성숙의 속도나 정도의 문제마저도 그 사회의 물질적 풍요나 의료의 보급 수준에 따라서 차이가 있을 수 있다. 이와 관련하여 미성년기를 대상으로 한 역사적 접근의 연구들은 미성년기가 항구적이고 절대적인 것이라기보다는 가변적이고 상대적인 측면을 지닌 것이며 시대와 사회의 조건에 크게 구속되는 것이라는 점을 환기시켜 주고 있다.[14] 요컨대 미성년기가 자연적 성숙의 과정과 관계를 맺고 있는 것은 사실이지만, 어리고 미성숙하다는 유동적일 수 있는 문제에 제한적 범주와 특정한 성격을 부여함으로써 미성년을 인식하고 경험하게 하며, 미성년에 대한 제반 실천이 가능할 수 있는 조건을 제공한다는 의미에서 특정한 사회적인 관습이자 제도라고 할 수 있다.

20세기 초반, 우리 사회에 근대적 전환이 이루어지고 있었다면, 그러한 전환의 중심에 새로운 인간형의 생산 기획이 자리 잡고 있었으며, 미성년기의 문제가 이와 긴밀하게 연관되어 있었으리라는 것은 짐작할 수 있는 일이다. 그러나 당시 미성년에 대한 근대적 인식과 미성년기의 제도화는 한창 형성 중에 있었으며, 전대의 관습도 단번에 사라지지 않

14) 대표적인 예로 아리에스의 연구를 들 수 있다. 그에 따르면 유럽(특히 프랑스)의 경우, '인생의 여러 시기' 혹은 '인간의 여러 연령'을 지칭하는 어휘나 개념들은 고대나 중세에는 학문적이고 이론적인 것이었으며, 사회 전반에 보급된 것이 아니었다. 나이를 엄밀하게 계측하고, 미성년기를 단계적으로 세분하여 인식하는 것이 일반화된 것은 근대에 들어서의 일이다.(필립 아리에스, 문지영 역, 『아동의 탄생』, 새물결, 2003, 61~87면)

고 상당히 오랫동안 잔존하고 있는 형편이었다. 앞에서 다룬 혼용의 양상만 살펴보더라도 20세기 초반에는 미성년 관련 어휘들이 서로 일관성 있는 관계를 형성할 동일한 기준 축이 존재하지 않았다는 점을 확인할 수 있으며, 이를 바탕으로 이들 어휘들이 지시하는 대상이 많은 경우 서로 중첩되고 있었으리라는 것을 추측할 수 있다. 미성년 지시 어휘들과 구체적인 연령이 함께 제시된 예를 통해 이러한 문제를 살펴보기로 한다.

① 쇼년이 발연대노ᄒᆞ야 벌덕 니러나며 닐ᄋᆞᄃᆡ (…중략…) 나는 지금 나히 이십이라

—김시언, 「로소문답(속)」, 『대한매일신보』, 1908.2.14

② 文浩는 이제 十八歲되는 싀골 어느 中等程度學生인 靑年이나 그는 아직 청년이라고 부르기를 슬혀하고 少年이라고 自稱한다.

—춘원, 「少年의 悲哀」, 『청춘』 8호, 1917.6

③ 그러면 제군이여 제군은 오늘날 엇더한 경론과 엇더한 각오를 가졋는가? 나으로말해도 이십 삼십이다 넘어 다소 세상에 대한 경험도 싸아 왓고 인생이 무엇이고 세계가 엇던 것인지도 대강 알아왓으리라.

—현상윤, 「말을 반도 청년의게 붓침」, 『학지광』 4호, 1015.2

④ 여기에 어썬 어른 한 분이 잇다 합시다. 지금 이 어른이 나물 밧헤서 네 어린이를(열살씀에서부터 열다섯살씀되는)다리고 일하고 잇는 것을 볼 째에 농촌 어른들은 「허허 아무 집 쥬인은 뉘(德)를 보앗는 걸! 저러케 네 오누이가 각각 일들 하는 것을 보겟지……」하야 못내 부러워합니다.

—이성환, 「농촌소년을 위하야」, 『어린이』 3년 7호, 1925.8.10

⑤ 삼일 오후 태화녀자관으로 어린이 가진 어머니는 오라

장래 조선사람의 국민 위생을 위하야 만히 애쓰는 태화녀자관(태화여자관) 진찰소(태화진찰소)에서는 오는 삼일 오후 한시에 총독부의원과 세브란스병원

과 동대문부인병원의 세병원의 의사 다섯 명을 청하야 생후 석달된 갓난아기로부터 다섯 살까지된 아이들의 건강진단(건강진단)을 할 터이라는데

―「幼兒健康을 診斷」, 『동아일보』, 1924.5.1

⑥ 선생님 나희 몃살까지 소년임닛가 또 몃살까지 투고(投稿)할 수 잇슴닛가 아르켜주십시요(十八歲讀者)

생리학상으로는 二十五歲까지 발육되는 고로 二十五歲까지는 少年期로 침니다만은 조선서는 보통으로 二十歲까지는 少年이라 할 수 잇슴니다. 투고할 수 잇슴니다(記者)

―「독자담화실」, 『어린이』 3년 3호, 1925.3.1

⑦ 理性이 發達되지 못하고 記憶力이 乏小한 幼年兒童 (…중략…) 近世主義의 第一人者라는 稱이 有 한 룻소는 敎育에 對하여 論하였으되 兒童의 年齡이 五歲로부터 二十歲에 達하기까지는 아직 兒童의 理性이 發達치 못하고 記憶力이 乏少하므로

―「조선인의 교육용어를 일본어로 강제함을 폐지하라(1)」, 『동아일보』, 1920.4.11

①은 '노소문답'의 형식으로 구성된 글의 일부인데, '소년'의 나이가 20살로 나타난 경우이다. '노인'과 대립적인 위치에서 젊거나 어린 층 일반을 지시하는 '소년'의 나이는 지금의 기준으로 본다면 상당히 많을 수 있었다. 이는 인생 전체를 크게 이등분하여 '소년'과 '노년'으로 나누어 사유하는 관습에서 기인한 것이라고 볼 수 있을 것이다.

②는 1910년대에 발표된 이광수 소설의 서두 부분이다. 18살인 작중인물 문호는 객관적으로는 '청년'이지만 주관적으로는 스스로를 '소년'이라고 부르고 싶어 하는 것으로 소개되고 있다. 이 소설에서 '18살', '중등정도학생'은 '청년'임을 드러내는 객관적인 표지로 사용되고 있다. 1910년대 이후 사회의 여러 분야에서 17, 18살 정도의 10대 후반의 나이는 '소년'과 '청년'의 경계 연령으로 설정되는 추세를 보였다.

③은 1910년대에 현상윤이 일본에서 유학할 당시 조선의 청년들을

선던지 돌리는 어린이 어린이날 '선던지 돌리는 어린이'(『동아일보』, 1925.5.2)라는 설명이 붙어 있었던 사진인데, 사진 속 '어린이'는 키가 껑충하게 큰 학생의 모습이다.

수신자로 설정하여 쓴 글이다. 이 글에서 '청년'들은 나이로는 20살, 30살을 넘겼으며, 세상과 인생에 대한 지식과 경험을 소유한 자로 표현되고 있다.15)

---

15) 물론 1920년대에도 미성년들을 통칭하여 '소년', '청년'이라고 부르는 용법이 계속 유효했으며, 이때에는 20살 미만의 연령층도 '청년'으로 불릴 수 있었다. 이돈화는 부인 사회를 '노년', '장년', '청년'으로 삼분할 수 있다고 하였는데, 이때 '노년'은 50살 이상, '장년'은 20살에서 50살까지, '청년'은 10살에서 20살까지라고 하였다.(백두산인, 「나의 생각은 이러합니다」, 『개벽』 10호, 1921.4) 또 다른 지면에서는 10살, 15~16살을 '청년'이라고 지칭하기도 했다.("우리가 萬一 十歲나 或은 十五六歲되는 靑年에게 甲午年의 形便이나 혹은 甲辰年代의 形便을 일러주면 그들은 그것이 거즛말이나 아닌가 하고 疑心할 일이 十에 七八은 될 듯합니다", 이돈화, 「新朝鮮의 建設과 兒童問題」, 『개벽』 18호, 1921.12)

④는 1920년대의 베스트셀러가 됨으로써 '어린이'라는 말의 보급에 중요한 영향을 미친 잡지 『어린이』에 실린 글이다. 10살부터 15살 정도의 연령을 '어린이'로 지시하고 있다. 처음 보급될 당시부터 '소년'과 동의적 관계를 맺고 있었던 '어린이'가 '청년' 바로 아래 연령층인 십대, 보통학교 학생 정도로 설정되는 것은 흔한 일이었다. 그러나 '어린이'가 보다 대중적으로 보급되기 시작하자 유치원생들은 물론이고 ⑤처럼 젖먹이 갓난아기들을 가리키는 경우까지도 생겨났다.[16] 이럴 경우, '어린이'는 '어린애'라는 말과 혼용되기도 했는데 이때 '어린이'의 '-이'는 인격적 존재로서의 '사람'으로 풀이되기보다 단순히 '아이(아기)'라는 의미로 해석되었으리라 짐작된다. '어린이'가 처음 보급될 당시, '어린이'는 '소년'을 염두에 두고 사용된 어휘였으나 '소년'에 비해 한결 부드럽고 순수한 이미지를 환기시켰던 탓에 '소년'이라고 불리기에는 상대적으로 어린 연령층에 대해서도 큰 거부감 없이 사용할 수 있었던 것으로 생각된다.

⑥은 『어린이』의 독자투고란에 실렸던 글이다. 독자가 『어린이』의 투고 자격을 질문하면서 몇 살까지 '어린이'냐고 묻지 않고 몇 살까지 '소년'이냐고 물었던 것은, 일상에서 개별 미성년자를 지칭할 때 '어린이'라고 부르는 것보다 '소년'이라고 부르는 것이 보다 일반적인 관행이었기 때문이었다. 기자는 '생리학'적 관점을 빌어 '소년기'를 '성장하는 기간'으로 정의내리고, 서양에서는 25세까지이지만 조선에서는 대략 20살까지로 볼 수 있다고 대답한다. 이광수가 '소년'들을 "지금 二十歲以內되시는 여러 아오님들과 누의들이며 장차 아름다운 朝鮮의 쌍을 밟고 나오실 여러아드님들과 짜님들"[17]이라고 규정하였던 예에서 볼 수 있

16) 다음의 경우도 젖먹이 아이를 '어린이'라고 부른 예이다. "어머니품에서 졋을 볼진 볼진 만지며 방긋방긋 웃는 어린이들께로 눈이 갈 때에는 그나마 적이 위안이 생기며 무슨 희망이 붓기는 붓텃습니다."(박달성, 「황해도에 갓든 니약이」, 『어린이』 1925.5.1)

17) 魯啞子, 「少年에게」, 『개벽』 17호, 1921.11.

어린이 천 사람" 『동아일보』는 1천호 기념으로 신문의 한 면 가득 어린이 사진을 실었다.(『동아일보』, 1923.5.25)

듯이 20세는 성년과 미성년을 가르는 관행적인 경계 연령이 되는 경우가 많았다. 그런데 만약 1920년대에 '소년'과 '어린이'가 동의적 관계를 맺고 있었다는 점을 염두에 둔다면, 원칙상으로는 20살짜리도 '어린이'라고 불릴 수 있었으리라 생각할 수 있다. 실제로 잡지 『어린이』의 표지에 사진이 게재된 독자들의 평균 연령은 17.72세였으며, 흔한 것은 아니었지만 20세를 넘긴 독자도 눈에 띄었다.[18] 1920년대에 『어린이』를 구독했던 '어린이'들이란 실제로는 10대 중·후반으로, 지금 감각으로는 '청소년'이라고 부를 만한 연령층이었으리라는 것이 추정 가능하다. 이러한 제반 현상들은 '어린이'라는 어휘가 신생어였으므로 사회적으로 안정적인 용법을 지니지 못했던 탓일 수 있다. 그러나 설혹 '어린이'라는 용어가 훨씬 오래전부터 사용되어 오던 '소년'과 동의어로 쓰여서 용법의 안정성을 확보하는 경우라 할지라도 '어린이'의 정확한 연령 범주는 확정하기 어려웠다. 이는 담론의 선도성과는 별도로 '어린이'의 담론적 실천과 긴밀한 연관 관계를 맺고 있던 현실 속의 미성년의 제도들, 예컨대 학교나 소년회(청년회) 등이 정확한 연령을 기준으로 한 안정적 분절의 체제를 확립하지 못하고 있었기 때문이었다고 할 수 있을 것이다.

⑦은 5살부터 20살까지를 '아동'이라고 표현한 예로, 미성년들에 대한 과학적 인식을 표방하는 서구의 지식 담론들이 미성년기를 규정하는 데 권위 있는 기준이 되고 있었다는 것을 보여준다. 서구의 육아법이나 교육방식에 대해서는 개항 이래 꾸준히 소개되어 왔으나, 특히 1920년대 중반 이후 일반 신문이나 여성을 대상으로 한 잡지들은 전래의 보육 방식을 대체하는 서구식 보육 방법을 특집으로 묶어내는 등 새로운 미성년의 보육 지식을 보급하는 데 큰 몫을 담당했다.[19]

18) 이기훈, 「1920년대 '어린이'의 형성과 동화」, 『역사문제연구』 8호, 2002, 15면.

19) 식민지 시대 자녀 양육에 대한 서구 지식의 유입과 이에 따른 모성의 역할에 대한 전문화 요구에 대해서는 김혜경에 의해 자세하게 검토된 바 있다.(김혜경, 「일제하 '어

이상과 같은 연령 지시 범주의 예를 통해서 다음과 같은 문제를 생각해 볼 수 있을 것이다. 첫째, 1900년대의 '소년(청년)'은 젊거나 어린 층을 넓게 통칭하는 어휘였으므로, 대체로 20세 안팎에서 그 이하를 지시하는 경우가 많았다. 이는 미성년 내부에 큰 구별이 없었거나 구별할 필요가 없었던 상황을 반영하는 것으로 계몽담론의 구성에 있어서도 '소년(청년) : 노인'의 이분적 분절 체계가 주로 활용되었던 것과 관련될 것이다. 둘째, 1910년대 이래 17,18세 이상의 '청년'들과 그 이하 연령층의 분리가 뚜렷해졌으며, 1920년대에는 '청년' 이하의 미성년을 지시하는 '소년', '어린이', '아동' 등의 연령 범주는 특히 10대의 연령층에서 중첩되는 경향을 보였다. 이는 1910년대 이후 '청년'이 실제적인 실천 주체로 특화되었던 것과 관계있으며, 특히 10대의 연령층을 호명하는 방식들이 다양하게 개발되었다는 것은 이들을 대상으로 해서 여러 가지 기획이 중첩되어 이루어졌다는 것을 가정해 볼 수 있게 하는 것이다. 셋째, 이러한 미성년기의 분절은 대체로 근대적 학제의 학령과 관련을 맺으며 진행되어 갔으나, 실제 연령 분포는 담론적 분절의 선도성에 비해 상당히 오랜 기간 중첩되는 유연한 상태를 유지하고 있었다. 이는 담론의 층위와 비담론적인 물적 조건 사이에 상당한 격차가 있었다는 것을 시사해 주는 것이라고 할 수 있다.

이상과 같은 점검을 통해, 지금 우리가 익숙하게 사용하고 있는 미성년 관련 어휘들이 20세기 초반만 해도 생물학적 연령의 어느 시기와 정확하게 대응하는 용어로 사용되고 있었던 것은 아니었으며, 더욱이 미성년의 발달 단계를 순차적으로 정렬시키는 하나의 동일한 시간 축 위에 정연하게 자리 잡았던 것이 아니었다는 사정을 확인할 수 있었다. '소년', '청년', '어린이' 등 미성년에 대한 대표적인 어휘들은 단순히 자연적이고 생물학적인 성숙의 어느 한 단계를 지시하는 안정적인 용어

린이기'의 형성과 가족변화에 관한 연구」, 이화여대 박사논문, 1998)

가 아니었던 것이다. 이들 미성년에 대한 어휘는 사회적 인식과 전략의 실천 단위로서 서로 혼용되기도 하고, 구분되기도 했으며, 새롭게 만들어지기도 했다. 다음 장에서는 이상에서 확인한 문제들을 전제로 하여 우리의 근대 미성년 담론의 구성하는 데 중요한 구심점이 되었던 '소년', '청년', '어린이' 등이 구체적으로 어떠한 상황과 조건에서 출현하게 되며, 이들의 상호 관계는 어떻게 맺어지게 되는지 살펴보기로 한다.

2. 근대 주체 기획과 미성년기의 배치 구도

1) 미성년 담론의 지형

(1) 근대 계몽 담론과 '소년'의 호출

'소년'의 존재는 국가 존폐의 비상시국에 부각되었다. 특히 민족의 사활을 걸고 계몽의 열기가 뜨겁게 달아올랐던 1900년대 중반부터 1910년경을 전후하여, 소년은 사회적 담론의 표면 위로 급부상하였다. 우승열패, 약육강식의 위기의 시대에 "소년봉"[20]은 민족의 희망이 되어 솟아올랐으며, "쇼년 두 글ᄉᆞᄌᆞ"는 "찬미홈을 마지 못ᄒᆞ"[21]는 말이 되었던 것이다. "소년 한반도",[22] "소년 대한"[23] 등의 말이 유행하고, "大韓으로 하야곰 少年의 나라"[24]가 되게 하라는 언명이 등장한 것도 이 때

20) 시ᄉᆞ평론 란(한문본 제목—少年峯巒), 『대한매일신보』, 1908.8.8.
21) 「쇼년 동지회에 고ᄒᆞ는 말」, 『대한매일신보』, 1908.8.7.
22) 양재건이 발간한 잡지 『소년한반도』(1906~1907)의 제호
23) 「쇼년의 한국」, 『대한매일신보』, 1910.7.1; 「少年大韓(詩)」, 『소년』 1년 2권, 1908.11.1.
24) 잡지 『소년』(1908~1911)의 권두언.

이다. 국가 위기와 시대 전환의 시점에서 소년의 존재가 돌연히 부각되었던 것은 이들이 외세의 침탈을 막아내고 힘 있는 문명국가를 건설할 새로운 주체, '국민'의 한 분자로서 발견되었기 때문이었다. 나라가 위험에 처한 것은 힘이 없는 탓이며, 힘이 없는 것은 제대로 된 앎을 가진 국민이 없어 세계 발전의 추세를 미처 따라잡지 못했기 때문이라는 것이 당시의 대체적인 진단이었으며, 각 개인이 자각한 국민으로, 애국적 영웅으로 다시 태어날 때 위기를 극복할 수 있으리라는 것이 이에 대한 공통된 처방이었다. 이러한 상황에서 나이 어린 미성년들은 기성세대에 비해 새로운 변환을 감당해 낼 가능성이 보다 높다고 인식되었기 때문에 소년은 국난 극복의 희망으로 예찬되었으며, 이들의 미성숙함은 오히려 가능성의 메타포로 읽히기 시작했다.[25)]

소년은 계몽의 시선 속에서 새로운 지식과 문물을 수용·창조할 수 있는 잠재적 힘을 지닌 존재로서 급격히 부상되었다. 그러나 그 가능성

---

25) • 태ᄇᆡᆨ산에 놉히 올나 대한ᄃᆡ형 ᄉᆞᆲ혀 보니 ᄌᆞ손ᄀᆞᆺ치 늘어섯ᄂᆞᆫ 쳔봉만악 무수ᄒᆞᆫᄃᆡ 쇼년봉이 쳥슈ᄒᆞ야 문명샹에 뎨일이라 (…중략…)

• 동령 우에 돗ᄂᆞᆫ ᄃᆞᆯ은 온박희가 안 찻셔도 넓은 텬하 다 빗최네 혼텬동디 ᄒᆞᆯ ᄌᆡ됴를 가슴 속에 품엇스니 만리초졍 이 아닌가 쇼년봉이 놉헛고나

• 구미각국 신공긔ᄅᆞᆯ 뇌슈 즁에 집어 넛코 ᄀᆡ명ᄉᆞ샹 발달ᄒᆞ면 젼일구습 ᄇᆞ린 심장비 온 후에 산과 ᄀᆞᆺ치 일신ᄒᆞ지 아니 ᄒᆞᆯᄶᅡ 쇼년봉이 놉헛고나

• 남방으로 강회간에 유람하던 ᄉᆞ마쳔은 이십시졀 이 아닌가 쳥츈시에 큰 경륜이 명산대쳔 열력ᄒᆞ고 ᄉᆞ긔일부 지어냇네 쇼년봉이 놉헛고나 (…중략…)

• 고금시ᄃᆡ 흥망ᄉᆞ가 역ᄉᆞ 즁에 ᄌᆞ직ᄒᆞ니 쳥년ᄌᆞ뎨 교육ᄒᆞ야 ᄀᆡ명졔도 본밧으면 샹등국인 되려니와 후ᄉᆡᆼ에도 젼진일세 쇼년봉이 놉헛고나

(시ᄉᆞ평론 란(한문본 제목–「少年峯巒」), 『대한매일신보』, 1908.8.8)

태백산에 높이 올라 무수한 "천봉만악"을 굽어 보더라도 단연 "소년봉"이 제일로 눈에 띄었던 것은 화자가 "문명상"의 관점에서 지상의 사물들을 포착했기 때문이다. "구미각국"의 "신공기를 뇌수"에 "집어 넣"기에는 오랫동안 구습과 구사상에 젖어 있던 성인보다는 새로운 세대가 더 유리하다는 판단에 힘입어 전대에는 부정적으로 인식되던 "온박희가 안 찬 달"과 같은 미숙함마저도 "넓은 천하를 다 비추"고 "하늘과 땅을 뒤흔들" 수 있을 가능성으로 새롭게 발견되는 것이다. 화자는 이러한 소년시절의 가능성에 주목했기에 '사마천', '장자방', '초패왕' 등 역사적 인물들의 행적 등을 거론하면서 "고금시대 흥망사"가 모두 그들의 소년 시절에 달려 있었다고 재해석하기에 이른다.

은 이제 막 포착되었을 뿐이었다. 소년이 이미 만들어진 존재, 기성인(旣成人)이 아니라는 사실은 무한한 가능성을 내포하는 것이지만 동시에 새로운 주체를 '만들어 낼' 사회적 제도나 의식의 변화가 전제되지 않는다면 아무 것도 기대할 수 없다는 점에서 긴박한 실천을 요하는 것이었다. 이 시기의 계몽 담론은 소년과 관련된 여러 분야의 문제들에 대해 전면적인 인식의 전환을 촉구했으며, 신인(新人)을 생성시킬 조건들을 구체적으로 모색하는 적극적인 실천의 양상을 보여준다. 이러한 실천은 공적 제도의 차원에서 뿐만 아니라 사적이고 지엽적인 부분으로까지 전개되었으며, 필연적으로 미성년들의 일상을 점유하고 있거나 점유하고자 하는 제 세력과의 쟁투를 내포하는 것이었다. 이 과정에서 공적·사적 층위의 다양한 문제들이 관심거리로 떠오르고 쟁점화되기 시작했다. 결혼 연령의 조절, 성적 욕망의 유예, 새로운 학문과 신서적의 보급, 소설의 개량, 교과서 검열에 대한 비판 등 생활의 여러 국면에서 소년의 문제를 둘러싼 다양한 쟁점들이 끊임없이 제기되었으며 여러 가지 가치 체계가 새롭게 구성되었다.

그러나 어떤 면에서 당시 소년의 자격에는 실제 나이가 몇 살이냐 하는 물리적인 사실보다 진취적인 기상과 애국의 마음으로 국운을 바로잡을 열정과 신념이 있는가 그렇지 않은가 하는 심정적이고 주관적인 측면이 더 중요했다. 예컨대 "셔국사룸의 말숨에 빅셰된 쟈도 쇼년이 잇고 삼셰된 쟈도 로인이 잇다ᄒᆞ니 이ᄂᆞᆫ 셩실ᄒᆞᆫ ᄆᆞᄋᆞᆷ과 용ᄆᆡᆼᄒᆞᆫ 긔운이 잇스면 비록 나히 만흐나 쳥년이라 ᄒᆞᆯ지며"[26] 등의 구절에서 강조하고 있는 것은 '소년' 그 자체가 아니라 '소년다운 성격', '소년적인 기상'이었다. 이런 의미에서 근대계몽주의자들은 그들 스스로가 '소년'이고자 했고, '소년'으로서 말하고자 했으며, 더 나아가 나라 전체가 '소년 강장국'으로 거듭 날 것을 촉구하고 있었다고 할 수 있다. '소년'이라는 말

26) 룡쳔 장영보, 「국니에 로인동포에게 ᄒᆞᆫ 번 경고ᄒᆞᆷ」, 『대한매일신보』, 1909.10.9.

은 ‘소년 대한’, ‘소년 한반도’ 등의 유행에서 볼 수 있듯이 물화된 고정 개념에 신생(新生)의 이미지를 불어넣는 활성의 힘, 선동의 힘을 지니고 있었던 것이다. 이는 소년 담론이 당대의 절박한 요구와 연결되었기 때문에 가질 수 있었던 특별한 자질이었다.

따라서 단지 나이가 어리다고 해서 모두가 자동적으로 소년인 것은 아니었으며, 연배로는 소년이되 소년답지 않은 ‘악소년(惡少年)’들은 오히려 더욱 혹독한 비난의 대상이 될 수 있었다.[27] 당대적 열망에 부합되는 새로운 인간형, 신인(新人)으로서의 강건하고 진취적인 자질들만 가시화될 수 있었으며, 이에 위반되는 것들은 철저하게 배제되었던 것이다. 소년들의 손과 팔은 나라를 지키는 “쟝창 대검”이 되어야 했고, 소년의 걸음은 험하고 막힌 것을 통하게 하는 “긔션과 화챠”가 되어야 했다. 소년이 굳세게 지키는 힘은 세상 가운데에서도 우뚝 솟아난 “돌

27) “지각업ᄂᆞᆫ 년쇼ᄇᆡ”가 문제되는 것은 그들이 “국민”이 될 한 “분자(分子)”라는 사실에 있었다.

• ᄆᆡ일 듯고 보ᄂᆞᆫ 거시 무비망골 셰계로다 지각업ᄂᆞᆫ 년쇼ᄇᆡ를 ᄎᆡᆨ망ᄒᆞᆯ 것 업건마ᄂᆞᆫ 뎌도 역시 쟝셩ᄒᆞ면 국민분ᄌᆞ 이 아닌가 ᄀᆡ명야만 두 가지로 대강 ᄯᅳᆺ을 말ᄒᆞ노니 명심ᄒᆞ야 드러 보라 (…중략…)

• 릉라쥬의 풀다님에 부둥깃도 아니 나고 졋내 나ᄂᆞᆫ 초립동이 밤이면은 기ᄉᆡᆼ ᄃᆞᆯ고 연희장에 츄축ᄒᆞ니 네 신세도 가련ᄒᆞ나 네 부모가 잡놈이오 나라풍쇽 ᄒᆡ연ᄒᆞ다 뎌 망골을 엇지 ᄒᆞᆯᄭᅩ (…중략…)

• 학도모ᄌᆞ 잣쳐 쓰고 ᄎᆡᆨ보ᄌᆞ를 들엇스나 학문에ᄂᆞᆫ ᄯᅳᆺ이 업고 알굴니기 고혹ᄒᆞ야 간계 만흔 일인에게 여간 돈푼 다 ᄲᅢᆺ기니 허비셰월 고샤ᄒᆞ고 명예ᄭᆞ지 손상된다 뎌 망골을 엇지 ᄒᆞᆯᄭᅩ (…중략…)

• 망골망골 망골들아 녜젼브터 ᄅᆡ력인들 이와 ᄀᆞᆺ치 쇠골인가 너희 망골 등쌀 즁에 무죄량민 다 죽ᄂᆞᆫ다 ᄒᆞ로 밧비 회ᄀᆡᄒᆞ야 가국홍왕 ᄒᆞ고 보면 홍골홍골 될지로다

(시ᄉᆞ평론 란(한문본 제목-責亡骨), 『대한매일신보』, 1908.10.17)

위의 시가에서 화자는 자신들의 본분이나 의무를 망각한 채 사회적 기대와 상반되는 행동을 하는 미성년들을 ‘문명 : 야만’의 이분 척도로서 혹독하게 비난하고 있다. 배제의 논리가 강력하게 작동하는 계몽담론의 구성을 잘 보여주고 있는 예이다. 교육받을 만한 연령의 미성년이 학교가 아닌 연회장이나 들락거린다거나, 학도의 신분임에도 학업에 힘쓰지 않는 것은 “잡놈”의 자식들이나 할 지각없는 “망골(亡骨)”의 행태이며, 더 나아가 이는 “무죄한 양민”들을 다 죽이는 일에 상당하므로 “하루 바삐 회개해야” 할 무거운 죄가 된다.

기동"이었으며, 소년이 발전해 나아가는 것은 자라나는 '봄남기'의 형세였다.[28] 소년들은 "강건(剛健)", "견확(堅確)", "궁통(窮通)"한 인물이 되어야 했으므로, "연약(軟弱)", "나타(懶惰)", "의시(依恃)", "허위(虛僞)"의 마음이 들게 할 것은 조금도 용납할 수 없었다.[29] 결국 '소년'은 특정한 방식으로만 '소년'일 수 있었다고 말할 수 있다.

그렇다고 해서 당시의 소년 담론들이 천편일률적으로 동일한 소년의 표상을 보여주었던 것은 아니었다. 세부적인 차이를 문제 삼기로 한다면, 소년은 문명한 독립 국가를 건설할 이상적 '주체'로서 예찬되는 동시에 하루바삐 만들어져야 할 '대상'으로 사유되었으며, 소년 담론을 주도했던 계열의 입장 차이에 따라 상무적 기상이 더 강조되는가 하면 개인의 정신적 수양과 근대 문명 지향의 태도가 중시되기도 했다는 점을 지적할 수 있다. 박찬승은 한말의 자강 운동 세력을 크게 넷으로 분류하였다. 첫째 대한자강회와 대한협회의 주도 세력으로서 보호정치 하에서의 실력 양성을 주장하면서 궁극적으로는 정치권력에 참여하는 것을 목적으로 했던 권력 지향적인 '대한협회계열', 둘째 유교개혁을 주장하면서 점진적인 문명개화를 통한 실력 양성을 강조한 '황성신문계열', 셋째 실력 양성만이 아니라 민족 의식의 고취, 독립 전쟁의 모색 등을 주장한 '대한매일신보계열', 넷째 실력 양성을 통한 국권 회복 운동과 민족 각 개인의 인격 수양과 단체 생활의 훈련을 지향했던 '청년학우회계열'이다.[30] 이러한 분류에 의지해 본다면, 1900년대 후반에 '소년' 담론을 주도했던 것은 신채호 등의 인사가 포함되어 있던 셋째 『대한매일신보』 계열과 최남선이 주관하였으며 청년학우회의 기관지 역할을 담당한 넷째 『소년』 계열이라고 할 수 있다. 민족 의식에 중점을 두고 상무적 기상을 강조한 『대한매일신보』 계열과 준비론적 입장에서 실력 양

---

28) 「쇼년 동지회에 고ᄒᆞᆫ 말, 『대한매일신보』, 1909.7.24.
29) 「편집실통기」, 『소년』 1년 1권, 1908.11.1.
30) 박찬승, 『한국 근대 정치사상사 연구』, 역사비평사, 1992, 29~107면.

성과 정신 수양에 주력했던 『소년』 계열이 지향하는 바에 어느 정도 차이가 있었으리라는 것은 짐작할 수 있는 일이다.

그러나 당시에는 『대한매일신보』 계열과 『소년』 계열의 정치적 차이[31]가 소년에 대한 공통된 열망보다 크게 두드러지지 않았다. 오히려 두 계열은 서로의 사업을 지지하고 격려하는 모습을 보였다. 1909년 4월 18일자 대한매일신보 논설란에는 잡지 『소년』이 한국의 장래를 담당할 소년들에게 훌륭한 독서물이 되어 왔음을 찬하면서 더욱 정진해 달라는 내용의 글이 실려 있었다.[32] 우승열패 · 약육강식의 시대에 미성년에 대한 교육적 실천만이 당면 문제를 해결할 유일한 방안으로 떠오름으로써 계몽주의자들은 정치적 관점의 차이에도 불구하고 소년에 대해서는 한결같이 열렬한 지지와 애호를 보이며 공명했던 것이다. 이 두 계열 간의 정치적 입장의 차이, 혹은 소년이라는 이름으로 미성년들을 호출해냈던 이질적 욕망들의 분열이 현실적으로 드러나기 시작한 것은 1910년대 이후의 일이다.

---

31) 『소년』 계열은 기본적으로, '무실역행'하는 수양의 과정을 통해 '건전한 인물'을 양성한다는 취지를 내세운 '청년학우회'의 입장을 수용하고 있었다고 볼 수 있을 것이다. "青年學友會가 이러낫도다 무엇하기 爲하야? 『懋實 · 力行으로 生命을 作하난 青年學友를 團合하야 …… 健全한 人物을 作成하기로 目的함』이라더라. / 우리나라 이때와 갓흔 時節에 處하야 쓰레시아에는 「學生同志會」란 것이 이러나고 이탈늬에는 「소년이탈늬」란 것이 이러나서 다갓히 청년의 集社로 活動하난데 그 標榜한 바는 毋論直接으로 政治革新이엿거늘 이제 青年學友會는 크게 그와 달나 政治革新 · 社會改良等을 조곰도 表白하지 아니하얏슬뿐 아니라 그 일홈이 平凡함과 갓히 그 目的하난 바도 쏘한 平凡한듯하도다 그러나 우리는 오늘날에 平凡한 목적으로 이러한 이 會를 더욱 新大韓을 爲하야 祝福하노니 읏지함이뇨 우리는 新大韓을 建設할일은 奇特한 것이 아니라 平凡한것이오 사람도 新英한 者가 아니라 平凡한 者일 것을 밋음일새니라."(「청년학우회」('소년시언'란), 『소년』 2권 8호, 1909.9)

32) "오호ㅣ라 오늘날 한국에 텰셕 곳흔 ᄉᆞ상으로 쇼년의 귀롤 울니며 나라의 졍신으로 소년의 뇌슈에 부어 주는 쟈는 누구인가 소년잡지샤 쥬인 최상션씨가 이 사롬이로다 / 최씨가 이 잡지를 발간홀 졔 쇼년잡지 네 글ᄌᆞ에 그 ᄆᆞ옴을 썩이며 쇼년잡지 일편에 피를 토ᄒᆞ여 대한젼국 쇼년계에 밧치니 최씨여 최씨여 (…중략…) / 이 잡지의 ᄉᆞ업은 비록 젼근ᄒᆞ나 그 칙임은 즁ᄒᆞ며 이 잡지의 발간ᄒᆞᆫ 지는 비록 오러지 못ᄒᆞ나 그 신앙홈은 심히 크니 이 잡지는 한국 잡지계에 웃듬이 될지며 표준이 될지라."(「쇼년잡지를 축하홈」, 『대한매일신보』, 1909.4.18)

(2) 신문명 건설의 실질 주체로서의 '청년'의 부상

독립된 국민국가 건설의 기획이 실패로 돌아간 1910년대 이후에는 소년의 이름으로 미성년층을 광범위하게 호출함으로써 새로운 인간형을 주조해내려던 전대의 전략은 회의되었고, 정치적 입장의 차이에도 불구하고 급박한 당대적 요구로 결합되어 있던 소년에 대한 이해도 해체되기 시작했다. 실천의 여러 가능성이 현실적으로 차단되었던 국내에는 오로지 '청년학우회' 계열이 대표적으로 보여주었던 준비론적 실력양성론만이 잔존할 수 있었다. 1910년대의 미성년에 대한 계몽 활동은 전대의 소년에 대한 것과는 달리 국가를 매개로 한 열정이 노골화될 수 없었으며 강력한 선동의 힘을 상실한 채 근대 제도 속에 침잠되어 나타났다.

이에 따라 전대의 소년 담론이 보여주었던 소년의 이중적 성격, 새로운 문명 국가를 만들어내야 할 '주체'이면서 동시에 아직은 만들어져야 할 '대상'이라는 중층적 명명의 상태도 분열되는 조짐을 보이기 시작했다. 대신, 주체로서의 '소년'에 대한 좀더 실질적이고 적극적인 표현은 '청년'의 이름으로 이루어졌다.[33)]

> 頹家屋의 柱礎는 良木手를 招하며 痼疾病의 脉搏은 良醫師를 求한다 然이나 其木手가 不巧하면 다시 새 木手를 任使하며 그 醫師가 無效하면 다시 새 醫員을 請하나니 社會事業도 此와 如하야 老人이 잘못하면 少年이 바다하고 少年이 不善하면 다시 新青年이 고치나니라.
>
> —안확, 「금일유학생은하여」, 『학지광』 4호, 1915.2

무너져가는 집에는 좋은 목수가 필요하고, 고질병에는 좋은 의사를 청

---

33) 아— 반도의 우리 청년이여, 져 사횡 생활하는 이천만생려의 고통번민을 각오할 자 수야며 증구홀 자 수야오? 시대에 지완된 노인도 불능하고 이성에 미개한 유년소아도 불가하도다.(김이준, 「반도청년의 각오」, 『학지광』 4호, 1915.2.28)

해야 하듯, '노인'이 못했던 것은 '소년'이, '소년'이 못한 것은 다시 '신청년'이 고쳐야 한다는 내용의 위 논설이 보여주는 것은, '소년(청년) : 노인' 혹은 '신(新) : 구(舊)'의 이분 도식으로 계몽의 논리를 선도해 왔던 소년의 전략이 회의되고 있었다는 점이다. 동시에 이는 청년을 중심으로 새로운 담론적 실천이 전개되기 시작했다는 것을 뜻한다. '청년'은 '소년'과 '노인'의 경계에서 실질적인 실천의 전략 지점으로 발견되었다. 기존의 '노소'의 이분법적 질서를 전도하여 '소년'에게 새로움, 발전, 힘, 선(善) 등의 가치를 부여했던 '소년(청년) : 노인'의 이분 도식은 '소년 : 청년 : 노인'의 삼분법적 구도로 전환되었으며, '청년'을 앞세움으로써 보다 주체적인 실천을 강조하는 방향으로 변모하게 된다. 누구든지 '소년'이며, 누구든지 '영웅'이 될 수 있다는 소년의 전략은 국민-국가 생성의 기획과 닿아 있는 것이었지만, 1910년대 식민지 조선의 청년들의 시각에는 무엇인가 막연해 보이고, 무엇보다 시효가 의심스러워 보이는 것이었다. '소년'의 이름만으로도 새로움의 이미지를 불어넣을 수 있었던 시대는 지났으며 이제 새로움은 '신청년'들의 전유물이 되는 듯했다. 청년들은 자신들이야말로 구습을 타파하고 새로운 문화를 건설할 진정한 주체임을 자처하고 나섰다.[34] 참된 자아의 각성이 반복적으로 강조되고, 사회의 다양한 영역에서 전문적 실천을 전제로 하는 '실력양성'이라는 말이 이슈로 떠올랐던 것도 이러한 상황과 관련이 깊다.[35]

물론 청년들도 이미 존재하는 것이라기보다는 만들어져야 할 이상에 가까웠으며, 저절로 생기는 것이 아니라 애타게 부르고 구해야 할 존재

---

34) 青年이 아니면 이 腐敗莫甚한 社會를 打破할 者ㅣ 그 누구며 青年이 아니면 將次 理想的 新朝鮮을 建設할 者ㅣ 그 누구냐.(신석우, 「귀로에 임하야」, 『학지광』 6호, 1916.9.4)

35) 당시 '실력'이란 사회의 모든 생활 분야에서 필요한 역량의 총체를 일컫는 말이었다. "實力이라홈은 總히 智力, 才力과 識力이며 學力과 勇力이며 膽力과 意力 등 一切 人間事務上에 關ᄒᆞᄂᆞᆫ 力量을 云홈이니 (……)"(김영섭, 「이상적 인물의 실력과 수양」, 『학지광』 3호, 1914.12.3)

였다. 현상윤은 "황천에 불으직이고 대지에 알외여 천사람이 구하고 만사람이 규호"하는 자는 "시대적 사명을 억개에 메고 용기잇게 나오는 신청년"이라고 하면서, '이상적 청년'의 발생은 "일즉이 新思潮에 부드쳐서 海洋의 壯志를 품고, 멀니 鄕國의 江山을 떠나, 萬里異域에 多年의 客夢을 매자온 留學生 諸君"[36]으로부터 가능하다고 보았다.[37] 사실 1910년대 청년 담론의 대두는 일본유학생 등 고등 전문 교육을 받은 자들을 중심으로 소위 '신지식인층'이 형성되었기 때문에 가능했다고도 볼 수 있다. 강제 병합 이후의 식민지 현실에서는 정책적으로 보통교육만이 장려되었으며, 고등교육 기관은 국내에는 거의 전무한 형편이었다. 1910년대 중・후반에는 중・고등 교육을 받기 위해 해외에 유학하는 학생들이 양적으로 증가하여 물리적 집단을 형성할 수 있는 조건이 마련되었다.[38] 각종 학우회 모임 등을 통해 집단적 목소리를 가지게 된 '신지식인'들은 이후 1920년대의 문화운동의 사상적 배경이 될 실력양성론, 구사상・구관습 개혁론의 중심 논자들이기도 했다.[39] 일본 유학

---

36) 현상윤, 「구하는 바 청년이 그 누구냐?」, 『학지광』 3호, 1914.12.3.

37) 사실 '신청년'은 암묵적으로 학생으로서의 청년을 지시하는 말이기도 했다. 노익환은 "此에 新青年이라 함은 前途洋洋한 一般青年學生을 指稱"한다고 명시하기도 했다.(「경제계를 부진케 하는 삼대 원인」, 『학지광』 13호, 1917.7.19) 청년의 위상을 새롭게 하여 '신청년'을 만들어낸 힘의 하나는 근대 교육 제도에 있었다.

38) 유학생 관계 연구들은 1910년대를 '자비유학생 격증기', '본격화', '실력주의' 시기 등으로 명명한다. 이 시기는 사비유학생이 연평균 600명 정도로 늘어나고 전공분야도 다양해졌으며, 일본의 강제합방 이후 들뜬 분위기가 가라앉고 실력을 기르자는 분위기가 조성된 때였다. 한말부터 1910년대 중반까지의 도일 유학생 수는 「일본유학생사」(『학지광』 6호, 1915.7.23) 등을 참조할 것. 檢山村人, 「오제의 장래문제」, 『학지광』 6호, 1915.7.23; 시라카와 유타카, 「한국 근대문학 초창기 문인들의 일본 유학 체험고」, 『한국문학과 근대성의 형성』, 아세아 문화사, 2001.

39) 1910년대는 처음으로 본격적인 신지식인층이 생성되었던 시기였다. 이들이 한국 근대 지식인층의 근간을 형성한다는 점에서 이들의 사상 지형은 주목할 만하다. 박찬승은 1910년대 신지식층의 사상은 한말 '자강 운동'의 실력양성론과 신문화건설론을 계승하는 것이었으며, 1920년대 전반 '문화운동'의 실력양성론과 신문화건설론으로 발전되어 나갈 것으로, '실력양성론'을 축으로 하는 부르주아민족주의 우파의 단계적 발전 과정을 해명하는 데 필수적이라고 보았다. 김윤식 또한 근대 한국 지식인의 한 계보를 동경유학생의 유형으로 파악하고자 시도한 바 있다. 김윤식, 「이헌구론」, 『속 한국 근

생들을 비롯한 국내외의 신진 지식 계급들은 『청춘』이나 『학지광』 등의 근대 잡지를 통해 청년 담론을 축적해 갔으며, 이를 통해 청년의 지위를 특화시켜 나갔다.

1910년대의 청년 담론은 특히 '진위(眞僞)'의 수사법으로 청년의 가치를 부각시켰다. 청년 담론은 도대체 "개화(開化)"가 무엇인지를 "끗까지 理解"하고 실현하고자 하는가, "自己의 自覺, 理想으로 奮鬪"하는가, 자기 자신의 내면에서 "醱酵하여 나오는 眞實한 表現"인가, 세상에서 떠드는 '문학'이니 '철학'이니 하는 것을 제대로 "맛보고 詛嚼"할 수 있는 능력을 가지고 있는가 등을 문제 삼기 시작했다. "外部의 刺戟"으로 시작된 변화가 "內面生活", "自己의 活力"으로 이어지고 있는가를 물으며, "것開化"와 "속開化",[40] '가짜'와 '진짜'를 구분함으로써 계몽의 새로운 단계를 선포했던 것이다. 실제적인 개혁 능력과 내면의 개조를 문제 삼는 새로운 계몽 전략의 국면에서 청년은 자신들이야말로 진정한 주체임을 표방하고 나설 수 있었다.

1910년대의 계몽의 실천은 크게 보아 두 갈래의 방향을 가지고 있었다. 실력 양성론은 강력한 힘을 바탕으로 문명을 속보적으로 건설함으로써 '국가' 경쟁에 참여한다는 전략을 선택했다면,[41] 신문화 건설론은

대 작가론고』, 일지사, 1981; 박찬승, 『한국근대정치사상사연구』, 110~111면.

40) 一星, 「것開化? 속開化?」, 『학지광』 18호, 1919.8.15.

41) 당시에 '실력'은 "一切人間事務上에 關ᄒᆞᄂᆞᆫ 力量"이라는 의미였으며, '실력양성'이란 생활의 제 국면에서 '실제적인 힘'을 길러야 한다는 말이었다. 김영섭이 天道를 말하는 자는 신인이나 문인, 철학자, 종교가와 같은 '이상가'에 많고, 人情을 말하는 자는 영웅, 호걸, 박애, 의협, 충신, 정녀 등의 '도덕가'에 많으나 實力을 말하는 자는 정치가, 학술가, 사업가, 교육가, 기예가, 재산가 등 '실제가'에 많다고 분류하였던 예에서 볼 수 있듯이(김영섭, 「이상적 인물의 실력과 수양」, 『학지광』 3호, 1914.12.3), '실력'은 주로 현실적인 직업 부문에서 가시적이고 물리적인 효력을 보여주는 사업과 관련되곤 했다. 1910년대 식민지 상황에서 '청년'들은 애국적 심성을 토로하기보다는 구체적인 활동을 통해 후일의 기회를 준비할 수 있는 능력을 과시하였다. 물론 스스로 수양하며 힘을 기르자는 '자강(自彊)'의 주장은 구한말부터 있어온 것이다. 그러나 1910년대 신지식층 '청년'들은, 전대의 자강 논의들은 힘을 길러야 한다는 것을 제시하기는 했지만 강해질 수 있는 '방법'이나 이를 정성스럽게 실행할 '주체'를 마련하지

정치적, 군사적 측면에서보다는 문화적 영역에서 독자적인 내용을 창조함으로써 '민족'의 이름을 세계사에 등록시킨다는 전략을 내세웠다.[42] 둘의 전략은 현실 상황에 대한 해석을 달리했으며 표면상 서로의 주장이 충돌하는 것처럼 보일 수도 있었다. 그러나 근대 문명 건설의 전체적인 구도 속에서 자신의 '천재(天才)'를 발휘할 부분 영역을 찾고 이에 부합하는 전문 지식과 소양을 길러야 한다는 주장이 설득력을 얻을 경우, 예컨대 "법률도 죠코 정치도 죠타 자연과학도 죠코 형이상학문도 죠타, 실리주의 창도도 잇서야 하겟고 종교개혁 운동도 잇서야 하겟고, 문예부흥도 되여야 하겟고 생활변경도 되어야 하겟도다, 이것이나 져것이나 조선 문명에 새 공헌을 하고 조선 민족의게 새 복음을 전하랴면 공부라면 다하고 사조라면 다 소개"[43]해야 한다는 주장이 공감을 얻을 경우, 실력양성의 전략과 신문화 건설의 전략은 서로 보완의 관계를 가질 수 있었다. 무엇보다 둘 모두 강하고 힘 있는 개인, 진실로 이해하고 실제를 창조할 전문적인 능력을 지닌 주체, 철저하게 각성된 내적 자아를 요구했으며, 이를 청년의 이름으로 호출하고자하는 현실 방안을 모색했다는 점에서 공통점을 지닌 것이었기 때문이다.

근대적 전환의 시기에 청년들을 호출하는 일은 단지 조선에서만 이루어진 일이 아니었다. 그러나 낙후된 식민지 청년들의 처지는 동시대의 '일본 청년'이나 '독일 청년'과는 비교할 수 없을 만큼 다른 것이었다.

못해 실효를 거두지 못했다는 점을 들어 자신들의 논의와 차별화하였다

42) 이광수의 경우가 대표적이다. 그가 정치와 문화 양자에서 차라리 문화를 선택하겠다고 선언했던 것은 유명하다. 김현주에 의하면 이광수의 이러한 문화 전략은 문명화를 통해 국민-국가를 기획하고 실현하는 주체의 가능성이 차단되었다는 판단에서 나온 것이다. 이광수의 문화론은 식민지 지배 국가의 권력과 자본으로부터 상대적으로 자유로운 정신적(문화적) 영역의 근대화를 통하여 '개인', '민족', '동양'이라는 새로운 주체를 구성할 기반을 마련하고자 한 것이라고 볼 수 있다. 이 때 정신은 조선만의 미적 특성, 특별한 생활양식과 관련 있는 것으로, 예술은 이러한 맥락에서 특별한 관심의 영역이 될 수 있었다. 김현주, 「이광수의 문화 이념 연구」, 연세대 박사논문, 2002 참조.

43) 현상윤, 「구하는 바 청년이 그 누구냐?」, 『학지광』 3호, 1914.12.3, 8면.

우리는 우리의 同窓되는 日本靑年들과 境遇가 다릅니다. 그네는 停頓훈 社會 具備훈 社會에 낫서요. 그네에게도 破壞훌 것도 잇고 創設훌 것도 잇지마는 그러나 그네에게는 守成훌 것이 더 만하요. 그러나 우리는 엇더훈오? 우리는 萬事萬物을 다 創造훈여야 훌 것이외다 우리의 子孫으로 훈여곰 守成케훌 모든 것을 創造훈여야 훌 것이외다.

—「네 책임」, 『학지광』 15호, 1918.3.25

1910년대의 청년 담론은 청년을 "時代의 古今과 地球의 東西를 勿論하고 人類 社會의 砥柱가 되야 其力을 供하며 其身을 獻하야 其社會의 運命을 支配하는 者", "民族의 代表가 되야 其勇을 賣하며 民族의 福利를 得來하는 者"[44] 등으로 규정하며 시대와 장소를 초월한 주체의 지위로 격상시켰으나, 이러한 청년의 특권적 지위는 단지 조선 반도 내에 한정될 때에만 과시될 수 있는 것이었다. 식민지 조선의 청년들의 처지는 같은 "현대 청년"[45]이라 하더라도 동시대가 아닌 "十九世紀 初頭의 獨逸사람", "明治初年의 維新청년"[46]하고나 비교될 수 있는 것이었기 때문이다. 따라서 메이지 초년의 일본 청년이나 19세기 초의 독일 청년들이 우리 사회의 운명은 내게 달렸다는 각오를 가져 패기가 넘치고 정성이 열렬했던 것처럼 지금의 조선 청년들도 보다 철저하게 자각해야 한다고 주장되었다.[47]

---

44) 김이준, 「반도청년의 각오」, 『학지광』 4호, 1915.2.27, 22면.

45) "고대청년의 책임과 현대청년의 책임을 논훌진디 고대사회는 범백의 조직이 과거를 표준함으로 보수적이며 지체적이라 당시 청년의 책임은 선인(과거청년)의 유업을 계속하야 보수할 뿐이러니. 금차 이십세기는 고형제가 유동체로 변하야 사회의 진보가 맹풍열화의 세로 일취월장하야 작무금유하며 금유래무에 유동적이며 변화적이라 자에 계속적 보수로만은 도저이 사회에 대훈 의무를 진키 부능하며 자아의 만족을 득키 난훈지라. 시고로 보수적 책임외에 전진적으로 분발노력하야 장래에 대발전을 기훌 책임이 생하엿슨즉 자에 현대청년은 고대청년보다 일층 중대한 이중의 책임을 부담하엿다 하리로다."(김이준, 「반도청년의 각오」, 『학지광』 4호, 1915.2.27)

46) 소성, 「조선 청년과 각성의 제일보」, 『학지광』 15호, 1918.3.25, 11면.

47) "일본청년의게나 십구세기 초기의 독일청년의게는, 타락이란 것이 업섯고 불량소년이라는 것이 업섯소이다. 어느시골의 엇더한 청년을 붓잡고보아도, 모도 다 패기가 혁혁하

조선의 청년들이 이렇게 어려운 상황에 처한 것은, 서구의 근대화 압력이 들어올 당시 조선은 일본처럼 시대적 의미를 제대로 해석해 낼 청년들이 없었기에 기회를 놓쳤고,[48] 무엇보다 조선의 "과거 청년"[49]들이 아무것도 이루어놓은 바가 없었던 탓에 문명의 진보가 지체되었기 때문이라고 주장되었다. 식민지 조선의 청년들은 어느 시대, 어느 사회의 청년들보다도 한결 무거운 책무, "자손으로 ᄒᆞ여곰 수성케ᄒᆞᆯ 모든 것을 창조"할 중책을 맡게 되었다. 청년들에게는 자신들이 새로운 문명을 창조하여 조선 사회에 "新發生點",[50] 기원의 시간을 만들어내야 한다는 강박이 있었다. 구습을 '타파'하고 신문명을 '창조'할 주체,[51] 종족 부활

고 성의가 열렬하던 것이외다 (…중략…) 왜 그러냐하면 그들의게는 사람사람이 모도 다 「우리사회의 운명은 내게 달녓다!」하는 각성을 철저하게 속깁히 가젓던 까닭으로 외다."(소성, 「조선청년과 각성의 제일보」, 『학지광』 15호, 1918.3.25)

48) 논설자는, 일본의 명치 유신 시대에 미국함대가 포화항두에서 개항을 요구했을 때, 사건의 시대적 의미를 제대로 해석하여 근대화의 문제를 조속히 해결한 것은 "결코 지성ᄒᆞᆫ 인물들이 아니오 연소기예ᄒᆞᆫ 청년"들이었다고 한 대외후의 말을 인용하여 조선의 경우와 대비시켰다.(「네 책임」, 『학지광』 15호, 1918.3.25)

49) 김이준은 '선인'들을 '과거 청년'이라고 표현했다. 이는 한 사회의 주체를 '청년'으로 본 결과 생겨난 표현이다.(김이준, 「반도청년의 각오」, 『학지광』 4호, 1915.2.27)

50) 소성, 「조선청년과 각성의 제일보」, 『학지광』 15호, 1918.3.25, 9면.

51) '청년'의 주체 선언은 '파괴'와 '창조'의 양 방향에서 이루어졌다. 구습을 타파하고 신문명을 건설하자는 것은 이미 익숙해질 대로 익숙해진 구호였다. 예컨대 이광수는 하루바삐 타파해야 할 악습속(惡習俗)으로 "조혼, 강제혼인, 불합리한 관혼상제의 제례, 관존민비, 남존여비, 자녀를 자기의 소유물로 안것, 부귀한 자의 무식한 것, 모든 미신, 양반 상놈의 계급사상, 비경제적, 비위생적인 가옥, 의복제도"(「졸업생제군에게 들이는 간고」, 『학지광』 13호, 1917.7.19) 등을 꼽았는데 이러한 세목들은 개항 이후 줄곧 주장되던 것들이었으므로 내용상 새로울 것이 없었다. 그러나 세계 전체 발전상의 관점에서 볼 때, "朝鮮民族갓흔 社會의 弱者난 全然滅亡함이 도로혀 利益이 아닐넌지!"(송종건, 「신년을 당하야 유학생 제군에게 정훔」, 『학지광』 4호, 1915.5.2)와 같은 독설이 횡행할 만큼 '청년'들의 현실 부정의 표현은 더없이 강도가 높았고 구습에 대한 비판에도 날이 서있었다. 파괴의 선언은 종종 '죽음'의 수사를 통해 강화되곤 했다. 특히 이때의 죽음은 개체적인 것이 아니라 종족의 영원한 멸망으로 연결되는 경우가 많았다. 힘없는 민족은 영원히 인류 역사 속에서 사라져 버릴 것이며, 힘있는 종족만이 번성해 나갈 것이라는 사회진화론적 논리는, 니체의 '강적주의' 혹은 '강력주의'와 결합하여 더욱 극단화되었으며, 전대의 '소년' 담론에서처럼 저항의 동력으로 전유될 여지도 없이 역사를 관통하는 초월 법칙처럼 받아들여졌다. 더욱이 세계 대전 등을 통

의 '기원', 문명 건설의 '시발점'으로서의 청년들은 뒤에 올 "자손"들을 상상하면서 후대에 물려줄 토대를 생산하는 주체의 자리에 설 수 있었던 것이다.

원점(原點)의 지점에 선 청년들은 과중한 시대적 사명을 홀로 감당해야 한다는 의식에 사로잡힐 수밖에 없었다. 즉 "우리의 우에는 先覺이 別노 업스며 우리의 우에는 힘잇는 이가 別노 업나니, 어른 노릇도 우리가 하여야 하고 힘잇는 이의 노릇도 우리가 하여야"[52] 한다는 중압감에 가위눌리면서, 자신들의 사상을 제대로 이해해 주지 않는 세상에서 과중한 과업을 홀로 떠맡게 된 고독감을 토로하였다. 그러나 이러한 중압감과 고독감은 한편으로는 진정한 '청년됨'의 방증이기도 했다. 그들은 "차듸찬 氷世界에 혼자 이리 덥"[53]다는 식의 극한(極寒)의 상황으로 자신들의 처지를 묘사하곤 했으며, 때로는 '정신쇠약'과 '광증'까지도 고뇌하는 청춘의 기호로 감수하였다. 따라서 "어름갓흔 社會에셔" 이들에게 필요한 것은 "찬 가슴을 듸는 ᄯᅡ듯ᄒᆞᆫ 同情의 淚와 孤獨ᄒᆞᆫ 우리 心靈을 慰勞ᄒᆞ는 아름다운 사랑"[54]이었다. 세상이 '무정(無情)'할수록 서

해 국제 사회에는 정의나 도덕 대신 오로지 냉혹한 힘의 경쟁만이 있을 뿐이라는 것을 여실하게 목도할 수 있었으므로 이러한 판단은 더욱 확연한 것으로 여겨졌다. 한편 파괴의 선언은 신문명의 건설자만이 누릴 수 있는 권한이기도 했다. 충돌하고 타파하기 위하여, "淚를 積하며 血을 賜하라, 骨을 磨하며, 肉을 獻하라"는 강력한 헌신의 요구를 뒷받침 하는 것은, "衝突을 越치 않고는 和合을 得지 못할지며 打破를 踏지 아니하고는 創立의 實을 拾치 못"(김철수, 「新衝突과 新打破」, 『학지광』 5호, 1915.5.2)하기 때문이라는 역설의 논리였다. 과거는 죽었다, 반도는 죽었다는 등의 '죽음'의 수사는, 죽은 자는 파묻어 버리고 살아있는 현재에서 왕성하게 활동해야 한다든가(장덕수, 「新春을 迎ᄒᆞ야」, 『학지광』 4호, 1915.2.27) 인공호흡이든 수술이든 빨리 손을 써서 다시 살려내야 한다(주종건, 「신년을 당하야 유학생 제군에게 정홈」, 『학지광』 4호, 1915.2.27)는 '생명'의 수사와 짝을 이루었기 때문에 당위적 명령으로서의 권리를 행사할 수 있었다. 멸종의 위협을 벗어나기 위해서는 전면적이면서도 촉급한 문명의 창조가 이루어져야 했고, 이를 위해 과거는 과감하게 단절되어야 했으며, 이미 있는 것들은 회의되고 부정되어야 했다. 철저한 파괴를 통한 '창조'를 선언함으로써 '청년'들은 종족 부활의 '기원', 문명 건설의 '시발점'이 될 수 있었다.

52) 현상윤, 「말을 반도청년의게붓침」, 『학지광』 4호, 1915.2.27, 18면.

53) 춘원, 「극웅행」, 『학지광』 14호, 1917.11.20, 71면.

로의 생각과 처지를 진정으로 이해해 주는 청년들 사이의 '동정(同情)'은 더없이 소중했으며, 그들 사이의 감정적 유대는 뜨거울 수밖에 없었다.[55] 역사의 새로운 발생점으로서 뒤에 올 자손에게 물려줄 모든 것을 창조해 낼 주체로서의 청년들이 가지고 있었던 이러한 세대적 유대감이 집단적 조직의 형태로 나타나 본격적인 실천의 단위로 작용하게 된 것은 1920년대의 일이었다.

(3) 문화적 실천 대상으로서 '소년'의 재발견

자신들의 시대를 신구교체의 과도기라고 생각하는 것은 1920년대의 계몽 주체들도 마찬가지였다. 그러나 그들은 자신들의 과업을 '문화'라는 키워드로 이해했다는 점에서 이전과는 차이가 있었다. 1920년대의 문화론자들은 자신들의 실천이 근대적 변혁의 연장선상에 있다고 자각하면서도 '문화'라는 말을 통해 전과는 질적으로 다른 성격의 기획을 갖고자 했다. 이때 '문명'이나 '문화'와 같은 용어가 정확하게 이해되어 사용되었는가 그렇지 않았는가 하는 문제는, 당시의 계몽적 실천들이 이러한 용어들을 나름의 방식대로 전유함으로써 시대적인 감각을 공유하고 새로운 실천 과제를 설정할 수 있었다는 문제에 비하면 그다지 중요한 일이 아닐 수 있다.[56]

---

54) 장덕수, 「학지광 제삼호 발간에 임ᄒᆞ야」, 『학지광』 3호, 1914.12.3, 3면.

55) "諸君이여 널고 넓은 뜰에 마음ᄭᅥᆺ 춤추어 보고 힘 다하야 죽어지면 천상지하에서 다시만나 아— 군이 동경에셔 만나보던 모모라고 회포를 셔로 담화할 날이 잇갯도다."(하상욱, 「청년의 활약」, 『학지광』 6호, 1915.7.23)

56) 당시의 문화운동가들도 이러한 문제를 모르지 않았다는 점은 이돈화의 글을 통해서도 엿볼 수 있다. 천도교의 지도적 인사로서 문화개조론의 중심 논자 중 하나였던 이돈화는 개항 이래의 30여년을, '개화(갑오년 이래 10년간)', '문명(갑신년 이래 18년간)', '문화(1920년대)'의 3단계 과정으로 설명하였다. 이돈화의 설명에 따르자면, 첫 번째 시기는 개화라는 "빈말"이 세간에 풍미되면서 과도적 양상을 형성하기 시작한 때였다. 두 번째 시기는 실제적인 건설의 모습이 나타나기 시작한 시기로 전차, 신문, 잡지, 학교, 양옥, 양복 등 새것을 표준삼은 변화가 일상에 반영된 시기였다. 세 번째 시기는

문화적 개조의 실천조직 중 단연 눈에 띄는 것은 각종 청년 단체들이었다. 1920년대 초반의 청년회의 활동은 당시 가장 인상적으로 나타난 변화의 조짐 중 하나였다.[57] 당시의 청년회의 성격을 단일하게 규정하기는 어렵다. 그러나 일단 분명해 보이는 것은 젊은 사람들이 모여서 무엇이든 해야 한다는 생각이 사회적으로 반향을 일으키고 있었으며, 그 '무엇이든'의 내용은 주로 사회개조나 신문화 건설 등의 시대적 구호와 직접, 간접으로 연결되어 있었다는 점이다. 이러한 과정에서 청년들은 사회적 실천의 주체로 확실한 입지를 굳혀나갈 수 있었다.[58]

1920년대 초반 당시의 상황을 가리키는 것으로, '문화'라는 용어를 통해 새로운 변화가 나타난 시기였다. 각종 사회 단체의 부흥, 청년의 향학열, 부형들의 교육열, 신문·잡지의 진보, 여자 해방 운동 등이 이 시기에 대두된 현상으로 지적되었다. 이돈화는 이처럼 개화, 문명, 문화라는 용어로 시대적 흐름을 정리하기는 했지만, 이들 어휘가 차례로 유행했던 이유가 어휘의 어원적 의미 차이 때문은 아니라는 점을 분명히 인식했다. 또한 조선에는 개화와 문명의 수준을 구분할 만큼의 물질적 발전이 있었던 것도 아님을 지적하였다. 그러나 현실 상황에서 '개화'는 "欲明未明한 曉頭"의 뜻으로 이해되고 있으며, '문명'은 주로는 물질적인 측면을, '문화'는 주로 정신적인 측면을 강조하는 용어로 통용되고 있는 것이 사실이며, 이러한 용어가 단계적 변화의 전개 과정을 표현하는 것으로 사용되는 것이 조선에만 한정되는 일이 아니라고 설명하였다.(이돈화, 「혼돈으로부터 통일에」, 『개벽』, 13호, 1921.7)

57) 몇몇의 청년회는 3·1운동 이전에도 조직되어 있었다. 그러나 청년회 설립이 하나의 유행처럼 번지면서 급격히 증가했던 것은 1919년말부터 1921년 사이였다. 박찬승은 이 시기에 설립된 청년단체가 종교계 청년단체를 제외하고도 약 500개에서 600개 정도 되었으리라 추산했다.(박찬승 『한국 근대 정치사상사 연구』, 역사비평사, 1992, 224면)

58) 신문화 건설을 표방한 1920년대의 문화 운동에서 가장 중시되었던 것은 지·덕·체를 통한 인격 수양이었다. 러셀과 카펜터 등의 개조론이 유입되면서 물질적 측면의 건설보다는 주로 정신적 측면을 강조하여 관념적 성향이 짙었던 것이 이 시기 문화운동론의 특징이다. 대부분의 청년회들도 설립 목적에 인격 수양을 도모하기 위해 지·덕·체를 함양한다는 항목을 빼놓지 않고 있었다.(박찬승, 『한국 근대 정치사상사 연구』, 227~228면) 1920년 12월에는 120~130여개의 청년단체가 모여 '조선청년회연합회'를 결성하였는데 연합회는 친목 회합, 풍기 개량, 잡지·도서 간행, 강연·강습·야학 실시, 청년 취학상 편의 도모, 운동회 개최, 산업 단체의 조직 장려 및 조사 사업, 생활 개선 사업 등을 지향해 갈 사업으로 채택했다.(이돈화, 「조선 청년회 연합회의 성립에 就 하야」, 『개벽』 7호, 1921.1) 구체적인 사례로는 '미수청년회'를 들 수 있다. 이 청년회는 『개벽』지를 통해 농촌 청년회의 모범적인 사례로 소개되었는데, "미수면 거주의 18~45세 이하의 조선인 남녀"를 입회 자격으로 하여, 교의돈목, 지식계발, 풍속개선, 농업장려, 공공사업의 조장발전 등을 목적으로 하고 있었다.(묘향산인, 「농촌 청

1920년대의 청년 담론 또한 낙후된 조선의 청년은 몇 배의 부담을 안을 수밖에 없다는 등의 기존 논리를 반복하면서 청년의 각성을 촉구하였다. 그러나 청년회 등 집단적 실천을 담지할 수 있는 물리적 조직과 함께 교직(交織)된 1920년대의 청년 담론은, 1910년대 일본 유학생들의 상황 조건에서 배태되었던 엘리트 지식층의 청년 담론과는 차이가 있었다. 1920년대의 청년 담론은 이전의 청년 담론들이 흔히 보여준 것처럼 자신들의 발화에 자기 스스로가 고무되는 폐쇄적인 자가발전의 회로로부터 벗어나 보다 대중적인 실천에 관심을 돌리는 경향을 보여준다. 청년 단체들은 문화적 사업으로 독서회나 야학, 강습 등을 계획했는데, 특히 자신들보다 어린 유소년들이 이러한 사업의 대상이 되는 경우가 많았다. '소년회'를 비롯한 많은 소년 단체들이, 많은 경우 청년회 산하에서 조직되거나 청년회의 지원을 받으면서 출현했다는 점도 이러한 사실과 연결해서 생각해 볼 수 있다. 대표적인 사례로 '천도교 소년회'를 들 수 있다.

> 천도교소년회는 회 자체로 보면 물론 독립체입니다. 그러나 소년은 소년이라, 자기 스스로 모든 일을 획책할 수 없으며 또 그 획책을 실현할 능력이 부족할 것입니다. 반드시 누구의 지도를 요하며 부액(扶腋)을 요할 것입니다. 그런데 이를 지도 부액함에는 누구보다도 소년과 제일 인연이 가까운 청년이 최적할 것입니다. 천도교 청년회에서는 깊이 이 점에 생각한 바 있어 청년회 사업의 일로서 소년사회에 수(手)를 하(下)하였나니 천도교 소년회의 설립이 즉 이것입니다.
>
> — 묘향산인, 『천도교회월보』 131호, 1921.7.15

천도교 소년회는 천도교 청년회 산하의 '포덕부' 안에 '소년부'로 처음 설립되었는데, 부원들이 증가하자 1921년 5월 1일에 '천도교 소년회'로 개칭하여 정식으로 창립하였다.[59] 그런데 '소년'은 자기 스스로 사

년회의 설립을 축함」, 『개벽』 7호, 1921.1)

업을 계획하거나 진행하기 어려워 "반드시 누구의 지도를 요하며 부액을 요"하는 자이며, 그들을 지도하는 것은 "소년과 제일 인연이 가까운 청년이 최적할 것"이라는 위의 언급은 당시 소년회 설립의 실질적인 주체가 누구였는지 알 수 있게 해 준다. 천도교 소년회의 지도자이며 당시 소년 운동의 전개 과정에서 핵심적인 역할을 담당했던 방정환, 김기전 등이 천도교 소년회의 지도 인물이기 전에 청년회의 임원이었다는 점을 환기해 본다면 이러한 사정을 좀더 쉽게 이해할 수 있을 것이다. 소년회 운영의 주체나 구성원이 순전한 소년들로 이루어지지 않았다는 점이 토론 거리가 될 수 있었던 것은 소년과 청년의 사회·문화적 공간의 구별이 뚜렷해진 1920년대 후반 정도에 이르러서이다.[60)]

1920년대에 '소년 운동'의 일환으로 전개된 일련의 계몽 사업도 이러한 측면에서 파악해 볼 수 있다. 천도교 소년회가 창립 1주년인 1922년 5월 1일을 '어린이의 날'로 선포하고 가두선전을 벌이는 등 대대적인 행사를 벌였던 것은 소년 운동에 대한 사회적 관심을 일으키는 데 큰 공헌을 했다. 그런데 이때의 행사를 기획하고 진행하는 데에도 소년회와 "형제의 관계"[61)]로 맺어진 청년회의 적극적인 후원이 있었다.

당시에 전국적으로 광범위하게 번져갔던 소년들을 대상으로 한 문화사업의 경우도 마찬가지이다. 지방 각처에서 열렸던 동화회나 가극대회도 청년 단체들이 후원하거나 주최하는 경우가 많았다. 1920년대 초반에 한정해 보더라도, 인천 엡윗청년회의 동화회(1922.4.15), 조선여자청년회의 소년가극대회(1923.2.26), 대종교청년회의 소년가극회(1923.3.4), 조선

59) 조기간, 『천도교 청년당 소사』, 천도교청년당본부, 1935, 38~40면.

60) 1927년 10월 조선소년운동협회와 오월회 등의 소년운동 단체가 연합하여 창립한 '조선소년연합회'(임시의장 방정환)에서는 "소년운동은 소년의 손으로"해야 한다는 원칙이 제기되어 소년 운동가의 '연령제한 문제'가 대두되기 시작하였다. 이에 따라 연령을 18세로 제한하고, 지도자에게는 발언권과 피선거권만 주자는 안이 결의되기도 하였으나, 이미 선출된 중앙위원의 권한 문제 등과 저촉되어 이 문제는 다음 해까지 유보하기로 결정되었다.(「숙제로 남긴 연령제한 문제」, 『동아일보』 1927.10.19)

61) 「가두로 취지선전」, 『동아일보』 1922.5.2.

여자청년회의 소년가극대회(1923.8.17), 마산 면려청년회의 소년소녀동화가극대회(1923.11.19), 평양 창동기독청년회의 동화회 (1923.12.15) 등이 있었으며, 경성 여자기독청년회연합회의 경우처럼 '동화집'(김필례 역, 『어린동무』, 1924)을 편찬하는 경우도 있었다.

이처럼 "앞으로 노인을 안고 뒤로는 소년을 업고 사회의 안위를 호올로 일신에 자담한"62) 주체로서의 청년들이 사회·문화적 계몽의 구체적인 실천 대상으로 소년을 발견함으로써 소년들의 문화 영역은 보다 빠른 속도로 개척될 수 있었으며, 계몽의 시선은 소년의 존재를 재조명하게 되었다. 이에 따라 소년은 다시 사회적 담론의 표층으로 부상하게 되었으며 소년에 대해 새로운 의의를 부여하는 담론이 구성되었다.

> 少年은 第三國民이라 한다. 靑年을 第二國民이라함에서 由來함이 勿論이다. 그러나 朝鮮과 같은 經濟的落後民族에 있어서는 靑年이 第二國民인 同時애 事實上으로 社會的 支柱가 됨에 따라 少年은 第三國民인 同時에 第二國民으로서 任務를 가지게 된다. 여기에 必然的으로 初期運動의 중심이 靑年運動이 되는 同時에 少年運動의 任務가 甚히 重大하여지는 것이다.(……)
>
> 그런데 이제 朝鮮 少年運動의 一般的 傾向을 본다면 이와 같은 指導精神에 對하여는 別로 留念함이 없이 오직 趣味만을 目的하는 童謠 童話 童劇 等으로 그의 一時的 興趣를 끌음에 그치고 마는 것 같다. 勿論 少年과 幼年은 靑年과 달라서 趣味로써 끌고 그의 天眞性을 涵養함이 不絶히 留意하여야겠거니와 여기에만 執着 되므로 指導精神을 閑却하고말은 根本을 잊었다 하지 아니할 수 없을 것이다.
>
> —「소년운동의 지도정신」, 『조선일보』, 1927.10.17

위에 인용된 1920년대 후반의 소년 운동 관련 기사에서 논자는 조선과 같은 "경제후진민족"의 처지에서는 제2의 국민인 '청년'이 "사실상 사회적 지주"가 된다고 하면서, 이에 따라 '소년'도 자연히 제3의 국민

62) 유병민, 「각지 청년 단체에 대한 현대 명사의 요구」, 『개벽』 6호, 1920.12.

인 동시에 제2의 국민으로서 지위를 부여받는다고 주장하고 있다. 그런데 여기에서 논자는 '소년'과 '청년'을 확실하게 구분하고 있을 뿐 아니라, '소년'을 '유년'과 묶어서 '청년'과는 다르게 "취미로써 끌고 그의 천진성을 함양"해야 한다는 것을 인정하고 있다. 논자가 비판하는 것은 다만 소년 운동의 실천이 지도의 방향을 잃고 소년들에게 흥미를 일으키는 일에만 편향되고 있는 문제이다. 위의 인용문은 1920년대에는 청년과 소년이 각각 사회적 실천의 주체와 객체로 현격한 거리를 가지게 되었을 뿐 아니라, 둘의 기본적인 성격도 질적인 차이가 있다고 보는 것이 어느덧 상식적 이해로 자리 잡아 가고 있었다는 점을 엿보게 한다. 이는 청년과 소년의 구별이 특별한 문제로 다루어지지 않았던 1900년대의 미성년 담론과는 크게 달라진 점이라고 할 수 있다.

이러한 점은 1920년대의 '소년'의 성분과 조건이 1900년대의 '소년'과는 여러 가지 면에서 달라졌다는 데에서도 기인한다. 1920년대 초반 이광수는 30살이 넘은 자는 이미 구습에 물들어 있다고 볼 수 있으며, 지식 수양의 기회가 없었던 자는 진정한 '신인'이 되기 어렵다면서, 희망은 오직 '소년'뿐이라는 구호를 다시 들고 나섰다. 이때 그는 '소년'이라는 어휘를 미성년들을 총칭하는 재래의 어법으로 사용하였는데, 소년의 연령이나 신분에 대해 전에 없이 구체적으로 명시하였던 것이 눈에 띈다.

> 少年 여러분! 지금 二十歲 以內되시는 여러 아오님들과 누의들이며 장차 아름다운 朝鮮의 짱을 밟고 나오실 여러 아드님들과 짜님들! 나는 가장 쓰거운 사랑과 가장 큰 希望과 가장 공손한 존경으로 이 글을 여러분께 들입니다. (……)
>
> 나의 사랑하고 囑望하는 五百萬의 朝鮮少年男女들이시어! (……)
>
> 普通學校나 高等普通學校에 단이시는 여러분께 (……)
>
> — 魯啞子, 「소년에게」, 『개벽』 17호, 1921.11.1

1920년대 초에 발표된 이 논설은 「소년에게」라는 제목에서 알 수 있듯이 '소년'을 수신자로 명시하고 소년의 시대적 사명을 역설한 글이다. 그는 이 글에서 "아아 조선의 소년들아/네 이름을 뭇는이 잇거들란/金之요 李之요 할줄이 잇스랴/우리는 조선의 운명이라 하라"는 격앙된 어조로 개별 소년들의 열정을 민족의 운명을 돌려놓을 에너지로 통합시켜 내고자 했다. 그는 '소년'의 범위를 '청년' 이하의 미성년 전체로 설정하면서도, 소년들을 호명하기 위해 "20세 내외되는 아우, 누이, 아드님, 따님", "5백만의 조선소년남녀", "보통학교나 고등학교에 다니시는 여러분" 등 연령층, 성별, 인구 비중, 신분 등의 항목들을 조목조목 열거하였다. 소년의 처지를 이렇게 다양하고 구체적으로 명시하였던 것은 어떠한 처지에 있는 소년이든 모두 민족 부활이라는 하나의 대의적 목표 아래 호출해내고자 하는 전략적 의도에서 비롯된 것이라고 할 수 있다.

그러나 관점을 달리해 본다면 이는 1920년대에는 이미 미성년의 층이 '소년'이라는 통칭으로 포괄되기에는 다기(多岐)한 현실적 분절 범주를 내포하게 되었으며, 누구라도 그러한 상황을 의식하지 않을 수 없었다는 점을 보여준다고도 할 수 있을 것이다. 즉, '소년'이라는 단일한 어휘를 통해 "5백만 조선소년남녀"라는 명목으로 묶인 미성년들은, 가족제도 안에서는 성인들의 아우나 누이, 아들이나 딸처럼 다양한 관계를 가질 수 있었으며, 성별이나 학적에 따라 여자냐 남자냐, 보통학교 학생이냐 고등학교 학생이냐 아니면 아예 학교에 다니지 않느냐 등으로 분류될 수 있었다고 말할 수 있을 것이다. 역설적이지만 현실 속의 미성년들은 이광수가 동질성을 강조하기 위해 열거했던 다양한 항목들의 집합과 분절의 단위들로 세분되어 존재하고 있었다고 생각해 볼 수 있을 것이다. 이는 우리는 누구나 소년이며 누구나 소년이 되어야 한다고 외칠 수 있었던 1900년대 소년 담론의 기반과는 차이가 큰 것이다. 1920년대의 미성년 담론은 이러한 현실 상황의 변화를 반영하지 않을 수 없는 문화사회적 조건 속에서 생산되었다고 할 수 있을 것이다.

2) '소년—어린이', 미성년 기획의 이중 전략

1920년대에 들어 '어린이'라는 새로운 명명법이 등장했다는 것은 특기할 만한 일이다. 처음 등장했을 당시 '어린이'는 특정한 연령대를 지시하기 위한 용어라기보다는 '소년'을 염두에 두고, 그들을 다른 방식으로 부르기 위한 '별칭'으로 고안되었다고 볼 수 있다. '어린이'의 출현은 1900년대 이래 구축되어 온 근대 미성년 담론에 또 다시 커다란 균열을 가져다주었으며, 특히 미성년들을 대상으로 한 문화적 실천이 전개되는 데에 여러 가지 면에서 중요한 계기를 제공했다. '어린이'는 단지 새로운 '말'이 아니라 미성년들을 새롭게 말하고 바라보는 방식, 그들을 대상으로 한 질적으로 다른 차원의 실천이 등장했다는 것을 보여주는 전향적인 '사건'이었다고 말할 수 있다. 1920년대에 전개된 소년운동은 '어린이'의 출현으로 전대와는 달라진 구도에서 미성년에 대한 계몽적 실천을 기획할 수 있었다. 논의를 보다 집약하여 전개하기 위해 1923년, '어린이'라는 말을 내세워 사회적 반향을 크게 일으켰던 '어린이날'을 중심으로 이러한 문제를 살펴보기로 한다.

사실 '어린이'라는 어휘는 1920년대에 처음 등장한 것이 아니며, 일반적인 상식처럼 방정환 혼자서 만들어 낸 것도 아니다. 앞에서 살폈듯이 '어린이'라는 어휘는 17, 8세기의 문헌에서도 드물게나마 발견할 수 있으며, 최남선이 발간한 『소년』(1908), 『붉은 져고리』(1913), 『청춘』(1914), 『새별』(1914) 등의 잡지에서도 이미 찾아볼 수 있다. 그렇지만 1920년대 전까지 '어린이'가 일상생활에서 거의 사용되지 않았던 말이었다는 점은 분명했고, 방정환 등의 소년운동가들이 의도적으로 사용하여 유포시켰다는 것도 사실이었다. 이 때문에 '어린이'는 1920년대에 처음 만들어졌다고 설명되곤 했으며, 이러한 설명에는 방정환 등 구체적인 인명이 거론되는 경우가 많았다.

예컨대 이광수는 잡지 『어린이』(1923)의 7주년을 축하하는 지면에서 '어린이'라는 말은 개벽사가 "발명"한 것이라고 말한 바 있다.[63] 윤극영은 아동연구단체인 색동회가 결성 준비 모임에서 했던 일 중 하나가 '어린이'라는 말을 확정시킨 것이라고 했다. 그는 '어린이'와 '작은이' 중에 어느 것이 더 적합한가 하는 문제를 두고 회원 간에 격렬한 토론이 벌어지기도 했다고 회고했다.[64] 조풍연은 아예 '어린이'라는 말은 방정환이 '창작'한 것이라고 표현하기도 했다.[65] 윤석중 또한 방정환이 번역한 「어린이 노래 · 불켜는 아이」(『개벽』 3, 1920.8.25)라는 시에서 사용된 '어린이'라는 말을 근거로 방정환 제작설을 보충했다.[66] 그러나 '어린이'라는 말을 누가, 언제 처음 만들었느냐 하는 것보다 더 중요한 것은 기존에 널리 사용해 오던 '소년'이라는 어휘가 있음에도 불구하고 굳이 '어린이'라는 새로운 말이 또 필요했던 이유는 무엇이며 그것이 발생시켰던 효과는 무엇인가 하는 점일 것이다.

1923년 5월 1일은 천도교 소년회가 중심이 되어 결성한 소년운동협회가 공식적으로 전국적 규모의 행사를 가진 최초의 어린이날이었다. 그런데 어린이날에는, 기념식장에서 낭독될 '선언문'과 거리에서 배포될 '선전문'이 각각 따로 준비되었다. 전자는 「소년운동의 기초조항」이라는 글이었으며, 후자는 「어른에게 드리는 글」과 「어린 동무에게」라는 두 종류의 글이었다. 장소와 대상, 목적에 따라 선전의 내용을 달리 구성했던 주도면밀함을 엿볼 수 있는데, 이 글들은 일단 선택된 문체부터 달랐다. 소년운동 관계자들을 대상으로 한 전자의 선언문은 한자 표기

63) 이광수, 「7주년을 맞는 '어린이'잡지에의 선물」, 『어린이』 8권 3호, 1930.3.
64) 윤극영, 「소파 방정환(나의 이력서 제7회)」, 『한국일보』, 1973.5.16(『윤극영 전집』 II, 현대문학사, 2004)
65) 조풍연, 「소파 방정환의 추억」, 『신인간』 389호, 1981.
66) 윤석중, 「어린이와 한평생」, 범양사, 1985, 37면.

를 많이 사용하고, '-하라'는 단언적인 명령형으로 맺었던 데에 비해, 일반 대중을 대상으로 한 후자의 선전문은 어른을 상대한 글이라고 하더라도 한자를 적게 사용하고 '-하시오' 등의 부드러운 높임의 표현을 사용하고 있었으며, 어린이를 대상으로 한 글은 아예 한글로만 표기하고 '-합시다'를 사용함으로써 직설적 명령형이 줄 수 있는 공격적인 느낌을 누그러뜨린 청유형의 존대 표현을 사용하고 있었다. 그러나 이러한 차이에도 불구하고 이 글들은 모두 본문에서는 '소년' 대신 '어린이'라는 낯선 말을 의도적으로 사용하고 있었다는 공통점을 가지고 있었다.

다음은 「소년운동의 기초조항」의 전문이다.

〈소년운동의 기초조항〉

(……)

-어린이를 在來의 倫理적 壓迫으로부터 解放하야 그들에게 對한 完全한 人格的 禮遇를 許하게 하라

-어린이를 在來의 經濟的 壓迫으로부터 解放하야 滿十四歲 以下의 그들에게 對한 無償 또는 有償의 勞動을 廢하게 하라

-어린이 그들이 고요히 배우고 즐거이 놀기에 足할 各樣의 家庭 또는 社會的 施設을 行하게 하라

癸亥 五月 一日

少年運動協會

「소년운동의 기초조항」은 '어린이'라는 말이 '어린 사람',[67] 즉 아이들도 '늙은이', '젊은이'처럼 대등한 인격을 지닌 '사람(-이)'이라는 의

67) 실제로 방정환은 "코를 흘리고 아모 철업는 것 가태도 어린 사람은 아버지보다 二十년 三十년 더 새로운 세상을 살아갈 사람"이라면서, 어린이를 '어린 사람'으로 어른을 '묵은 사람'으로 표현하여, '-이'가 인격적 존재로서의 '사람'을 지시한다는 점을 강조하기도 했다.(방정환, 「새 호주는 어린이」, 『동아일보』, 1929.5.5)

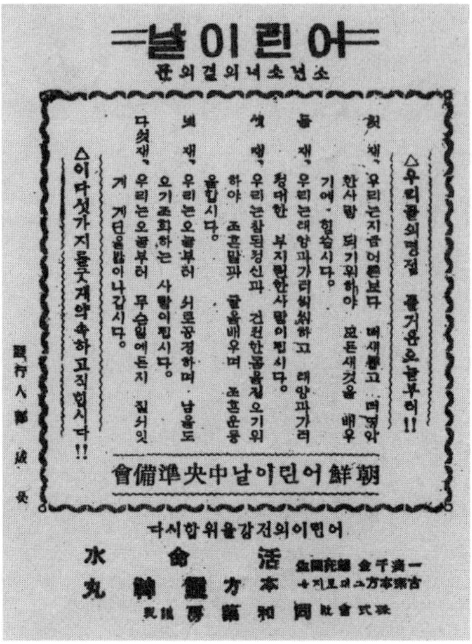

어린이날에 사용된 전단, '소년소녀결의문'

미를 강조하기 위해 만들어졌다는 일반의 상식에 부합하는 예를 보여주고 있다. 「소년운동의 기초조항」은 윤리적, 경제적 압박으로부터 어린이를 해방하여, 그들에게 인격적인 대우를 해주고 노동의 고통으로부터 벗어나게 하라는 주장을 담고 있었으며, 미성년들이 노동으로부터 자유로워지는 대신 그 시간에 조용히 공부하고 즐겁게 놀 수 있도록 가정과 사회의 여건을 조성해야 한다고 촉구하는 내용으로 되어 있었다. "젊은이나 늘근이는 임의 희망이 업다. 우리는 오즉 남아지 힘을 다하야 가련한 우리 후생(後生)되는 어린이에게 희망을 주고 생명의 길을 열어 주자"[68]는 어린이날의 근본 취지와 이념을 읽을 수 있는 글이다. 어린이날은 "우리도 사람이니 사람의 待遇를 하야 달나"는 "어린이의 人的解放을 呼訴하는 紀念日"[69]이었던 것이다. 조어(造語)의 형태에 이미 평등의 개념을 담지하고 있는 '어린이'라는 어휘는 해방의 메시지를 작성하는 데에 유용하게 사용될 수 있었을 것이다.

그런데 이러한 이념형의 '선언문'과 거리에서 돌려진 '선전지'의 내용과는 현격한 차이가 있었다. 정작 어린이날 거리에서 수십 만 장이나 돌려졌다는 선전지에는 겨레와 민족의 앞날을 위해 어린이를 재래의 억압으로부터 해방해야 한다는 준엄한 선언 대신 일상생활에서 어린이

68) 「오늘 어린이날」, 『동아일보』, 1923.5.1.
69) 「오월 일일」, 『동아일보』, 1923.5.1.

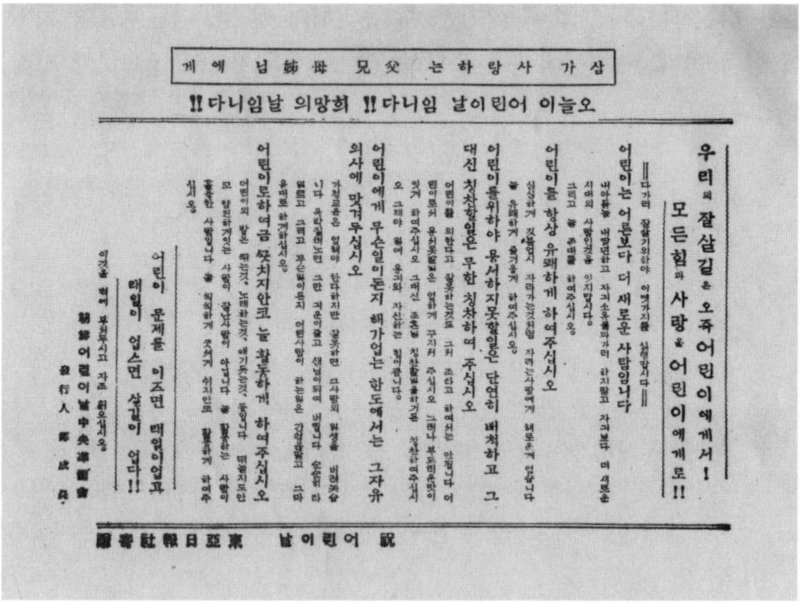

삼가 사랑하는 父兄 姉妹님에게

오늘 어린이날임니다!! 희망의 날임니다!!

우리의 잘살길은 오즉 어린이에게서!

모든힘과 사랑을 어린이에게로!!

어린이는 어른보다 더 새로운 사람임니다

어린이를 항상 유쾌하게 하여주십시오

어린이를위하야 용서하지못할일은 단연히 배척하고 그대신 칭찬할일은 무한 칭찬하여 주십시오

어린이에게 무슨일이든지 해가업는 한도에서는 그자유의사에 맛겨두십시오

어린이로하여금 쏫치지안코 늘 활동하게 하여주십시오

어린이 문제를 이즈면 태일이업고 태일이 업스면 살길이 업다!!

說 어린이날 東亞日報社寄贈

어린이날 전단. “우리의 잘 살길은 오즉 어린이에게서! 모든 힘과 사랑을 어린이에게로!!”

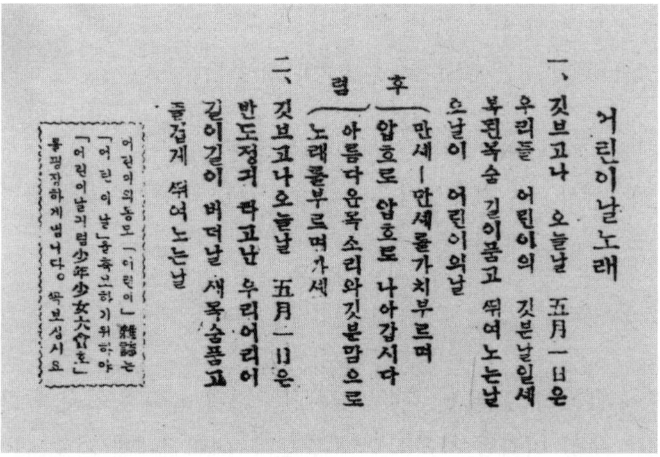

어린이날노래

一、깃브고나 오늘날 五月一日은
우리들 어린이의 깃븐날일세
복된목숨 길이품고 뛰여노는날
오날이 어린이의날

後렴
만세—만세를가치부르며
압흐로 압흐로 나아갑시다
아름다운목소리와깃분맘으로
노래를부르며가세

二、깃브고나오늘날 五月一日은
반도정긔 타고난 우리어린이
길이길이 뻐더날 새목숨품고
즐겁게 뛰여노는날

어린이날 노래. “깃브고나 오늘날 오월 일일은 우리들 어린이의 깃븐 날일세” 어린이날은 처음에는 5월 1일이어서 메이데이와 날짜가 겹쳤다. 당시 어린이날 노래는 ‘야구가’의 곡조에 맞춰 불렀다.

를 대하는 태도나 어린이를 기를 때 유의해야 할 점, 어린이들이 지켜야 할 규칙 같은 것들이 시시콜콜하다고 느껴질 정도로 상세하게 적혀 있었다.

〈어른에게 드리는 글〉
- 어린이를 내려다 보지마시고 치어다 보아주시오
- 어린이를 가까이 하사 자주 이야기하여 주시오
- 어린이에게 敬語를 쓰시되 늘 보드럽게 하여 주시오
- 理髮이나 沐浴, 衣服같은 것을 때맞춰 하도록 하여 주시오
- 잠자는 것과 運動하는 것을 充分히 하게 하여 주시오
- 散步와 遠足가튼 것을 가끔가끔 시켜주시오
- 어린이를 책망하실 때에 쉽게 성만 내지 마시고 자세 자세히 타일러 주시오
- 어린이들이 서로 모이어 즐겁게 놀만한 놀이터나 機關 같은 것을 지어주시오
- 大宇宙의 腦神經의 末梢는 늙은이에게 있지 아니하고 젊은이에게도 있지 아니하고 오직 어린이 그들에게만 있는 것을 늘 생각하야 주시오

〈어린 동무들에게〉
- 돋는 해와 지는 해를 반드시 보기로 합시다
- 어른에게는 물론이고 당신들끼리도 서로 존대하기로 합시다
- 뒷간이나 담벽에 글씨를 쓰거나 그림 같은 것을 그리지 말기로 합시다
- 길가에서 떼를 지어 놀거나 유리 같은 것을 버리지 말기로 합시다
- 꽃이나 풀을 꺾지 말고 동물을 사랑하기로 합시다
- 전차나 기차에서는 어른에게 자리를 사양하기로 합시다
- 입은 꼭 다물고 몸은 바르게 가지기로 합시다

「어른에게 드리는 글」의 세부 항목들은 마치 육아 지침서의 한 페이지를 읽는 듯한 착각을 불러일으킬 정도다. 어린이에게 자주 이야기를 들려주어야 한다, 부드러운 경어를 사용해야 한다, 이발이나 목욕을 자

주 시키고 옷을 깨끗하게 입혀야 하며, 수면과 운동에 유의하고, 산책이나 소풍 같은 것도 데리고 가야 하며, 야단칠 때는 이유를 자세히 설명해 주는 것이 좋다 등등은 지금까지도 유효한 아동 보육법이라고 할 수 있을 것이다. 「어린 동무들에게」도 마찬가지이다. 어린이는 일찍 일어나고 일찍 자야하며, 존대말을 써야 하고, 낙서를 하지 말아야하며, 떼를 지어 몰려다니지 말아야 하고, 자연을 보호하고, 어른을 공경하고, 몸가짐을 바르게 해야 한다는 세목들에서 앞서 살핀 어린이의 인격 해방 등의 대의적 명분을 읽어내기는 쉽지 않다. 이렇게 나열된 내용들은 마치 일상에서 지켜야할 자잘한 생활 규칙들 같은 것이어서 어린이를 해방해야 한다는 준엄한 취지에는 부합하지 않는 것처럼 여겨질 수도 있다.

그러나 바꾸어 생각해 본다면, 이러한 새로운 자녀 지도법의 구구절절한 정보야말로 당시 조선인들에게는 가장 요긴한 것이었고, 어쩌면 어린이날의 주최 측이 사회적 캠페인을 벌여서 보급시켜야 할 핵심적인 내용 중 하나였다고도 할 수 있을 것이다. 어린이를 '해방'시킨다는 것은 어디까지나 재래의 윤리나 상황 조건에서 해방시켜 '다른 방식'으로 키워야 한다는 것이지 결코 어린이를 방임하자는 것은 아니었던 것이다. 이러한 맥락에서라면 결국 「어른에게 드리는 글」은 시대가 바뀌었으니 자녀에 대한 부모의 심적 태도와 인식을 변환하라는 주문이었으며, 「어린 동무들에게」는 근대적 주체로 성장할 미성년들에게 새롭게 부과된 일상적 규준들이었다고 볼 수 있을 것이다.

당시에 어린이날이 각계의 지지와 후원을 받으며 사회적 캠페인으로서 크게 성공할 수 있었던 것은 "항상 십년 후의 조선을 싱각하십시오"[70]라는 대의적 언명과 1920년대에 들어 갑작스럽게 불붙어 일어난 사회적 심리 현상인 '교육열'과 '향학열'이 결합했다는 점에서도 찾을

70) 「십년 후 조선을 慮하라」, 『동아일보』, 1922.5.1.

각 지방의 어린이날 행사(『동아일보』, 1927.5.5). 1927년의 어린이날(5월 1일) 행사는 비가 와서 5일로 연기되어 거행되었다. ① (왼쪽 위) 경성 어린이날 깃발 행렬. "됴선의 새싹은 어린이" 등의 구호를 적은 깃발이 보인다. ② (중간 위) 오월회 주최 소년소녀 활동사진대회. 내청각에서 〈놀부흥부〉가 상영되었다. ③ (오른쪽 위,아래) 동아일보사 낙성기념 소년소녀 연예대회. ④ (왼쪽 아래) 의주 어린이날 기념식 및 깃발 행렬.

수 있다. 1920년대는 자녀를 가진 부모들에게 세상이 달라지고 있다는 것을 실감하게 하는 때였다. 불과 10년 전만 해도 지필묵을 주고 책을 사주어도 학교에 가는 학생이 드물어서, 순사가 서당을 습격하여 아이들을 학교로 끌고 가는 일이 벌어질 지경이었다는 회고가 무색할 정도로,[71] 1920년대에 들어서면서 학교에 대한 사회 전반적인 인식은 확연히 달라지고 있었다. 식민 지배에 대한 저항심이 학교에 대한 거부로 표출되던 시기는 지나가고, 각자의 실력을 양성하는 것이 곧 민족을 위하는 길이라는 명분 하에 학교 교육이 적극 장려되고 있었으며, 학력이 직업을 얻는 현실적 조건으로 인식되기 시작하면서 학교 교육의 위상은 급격히 높아지고 있었던 것이다.[72] 매해 입학시즌이 되면 학교가 부

71) 최영수, 「학교는 눈물인가? 한숨일런가?」, 『신동아』, 1936, 18~19면.

어린이날 행진 광경(『동아일보』, 1932.5.2)

족하여 학령기의 어린이가 길거리를 헤매고 있다는 '입학난'의 문제가 대서특필 되었으며,[73] 배를 곯더라도 오로지 배우고자 하는 '고학생'들

72) 오성철은 초등교육에 대한 조선인의 인식은 1919년 3·1운동을 기점으로 극적으로 변화되었다고 하였다. 즉 3·1운동 이전에는 보통학교의 취학을 거부하였던 분위기였으나, 1920년대에는 적극적으로 교육 기회를 획득하고자 했다는 것이다. 여기에서 유의해야 할 것은 당시 유행되었던 '향학열'이라는 표현은 막연히 배우려는 열기를 의미하는 것이 아니라, '신식학교에 대한 취학 열기'를 대변하는 용어였다는 점이다.(오성철, 『식민지 초등 교육의 형성』, 교육과학사, 2000, 31~32면)

73) 김병준의 「'신학년 입학난'과 우리의 각성」(『개벽』 23호, 1922.5)은 당시의 상황에 대해 자세하게 보고하고 있다. 그는 40년 전 군사립으로 고등정도 보통학교를 설립하고 학생을 모집하였을 때에는 감히 양반집 자제는 선발을 못하고, 하급 상민의 자제만 선발하였는데 당시 선발된 자의 부모는 자제를 전쟁터에 보내는 것처럼 눈물을 흘렸으며 벌금만 바치고 생도 모집을 면하게 되면 영광으로 알았다고 회고했다. 그런데 최근 1, 2년 사이에 돌연 향학열이 불어, 완고하던 남쪽 지방이나 유교학자의 집안까지도 모두 신식 학교에 보내고 해외 유학을 보내고자 하는 희망자가 격증했다고 놀라워했다. 그는 당해 공립보통학교에 입학시키기 위해 경성부 민적계에 민적대조의 증명을 받은 자가 3월 15일 현재로 2만 2천명 이상으로 이중 학령 제한에 걸리는 5분의 4를 제한다고 해도 경성 부내 40보교에 지원서 제출한 자가 4천 8백 5명에 이른다고 구체적인 상황을 보고했다.

이 넘쳐나게 되었다. 제1회 어린이날이 있었던 1923년은 공교롭게도 처음으로 서당에 다니는 학생보다 보통학교에 다니는 학생의 수가 많아졌던 해이기도 했다.[74] 미성년들이 학교에 가는 것이 정상적인 일로 자리 잡게 되면서 못 배운 것이 한이 되는 시대가 도래했으며, 부모들에게는 자신들은 못 먹고 못 입더라도 어떻게 해서든지 자식들만은 가르쳐야 한다는 부담스러운 책무가 지워지기 시작했다.[75]

바로 이러한 변화의 분기 지점에 어린이날이 있었던 것이다. 당시에 어린이날을 비롯한 소년운동이 사회적으로 큰 반향을 일으켰던 것은 이러한 시대 변화 속에서 도대체 아이들을 어떻게 길러야 하는가를 묻는 일반 사회의 요구에 민감하게 대응하고 있었다는 점에서도 이유를 찾을 수 있을 것이다. '어린이'라는 참신한 어휘는 종래에 사용되던 어휘들이 환기시키는 이미지들과 차별화된 이미지를 제공함으로써 미성년에 대한 심리적 태도와 관점을 전환하도록 유도하는 효과를 가질 수 있었으며, 특히 미성년을 대상으로 한 문화 영역의 중요성을 주장하는 데에 유용하게 사용될 수 있었다.

요컨대, 「소년 운동의 기초 조항」이 아동에 대한 재래의 압박으로부터의 '해방'의 문제를 제기한 것이라면, 「어른에게 드리는 글」, 「어린 동무들에게」는 일상의 관습과 태도에 대한 새로운 '규준'을 제안했던 것이라고 볼 수 있다. 당시의 소년운동은 전자와 같이 재래의 질서를

74) 조선총독부가 발행한 『통계연감』(1932)에 따르면, 1922년도에 보통학교에 다니는 학생은 237,949명으로 서당에 다니는 아동 280,862명보다 적었으나, 1923년에는 305,864명이 되어 서당에 다니는 아동의 숫자(256,851명)보다 처음으로 많게 된다. 1923년은 미성년기가 '학교에 다니는 시기'로, 학교 가는 일이 '정상적인 일'로 정착되었음을 양적으로도 보여준 해라고 할 수 있을 것이다.

75) 오성철은 식민지 시기 초등교육이 팽창했던 사회적 동인을 여러 가지 층위에서 분석한 바 있다. 특히 이를 식민지 공업화와 같은 경제 요인이나 '식민 지배 집단의 음모'와 같은 정치적 조건에 한정하지 않고 조선인들의 개인적이고 집단적인 요구와 의지라는 관점에서 파악하여, 당시의 향학열에는 사회 이동 기회를 포착하려는 '새로운' 동기와 교육을 통해 사회적 차별을 탈피하려는 '전통적' 동기가 얽혀 있음을 예리하게 통찰하였다.(오성철, 『식민지 초등 교육의 형성』, 175~220면)

다양한 어린이날 기념 행사(『동아일보』, 1935.5.8). 선천의 어린이날 기념식(위)과 동화회(가운데 동그라미), 박천의 깃발 행렬(중간), 수원의 깃발 행렬(아래) 등.

비판하고 이로부터 미성년을 해방시켜 진보하는 미래의 시간을 기획하려는 것과 후자와 같이 삶의 태도와 일상적 관습을 전환함으로써 새로운 문화적 환경을 만들어 가려는 두 방향에서 이루어졌다고 해도 과언이 아니다. 이러한 양대 지향의 축은 1920년대에 들어 가시적인 구도를 갖게 되었지만 앞서 살폈듯이 이러한 구도가 단번에 만들어졌던 것은 아니었다.

돌이켜 보자면, 1900년대의 소년 담론에서 '소년'이라는 호명법은 미성년들을 재래의 질서에서 분리시켜 진보하는 문명의 시간에 접속시키기 위해 개발된 것이었다. 사회진화론적 국가·문명 담론이 전사회적으로 광범위하게 유포되어 우승열패, 적자생존의 논리가 보편적인 원리로 받아들여지던 시기에, 국가는 이러한 국제 경쟁 속에서 죽느냐 사느냐 하는 운명을 지닌 하나의 유기체로 상상되었으며, 소년의 능력은 곧 한 국가가 성장·진보해나갈 가능성이나 힘으로 치환되어 계산되었다. 소년들은 현실 위기를 타개할 '영웅'의 모습으로, 독립된 문명국을 건설할 '국민'의 이상형으로 선취되어 발견되었다. 소년의 기획은 진보하는 시간의 선로(線路)를 놓는 것이었으며 이는 문명국가의 수립이라는 이상에 닿아 있었다고 할 수 있을 것이다. 그러나 1900년대는 아직 학교를 비롯한 미성년들의 사회문화적 제도가 채 자리를 잡지 않은 때였다. 미성년들의 시간이 새로운 가치로 부상되었던 것은 사실이었지만 그 시간들을 분절하여 관리하는 근대적 제도의 기반은 턱없이 미약했던 때였던 것이다.

이에 비해 '어린이'는 미성년기가 학교를 다니기 위해 유예된 시간으로 자리 잡기 시작한 바로 그 시점에서 등장했다. 1920년대는 학교 기피의 풍조가 반전되어 입학란의 문제가 사회적 문제로 대두되기 시작하였고, 너나없이 학교 교육을 받으려는 학구열이 사회적으로 급속하게 확산되었던 때였다. 이에 따라 실제로 학교 교육을 받을 수 있는 미성년의 비율은 그리 높지 않았음에도 불구하고 학교의 체계는 미성년기를 분절하는 기준이 되었으며, 학교 교육 내용들은 미성년들이 습득해야 할 지식의 규범으로 작동하기 시작하였다. 미성년(기)는 학교라는 제도를 통해 일반 사회와 물리적으로 구별되고 질적으로 차이를 갖는 그 무엇으로 자리 잡게 되었다. 이러한 상황 변화에 따라 미성년의 기획 또한 새롭게 변모된 모습을 보이게 된다. 1920년대 초반의 '어린이날'을 비롯한 일련의 사회적 실천들은 우리 사회에 종래의 소년 기획과 중첩된 지점에서 미성년에 대한 새로운 기획이 발생했음을 보여주는 것이다. 단순하게 표현하자면, 소년의 기획이 진보하는 시간의 전진하는 연속선상에 놓여져 있는 것이었다면, 어린이의 기획은 문화적 공간의 평면적 확장과 전개와 관련되는 것이었다고 할 수 있을 것이다. 아동은 성인과는 다른 지적, 심리적 특질을 가지고 있으며 이는 보호되고 존중되어야 하는 것이므로, 아동들만을 위한 문화적 환경을 구축해야 한다는 주장을 전개하는 데에 '어린이'는 유용하게 사용될 수 있는 전략적 어휘였다.

그러나 여기에서 유의해야 할 것은, 어린이 기획의 등장이 소년 기획의 시효가 만료되었음을 뜻하는 것은 아니라는 점이다. 어린이 기획은 소년 등 기존의 미성년 기획에 부가되어 새로운 구도를 만들어낸 것이지 소년 기획을 완전히 대체한 것은 아니었다. 오히려 어린이는 소년 기획을 보완하는 측면이 있었다고 보는 편이 옳을 것이다. 소년과 어린이는 근대 계몽의 시선이 포착해 낸 아동의 대표적인 면모라고 할 수 있다. 형성기 아동문학의 담론적 실천의 대상이 되었던 아동의 범주도 바로 이러한 '소년-어린이'의 시간과 공간 기획의 전개 과정에서 구체화되었다고 볼 수 있다.

제3장
아동문학의 개념 구성과 '동심'의 수사학

'어리다는 것'은 무엇인가? 앞 장의 검토를 통해 얻을 수 있었던 결론 중 하나는 '어리다는 것'을 단순히 생물학적 미성숙의 문제로 한정할 수 없다는 것이었다. '어리다'고 규정되는 대상과 그에 부여되는 속성은 그 사회가 갖는 주체 생성의 기획과 밀접한 관련을 갖는다. 20세기 초, 미성년에 대한 관념과 제도가 전에 볼 수 없었던 혼선의 양상을 띠며 급변했다는 것은, 다른 어느 때보다도 이 시기에 새로운 주체를 생산하고자 하는 사회적 요구가 강력하게 제기되고 있었으며, 이를 구현하고자 하는 힘들이 다양한 층위에서 활발하게 작용했다는 것을 방증해 주는 것이다. 삶의 전면적인 변환을 요구했던 근대의 기획은 사회 제도나 물질적인 층위는 물론이고 인식, 감정, 태도, 습관 등 개인의 일상적이고 내면적인 층위에까지 깊숙하게 관여하는 것이었으며, 이러한 계몽 기획의 중심에는 언제나 새로운 인간의 형성이라는 문제가 과제로 놓여 있었다. 어리고 작은 존재와 그의 미완의 시간, '미성년/미성년기'는 근대적 지형의 형성과정에서 새로운 인간 기획을 관철시킬 '산생(産生)의 장소'이자 '실험의 무대'[1]로 발견되었다고 할 수 있다.

사정이 이러할 때, 미성년들의 사회적 표상[2] 또한 다종다양한 근대 기획의 중첩 속에서 분열과 통합을 거듭하는 재구성의 과정을 겪었으리라는 것은 자연스럽게 추론할 수 있는 일이다. 어떤 존재에 대한 표상은 그 존재를 사유하는 방식과 직접적으로 관련될 뿐 아니라 대상에 대한 실천의 형태와도 연계되는 것이다. '어리다'는 것 자체는 지극히 추상적이고 모호한 개념이라고 할 수 있지만, 한 사회에 속한 개인들이 '어리다'는 것에 대해 어떤 상(像)을 떠올릴 수 있고, 그에 대해 말할 수 있고, 그것을 대상으로 한 여러 가지 실천을 할 수 있는 것은 사회적으로 공유될 수 있는 표상과 그러한 표상들을 작동케 하는 공통의 지반, 물리적이고 상징적인 시스템을 지니고 있기 때문이라고 할 수 있다.

예컨대 1920년대 초반 이광수는 「소년에게」라는 논설을 쓰는 내내 실제로는 만나 본 적도 없는 '소년'들의 모습을 다음과 같이 생생하게 떠올리고 있었다.

---

1) 강상중은 식민지를 '근대의 실험실'이라고 표현한 바 있지만, 미성년의 육체와 시간이야말로 식민지 근대의 실험이 중첩되었던 핵심적인 장소 중 하나였다고 할 수 있을 것이다.(강상중, 『오리엔탈리즘을 넘어서』, 이산, 1997, 7면)

2) 철학적 용어로서 '표상'은 주체의 사유 활동과 연관되어 사용되는 개념이다. 그러나 이 글에서는 표상을 이성적 주체의 사유 활동에 제약된 개념으로 한정하지 않고, 사회적 담론의 층위에서 특정한 대상이 재현되고, 대리되는 방식을 지칭하기 위한 용어로 사용하고자 한다. 또한 사회적 담론은 하나의 안정적인 단일 표상 체계를 가지는 것이 아니라 제 권력들의 관계와 그 작용에 따라 구성되는 것이며, 동일한 대상에 대한 표상이라고 하더라도 분열되고, 중첩되는 중층의 구조를 가진 것이라는 입장을 취함으로써, 담론의 역사적이고 구체적인 배치를 문제 삼고자 한다. 표상의 문제를 문화 연구에 적용한 사례 중 하나로 이효덕의 연구를 들 수 있다. 이효덕은 표상을 "심적 현상을 가리킴과 동시에 구체적인 형상을 의미하기도 하는 개념이라는 점, 즉 뭔가를 마음속에 떠올리는 심적인 조작에 관련되는 면과 어떤 것의 대체물을 구체적으로 제시하는 물질적인 행위에 관련되는 면, 그렇게 두 가지 상(심적인 상과 물질적인 상)에 걸쳐 존재하는 개념이라는 점, 좀더 단적으로 말하자면 어떤 실재를 물리적으로 재현전화 한 것"이라는 의미로 설정하고, 표상은 시대와 사회, 문화의 차이에 따라 상대적이라는 것을 전제로 해서 근대화를 표상 시스템의 변화라는 관점에서 조명한 바 있다.(李孝德, 박성관 역, 『표상공간의 근대』, 소명출판, 2002)

내가 책상에 대하야 이 글을 쓰는데 내 눈압헤는 어여쁘고 긔운찬 여러분의 모습이 보입니다. 책보 끼고 學校로 가시는 모양, 쌔트 메고 운동장으로 가시는 모양, 또 소를 끌고 개천가에 풀 뜻기는 모양, 또는 두렝이 입고 솟곱질 놀음하는 모양, 달아달아하고 물작난하는 모양, 모다 지극히 귀엽고 반가운 情으로 내 눈압헤 아른아른 보입니다.

이러케 눈 압헤 보이는 여러분, 濟州 끄테서 조개 줍는 도련님 아가씨로부터 豆滿江가에 갈닙 피리 부는 도련님 아가씨까지 우리 朝鮮 十三道, 十二府, 二百十八郡, 二島, 二千五百九面에, 계신, 또는 장차 오실 모든 도련님, 아가씨, 情든 本國을 써나 멀리 西間島, 北間島, 西伯利亞와, 그보다 더 멀리 하와이, 美國, 멕시코에 흐터잇는 모든 도련님 아가씨께 나의 쓰거운 사랑과 정성의 이 편지를 쓰읍니다. 비록 여러분과 나와 서로 본 적은 업다하더라도 피차에 가튼 조상의 피를 바다 가튼 쌍 우에 자라고, 가튼 말을 하며, 가튼 팔자를 난후는 우리들이니 자연히 정과 피가 서로 통할 것입니다. 내가 눈물로 쓴 것은 여러분도 눈물로 보실 것이오, 내가 깃븐 희망으로 쓴 것은 여러분도 깃븐 희망으로 보실 것입니다.

— 魯啞子, 「少年에게」, 『개벽』 17호, 1921.11

위의 글은 주체가 존재자를 "자기 앞에 [vor-] 세우는 [stellen] 활동"이라는 표상[Vorstellung]작용의 어원적 의미를 환기시켜 준다.[3] 이 글에서 '소년'들은 남녀를 불문하는 미성년들로서, 학교 가고, 운동하고, 일하고, 놀고, 장난치는 각양각색의 모습으로 재현되고 있으며, 사는 곳도 각기 달라서 한반도 내에만 국한되는 것이 아니라 멀리 해외의 각처에 거주하는 것으로 그려져 있다. 이렇게 사방에 흩어져 있는 다양한 존재들을 눈앞에 불러 세우기 위해서는 그 존재들을 실재하는 모습에서 추상하여 재배열할 수 있는 표상의 시공간이 전제되어야 한다. 이를 위해 동원되는 것이 "가튼 조상", "가튼 쌍", "가튼 말", "가튼 팔자"이다. 즉 혈연, 국토, 언어를 매개로 한 동생공사(同生共死)의 운명의 공동체가 제공하는 표상의 시공간은, 현실 속 다양한 처지의 개별 미성년들을 "오백

3) 서동욱, 「표상적 사유와 비표상적 사유」, 『차이와 타자』, 2000, 8면.

만의 조선소년남녀들"[4]로 묶어낼 뿐 아니라 아직 태어나지도 않은 소년들, "장차 오실 모든 도련님, 아가씨"까지도 한 곳에 불러낼 수 있는 공통의 지반을 제공하고 있다. 이러한 조건에서 서술 주체는 소년들을 대상으로 특정한 형태의 담론을 생산할 수 있게 된다.

아동문학이라는 새로운 형태의 담론적 실천은 미성년에 대한 근대적 표상 체계와 긴밀한 연관 관계를 맺으면서 형성되었다. 아동을 곱고 순수한 존재로 미화하는 새로운 표상 방식의 출현은 아동문학을 제도적으로 성립시키는 중요한 계기가 되었다. 물론 역으로 아동문학이야말로 아동에 대한 근대적 표상을 생산해내는 데에 가장 강력한 힘을 발휘했던 기제였다고 설명하는 것도 가능할 것이다. 아동의 미적 표상과 아동문학은 순차적으로 발생했다기보다는 상호 전제하는 관계 속에서 동시적으로 형성되었다고 볼 수 있기 때문이다. 이 장에서는 아동문학이 제도적으로 정착되었던 1920년대 전반을 중심으로 아동에 대한 사유가 어떻게 재편되고 있었으며, 새롭게 나타난 아동의 미적 표상과 예술의 이념은 어떠한 논리로 결합하게 되는지 살펴보고자 한다.

1. 미적 존재로서의 아동의 표상과 아동 예술 교육

1) 미적 존재로서의 아동의 재현 양상

1920년대는 미성년에 대한 인식과 제도가 큰 폭으로 재조정된 때였다. '어린이'라는 시대적 유행어로 부상했던 현상은 근대적 계몽의 전개

4) 魯啞子, 「少年에게」, 『개벽』 17호, 1921.11, 27면.

색동회 창립 기념 사진(1923.5.1). 앞줄 왼쪽부터 조재호, 고한승, 방정환, 진장섭, 뒷줄 왼쪽부터 정순철, 정병기, 윤극영, 손진태의 모습이 보인다.

과정에서 구축되어 온 미성년에 대한 표상 체계가 이 시기에 들어 다시 한 번 큰 폭으로 재편되었으며 미성년에 대한 새로운 성격의 실천이 전개되기 시작했다는 사정과 밀접한 관계가 있다. '어린이'는 우선 '해방의 말'이었다. 널리 알려져 있듯이 '어린이'라는 말은 아이들도 '늙은이', '젊은이'처럼 대등한 '사람(—이)'이라는 것을 강조하는 어휘로서 출현했다.[5] 당시의 회고에 따르면, '어린이'는 아무리 나이 어린 아이라 할지라도 존중받을 '인격'이 있음을 선언하고, 미성년들을 억압하는 기성의 문화를 비판하고자 소년 운동 진영에서 전략적으로 보급시킨 말이었다.[6] 평등의 이념을 표방하는 '어린이'라는 말은 아동을 윤리적으

---

5) 방정환은 '어린이'라는 새 말은 '애녀석', '어린애', '아해놈'이라는 말을 대체하기 위해 만들어졌으며, '늙은이', '젊은이' 등과 대등한 관계에서 생겨난 말이라고 했다.(방정환, 「7주년 기념을 마즈면서」, 『어린이』 8권 3호, 1930.3.20)

6) 앞에서도 살폈듯이 '어린이'라는 기표는 1920년대에 처음 등장한 것이 아니며, 방정

로 압박하고 과중하게 노동력을 착취하는 현실을 재고시키는 데에 유용했을 것이다.

그러나 이와 같은 해방과 평등의 이념과는 별도로 '어린이'라는 참신한 어휘가 보다 효과적으로 쓰였던 것은 미성년에 대해 지금까지 없었던 의미와 가치를 부여하고 새로운 문화적 실천을 시도하고자 할 때였다. '소년'과 같이 기존의 계몽 담론에서 익숙하게 사용해 오던 말이 있었음에도 불구하고 '어린이'라는 생경한 말이 요구되었던 것도 이 때문이었다고 할 수 있다. 물론 앞에서도 살폈듯이 '어린이'는 '소년'과 거의 동일한 대상을 지시하는 어휘로서 파생되었으며, '어린이'와 '소년'은 대개의 경우 상호 교환될 수도 있는 말이었다. 그러나 둘이 환기하는 이미지는 처음부터 어느 정도 차이가 있었다. 1900년대 이래 계몽 담론을 통해 부상되었던 '소년'은 1920년대에 들어 이제 막 상용되기 시작한 '어린이'에 비한다면 이미 나름의 상(像)을 형성하면서 관용적인 수사와 용법을 축적하고 있는 상태였다. '소년'이라는 말에는 누구나 거의 자동적으로 환기할 수 있는 공유된 이미지가 있었으며, 공식적인 어법이 구축되어 있었다. 이에 반해 '어린이'라는 낯선 말은 동일한 연령, 같은 부류의 미성년을 지시하더라도 '소년'의 관습화된 이미지와는 다른 참신한 느낌을 불러일으킬 수 있었으며, 이로 인해 새로운 의미와 실천의 계열을 형성해 나가는 데에 보다 유리했다. '어린이'라는 어휘가

환 혼자서 처음 만들어 내거나 사용을 제안한 것도 아니다. 그러나 비슷한 유의어들을 제치고 '어린이'가 단연 유행하게 된 것은 방정환을 비롯한 1920년대의 소년 운동가의 힘이 컸다고 볼 수 있다. 윤극영은 '색동회'의 준비 모임에서 '어린이'라는 말을 사용하기로 확정했다고 했다. 물론 '어린이'라는 말의 사용을 방정환 개인이나 색동회와 같은 한 단체의 공로로 돌리는 것은 사실에 부합되지 않으리라고 판단된다. 그러나 색동회의 토론 과정에서 '소년'이나 '아이'같은 말은 아예 처음부터 거론도 되지 않았으며, '작은 이'는 좀 모자란다는 뜻으로 해석될 우려가 있어 '늙은이', '젊은이'와 대등한 의미로 '어린이'를 선택하기로 했다는 설명을 통해, 당시 '어린이'가 일상에는 거의 사용되지 않았던 참신한 어휘였으며, 인격 존중의 의미를 선전하기 위해 전략적으로 선택된 어휘였다는 것을 알 수 있다.(윤극영 「소파 방정환(나의 이력서 제7회)」, 『한국일보』 1973.5.16(『윤극영 전집』 II, 현대문학사, 2004))

대표적으로 담지했던 새로운 미성년의 표상과 그에 매개된 실천의 성격은 1900년대 이래 계몽적 성격의 담론에서 형성된 '소년'의 표상과 비교하는 과정에서 더욱 선명하게 이해될 수 있을 것이다.

'소년' 담론을 구축하는 데에 중요한 역할을 했던 잡지 『소년』의 창간 취지는 "우리 大韓으로 하야곰 少年의 나라로 하라 그리하랴 하면 能히 이 責任을 堪當하도록 그를 敎導하여라"[7]로 요약할 수 있다. 소년은 장차 나라의 주인이 될 자이며, 이를 위해 교도되어야 할 대상이었다. 그런데 당시 교도의 대상으로서 애호되었던 소년의 특성은 아이러니하게도 아직 아무 것도 아니라는 점에 있었다. 소년은 그 자체의 어떤 고유한 자질을 가졌다기보다는 만들고자 하는 대로 어떤 것이라도 만들 수 있는 '재료'처럼 이해되고 있었다.

> 대뎌 粳團이나 水餠이나 松片이나 饅頭나 이것은 다 成形된뒤에 일흠이로되 밀ㅅ가루나 쌀ㅅ가루에 물을 타서 뭉틘 반듁때에는 다갓흔 반듁이니 아모 분별도 업난것이라. 그럼으로 諸子는 떡반듁갓하서 只今에 몽굴녀 맨드난대로 아모것이라도 될수잇슬뿐더러 또한 댤못하면 쉬거나 뭉그러뎌서 아모것도 되디못하고 말ㅅ수도 잇난것이라 이때우리가 웃디 操心티 안사오릿가
>
> —少年時言, 『소년』 1년 1권, 1908.11

> 輕軟한것을 主張하야 兒童의 好奇心과 歡意를 迎合하고 온갓顯賞과 抽籤을行하야 白紙갓흔兒心에 虛慾과 僥倖心을 印케하난것은 外國雜誌의 通弊라
>
> —編輯室通寄, 『소년』 1년 1권, 1908.11

어떤 사람이든 어렸을 때는 "밀가루"나 "쌀가루" 반죽처럼 "몽굴녀 맨드난대로 아모것이라도 될 수" 있는 것이지만, 만약 그때를 잘못 보내게 되면 "쉬거나 뭉그러뎌서" 아무것도 될 수 없다는 지적은 미성년기의 중요성을 강조한 것이라고 볼 수 있다. 또한 미성년의 마음을 "백

---

7) 권두언, 『소년』 1년 1권, 1908.11.

지"에 비유한 것도 "허욕"이나 "요행심"을 바라지 않는 순수하고 깨끗한 상태를 적절히 표현한 것이라고 볼 수 있을 것이다. 그러나 이와 같은 "밀가루"나 "쌀가루" 반죽, "백지" 등의 비유가 가능했던 또 하나의 중요한 이유는 소년의 내부를 텅 비어있는 것으로 상정했다는 데에 있다. 소년 담론에서 미성년들은 목표하는 무엇을 만들기 위한 일차적인 재료로 파악되었을 뿐, 그 내부에 고유한 개별적인 특성을 가지고 있는 존재로 사유되지 않았다.

특히 이러한 '비어있음'의 자질은 소년들의 정신적 측면을 묘사할 때 두드러지게 나타났다. 당시의 계몽담론에서 자주 사용되던 '뇌수(腦髓)에 관주(灌注)'한다는 표현은 이러한 맥락에서 이해할 수 있다.[8] 미성년의 '뇌'는 신지식, 신사상을 무한히 들이부을 수 있는 비어있는 '그릇'처럼 사유되고 있었던 것이다. 근대적 전환의 국면에서 미성년들의 '미숙함'은 신문명을 건설해 낼 '가능성'으로 가치를 부여받았지만, 이때의 가능성은 미성년의 내부로부터 찾아진 것이라기보다는 신문명이라는 외부의 광원(光源)에 의해 조명된 것이었다. 다시 말해 근대 계몽의 시선이 소년을 주목했던 까닭은 내적 특성의 '발현 가능성' 때문이라기보다는 외적 영향의 '수용 가능성' 때문이었다고 할 수 있다.

한편 소년의 육체적 이미지는 "무쇠골격 돌근육"[9]등의 표현에서 볼 수 있듯이 '돌'이나 '쇠'처럼 단단하고 견고한 것으로 나타났다. 소년은 '젊은 시절' 혹은 '젊은 연령의 사람'을 지시하는 말로 쓰였으며 남녀에 국한되지 않고 사용될 수도 있는 말이었지만,[10] 이러한 어법과는 별도

---

8) "今日形便이 教育時代 라 稱하야 青年子弟의 腦髓를 劈破ᄒᆞ고 新學問을 灌注ᄒᆞᆯ 思想이 懇切한 時代이라"(「教育上大注意」, 『만세보』, 1906.10.10)

9) (일)

"무쇠골격 돌근육 쇼년남ᄌᆞ야/ᄋᆡ국의 졍신 분발ᄒᆞ여라/다다럿네 다다럿데 우리 나라의/쇼년의 활동시ᄃᆡ 다다럿네"(「소년남ᄌᆞ가—한인야구단용 창가」, 『대한매일신보』, 1909.7.24)

10) 예를 들어 '청년과부'(「시ᄉᆞ평론란(한문본 제목은 '孀婦歎')」, 『대한매일신보』, 1908.6.25), '女子少年會'(「소년회소식」, 『어린이』 1권 2호, 1923.4)에서 '청년', '소년'은 젠더적

로 계몽적 소년 담론에서 소년은 활동적 에너지로 충만한 건강한 남성적 육체로 재현되었다.

> 쇼년 동지회의 모든 쇼년들이여 대뎌 쇼년이라 ᄒᆞᆷ은 엇던 사ᄅᆞᆷ을 닐ᄏᆞ름인가 그 팔힘이 이믜 쇠ᄒᆞᆫ 쟈ㅣ면 이를 쇼년이라 ᄒᆞ지 못ᄒᆞᆯ 거시며 그 졍신이 이믜 모손ᄒᆞᆫ 쟈ㅣ면 이ᄅᆞᆯ 쇼년이라 닐ᄏᆞᆺ지 못ᄒᆞᆯ지니 반ᄃᆞ시 긔력이 셩대ᄒᆞ고 졍신이 강장ᄒᆞ야 험ᄒᆞᆫ 거슬 맛나도 능히 피지 아니ᄒᆞ며 난을 당ᄒᆞ여도 능히 물니치고 ᄒᆞᆫ번 ᄂᆞᆯ고 ᄯᅱᄆᆡ 텬디가 빗츨 동ᄒᆞ며 ᄒᆞᆫ번 소ᄅᆡᄅᆞᆯ 지르ᄆᆡ 일만 군ᄉᆞ가 무릇 창을 ᄒᆞ여야 이에 가히 쇼년이라 닐ᄏᆞ를지니
>
> 가히 ᄉᆞ랑ᄒᆞᆯ만ᄒᆞᆫ 쟈도 쇼년이며 가히 두려울 쟈도 쇼년이라 쇼년의 손과 팔은 이 나라 디경을 방비ᄒᆞᄂᆞᆫ **쟝창 대검**이며 쇼년의 거름은 이 험ᄒᆞ고 막힌 거슬 통ᄒᆞ게 ᄒᆞᄂᆞᆫ **긔션과 화챠**이며 소년의 직희ᄂᆞᆫ 거슨 이 즁류에 특립ᄒᆞᆫ **돌기동**이며 쇼년의 압흐로 나아가ᄂᆞᆫ 거슨 이 바야흐로 자라ᄂᆞᆫ **봄남기**라 젼ᄇᆡ의 쳥쟝 못ᄒᆞᆫ 구채를 마감ᄒᆞᆯ 쟈도 오쟉 우리 쇼년이니 가히 ᄉᆞ랑홉다 쇼년이여 ᄯᅩᄒᆞᆫ 가히 두렵도다 쇼년이여
>
> —「쇼년 동지회에 고ᄒᆞᄂᆞᆫ 말」, 『대한매일신보』, 1908.8.7

'소년'은 기력이 성하고 정신이 강하여 어떠한 어려움에도 굴하지 않고 어떤 상대와의 싸움에서도 승리하는 영웅처럼 그려졌다. 소년의 손과 팔은 "장창 대검"이며, 소년의 걸음걸이는 "기선과 화차"였으며, 소년의 강직한 의지는 "돌기둥"이었고, 소년의 진취적인 기상은 "봄나무"의 뻗어가는 기세와 같았다. 소년은 아무것도 두려워하지 않는 완벽하고 건장한 풍모, 활달하고 진취적인 기상을 지닌 존재였다. 특히 여기에서 소년의 상관물로 외세를 물리칠 병기인 "장창 대검", 근대 문물의 대표적인 상징인 "기선과 화차" 등이 동원되고 있다는 것은 자주적 독립국가 수립과 근대문명 건설이라는 계몽의 양대 과제에 소년의 표상이 얼마나 공고하게 결합되어 있었는가를 엿볼 수 있게 하는 것이다.

차이가 반영된 어휘는 아니다.

그러나 계몽 담론 속 소년들의 이렇듯 건강하고 진취적인 이미지는 계몽주의자들이 묘사하는 현실 속 미성년들의 모습과는 상반된 것이었다. 개항 이래 서양 문명의 힘에 압도된 근대 계몽주의자들은 동양인들의 신체 조건마저도 '쇠망(衰亡)'의 기호로 읽어내곤 했다. 즉, 서양 사람들은 안색이 화려하고 원기가 왕성하며 행동거지가 활발하여 외양만으로도 단번에 "興國民"임을 알아 볼 수 있으나, 동양 사람들의 안색은 대부분 병들어 누렇게 뜬 "病黃"으로 "衰亡"의 기호를 읽을 수밖에 없다는 식으로 폄하했던 것이다.[11] 비판의 대상이 되는 것은 아무리 젊은 층이라 해도 마찬가지였다. 한국 사람은 젊은 청년들마저도 "혹 얼골이 반쯤 누르고 파리ᄒᆞ며 몸은 거반 잔약ᄒᆞ"여 닷새에 한번은 병치레를 할 정도이며, 형편이 좋은 집 자제들이라도 "륙미탕 팔미환이며 이진탕과 보즁익긔탕" 등의 보약을 써서 간신히 목숨을 이어가는 형편이니 이렇게 허약한 체력을 지닌 국민들로 어떻게 국제적인 생존 경쟁에 참여할 수 있겠느냐고 개탄하였다.[12] 그렇다면 사실상 계몽적 소년 담론을 통해 표상되었던 '무쇠골격 돌근육'의 건강하고 활달한 기상의 소년의 모습이란 현실 속 미성년에 대한 인식을 반영한다기보다는 낙관적 전망과 소망을 투사하여 만들어낸 '선취된 이미지'였다고 할 수 있을 것이다.

이처럼 독립된 국민국가 건설, 문명한 사회 건설이라는 시대적 염원이 강력하게 투사되었던 소년의 표상은 정치 상황과 현실 전망의 변화와 함께 굴절을 겪게 된다. 특히 상무적 기상을 지닌 전투적인 모습으로 재현되는 경우는 1910년 합병 이후에는 거의 사라지게 된다. 또한 '소년'이 '청년'과 분리되어 보다 어린 세대를 지시하는 용어로 한정되어 가는 추세에 따라서 강하고 힘찬 남성적 이미지도 서서히 탈색되어 갔다. 그러나 앞서 살펴본 소년들의 표상이 단번에 사라지거나 대체되어 버린 것은 아니었다. 특히 아동의 내부를 '사진기', '백지', '반사경'

11) 「少年時言」, 『소년』 3년 3권, 1910.
12) 「덕육과 지육과 톄육 중에 톄육이 최긴흠」, 『대한매일신보』, 1908.2.11.

등으로 비유하여 외적 영향을 민감하게 수용하거나 변형 없이 그대로 반영하는 특성을 지닌 것으로 표상하는 것은 1920년대의 미성년 담론에서도 흔하게 찾아 볼 수 있는 것이었다.13) '소년'은 여전히 민족의 미래를 대비하는 존재로서 무한한 지적 수용력을 가진 씩씩하고 진취적인 이미지로 그려지고 있었으며, 상투적인 수사는 관습적인 사유들을 재생해내면서 현실 속에서 완강하게 작용하고 있었던 것이다.

이상과 같은 '소년'의 표상을 염두에 두면서 1920년대의 미성년 담론을 살펴보면, 기존의 계몽적 소년 담론에서는 무시하거나 배제해왔던 자질들이 오히려 긍정적으로 수용되는 현상이 나타나기 시작했다는 것을 발견할 수 있다. 예컨대 1920년대 초반 미성년 담론의 한 편에서는 소년들을 "돌근육 무쇠골격"의 건강하고 다부진 모습으로 표현하는 것이 아니라, 꽃, 새, 나비, 토끼, 비둘기, 꾀꼬리, 새싹 등 여리고 부드러운 느낌을 주는 자연물에 비유하는 현상이 두드러지게 나타나기 시작했던 것이다. '꽃과 같이 새와 같이'는 그 대표적인 예이다.

① 꼿과 갓치 새와 갓치 아름답고 快活하던 어린 世上

—소파, 「몽환의 탑에서」, 『천도교회월보』, 1922.8

13) 다음과 같은 예를 '소년' 계열의 표상 방식으로 분류할 수 있을 것이다. 아동의 내부가 감성의 측면보다는 주로 지적인 정신 능력의 측면에서 조명되고 있음을 확인할 수 있다. 이때의 '마음'은 '어린이' 담론의 '동심'과는 차이가 크다. "어린 아해의 머리는 사진긔계와 가치 민첩한 감수성(感受性)을 가진 것이요 사람의 일평싱의 인격이 어렷슬 때에 그 긔초를 세워놋케 되는 것은 누구든지 다 아는 바이나"(「유년교육의 신기관」, 『동아일보』, 1922.8.5); "어린아이의 마음은 하얀 백지(白紙)가티 단순(單純)하고 깨끗합니다. 그의 눈동자에 한번 박힌 인상(印象)은 마음 자리에 꼭 새겨잇서서 여간해서는 이저버리지 아니하는 것이올시다. 어린 아이의 눈동자는 마치 사진긔계(機械)의 「렌쓰」가타서 눈에 보이는 대로 고대로 머릿속에 꼭 박히게 되엇슴으로 모든 것을 볼 때에 그것이 직사(直射)가 되는 것이올시다."(「어린아이의 깨끗한 맘짜리」, 『동명』 1권 12호, 1922.11.19); "어린애의 마음은 백지(白紙)쪽 갓고 반사경(反射鏡)가트며 어린애의 뇌수(腦髓)는 끈힘업는 새움가터서 모든 것에 놀램(驚異)과 무서움(恐怖)으로 갓득 찻습니다."(「어린아이 기르는 법」, 『동명』 2권 10호, 1923.3.4)

② 새와가티 쏫과가티 앵도가튼 어린입술로,

—「처음에」,『어린이』1권 1호, 1923.3

③ 쏫과 가티 아름다웁고 쇠꼬리 가티 어엿브고 옥톡기 가티 보드럽고 재쏫한 少年男女 동모들아?

—이병두,「자연의 대학교」,『어린이』1권 8호, 1923.9

④ 쏫가티 새가티 곱게 아름답게 나무싹 가티 생긔잇게 잘아나아갈 幼年 少年들을 위하야 그네의 개성(個性)과 자유(自由)를 존중하는 점에서 부족 불비한 것이 적지 안흔 것을 알앗습니다.

—이용순,「대회에서 돌아와서」,『어린이』1권 8호, 1923.9

①과 ②의 예에서 볼 수 있듯이 미성년들을 '꽃', '새', '비둘기' 등의 자연물에 비유하는 수사법을 일찌감치 선보였던 것은 다름 아닌, 소년 운동의 핵심 인물 중 하나였던 '방정환'과 아동 잡지『어린이』였다. ③과 ④는 1923년에 열렸던 '전조선소년지도자대회'[14]에 참석했던 소년 운동 지도자들의 글 중 일부인데 위의 ①과 ②에서의 표현을 거의 똑같은 형태로 반복하고 있다는 것을 한눈에 알아볼 수 있다. '전조선소년지도자대회'는 방정환이 관여했던 아동문화 연구 단체인 '색동회'와 '어린이사'가 전국의 소년 단체의 지도자들을 대상으로 주최했던 대회로서 소년 운동과 아동 예술에 대한 강연이 대회의 주된 프로그램이었다. 소년 운동 지도자들은 이 대회를 통해 소년 운동은 "어느 정치 운동이나 부인 운동이나 로동 운동과 가티 人類 中의 어느 부분 운동이 아니고 그 미테 맨 미테 바닥을 짓는 人間 운동"[15]이라는 의식을 공유할 수 있

14) '전조선소년지도자대회'는 '색동회'와 '어린이사'의 주최로 1923년 7월 23일부터 1주일 동안 천도교 교당에서 진주천도교소년회를 비롯한 16개 단체의 지도자와 지방 유지들이 참석한 가운데 개최되었다. 대회의 주된 내용은 아동문제에 대한 강연과 아동예술에 대한 강습, 경성의 유치원과 심상소학교를 순방하는 것으로 이루어져 있었다. 이용순,「대회에서 돌아와서」,『어린이』1권 8호, 1923.9; 김정의,『한국의 소년운동』, 혜안, 1999, 202면;「임박한 지도자 대회」,『조선일보』, 1923.7.21.

었다. 그러나 그에 못지않게 중요한 것은, 소년 운동을 선전할 때 사용하게 될 새로운 수사법을 익혔다는 것일 수 있다. "꽃과 같이 새와 같이"와 같은 표현은 아동은 보호받고 존중받아야 할 귀엽고 사랑스런 존재이므로 소년을 위한 각종의 문화 사업을 벌여 나가야 한다는 등의 주장을 펼 때 요긴하게 사용할 수 있는 일종의 '허두사(虛頭詞)'와 같았다. 개인의 독창적이고 개성적인 표현이라기보다는 전략적인 사용을 위해 반복되어 나타났던 관용적이고 상투적인 표현이었던 것이다. 이와 같은 표현은 상황에 따라 여러 가지 형태로 변주되면서 미성년 담론의 새로운 양상을 만들어 갔다.

한편 아동은 자연과 닮은 존재일 뿐 아니라, 자연을 닮음으로써 더 잘 클 수 있다고 주장되었다. 자연은 아동을 키우는 거대한 학교에 비유되기도 했으며,[16] 실제로 소년회 등 소년단체는 계절마다 자연을 접하고 거기에서 감흥을 받는 것을 주요 활동 중 하나로 삼기도 했다.[17] 이러한 지점에 이르면 앞서 살핀 자연과 아동의 관계도 성격이 달라진다. 즉, '닮았다'에서 '닮아야 한다'로의 이동은, 아동들이 꽃이나 새처럼 귀엽고 사랑스럽다는 낭만적 예찬이 아동들을 "새와 가티 새싹과 가치" 생기 있게 자라가도록 해야 한다는 계도적 규준으로 쉽게 전이될 수 있음을 보여준다.

여러분 산에 가십시오 골작이에 흐르는 물에 봄소리를 드를 것이요 들에 가

15) 이용순, 「대회에서 돌아와서」, 『어린이』 1권 8호, 1923.9.

16) 이병두는 자연을 없는 것 없이 모두 구비하고 있는 거대한 학교라고 표현하면서("自然의 大學校") 자연과의 교감을 통한 교육에서 자연과 사람을 평등하게 존중할 줄 아는 심신이 완전한 사람이 될 수 있다고 주장하였다.(이병두, 「자연의 대학교」, 『어린이』 1권 8호, 1923.9)

17) 예를 들어 천도교 소년회의 경우, 매주 2번의 정기 모임 외에도 탁족회, 운동회 등을 수시로 열어 철마다의 자연의 변화에 친근하게 지내왔으며, 심신을 상쾌하고 유쾌하게 하는 유익한 시간을 가졌다고 보고한 바 있다.(이정호, 「『어린이』가 발행되기까지 이러케 지내여 왓습니다.」, 『어린이』 1권 2호, 1923.4)

십시오 가지에 나르는 새소리에 봄소리를 드를 것입니다. 그리고 가만히 짱우에 귀를 기울이십시오 넓기나 넓은 大地가 움즉움즉 움즉이는 소리를 드를 것임니다.

이 소리를 먼저 듯고 늣기고 그리고 그 소리에 화응하야 나아가는 사람은 사는 사람 압서는 사람일 것입니다.

아마 大地는 움즉이기 시작하엿습니다. 모든 것이 자라고 크기를 시작하엿슴니다. 우리도 움즉이지 아니하면 아니됨니다. 뛰고 놀고 새와 가티 새싹과 가치…… 씩씩하게 쾌활하게…….

—「봄소리」, 『어린이』, 1권 2호, 1923.4

어떤 대상에 대한 낭만적 예찬이 계몽의 교도책을 미리 상정하고 있을 경우, 이때의 낭만적 시선은 대상을 고정적인 이미지로 한정하여 장악하고자 하는 경향을 띨 수도 있다. 다시 말해 자연으로서 발견된 아동은 동시에, 자연으로서만 발견되어야 하는 아동이기 쉬운 것이다. 아동이 자연으로서 발견된다는 것은 한편으로는 인위적으로는 흉내낼 수 없는 천부의 아름다움을 지닌 존재로 예찬된다는 것을 의미하는 것이지만, 다른 한편으로는 관리되고 개발되어야만 하는 천연의 자원으로 대상화된다는 의미를 지닐 수도 있는 것이었다.

그렇다면 도대체 아동과 자연은 어떠한 점에서 닮았으며, 또 닮아야 한다면 그것은 어떠한 상태를 의미하는 것인지에 대해 좀더 검토해 볼 필요가 있다.

새와 가티 쏫과 가티 앵도가튼 어린 입술로, 텬진란만하게 부르는 노래, 그것은 고대로 자연의 소리이며, 고대로 한울의 소리입니다.

비닭이와 가티 톡기와 가티 부들어운 머리를 바람에 날리면서 뛰노는 모양, 고대로가 자연의 자태이고 고대로가 한울의 그림자입니다. 거긔에는 어른들과 가튼 욕심도 잇지 아니하고 욕심스런 계획도 잇지 아니합니다.

죄없고 허물업는 평화롭고 자유로운 한울나라! 그것은 우리의 어린이의 나라입니다.

우리는 어느때까지던지 이 한울나라를 더럽히지 말아야 할 것이며 이 세상에 사는 사람 사람이 모다, 이 깨끗한 나라에서 살게 되도록 우리의 나라를 넓혀가야 할 것입니다.

—「처음에」, 『어린이』 1권 1호, 1923.3

위의 인용문은 잡지 『어린이』의 1면 첫머리에 실린 글 중 일부로 『어린이』의 창간사에 해당하는 것이다. 여기에서 아동은 곧 자연이며, 하늘이다. 일반적으로 동양의 전통에서 자연이 하늘(天)의 개념과 연결되어 사유되어 왔다는 점을 생각해 본다면,[18] '어린이=자연', '어린이=하늘'은 그리 낯설지 않은 표현일 수 있다. 불교 설화 등 전래되는 서사에서 아동이 하늘의 이법, '도(道)'를 매개하는 존재로 형상화되는 경우는 드물지 않은 일이었으며, 동양의 문학론에서 아동의 순수하고 꾸밈없는 성정을 문학의 전범을 해체하고 낭만적 일탈을 사유하는 데에 끌어들였던 것도 없었던 일이 아니다. 이지(李贄)를 비롯한 명청 시대의 소위 성령파(性靈派)는 그 대표적인 예를 보여준다. 잘 알려져 있듯, 이지는 「동

18) 동양에서의 자연이 천(天)의 개념과 밀접하게 연관되어 있다는 것은 대체적으로 동의하는 문제이다. 예컨대 정병무는 다음과 같이 언급하였다. "중국 철학에서 말하는 자연계는 대부분 천(天) 또는 천지(天地)로 표현된다. 천 또는 천지라는 것은 단순히 하늘과 땅이라는 형상적 존재만 가리키는 것이 아니라, 그것을 포함하여 그 아래 또는 그 사이에 존재하는 인간과 모든 존재하는 만물의 유기적 연속체를 지칭하는 말이다."(정병석, 「주역의 자연관에 나타난 생성과 가치내함의 의미」, 『인간과 자연』, 서광사, 1995, 55면.) 그는 동양적 의미에서 자연은 '대상으로서'보다는 '근원으로서' 해석되어왔으며, 우주, 천지, 만물의 총체로서 동태적이고 유기체적인 특성을 지닌 것으로 사유되어 왔다고 설명했다. 물론 동서양의 자연관을 하나의 의미나 관점으로 규정할 수는 없다. 동양은 물론이거니와 서양의 자연 개념도 다양한 층위를 갖는 사유들의 집합체이다. '동양적'이라고 규정되어 온 관념들도 사실상 동양만의 것이 아니라는 점은 역사적 검토를 통해 확인할 수 있는 바이다(타타르키비츠, 손효주 역, 『미학의 기본 개념사』, 미술문화, 1999, 351~373면 참조). 동양적 의미에서 자연은 '대상으로서'보다는 '근원으로서' 해석되어 왔다는 통념도 '동도서기(東道西器)'적 대비 방식, 즉 동양은 정신, 서양은 과학이라는 오리엔탈리즘적 선입견이 강화해낸 이분 논리일 수 있을 것이다. 다만 이 논문에서는 '어린이'와 '자연', '하늘'이 맺고 있었던 기존의 의미 관계가 서구문화와의 접속 속에서 여러 가지 변화의 계기를 갖게 되었다는 점을 강조하고자 하는 것이다.

심설(童心說)」을 통해 '동심'은 진실한 마음의 본체이며, 자기 마음의 시초라고 하면서, 견문, 도리 등의 외적 작용에 의해서가 아니라 자신의 마음에서 우러나오는 말과 글이 참되고 아름다운 것이라고 주장했다. 그는 '동심'을 지닌 사람은 저절로 지극한 문장을 쓸 수 있는 것이므로, 사서삼경만을 전범으로 삼아 따를 것이 아니라고 했다. 또한 이지의 제자인 원굉도(袁宏道) 또한 적자지심(赤子之心)에서 나오는 자연스러운 운(韻)과 취(趣)를 주장하였다. 큰 소리로 떠들며 뛰노는 어린아이의 소리[韻]는 무심(無心)한 것인데, 바로 그렇기 때문에 이치가 깃들지 않아 자연의 음이 나오는 것이며, 취(趣)라는 것이 있는지 없는지도 모르는 어린아이의 행위가 멋스럽지 않음이 없는 것은 풍취[趣]는 학문에서 얻는 것보다 자연에서 얻는 것이 깊이가 있기 때문이라고 했다.[19] 이러한 전례를 살펴볼 때 아동과 자연 또는 하늘을 연관 짓는 사유가 이 시기에만 있었다거나 갑자기 돌출한 것이라고는 할 수 없을 것이다.

그러나 특별히 1920년대에 들어서면서부터 새, 꽃, 앵두, 비둘기, 토끼와 같은 작고 귀여운 이미지의 동식물만이 자연의 대리물이며, '어린이'의 상관물로 나타났다는 점은 다시 생각해 보아야 한다. 동양적 사유에서 자연이 하늘과 연관될 수 있었던 것은 '천지자연(天地自然)의 원리'라는 측면에서였다. 원리로서의 자연은 몇몇의 객관적 실체로 한정되는 것은 아니며, 더욱이 위와 같이 귀엽고 사랑스런 감정을 유발하는 동식물이 대리할 수 있는 성질의 것은 아니었다. 이러한 점에서, 1920년대의 '어린이'의 표상은 자연과 하늘에 대한 전통적 사유의 연장으로만 설명하기 어렵다고 할 수 있다. 더구나 서구 문화의 영향 속에 새롭게 재편된 근대 문화의 지형 속에서는 자연의 의미나 위상 자체도 크게 달라졌다는 점도 고려해야 할 문제이다. 요컨대 아동을 자연이나 하늘의 속성과 연관 짓는 사유는 보편적인 것으로 예전부터 있어온 일이지만,

---

19) 배다니엘, 「중국 고전시론에서 이루어진 '自然' 개념 논의 고찰」, 『중국학연구』 25호, 2003 참조.

1920년대에 '어린이'를 재현하는 방식은 자연과 하늘에 대한 전통적 사유에 서구적 사유가 얽혀들면서 전에 볼 수 없던 새로운 양상을 띠고 출현한 것이라고 할 수 있다.[20]

아동과 자연은 단지 곱고 아름답다는 외면적인 표상만으로 연관되었던 것은 아니다. 아동과 자연은 그야말로 자연스러운 천성(天性), 인위적이지 않고 꾸밈없는 내적인 층위에서 상동성을 지닌 것으로 이해되었기 때문에 보다 긴밀한 관계를 맺을 수 있었다.

> 아모 꾀도 갓지 안는다 아모 획책도 모른다. 배곱흐면 먹을 것을 찻고 먹어서 부르면 웃고 즐긴다. 실흐면 찡그리고 압흐면 울고 …… 거긔에 무슨 거짓이 잇스며 무슨 꾸밈이 잇느냐
>
> —소파, 「어린이찬미」, 『신여성』 2권 6호, 1924.6

20) 이와 관련하여, 일본에서의 번역어 정착 과정을 검토한 야나부 아키라의 연구는 좋은 참조가 된다. 그의 검토에 따르면, 오늘날 사용하는 '자연'이란 말에는 'nature'의 번역어로서의 의미와 기존의 의미가 공존해 있다. 'nature'와 '自然'은 의미상 차이가 있다. 즉 'nature'는 객체 측에 속하면서 인위[art]와 같은 주체 측에 대립하는 데 반해, 전통적인 의미의 '自然'은 '있는 그대로'라는 의미로 '정신'을 포함할 수 있으므로, 주객의 대립을 지워버린 것 같은 주객미분 혹은 주객합일의 세계를 지시한다고 한다. 또 'nature'는 명사로만 사용되지만, 전래의 '自然'은 부사 또는 형용사의 성격을 띠는 경우도 많다고 한다. 그런데 오랫동안 사용해왔던 '自然'이라는 어휘가 'nature'의 번역어로 사용되면서, 전통적인 의미와 서구적 의미가 서로 혼재된 상태로 사용되었으며, 이 과정에서 제3의 의미가 만들어지기까지 했다는 것이다. 물론 앞에서 언급했듯이 '동양적 자연'과 '서양적 자연'을 도식적으로 단순 대비하는 방식은 문제가 있다. 그러나 야나부 아키라의 검토는 우선 자연이라는 어휘의 의미를 여러 층위로 분류할 수 있는 안목을 제공함으로써 어린이와 자연, 어린이와 하늘의 관계를 고찰하는 데에 도움을 준다. 더 나아가 하나의 문화에 또 다른 문화가 영향을 미칠 때, 설혹 그것이 압도적이고 일방적으로 작용하는 경우라고 하더라도, 기존의 것이 새로운 것으로 단번에 대체되는 것이라기보다는 문화적 교섭과 저항 속에서 끊임없이 혼성의 문화가 만들어지는 것이며, 이로써 새로운 문화와 효과가 발생할 수 있다는 점까지도 시사해 주는 것이라고 할 수 있다. 이를 통해 전통적인 것, 외래적인 것을 가르는 이분법적 논리만으로는 근대 문화의 성격을 분석하는 데에 무력할 수 있으며, 중요한 것은 이러한 문화적 차이를 수용하고 전유하는 방식에서 새롭게 만들어지는 주체와 문화의 성격에 주목하는 것일 수 있다는 주장을 도출해 낼 수 있을 것이다.(야나부 아키라, 서혜영 역, 「자연–번역어가 낳은 오해」, 『번역어 성립사정』, 일빛, 2003)

위의 인용문에서 아동은 배고프면 먹을 것을 찾고, 즐거우면 웃고, 싫으면 찡그리고, 아프면 우는 존재이다. 아동은 내면의 감정과 느낌을 숨기거나 속이지 않고 곧이곧대로 드러내는 것으로 인식되고 있다. 꾸밈이 없다는 것은 복잡하거나 세련된 것이 아니라는 것을 뜻하지만 적어도 거짓된 것은 아니라는 점에서 순수한 아름다움을 표방할 수 있었다. 순수하고 천진난만한 마음은 '어린이' 표상의 핵심을 차지한다.

이러한 '어린이'의 표상은 '자연스럽게', '저절로', '그대로', '거짓없이', '꾸밈없이' 등의 의미 계열을 통해 전통적 사유와 연결되는 동시에, '천사', '천국', '신성' 등의 어휘를 통해 서구적 이미지와도 연관 관계를 맺고 있었다. 아동을 '천사'로 미화하고 아동의 세계를 '천국', '하늘나라'로 이상화하는 것은 일단 기독교의 영향으로 생겨난 수사법이라고 추측되지만, 천도교 쪽에서도 이러한 표현을 자주 사용하고 있었으며[21] 당시에는 "어린 아해와 가티 되지 못하면 天國에 드러가지 못하리라"[22]와 같은 성경 구절도 서구의 유명한 격언 정도로 상용되고 있었다는 점을 생각해 볼 때 특정한 종교적 색채를 띠었다기보다 막연히 서구 문명의 이미지를 환기시키는 효과를 지녔던 것이라고 보는 편이 좋으리라 생각된다. 아동은 "죄 만흔 세상에 나서 죄를 모르고 더러운 세상

21) 천도교 교인이었던 방정환도 아동을 '인내천의 천사'라고 표현한 바 있지만, 천도교 잡지인 『천도교회월보』에 실린 다음과 같은 시에도 아동이 '천국'의 존재로 묘사되어 있다. 아동에 대한 새로운 표상이 여러 계열, 다양한 종류의 담론에 두루 편재되어 있었음을 확인시켜주는 예가 될 것이다.

"잔디핀 언덕우에 / 한떼의 少年少女 / 愉快하게 노래하며 / 질겁게 쒸논다. // 오! 少年少女! / 거즛업는 少年少女! / 이世上을 天國으로보고 / 질겁게살아가는 少年少女! // 오! 天國! / 이世上은 天國이다. / 더러운世上에 물들지안은그대들의게는 / 이世上은 分明히天國이다. // 오! 그대들은 / 이러케 노래하더라, / 「富貴와 榮華를 우리는몰나요, / 우리는다만 우리대로살넘니다.」라고 // 오! 그러타. / 富貴와 榮華 그무엇이냐? / 잘못된世上의 習慣된要求! / 오ー 그는 잘못된世上의그것이다. / 오! 少年少女야 / 너이는오즉 너의그대로. / 너의心靈은곳 한울님의그것이다. / 오ー 너의는 한울님그대로……."(어린이의 天國, 『천도교회월보』 150호, 1923.3)

22) 전영택, 「소년문제의 일반적 고찰」, 『개벽』 47호, 1924.5, 10면.

에 나서 더러움을 모르고 부처보다도 야소보다도 한울뜻 고대로의 산 한우님",[23] "아모 죄 업시 깨끗하며 무한 평화롭고 자유러운 한울나라의 즐거움만 가진 텬사"[24]로서 현실의 부정적인 요인에 아직 오염되지 않은 깨끗하고 신성한 존재로 묘사되곤 하였다. 당시에 '천사와 같다'는 표현은 이상적이고 순결한 대상이나 신비하고 아름다운 풍경에 대한 주체의 주관적인 감정을 보다 극적으로 노출하고자 할 때 빈번하게 사용되었던 수사 중 하나였다. 예를 들어, '천사'는 "天使의 흰날개갓흔 달빗은 서울을 폭안었다"[25]와 같이 순결한 소년의 사랑을 그린 시에서 부드럽고 고즈넉한 정경을 묘사할 때, "그가 지금 내 눈엔 내 상처를 쓰러 곳처줄 천사갓치 보인다(……) 여성은 하나님의 걸작이라더니"[26]와 같이 사랑하는 여인을 바라보는 남성의 심경을 묘사할 때, 혹은 음악회에서 누이의 독창을 들으면서 "오직 내 귀에는 별달니 이상한 인스피레숀을 주는 동시에 나로 ᄒᆞ여금 멀니 자연의 아름다운 이상향으로 부르는 天使의 뇨래인가? 의심ᄒᆞ게 하엿다."라고 감동을 표현하는 장면 등에서 나타났다. 그런데 '천사'는 일상에서 흔히 경험할 수 있는 존재가 아니라, 극도로 아름답고 더없이 순결하다고 상정된 이상적인 표상이다. '천사'가 서구의 세련된 문화적 이미지를 환기시켜 주는 것은 사실이었지만 그것이 내포하는 아름다움의 구체적인 내용이란 일반인들에게 지극히 낯설고 모호한 것일 수 있었다. 따라서 그 아름다움은 오로지 개별 주체의 주관적 체험을 극적으로 묘사할 수 있을 때에만 구현될 수 있는 것이었다. '천사'는 그냥 본다고 해서 보이는 것이 아니라, 대상에 대한 주체의 낭만적 인식과 적극적인 감정 개입이 있을 때에만 비로소 '발견'될 수 있는 것이기 때문이다. 천사를 발견하는 장면들의 묘사에서

23) 소파, 「어린이 찬미」, 『신여성』 6호, 1924.6.
24) 이용순, 『어린이』 1권 8호, 1923.9.
25) 벽파생, 「눈오는 밤(1)」, 『창조』 6호, 1920.5.
26) 동원, 「黑煙一叢」, 『창조』 7호, 1920.7.

한결같이 개별 주체가 받은 강렬한 인상과 특별한 감동이 과장되게 미화되었던 것도 이러한 점과 관련이 있다. 여기에서 좀더 눈여겨보아야 할 것은 아동을 탈속의 존재로 신성화하면 할수록 아동을 낭만적으로 미화하는 메커니즘도 비례해서 강화될 수 있었다는 점이다. '어리다는 것'과 '미적인 것'은 이와 같이 탈속(脫俗)의 자리에서 만나게 될 가능성이 컸다.

아동은 더럽혀지지 않은 아름다운 존재이므로 그 존재만으로도 세상을 구원하고 미화시킬 수 있었다. 애초에 '해방의 말'로 출현하여 핍박받는 아동을 구원하자는 주장에 사용되었던 '어린이'는 미적 표상을 얻음과 동시에 전도된 의미의 기호가 될 수 있었다.[27] 어린이는 타락한 세상과 성인들에 대한 '구원자'의 지위에 오를 수 있게 되었던 것이다.[28] 어린이들의 "고흔마음"과 "어엽븐눈"을 통하면 모든 것이 저절로 시가 되고 노래가 될 수 있었다. '어린이의 마음', 즉 '동심(童心)'은 그 차체로 세상을 미적인 것으로 변화시키는 매개 역할을 할 수 있었다.

> 어린이는 모다 시인(詩人)이다. 본 것 늣긴 것을 고대로 노래하는 시인이다. 고흔 마음을 가지고 어엽븐 눈을 가지고 아름답게 보고 늣긴 그것이 아름다운 말로 굴러 나올 째 나오는 모다가 시가 되고 노래가 된다. 녀름날 무성한 나무숩이 바람에 흔들니는 것을 보고 『바람의 어머니가 아들을 보내여 나무를 흔든다』하는 것도 고대로 시요 오색이 찬란한 무지개를 보고 「한우님 짜님이 오

27) 아동에 대한 탈속화는 해방과 보호라는 이중의 방식으로 진행된다. 성과 노동의 유예에 의한 현실 이전의 존재로서, 아직 천상의 순수함을 보존하고 있는 현실 바깥의 존재로서. 아동은 아이러니하게도 이러한 탈속의 표상으로 근대의 현실 속에 자리를 부여받았다. 아동 표상의 '탈속화—미화—본질화'는 서로 밀접한 관계가 있다.

28) '어린이'를 대하는 성인 주체에게 "어린 한우님"은 "셩당(聖堂)에 드러간 이상의 경건(敬虔)한 마음"을 갖게 하며, 잠깐 동안이라도 온순하고 깨끗하게 순화시켜주는 존재로 예찬되었다. "하로도 삼천가지 마음!"으로 지저분한 세상에서 살아가야 하는 성인들에게 어린이는 순수하고 천진한 존재로서의 표상만으로도 인생의 "큰 구제의 길"이 되는 것이며, "새로운 원긔와 위안"이 되는 것이었다.(소파, 「어린이 찬미」, 『신여성』 6호, 1924.6)

르나리는 다리라」고 하는 것도 고대로 시이다. (……)

아아 아름답고도 고흔이여 쬐꼬리갓흔 자연시인이여 그가 어린이이다.

—小波, 「어린이 讚美」, 『신여성』 6호, 1924.6

위의 인용문에서 거듭해서 사용된 "고대로"라는 말은 자연으로서의 아동의 미적 표상이 어떠한 속성을 지니는 것이었는지 단적으로 알게 해준다. 아동의 아름다움은 인위적으로 가공된 세련된 '인공의 미'와 대척 지점에 있는 '자연의 미'로 설명되곤 했다. 뒤에서 다루겠지만 여기에는 '성인 : 아동', '문명 : 자연', '인공미 : 자연미'의 이분법적 논리가 작동하고 있는 것이며, 아동문학의 특질을 단순하고 소박하며 꾸밈없는 자연스러움에서 찾고자 하는 미적 이데올로기와도 연관되는 것이다.

그런데 아동에게서 '자연미', '천연미'를 발견할 수 있는 능력은 곧 근대적 주체의 표징이기도 했다. 일찍이 최남선은 자연미를 찾아 떠나는 여행 중 어린 아이의 천진난만한 아름다움과 마주친 바 있으며,[29] 이광수도 조선 민족의 인생을 바라보는 관점을 예술적으로 개조해야 한다고 주장하면서 자연을 바라보는 심적 태도와 병행하여 인간사를 대하는 심적 태도의 대표적인 예로 아동에 대한 태도를 예로 든 바 있다. 삶에 대한 인식 태도와 감정을 근대적으로 전환하는 근대적 주체화의 기획에도 아동의 표상은 깊숙하게 관련되어 있었던 것이다. 그러나 아동에게서 자연의 미를 '발견하는 주체'와 자연으로서 '발견되는 타자'

29) 최남선은 「평양행」(『소년』 2년 10권)에서 4살짜리 어린아이가 '달아달아—', '사촌형님—'을 부르는 모습을 보면서 "그 어엿븜과 그 천진스러움이 참 사람의 정신을 빼앗고 少不下 나 한사람으로 하야곰은 一切의 邪念, 惡念, 陋念을 비질하야 업시하난" 듯한 느낌을 받는다. 그런데 최남선의 여행은 아름다운 경치를 접하면서 전형적인 전고에 의존하여 감흥을 북돋우던 재래의 수사들을 해체하고 근대적 심성으로 풍경으로서의 자연을 발견하는 과정이었다는 점에 유의해야 한다. 즉 "自然의 美를 주렷던 눈은 한꺼번에 배불으게 만드러 恍忽히 잘그린 油畵를 對 하난 듯 神聖 靈界에 드러온 듯"하다고 묘사할 때 자연은 서양화의 한 구도에서 파악되고 있었던 것이며, 이러한 여정에 또 하나의 풍경으로서 '아이'가 배치되어 있었던 것이다. 낭만적 주체의 탄생과 자연미의 표상으로서의 아동의 발견은 서로 긴밀하게 연관되어 있다고 할 것이다.

로서의 아동 사이의 거리는 크다. '저편에 있는 자연'은 '이편에 있는 주체'와의 회복할 수 없는 거리감 때문에 미화되고 있는 것이라고도 볼 수 있다. 아도르노가 언급했듯이, 자연의 미란 자연과 문명이 보다 분명하게 대립하게 됨으로써 등장하게 된 '풍경으로서의 아름다움'일 수 있기 때문이다.[30] 이는 자연미의 표상과 겹쳐 있는 아동의 미적 표상에 대해서도 마찬가지로 적용할 수 있는 해석일 것이다. 한편 이러한 아동에 대한 미적 표상화의 물적 조건은 아동기가 근대적 학제 등에 의해 그 자체 특수한 내용을 갖는 독립된 인생의 한 단위로 제도화된 것에서도 찾을 수 있을 것이다. 한번 지나면 영영 다시 돌아갈 수 없는 시기에 대한 심리적 거리감이 심화된 것과 아동기에 대한 애틋한 향수는 무관하지 않을 것이다. 아동을 '풍경'으로 바라보고, '과거'로 향수하는 근대 주체의 내면과 아동의 미적 표상은 짝을 지어 발생한 것일 수 있다.[31]

아울러 아동이 아름다운 존재로서의 표상을 획득하는 과정에는 아동들을 귀엽고 천진스런 이미지로 가시화해 냈던 '유치원'이나 '보통학교' 등의 신식 교육 제도의 연출력이 작용하고 있었다는 점도 빼놓을 수 없다. 어떤 대상에 대한 사회 · 문화적 표상은 반복적인 실천이 가능한 제도적 기반 속에서 안정적으로 확산되고, 보다 정교해질 수 있을 것이다. 식민지 시기 보통학교나 유치원의 학예회는 아동의 "천연미"[32]를 감상할 수 있는 대표적인 공간이었다.

> 중앙유치원(中央幼稚園) 『뻬스트』 대회는 재작 이십이일 오후 일곱시에 시내 댱곡천뎡에 잇는 경성공회당에서 예뎡과 가치 그 첫막이 열니엇는대 뎡각

30) 아도르노, 『미학이론』, 문학과지성사, 1984, 106~130면.
31) '발견된 아동', '풍경으로서의 아동'이라는 주제는 가라타니 고진에 의해 인상적으로 논의된 바 있다.(가라타니 고진, 「일본 근대문학의 기원」, 민음사, 1997, 151~179면)
32) '자연미'는 '천연미'라는 용어로 사용되기도 했다. 『조선일보』 1923년 3월 10일자 신문은 홍원공보교 학예회의 풍경을 "어린이의 천연미를 자랑하는 광경"이라고 표현한 바 있다.

이 되자 군중은 사면으로 모혀들어 거이 만원이 되엿스며 김창준 씨의 개회사가 잇슨 후 텬진란만한 어린아해들의 노래하고 춤추고 뛰노는 자미잇는 막이 열니엇다 원아일동의 합창으로 비롯하야 노래 유희 연설 등 이십여 가지의 순서는 모다 텽중에게 무한한 자미와 무한한 늣김을 주엇스며 그와 동시에 교육의 힘이 얼마나 위대한 것을 깁히 깨닷게 하엿다 더구나 『월계춤』이라는 무도는 일반군중으로 하야금 정신을 일허바리리 만치 깁흔 늣김과 만흔 자미를 주엇는대 륙칠세 가량되는 남녀 어린아해들이 손에는 꼿테를 들고 머리에는 꼿관을 쓰고 몸에는 꼿봉오리를 붓친 후 꾀꼬리가치 소래하고 나비가치 춤을 추는 광경은 참말 짜우에 텬당을 일우운 것과 갓탓다

—「지상낙원을 건설한 듯」, 『동아일보』, 1922.2.26

위의 인용문은 어느 유치원 학예 발표회 풍경을 소개하는 기사이다. 1920년대에 유치원 아동들의 발표회는 사진과 함께 신문의 한 구석을 장식할 정도로 새롭고 중요한 소식으로 다루어졌다. 유치원이 설립되기 시작한 것이 불과 10년도 채 안 되었던 때였으니[33] 사회적으로 관심과 호기심을 불러일으켰던 것은 당연한 일일 수 있으나, 유치원이라는 신식 교육 기관에서 서구적 교육을 받은 아동들이 보여주는 춤과 노래는 일반 관중들의 시선을 빼앗고도 남음이 있는 황홀한 볼거리이기도 했다. 어린 아이들의 재롱이 귀엽고 사랑스러운 정서를 일으키는 것은 전통 사회라고 해도 다르지 않았을 것이지만, 아동들이 집단적으로 공공의 장소에서 공연해 보이는 것은 전에는 접하기 어려운 일이었다. 무대 위의 아동들의 춤과 노래는 근대 교육의 위력을 보여 주었을 뿐 아니라, 일상에서는 경험할 수 없었던 아름다움과 감동을 느끼게 할 수 있었을 것이다. 이와 같이 근대적 문화 공간에 출현한 아동의 아름다운 모습과 새삼스럽게 경험하게 된 감동이 "텬진란만", "꽃", "꾀꼬리", "나비",

33) 이상금에 의하면 우리 사회에 유치원이 처음 등장한 것은 1910년대부터이다. 1913년 개원한 관립경성여자고등보통학교 내 사립경성유치원, 1914년 이화유치원, 1917년 배화유치원, 1916년 종로유치원 등이 초창기에 설립된 유치원들이다.(이상금, 『해방전 한국의 유치원』, 양서원, 1995)

"지상낙원", "텬당"과 같은 미적 표상의 키워드들을 떠받치고 있었다고 할 수 있을 것이다. 물론 역으로 이와 같은 키워드들이 관습적인 인식의 체계를 만들면서 아동들의 모습을 특정한 아름다움으로만 반복적으로 발견하게 했다고도 말할 수 있을 것이다. 이러한 측면을 고려해 본다면 아동의 아름다움은 아동 존재의 본질적 속성이며 시대가 변해도 똑같은 모습으로 재현된다고 단정내릴 수는 없을 것이다.

2) '정(情)'의 개조와 아동 예술 교육

새로운 조선의 건설을 위한 기본 과제는 "인물의 개조"에 있고, "사람 개조의 본위는 전혀 아동 문제"에 있으므로 "아동으로써 사람다운 모범을 짓게 하야 주며 장래 모든 책임을 지게 할 만한 인격을 양성케" 해야 한다는 주장은 널리 공감을 얻을 만한 것이었다. 아동에 대한 교육이 "사람다운 모범"이라는 이상적 주체의 모델과 긴밀한 관련을 맺는다는 것은 재론할 여지가 없을 것이다. 그러나 1920년대에 들어 '정(情)'이 "사람다운 모범"[34]을 구성하는 요소로서, 아동을 교육하는 데 갖추어야 할 중요한 요건으로서 제기되기 시작했다는 점은 특별한 주목을 요한다. 이는 지덕체로 요약되던 근대 계몽의 인간 기획이 또 다른 국면에 접어들었으며, 이에 따라 아동에 대한 교육의 지향점도 새롭게 조정되고 있었다는 것을 시사하기 때문이다.

정이 주목되었던 것은 일단 정이 가진 강력한 실천의 힘 때문이었다고 할 수 있을 것이다. 1910년대 말 이광수가 지육, 덕육, 체육의 삼육이 교육의 주안점이며 이를 통해 "完全한 人"이라는 교육의 이상을 달성할 수 있다고 전제하면서도, 다시 "情育을 其勉하라"고 강변했던 까닭

34) 이돈화, 「신조선의 건설과 아동문제」, 『개벽』 18호, 1921.12.

은 "發動機의 樞要"[35]와 같은 정의 위력을 가늠했기 때문이었다. 지덕체의 교육론으로는 파고들기 어려웠던 개인 내면의 활동적 에너지를 문제 삼게 됨으로써 정의 가치는 재고되었고 정은 새로운 주체 형성의 기획에 관여할 수 있었다.

그런데 정은 여러 가지 면에서 양면성을 지닌 것으로 사유되고 있었다. 첫째, 정은 유용하지만 위험할 수도 있는 에너지였으며 둘째, 개인의 고유한 것이지만 인간이라면 누구나 가지고 있는 보편적인 것이었고 셋째, 태어날 때부터 이미 소지하는 것이라는 점에서는 자연적 본성에 가까운 것이지만 계발되고 고양될 수 있다는 점에서는 인위적이고 문화적인 성격을 지닌 것이기도 했다. 정을 통한 문화 기획이 갖는 구체적 전략은 이러한 양면적 성격들을 어떻게 배치하는가에 따라 달라졌다고 해도 과언이 아니다. 1920년대 문화주의 운동에서 정의 기획은 계급, 성, 연령에 따라 적지 않은 차이를 갖고 적용되고 있었으며, 결과적으로 문화 지형을 위계적으로 배치하는 데에 결정적인 역할을 했다. 아동과 정의 문제를 논하는 관점 또한 단일하게 통일되어 있었던 것은 아니었다. 물론 조선의 소년들이 재래의 유교 문화 속에서 제대로 대접을 받지 못했으며, 성인들의 위력에 억눌려 지내다보니, "정의 방면을 몰각한 형식 교육의 폐"[36]가 나타난다는 식의 비판은 대부분의 논자들이 공유하는 인식이었다. '장유유서', '효' 등 유교적 윤리나 습속들이 표면적인 복종은 장려할지 몰라도, 인격의 자연스럽고 균형 잡힌 성장은 저해한다는 지적도 흔하게 접할 수 있는 것이었다.[37] 그러나 무엇보다 아동과 정의 문제를 언급하는 것 자체가 새로운 일이었으며, 이에 대해 관심을 갖는 동기나 그에 따른 강조점도 모두 같았던 것은 아니었다. 아동과 정, 혹은 아동의 정을 어떻게 파악하느냐에 따라 논의의 경

---

35) 이광수, 「금일 아한 청년과 정육」, 1910(『이광수 전집』 1, 삼중당, 1963).
36) 「조선아동과 일본아동」, 『개벽』 14호, 1921.8.
37) 김기전, 「장유유서의 말폐」, 『개벽』 2호, 1920.

로는 달라질 수 있었으며, 이는 아동 예술의 성격과 위상을 어떻게 이해하는가 하는 문제와도 연관되는 문제였다.

이광수는 대상에 따라 정의 기획과 이와 관련한 문학 교육의 이념을 다르게 구성했던 대표적인 논자였다. 1920년대에 이광수는 일반 대중과 엘리트 계급을 구별하여 문학론을 전개하였는데, 일반 노동 계층을 대상으로 해서는 인생의 도덕화와 심미화를 주된 내용으로 하는 '예술 교육론'을 펼친 반면, 중등 교육 이상의 수혜자로서 사회의 중추 계급이 될 엘리트층을 대상으로 해서는 문학의 이념적 성격을 바탕으로 한 '국어 교육론'을 펼쳤다.[38] 아동에 대한 예술 교육이 언급된 것은 주로 「예술과 인생」[39]과 같은 전자의 대중 예술론에서였다.

"사람아 愛와 美로 너를 改造하라!"는 메시지로 요약할 수 있는 「예술과 인생」은 인생의 목적을 행복에 두고 행복의 요건으로 인생의 도덕적·예술적 개조를 주장한 글이다. 여기에서 인생을 도덕화한다는 것은 개인을 주관적으로 개조하는 것을 가리키는 것으로, 허위, 궤휼(詭譎), 증오, 분노, 원협, 시기 등을 각자의 내면에서 내모는 것을 말했다. 그런데 허위와 궤휼이 지적인 것이라면 다른 것들은 모두 감정적인 것이며, 행위의 동력은 지(知)보다도 정(情)의 작용에 있다고 볼 수 있기 때문에 도덕적 수양의 중심은 열등 감정을 어떻게 잘 억압할 수 있느냐에 달려 있다고 하였다. 이러한 논리에 따르면 도덕의 문제는 이성보다 감정과 관련된 문제가 된다. 한편 예술적 개조는 도덕적 개조보다도 더 적극적이고 건설적으로 인생을 바꾸는 것인데, "개인이 자연과 인사를 대할 때에 가지는 심적 태도"의 방향을 전환하는 것이라고 설명하였다. "맘씨" 여하에 따라 동일한 대상에 대해서도 쾌(快), 불쾌(不快)의 감정을 발할 수 있다는 전제 하에, 자연과 인간사를 대하면서 마치 예술품을 보

38) 이광수의 문화 기획의 성격은 김현주에 의해 자세하게 논의된 바 있다.(김현주, 「이광수의 문화 이념 연구」, 연세대 박사논문, 2002)
39) 京西學人, 「예술과 인생」, 『개벽』 19호, 1922.1.

는 것처럼 미(美)를 발견하라고 주문했던 것이다. 그런데 이러한 심적 태도를 개발하는 것은 저절로 되는 것이 아니라 수양이 필요한 일이었으며 자연에서 미를 찾는 것 또한 학습이 되어야 가능한 일이었다. 자연의 미는 자연 그 자체를 그저 보는 것이 아니라 미적 요소를 특정한 관찰법으로 분석할 때에만 발견될 수 있는 것이기 때문이었다. 이러한 관점에 따르자면 설령 과거에 음풍농월하는 시인 문사가 존재했다고 하더라도, 그들은 단지 "唐人이 써노흔 文字를 갓다가 작난한 것"에 불과하며 결코 자연의 미를 감상했던 것이 아니었다. 따라서 "조선인은 아즉 자연의 미를 즐길만한 감각과 감정의 발달이 업"는 형편이므로, 조선인에게 새로운 '관찰법'과 '감수성'을 개발시켜야 한다는 것이 시급한 계몽의 과제로 제시될 수 있었다.

> 兒童敎育에서부터 自然美를 鑑賞하는 情을 길러야 하나니 여긔 中心되는 것은 毋論 藝術敎育이외다. 우리는 自然을 藝術的으로 보아 形狀과 色彩와 音響의 셋으로 分析할수잇습니다. 이 세가지가 여러 가지의 配置와 變化로 自然界의 美를 일럿다 할터인데, 여긔 우리의 主觀的要素인 含蓄이란것을 너흐면 自然의 美를 構成한 要素는 넷이라 할수잇습니다. 含蓄이것은 自然의 形狀이나 色彩나 音響에 對하야 우리가 某種의 意義를 付하는것인데 假令 둥근 形狀을 가진者를 圓滿이라하고 靑色을 平和, 赤色을 熱誠, 革命, 高音을 女性的, 低音을 男性的이라하는等이외다. 그럼으로 自然의 美를 鑑賞한다 함은 結局 이러한 形狀과 色彩와 音響의 모든 配置 變化속에서 美를찻는다는것인데, 그리하야면 이런것에 對한 修養이 잇서야할것이외다.
>
> —西京學人, 「예술과 인생」, 『개벽』 19호, 1922.2

아동에 대한 예술 교육의 필요성이 언급되었던 것도 바로 이러한 지점에서였다. 어렸을 때부터 "자연미를 감상하는 정"을 길러야 한다는 주장은 곧 자연미 감상의 "능력"을 길러야 한다는 주장으로 전환될 수 있었다. "정"이 개발되어야 할 "능력"으로 대상화되는 것과 동시에, "예술교육"은 정을 개발시키는 핵심 기제로서의 지위를 표방하게 되었던 것이다. 예술 교육은 자연의 형상, 색채, 음향의 배치 변화를 분석하여 미를 읽어내는 능력을 기르는 것이었으며, 좀더 구체적으로는 "형상과 색채의 미를 감상하기를 연습하는(즉 수양하는) 도서와 조각과 음향의 미를 감상하기를 연습하는 음악과, 거의 이 모든 것을 종합하엿다 할만한 무도의 교육"을 포함하는 것이었다.

이광수의 경우는 일반 성인, 특히 사회의 하위 계층으로서의 "민중"을 대상으로 한 정의 기획의 연장선상에서 아동의 예술 교육이 논의되는 계기적 장면을 보여준다. 그런데 이와 같은 맥락에서라면 아동의 예술 교육은 단지 '어렸을 때부터 이루어져야 할 교육'이라는 의미 이상은 지니기 어렵다. 아동의 정이라고 해서 특별한 성질을 갖는 것으로 다루어지는 것이 아니기 때문이다.[40] 오히려 어렸을 때부터 예술 교육이 필요하다고 주장하는 이면에는 아동의 마음은 텅 빈 '백지'와 같다고 보는 사유가 깔려 있었다고 볼 수 있을 것이다. 이는 앞에서 살펴본 '소년'의 대표적인 내적 표상이기도 했다. 실제로 이광수는 비슷한 시기의 다른 지면에서 아동을 외부로부터의 영향이 그대로 묵인(墨印)되는 '백지'에 비유하기도 했다. 이러한 비유는 조선 민족의 심적 상태도 아동과 마찬가지로 외적 조건에 의해 일방적으로 결정되는 공백과 같은 것이므로 무엇을 제공하느냐에 따라 민족의 장래가 달라질 것이라는 주장을 뒷받침하기 위해 동원된 것이었다.[41] 아동과 조선의 대중을 백

40) 이러한 점은 같은 시기의 동인지 문학에서의 고독과 고통까지 감수하는 개체의 내면적 생명의 전적 표현을 모토로 삼았던 예술론의 내용과는 차이가 큰 것이었다. 민중을 대상으로 한 예술 교육론은 각 개인이 소유하는 정을 건전하고 도덕적인 방향으로 조형함으로써 민족성의 개조에까지 이르게 하려는 공통 감각의 기획에 연동되어 있었다고 볼 수 있다. 또한 외적 세계에 대한 쾌, 불쾌의 반응에 치중하여 현실을 주관적으로 미화함으로써 주어진 상황에 적응하는 데에 역점을 둔 심미화 기획의 성격을 지녔다고 할 수 있다.

41) 잘 알려져 있듯 타블라 라사로 표현된 인간 존재의 이해는 로크로부터 비롯된 것이다. 닐 포스트먼은 인간 혹은 아동의 존재를 표현하는 이러한 류의 수사에 유의하여 로

지의 존재로 바라보는 관점 속에서 '아동'에 대한 예술 교육과 '대중'을 대상으로 한 문화적 계몽의 기획이 상동적 메커니즘을 띠고 전개될 수 있었다는 점을 엿볼 수 있다.

아동과 문학의 문제에 좀더 천착한 예로는 전영택의 경우를 들 수 있다. 전영택은 「소년 문제의 일반적 고찰」[42]이라는 글에서, 이광수의 "아아 朝鮮의 少年들아 네 이름을 뭇는 이 잇거들란 金之요 李之요 할 줄이 잇스랴 우리는 朝鮮의 運命이오라 하라"[43]는 언명을 직접 인용하면서, "朝鮮民族을 根本的으로 改造할 方策은 少年을 잘 길느고 가르치고 指導하야 새사람 참사람 사람다운 사람들을 만듦"에 있다고 공명하였다. 그가 "少年文學"에 대해 관심을 갖고 적극적인 의의를 부여할 때, 그 배면에는 이와 같은 당위적 명분이 자리 잡고 있었다고 볼 수 있다. 즉 아동문학은 애초부터 '문학을 위한 문학' 등의 구호와는 거리가 멀었을 뿐 아니라, "兒童의 다시 업는 樂園이오 無限한 趣味요 無雙의 教訓이오 好適한 知識의 供給物"로서 미적 감정, 취미, 덕성, 지력, 상

크와 루소의 사유 방식을 대비적으로 비교한 바 있다(닐 포스트먼, 『사라지는 어린이』, 분도출판사, 1987, 77~75면). 그런데 이광수의 글에서 타블라 라사가 '심적 상태'를 지시하는 것으로 사용된 것은 민족/민중을 이성적 존재라기보다는 정적인 존재로 바라보는 감성적 계몽 담론의 수사적 표현이라고 볼 수 있을 것이다. "예컨대, 아직 다른 아무 主見이 없는 小兒에게 一種의 思想을 注入한다 하면, 그는 十에 八, 九 그 小兒의 將來의 一生에 影響함이외다. 所謂 Tabla Rosa〔sic〕(白紙)에 墨印함과 같아서, 後日에 그 思想이 그른 줄을 自覺하고 힘써 抹消하려 하더라도 그 痕迹을 아주 없이 할 수 없나니, 一個人이나 一社會의운명이 이 先入의 Chance(機)를 某種의 思想에 주고 아니줌으로 결정됨이 不少하다 합니다. 그런데 現在 우리 民族의 心的 狀態는 진실로 Tabla Raa[sic]라 할지니, 이 Chance에 어떤 思想이 들어가고 아니 들어가므로 萬年의 將來의 禍福에 大影響이 있을 것이 分明하외다."(춘원, 「문사와 수양」, 『창조』 8호, 1921.1) 또 다른 예를 보충하자면 다음과 같다. "아이들의 머리는 寫眞乾板과 같습니다. 보고 듣는 바가 곧 印象이 되어 一生을 가는 것이외다. 「젖 먹을 때 버릇이 무덤까지」라는 본새가 있습니다. 그러므로 우리는 아이들을 對할 때에 더욱 敬虔하고 操心하는 態度로 하여야 할 것이외다."(「小兒를 어찌 待接할까」, 『여자계』 3호, 1918.9(『이광수 전집』 20권, 삼중당, 1963))

42) 전영택, 「소년문제의 일반적 고찰」, 『개벽』 47호, 1924.5.

43) 이광수의 「소년동맹과 조선민족의 부활」이라는 글의 일부이다.
魯啞子, 「소년동맹과 조선민족의 부활 : 소년에게(其四)」, 『개벽』 20호, 1922.2.

상력을 키워준다는 등의 교육적이고 실용적인 가치를 주장할 때조차도 조선민족을 개조하는 데에 유용한 도구라는 점을 전제로 삼음으로써 더욱 안정적인 의의를 확보할 수 있었다. 아동문학이 "어린이의 정신과 뇌에 다시 흐리지 못할 깁흔 인상을 주는 것"이며, "그 성품에 주는 감화력이 강"하다는 것도 아동문학이 지닌 계몽적 도구로서의 유용성에 관심을 두었을 때 발견된 특징이었다고 볼 수 있다.[44] 그런데 이렇듯 아동문학의 '감화력'을 적극적으로 내세우다보면 아동의 내면은 수용의 측면에서만 관찰되기 쉬웠다. 문학의 '감화력'은 아동의 주체적 '표현력'보다는 객체적 '감수성'에 관심을 두는 개념이기 때문이다. 전영택의 글이 주로 대상에 대한 쾌・불쾌의 심리적 수용 태도에 초점을 둔 취미론(趣味論)에 기대어 아동문학의 효용적 가치를 설명했던 것도 이러한 점과 관련된다.

그런데 전영택은 아동문학의 교육적 가치를 주장하면서도 정작 학교교육에 대해서는 비판적인 입장을 보여준다. 그의 주장에 따르면 학교제도는 아동을 계발시켜 주는 것이 아니라 도리어 망쳐놓는 것이어서, "모처럼 아름다운 어린이들의 天性과 情操를 버려주고 至極히 귀한 知力을 문질너 줄 쌘"이었다. 이러한 비판적 입장은 아동문학을 학교와 같은 근대적 제도와 대타적인 위치에서 그 모순을 비판하고 결점을 보완하는 문화 운동의 일종으로 파악한 데에서 나온 것이라고 볼 수 있다. 전영택은 근대에 이르러 각 방면의 해방운동이 일어나는 것과 동시에 소년의 지위가 높아지고 있으며, 세계적으로 소년을 위한 갖가지 운동이 일어나고 있는데 이는 인류의 정신이 비로소 안정을 찾고, 세계가 평화의 궁전으로 들어가게 되었다는 것을 보여주는 징후라고 평가했다. 이러한 관점은 당시에 유행하던 문화주의 개조론의 비전과도 통하는

44) 이와 같은 아동문학의 교육적 가치는 본문에서 "1. 미적 감정을 길너줌 2. 아해들의 취미를 넓힘, 3. 덕성과 지력을 배양함, 4. 상상력을 풍부하게 함" 등의 항목으로 정리되었다.

것이다. 한 사회가 아동을 어떻게 대하는가, 아동을 위해 어떠한 사업을 벌이는가 하는 문제는 그 사회의 문화적 수준을 가늠하는 척도가 될 수 있었으며, "소년운동가"와 "소년문학자"는 이러한 공통의 비전을 학교 바깥에서의 "소년문학"을 통해 공유할 수 있었다. 아동문학은 교과서만으로는 부족한 그 무엇을 교육하는 것이었으며, 이를 창작하는 일은 서양의 경우 "안델씬 · 그림 · 와일드 · 톨스토이 · 크로이로쯔 · 호오돈" 등 위대한 시인, 예술가들이 아동문학 작가인 것처럼 조선 사회에도 "아해들을 爲하야 純美한 文學을 줄 참 藝術家"가 생겨야 가능한 일이었다.

그런데 학교 교육을 비판하는 위의 대목에서 아동의 "天性"이라는 개념이 사용되고 있다는 점은 좀더 유의해서 살펴볼 필요가 있다. 전영택의 글에는 앞서의 이광수의 경우에는 볼 수 없었던 아동의 "천성" 혹은 "순성"이라는 표현이 자주 등장하고 있는데 이는 이 글이 이광수의 글과 대체적으로는 흡사하면서도 미묘한 차이를 갖게 되는 이유가 된다. 예컨대 아동문학을 민족성의 개조라는 거대 프로젝트 하에서 사유한다는 점이나, 취미론적 입장에서 문학의 유용성을 주장한다는 점, 정육을 강조하기는 하지만 어디까지나 지육이나 덕육과 같은 교육적 가치와 함께 사고함으로써 제 분야 간의 균형과 조화를 지향하려 한다는 점 등은 앞서 살펴본 이광수의 논리와 합치되는 점이다. 그러나 "아해들의 純性을 害하지 말고 保全開啓" 해주어야 한다든가, "不自然하고 그릇된 말노 그 부드러운 純性"을 해치지 말아야 한다는 주장은 아동의 내면을 백지와 같다고 전제했던 이광수에게서는 나타나지 않았던 것이었다. 아동을 위한 문학이 "천성", "순성"을 보전하면서 계발시켜야 하는 일로 이해됨으로써 아동문학의 창작은 보다 면밀한 주의를 요하는 일이 되었으며, 수준 높은 작품을 창작할 수 있는 전문 예술가가 적극적으로 관여해야 하는 일로 주장될 수 있었다.

오오어린이어! 人生이란大都市의

새로난市民이어 너의머리우에는
하날에서내리는 거륵한祝福처럼
아참의榮光빗이 흘너쏘나진
오냐너는 큰門압헤 섯고나
너의 조고만 주먹을 쥐고
未來의 未知의나라에드러가는
그神秘의門을 열어저치려고.

— 롱펠로우

—전영택, 「소년문제의 일반적 고찰」, 『개벽』 47호, 1924.5

전영택은 자신의 글을 시작하기 전 맨 앞에 위의 롱펠로우의 시를 인용하면서, "古來로 詩人은 어린이의 尊貴한 것을 노래"하였노라고 하면서 어린이에 대한 사랑이 충만한 낭만적 예술가의 정신을 환기시킨다. 앞에서 살핀 바와 같이, 아동을 천부의 순수함을 지닌 존재로 신비화시키고 낭만적으로 묘사하는 것은 서구 문화에 영향 받으며 새롭게 나타난 근대적 재현 방식의 하나였다. 이 글이 발표된 1920년대 초반에는 아동에 대한 관점의 전환이 사회의 여러 영역에서 광범위하게 이루어지고 있던 때였다. 전영택 자신도 이 글에서 이와 같은 변화의 사례들을 열거하고 있으며, 이에 자극받아 글을 쓰게 되었다고 밝히고 있다는 점을 생각한다면, 이 글 또한 당시의 아동에 대한 사회적 표상의 변화에 민감하게 반응하고 있었으리라 추측할 수 있다. 특히 '교육'적인 측면을 이야기 할 때에는 아동의 수동적 측면의 '감수성'을 강조하면서도, 아동 예술의 '창작'에 대해 논의할 때에는 '천성', '순성'의 개념을 동원하여 아동이 가진 천부적인 순수성을 존중하는 이중의 태도를 보인다는 점은 흥미로운 일이다. '아동-교육', '아동-예술'이 서로 '배타분화적 관계'[45]로 사유될 때 발생할 수 있는 분열의 조짐들을 노출하고

45) '배타분화[Auadifferenzierung]'란 사회 문화적 구조가 한 체계 안에서 부분 체계로 상

있는 것으로 보이기 때문이다.

비슷한 시기에 아동을 보다 순수하고 아름다운 존재로 미화한 대표적인 논자로 방정환을 들 수 있다. 방정환은 『어린이』의 창간을 앞두고, 조정호에게 보내는 서한 형식의 글[46]에서 "소년을 엇더케 指導해가랴" 라는 질문을 화두로 던진다. 그는 소년에 대한 지도 방식을 크게 두 가지로 구분하였는데, 하나는 기성의 제도를 유일한 가치로 삼아 소년들을 그 제도 밑으로 끌어넣으려는 것이고, 다른 하나는 지금의 사회 제도가 불합리, 불공평하다는 것을 깨닫고 기성의 제도로 고생시키지 않으려는 것이다. 이에 따라 전자에서는 "强制와 威壓的 教育"이, 후자에서는 "愛와 情의 指導"가 생겨난다고 하였다. 물론 양자를 이렇게 대조적으로 제시한 것은 전자를 비판하고 후자를 주장하기 위해서였다.

전자에 대한 비판의 강도는 사뭇 강했다. 방정환의 주장에 따르면 현재의 부모는 "無智한 사랑"의 친권자로서 자녀를 "花草기르듯 物件取扱하듯 自己意思에 꼭맛는 인물을 맨들려는 慾心밧게" 없으며, 학교는 기성 사회와의 일정한 약속 하에 "그 社會 어느 구석에 必要한 엇던 人物(所謂立身出世者겟지요)의 注文을 밧고 고대로 작고 版에 찍어내놋는 教育"밖에 몰랐다. 아동은 "父母의 物件"이 아니며, "旣成社會의 注文品"이 아니라는 이러한 비판은 곧 몇 겹의 위압과 강제에 의해 "人形製造의 鑄型" 속으로 휩쓸려 들어가고 있는 소년들을 '구원'해내야 한다는 주장으로 이어졌다. 기성의 질서와 도덕은 "헌— 사람들이 헌생각으로 맨드러논 헌社會一般"에 불과하며, "새사람들은 저의끼리의 思索하는 바가 잇고 저의 끼리의 새로운 지식"이 있으므로 새 사회, 새 질서를

대적인 자율 논리 기제를 확보하면서 세분화되어 나가는 것을 가리키는 말이다. 박여성은 '탈분화[Entdifferenzierung]'라는 개념의 대립항으로서의 성격을 염두에 두고 '미세분화' 대신 '배타분화'라는 역어를 제안했다.(지크프리트 슈미트, 박여성 역, 『구성주의 문학체계이론』, 책세상, 32면)

46) 小波, 「少年의 指導에 關하야—雜誌 '어린이' 創刊에 際하야 京城 曹定昊 兄께」, 『천도교회월보』 150호, 1923.3.

만들게 될 것이라고 주장했다. 방정환은 현실의 지식과 도덕은 단지 지금의 성인들에게 한정된 것일 뿐이라고 하면서, 소년들이 "다른 方針과 道德으로 더 잘 살 수 있는" 가능성을 열어 두어야 한다고 했다. 현실 체제에의 심리적 적응과 도덕적 수양을 강조했던 이광수와도, 전문가의 적극적인 지도를 강조했던 전영택과도 차이가 현격해지는 대목이다. 논의가 여기에까지 이르면 소년에 대한 기성세대의 '지도'는 오히려 적으면 적을수록 좋은 것이 될 수 있었다. 서두에서 던져진 소년들을 어떻게 지도해 갈 것인가 하는 질문은 "애와 정"으로 해야 한다는 대답을 미리 준비해 두고 있었던 것이며, 이러한 '지도'는 차라리 '보호'의 개념에 더 가까운 것이라고 할 수 있다.

> 결코 우리는 이것이 올흔 것이니 밧으라고 무리로 강제로 주어서는 아니됨니다 저의가 要求하난 것을 주고 저의에게서 싹돗난 것을 북도다 줄 뿐이고 保護해 줄 뿐이어야 함니다. 우리가 그네에 對하난 態度는 이러하여야 할 것임니다 거긔에 恒常 새 世上의 創造가 잇슬 것임니다.
>
> 이러한 態度로 하지 아니한다 하면 나는 少年運動의 眞意를 疑心함니다.
>
> —小波, 「少年의 指導에 關하야: 雜誌 '어린이' 創刊에 際하야 京城 曹定昊 兄께」, 『천도교회월보』 150호, 1923.3

방정환은 "소년운동의 진의"를 거론하면서, 잡지 『어린이』를 발간하는 태도도 이와 같은 관점을 따라야 할 것이라고 주장한다. 『어린이』에는 수신강화 같은 교훈담이나 수양담은 일체 넣지 말아야 할 것이며, 아동들끼리의 소식, 아동의 작문과 담화, 동화, 동요, 소년소설 같은 것만으로 꾸며져야 할 것이라는 주장은 여기에서 비롯되었다. 글의 서두에서 방정환 스스로도 『어린이』의 창간은 "朝鮮少年運動의 記錄 우에 意義잇난 새금(劃)"을 긋는 일이 될 것이라고 기대를 표명한 바 있지만, 이러한 관점에 바탕을 둔다면 소년운동의 전개과정에서 잡지 『어린이』의 창간은 미성년을 대상으로 한 지금까지와는 활동과는 다른 경로를 개척하게 될 가능성이 컸다. 이는 아동의 생각이나 감정을 성인과는 다른 고유한 무엇으로 상정함으로써 발생할 수 있는 가능성이었다고 할 수 있다. 특히 이러한 새로운 지도의 관점에는 곱고 아름다운 존재로서의 소년의 표상이 미리 전제되어 있었다는 점을 재차 확인해 둘 필요가 있다. "쏫과 갓치 곱고 비닭이와 갓치 착하고 어엽븐 그네 少年들을 우리는 엇더케 指導해 가랴"라는 식으로 지도의 문제가 제기된다면, 소년들을 "백지"나 "사진 건판"과 같다고 전제하는 것과는 전혀 다른 방식으로 아이들을 이끌 것이 요구될 수 있기 때문이다.

앞에서 살폈듯이 전영택 또한 아동의 본성을 "천성"이나 "순성"등으로 표현했지만, 방정환의 경우 아동을 곱고 아름다운 존재로 표상하는 것이 보다 두드러지게 나타났다. 아동의 미적 존재로서의 성격 때문에 아동은 그 자체로, 특별한 매개 없이 예술의 세계 그 자체를 현상하는 것으로 인식될 수 있었다. 즉 방정환에게 있어 예술은 아동의 세계 바깥에서 주어지는 것이 아니었다. 아동의 세계가 '미' 그 자체이며, 아동은 곧 가장 순수한 의미의 '예술가'였다. 이러한 아동의 미적 표상은 방정환의 경우 뿐만 아니라 초창기 아동예술론, 아동문학론에서 현저하게 나타나고 있었다. 아동의 미적 표상과 아동문학의 등장은 서로 긴밀하게 연관되어 있었다고 가정해 볼 수 있다.

그렇다고 해서 방정환이 아동문학의 교육적 가치를 부정하거나 무시했던 것은 결코 아니다. 방정환은 20년대 후반의 한 지면에서는 아동예술교육의 가치를 반찬에 비유하기도 했다.[47] 아동문학의 경우, 일반 문학처럼 예술로서의 자율성을 전면에 내세우기보다는 오히려 교육 영역 내의 부수적인 지위를 감수하면서 지식이나 도덕 위주의 교육만으로는 불충분한 무엇인가를 보충해주는 보족적 기능을 강조함으로써 자율적 존립의 근거를 마련해 나갔다고 보는 것이 사실에 부합할 것이다.

47) 방정환, 「세계 아동 예술 전람회를 열면서」, 『어린이』 6권 6호, 1928.10.

1920년대에 이르러 정의 가치가 재고되고, 이러한 과정에서 아동과 예술의 개념이 만나게 되는 대표적인 예들을 몇 가지 살펴보았다. 사실 각 글들이 갖는 입론의 지점은 대동소이했다고 볼 수 있다. 아동을 균형 잡힌 인간, 완전한 인간으로 키워야 하며, 그렇게 하기 위해서는 지식 위주의 교육만으로는 부족하고 '정조 교육', '예술 교육'이 필요하다는 것이 공통된 입장이었으며 당시에 새롭게 등장했던 교육적 상식이었다. 이에 따라 전통적인 교육의 이념 뿐 아니라 근대 교육의 내용과 형식까지도 재검토되었다. 이러한 상황에서 아동과 예술의 결합 논리는 계몽의 이념과 예술의 이상 사이에서 진동하는 가운데 약간씩의 차이를 드러내면서 산포되었으며, 무엇보다 논의의 경로를 가장 달라지게 한 것은 아동의 내면, 아동의 정에 대한 인식의 차이였다고 볼 수 있다.

2. 아동문학의 개념 구성과 '동심(童心)'의 매개 작용

아동문학이 문학 제도로서 자리 잡아 가기 시작했던 1920년대 전반의 아동문학론은 대부분 동화 혹은 동요가 무엇인지, 어떤 가치를 지니고 있는지 설명하는 데에 역점을 두고 있었다.[48] 당시에 방정환은 "서

48) 심경숙에 따르자면 식민지 시기 아동문학론은 '근대 아동관과 아동문학의 성립: 1920년대 초반~중반'→'아동의 현실성과 계급주의 아동문학론: 1920년대 중반~1930년대 중반'→'아동 탐구와 동심의 재인식: 1930년대 중반~1945년'으로 정리될 수 있다. 최지훈 또한 같은 시기의 아동문학 비평을 1925년을 기준으로 전후를 구분하여 서술한 바 있다. 아동문학의 개념과 가치를 중심으로 형성되었던 초창기 아동문학론은 1926, 7년 이후에는 계급주의 아동문학론에 의해 재검토될 뿐만 아니라 '표절 시비', '소년 문예 찬반' 등 여러 가지 쟁점으로 구체화되는 양상을 보인다.(최지훈, 「한국 아동문학 연구의 발자취」, 『어린이을 위한 문학』, 비룡소, 2001; 심경숙, 「한국 근대 아동문학론 연구」, 인하대 석사논문, 2002)

울 某紙에 童話劇이라고 쓸 話字를 活動寫眞의 連續活劇이나 泰西活劇이라고 흔히 보든 活劇 우에 艱辛히 童字를 씨워서 童活劇이라고(印刷의 誤植이 아니다 諺文까지 全文에 활字로 잇섯다)써노흔 記者까지 잇"[49]었다고 개탄한 바 있다. 일반인에게 '동화'는 '활극'보다도 알려져 있지 않은 생소한 개념이었던 것이다. 따라서 1920년대 전반의 아동문학 관련 글들은, 아동문학이라는 것을 처음으로 소개한다는 입장에서 일단 아동문학의 개념과 가치를 이해시키고자 하는 공통의 동기에서 출발하고 있었다. 또한 '아동문학'이라는 범주를 전면에 내세우기보다는 '동화'나 '동요' 등 구체적인 장르의 문제로부터 논의를 시작했다는 것이 특징이었다. 초창기 아동문학론이라고 불러도 좋을 이 시기의 아동문학 관련 글들을 정리해 보면 다음과 같다.[50]

牧星, 「동화를 쓰기 전에 : 어린이 기르는 학부형과 교사에게」, 『천도교회월보』 126호, 1921.2.
小波, 「새로 개척되는 '동화'에 관하여 : 특히 소년 이외의 일반 큰이에게」, 『개벽』 31호, 1923.1.
버들쇠, 「동요 지시려는 분끠」, 『어린이』 2년 2호, 1924.2.
버들쇠, 「동요 짓는 법」, 『어린이』 2년 4호, 1924.4.
田榮澤, 「소년문제의 일반적 고찰」, 『개벽』 47호, 1924.5.
星海, 「동화에 나타난 조선 정조 1・2」, 『조선일보』, 1924.10.13, 10.20.
凹眼子, 「동화에 대한 일고찰－동화작자에게」, 『동아일보』, 1924.12.29.
小波生, 「동화 작법－동화 짓는 이에게」, 『동아일보』, 1925.1.1.
밴댈리스트, 「동요에 대하여」, 『동아일보』, 1925.1.21.
사설(社說)란, 「동화와 문화－'안더쎈'을 懷함」, 『동아일보』, 1925.8.12.
梁明, 「문학상으로 본 민요, 동요와 그 채집」, 『조선문단』 12호, 1925.9.

---

49) 小波, 「새로 개척되는 '동화'에 관하여 : 특히 소년 이외의 일반 큰이에게」, 『개벽』 31호, 1923.1, 18면.
50) 아동문학론의 서지 사항은 아래의 자료 참조. 원종찬, 「한국 아동문학비평 자료 목록」, 『아동문학과 비평정신』, 창작과비평사, 2001, 390~407면.

그러나 일반 사회의 아동문학에 대한 이해가 전적으로 이와 같은 글들에 힘입어 고양되었다고는 말할 수는 없을 것이다. 당시에 발표된 글들 대부분이 짧고 단편적인 언급에 그치는 것이어서 아동문학의 개념을 구성하는 제반 요소들, 예컨대 아동문학의 정의, 가치, 특성, 범주, 분류, 용어 등을 체계적으로 전개하고 있지는 못했다. 더욱이 현실 상황은 아동문학에 대한 이론이 보다 정교한 논리를 갖출 만한 시간적 여유를 주지 않고 앞질러 전개되어 가는 추세였으므로 아동문학 이론의 선도적 역할도 상대적으로 미약할 수밖에 없었다. 또한 아동문학의 담론적 층위와 식민지 조선의 현실적 조건 사이의 낙차가 무시할 수 없을 만큼 컸다는 것도 이론적 정밀함을 추구해 나가기 어렵게 한 원인이 되었을 것이다.

한편 초창기 아동문학론이 일본 아동문학론으로부터 용어 및 논리를 상당부분 차용함으로써 성립했다는 사실은 이들이 갖는 문학사적 의미를 평가 절하하게 만들기도 한다. 대부분의 근대 지식이 그러했듯 아동에 대한 새로운 '지식'[51]이 성립하는 과정에서도 일본의 영향력은 막강했다. 특히 이와야 사자나미(巖谷小波), 오가와 미메이(小川未明), 기타하라 하쿠슈(北原白秋), 마쯔무라 타케오(松村武雄) 등의 글은 아동문학론의 형성에 적지 않은 영향을 미쳤다.[52] 예를 들어 초창기 아동문학을 대표

51) 가와하라 카즈에는 사람들이 아동에 대해 가지고 있는 일반적인 인식들, 아동에 대해서 '알고 있는 것' 또는 '알고 있다고 생각하는 것'들이 곧 세계를 이해하고 해석하기 위한 '틀'로서의 '지식'이며, 아동문학은 이를 만들어 내는 데에 결정적인 영향을 미쳤다고 지적했다.(가와하라 카즈에, 양미화 역, 『어린이관의 근대』, 소명출판, 2007, 18면)

52) 방정환은 「새로 개척되는 동화에 관하야」에서 여러 아동문학론을 차용하였으며 특히 오가와 미메이는 이름을 밝혀 인용하기도 했다. 정홍교도 「동화의 종류와 의의」(『매일신보』, 1926.4.25)에서 마쯔무라 타케오의 글의 많은 부분을 그대로 차용한 바 있다.(이재철, 『한국 아동문학 연구』, 개문사, 1983, 34면 참조) 또한 우이동인(牛耳洞人)은 「동요연구 2」(『중외일보』 1928.11.14)에서 기타하라 하쿠슈를 언급하기도 했는데, 아동문학과 동심의 관계를 연결 짓는 논리는 기타하라 하쿠슈 등의 영향이 컸으리라 본다. 기타하라 하쿠슈는 아동문학을 '동심동어(童心童語)'의 문학으로 규정한 대표적인 작가이다.(橫須賀薰, 박숙경 역, 「동심주의와 아동문학」, 『창비 어린이』 5호, 2004년 여름 참조)

한다고 볼 수 있는 방정환의 「새로 개척되는 '동화'에 관하여」는 타카기 토시오(高木敏雄)의 『童話の硏究』[53] 및 오가와 미메이의 「私が童話を書く時の心持」,[54] 아키타 우자크(秋田雨雀)의 「芸術表現としての童話(예술 표현으로써의 동화)」[55]에서 많은 부분을 차용했음이 밝혀졌다.[56] 그러나 초창기 아동문학론에서는 일본 등에서 아동문학론이 '수입'되었다는 사실을 확인하는 것뿐만 아니라, 이들이 어떠한 맥락에서 어떠한 방식으로 '전유'되는가 하는 점을 살필 때 보다 심층적인 의미를 읽어낼 수 있을 것이다. 방정환은 자신의 글에 1916년에 발표된 타카기의 글과 1922년에 발표된 미메이 등의 글을 나란히 배치하고 있는데, 이는 문학사적으로 다른 시기의 글이며 지향하는 바도 차이가 큰 것들이다. 즉 대부분의 일본 아동문학사가 1918년 『빨간새(赤い鳥)』의 창간 이전과 이후를 나누어 설명하고 있고 있음을 참조할 때,[57] 타카기의 글은 이와

53) 高木敏雄, 『童話の硏究』, 婦人文庫刊行會, 1916.

54) 小川未明, 「私が童話を書く時の心持」, 『早稲田文學』, 1921.6.

55) 秋田雨雀, 「芸術表現としての童話」, 『早稲田文學』, 1921.6.

56) 방정환 아동문학론에 미친 일본 아동문학론의 영향 관계는 최근 이정현에 의해 꼼꼼하게 실증된 바 있다. 이정현의 검토에 따르면, 방정환의 「새로 개척되는 '동화'에 관하여」는 ①집필 동기 ②동화의 필요성(1) ③동화의 정의 ④동화의 필요성(2) ⑤예술로서의 동화의 장래성 ⑥동화 작가의 자세 ⑦영원한 아동성을 위한 동화 ⑧한국 동화계의 현실 ⑨고래 동화 발굴의 중요성 ⑩그외 잡감으로 구성되어 있다고 할 때, 이 중 ②,③,④,⑨에는 타카기 토시오, ⑤,⑥,⑦에는 오가와 미메이와 아키타 우자크의 글이 많은 부분 차용되었다. 그러나 이런 방식의 대조를 통해서는 방정환 자신이 쓴 부분은 단지 ①,⑧,⑩밖에 되지 않으며, 결국 문화는 제국으로부터 식민지로 이식되었다는 결론 이외에는 문학사적으로 시사하는 바를 얻을 수 없게 된다는 한계가 있다. 그러나 이정현도 언급했듯이 일본의 문학가들 또한 노발리스의 메르헨 예술론 등 서양의 아동문학론에서 상당한 영향 받았을 것으로 추측된다. 또한 『빨간새』의 표어에는 "서양인과 달리 애석하게도 우리 일본에는 여태껏 어린이를 위해 순수하고 아름다운 읽을거리를 쓴 진실하고 참된 예술가가 거의 없다"(가와하라 카즈에, 『어린이관의 근대』 74면에서 재인용)는 구절이 들어 있는데, 이는 선진한 다른 나라에는 다 있는 동화가 우리에게만 없다고 했던 방정환의 탄식과 닮음 꼴이다. 문화의 발생이란 이처럼, 외부의 자극과 영향을 받으면서, 모방과 혼성의 과정을 거치면서 만들어지는 것이 아닐까. (이정현, 「방정환의 동화론 「새로 開拓되는 童話에 關하야」에 대한 고찰 : 일본 타이쇼 시대 동화이론과의 영향 관계」, 『아동청소년문학연구』 3호, 2008.12)

57) 猪野省三 외, 『日本兒童文學大系(1~4)』, 東京 : 三一書房, 1955 등 참조.

야 사자나미를 중심으로 한 오토기 바나시(お伽噺)가 위세를 떨치던 시기에 민속학적 입장에서 설화의 동화화에 역점을 두어 쓴 동화론이라고 한다면, 미메이와 우자크의 글은 『빨간새』를 중심으로 낭만적 어린이관과 아동문학의 예술성이 강조되던 시기에 작가로서 가져야 할 창작 태도를 피력한 아동문학론이라고 할 수 있다. 방정환은 자신의 글 중심에 미메이와 우자크의 낭만적 문학예술로서의 아동문학론을 배치하되 이를 타카기의 민속학적 입론으로 감싸 안음으로써, 낭만적 아동예술에 대한 지향을 민족주의적 실천 동력과 접속시키고자 했다. 이러한 과정에서 타카기와 미메이, 우자크의 논리는 선택적으로 채택되거나 수정 혹은 배제되었다. 또한 이질적 계열의 글들이 나란히 배치됨으로써 논리적인 균열이 생겨나기도 했다.

그럼에도 불구하고 초창기 아동문학론은 아동문학이 형성되어 가는 과정에서 어떠한 배면의 논리들이 아동문학의 정체성을 구성할 수 있게 했으며, 어떠한 현실적 동기들이 아동문학을 요구했는가를 보여준다는 점에서 중요한 검토 대상이 된다. 당시의 아동문학론들이 체계적이고 치밀한 논리로써 아동문학에 대한 독창적이고 안정적인 정의를 제공하지는 못했다고 하더라도, 아동문학론에 나타난 불안정하고 모순된 논리의 구성 형태는 그 자체로서 아동문학이 토대한 역사적 지반의 정황을 반영해 보여준다고 할 수 있기 때문이다. 따라서 이 시기 아동문학론을 살피는 주된 관심은 정리된 결론의 내용보다는 결론을 이끌어내기 위해 설정된 전제나 그러한 전제를 통해 논리를 구성해 가는 방식에 있다. 특히 아동의 미적인 표상이 아동문학론에 교직될 때 '아동성(兒童性)' 혹은 '동심(童心)'이라는 개념이 가장 선명하게 떠오르게 되었으며, 이러한 개념은 아동문학을 정의하는 데에 핵심적인 요소가 될 뿐 아니라 아동문학론의 여러 층위에서 나타날 수 있는 단절과 균열들을 메워주는 매개적인 역할을 했다는 점에 주목하게 될 것이다.

1) 아동과 동심–영원한 '아동성'의 미적 표현으로서의 문학

방정환의 「새로 개척되는 동화에 관하야」를 통해 유명해진 동화의 축자적 정의는 "童話의 童은 兒童이란 童이요 話는 說話이니 童話라는 것은 兒童의 說話, 또는 兒童을 爲하야의 說話"라는 것이다.[58] 이러한 정의에 바로 이어서 방정환은, 흔히 아동에게 들려주는 이야기라고 하면 '옛날이야기'만을 떠올리기 쉽지만 결코 옛날이야기만이 동화인 것은 아니므로 그냥 '이야기'라고 하는 것이 합당하다는 말을 덧붙였다. 축자적 해석만으로는 충분하게 드러낼 수 없는 '아동을 위한 이야기'로서의 동화의 개념을 설명하기 위해서는 다음과 같이 "진보"된 정의를 보충해야 했다.

> 古代로부터 다만 한 說話– 한 이약이로만 取扱되어 오던 童話는 近世에 니르러 「童話는 兒童性을 닐치 아니한 藝術家가 다시 兒童의 마음에 돌아와서 어썬 感激 — 或은 現實生活의 反省에서 생긴 理想 — 을 童話의 獨特한 表現方式을 빌어 讀者에게 呼訴하는 것이라」고 생각하게까지 進步되어 왓다.
>
> — 小波, 「새로 개척되는 '동화'에 관하야」, 『개벽』 31호, 1923.1

근세에 이르러 "진보"되었다는 동화의 정의에는 "아동성",[59] "아동의 마음"이라는 키워드가 두드러지고 있음을 살필 수 있다. 아동문학을 정의내릴 때에 아동의 심리적 특성을 중요한 요건으로 삼는 것은 초창기 아동문학론에 두루 나타난 현상이어서, 요안자(凹眼子) 또한 "童話라는 것은 무엇인가? 兒童이 兒童으로서의 特有한 心性에 適應하게 하는 그곳에 깃붐과 光明을 너어서 써 啓發하여 가는 이약이에 지나지 못한

58) 이는 타카기 토시오의 글에서 차용한 것으로 보인다. 高木敏雄, 『童話の研究』, 婦人文庫刊行會, 1916(『童話の研究』, 東京 : 太平出版社, 1977, 12면)

59) '영원한 아동성' 등의 표현은 아키타 우자크가 주로 사용했던 것이다. 이정현, 「방정환의 동화론 「새로 開拓되는 童話에 關하야」에 대한 고찰 : 일본 타이쇼시대 동화이론과의 영향 관계」, 『아동청소년문학연구』 3호, 2008.12 참조.

다"[60]고 한 바 있다.

"아동성"이라는 말은 지금은 거의 사용하지 않는 어색한 말이지만 초창기 아동문학론에서는 성인과 구별되는 아동의 특성을 지시하는 용어로서 '아동 성질', '아동의 심성', '아동의 마음', '어린이의 심리', '어린이의 靈', '아동의 영혼' 등과 더불어 자주 사용되던 어휘였다.[61] 당시의 아동문학론에서 "아동성"을 설명하기 위해 동원된 수사들은 주로 아동의 마음의 영역, 감성적 측면을 부각시키는 데에 기울어져 있으며 표현들도 지극히 화려했다.

> 우리는 누구나 가지고 잇는 「永遠한 兒童性」을 이 兒童의 世界에서 保持해 가지 안흐면 안될 것이요 또 나아가 洗鍊해 가지 아니하면 아니된다. 우리는 자조 그 깨끗한 그곱고 맑은 故鄕— 兒童의 마음에 돌아가기에 힘쓰지 아니하면 아니된다.
>
> 兒童의 마음! 참으로 우리가사는世上에서 兒童時代의 마음처럼 自由로 날개를 펴는 것도 업고, 또 純潔한 것도 업다. (……)
>
> 아아 우리는 恒常 時時로 天眞爛漫하든 옛—故園—兒童의 世界—에 돌아가 마음의 純潔을 빌지 아니하면 아니된다. (……)
>
> 全혀 兒童의 世界는 어쩌케 形容할 수 업는 아름다운 詩의 樂園이며 同時에 어쩌케 엿볼 수 업는 崇嚴한 秘密의 王國도갓다.
>
> —小波, 「새로 개척되는 '동화'에 관하야」, 『개벽』 31호, 1923.1

이와 같은 수사적 표현들을 종합하여 볼 때 몇 가지 특징을 추출할 수 있다. 첫째, 아동성은 영원하며 보편적인 것이다. 둘째, 아동의 마음은 천진난만하고 깨끗하며, 곱고, 맑고, 자유롭고, 순결하고, 아름다운 것이다. 셋째, 모든 성인들에게 아동의 시대는 이미 지나온 것이며, 아동의 세계는 함부로 엿볼 수 없는 신성하고 비밀스러운 것이다. 앞서

---

60) 凹眼子, 「童話에 對한 一考察—童話作者에게」, 『동아일보』, 1924.12.29.

61) 「조선의 동요와 아동성」(손진태, 『신민』, 1927.2)에서 볼 수 있듯이 표제어로도 사용할 수 있는 용어였다.

살폈듯이 아동의 존재나 내적 심성을 미화하는 것은 1920년대에 대두되었던 새로운 표상의 방식이었으며 이러한 표상은 특히 아동예술이나 아동문학과 관련된 담론에서 두드러지게 나타났다. 낭만적으로 채색된 아동의 미적 표상은 아동문학의 정체성이 형성되는 시기의 대부분의 아동문학론에서 공통적인 전제로 삼았던 것으로서 "아동성", "아동의 마음", "아동의 세계" 등으로 표현되고 있었으며, 이는 곧 '동심'이라는 보다 간명한 어휘로 압축되어 일반화될 것이었다.[62]

한편 이들 아동문학론에서 아동과 성인의 내적인 특성의 차이는 아동의 세계를 독립된 시·공간으로 묘사하는 방법에 의해 더욱 선명하게 이미지화되고 있었다. 위의 인용문에서도 살필 수 있는 것처럼 아동의 세계는 "고향", "세계", "나라", "낙원", "왕국" 등 지리적 경계를 떠올리게 하는 비유어들로 표현되고 있었으며, 이러한 공간적 비유어에 "옛", "지나온" 등 시간적 경과를 나타내는 수식어가 자주 덧붙여짐으로써 아동과 성인의 단절적인 거리감은 더욱 강화되곤 하였다. 그런데 아동과 성인의 시·공간 사이에 절연의 정도가 강조되면 강조될수록 아동의 세계는 예찬과 동경의 대상으로 떠오르기 마련이다. 지극히 아름답고 평화로운 곳을 떠나와서 다시 돌아갈 수 없다면 그곳에 대한 향수와 동경의 심리가 극대화될 것은 자연스러운 일이기 때문이다.

바로 이러한 조건에서, 동화는 "일생을 두고 그리우며 동경한 아동시대의 고원에 들어갈 수 잇는" 귀한 기회를 제공하는 것이 되고, 동화의 세계는 "아동과 일반 큰 이가 '한데 탁 엉킬 수'" 있는 곳이며, "대인의 혼과 아동의 혼 사이에 족음도 차별이 업서지는"[63] 유일한 공간이라는

---

62) 아동문학론에서 '동심'이라는 어휘는 1920년대 후반부터 많이 사용되기 시작하였으며, 이후 아동문학을 정의하는 핵심 어휘로서 지금까지도 즐겨 사용되고 있다. 다음은 '아동성'이라는 용어가 '동심'이라는 말과 긴밀한 연관성을 지닌다는 것을 보여주는 예이다. "「童話의 世界를 여는 다만 한아의 열쇠는 우리들의 童心」 永遠의 兒童性인 吾等은 이 童心에 눈뜰때에 처음으로 童話를 들니여줍니다."(안덕근, 「동화의 가치」, 『매일신보』, 1926.1.31)

가치를 부여받을 수 있었다고 볼 수 있다.

> 童謠를 읽고 날마다 멀어가는 지내간 쑴과 가튼 아름답 世界를 생각할 때에 맘에는 반듯시 새와 가치 맘의 故鄕인 곳으로 돌아가고 십흔 所望이 간절해짐니다. 그러기에 「어룬」이 童謠에서 엇는 것은 언제 한번 일허버린 自己의 모양을 돌아보며, 더럽워진 靈을 두 번 다시 깨긋하게 할 수가 잇습니다.
>
> —밴댈리스트, 「동요에 대하야(미정고)」, 『동아일보』, 1925.1.21

이는 "아동성"이라는 것이 실제로 나이 어린 '아동'만이 소유할 수 있는 것이 아니라는 점과도 관련된다. 초창기 아동문학론에서 "아동성" 혹은 '동심'은 아동기를 경험했던 사람이라면 누구라도 가지고 있을 수 있는 "영원한" 것으로 설명되고 있었다. "아동성"이 실재하는 아동의 나이나 체격과 같은 육체적 조건에 구애되지 않고 영원한 시간 속에서 초월적 성격을 부여받게 될 때, "아동을 위하야의 설화"라는 동화의 의미는 "영원한 아동성을 위하는 동화"[64]로 확대될 수 있었으며, 동화는 단지 "연령을 표준하여 소년 소녀에게만 닑힐 것이 아니고 넓고 넓은 인류가 다 가티 닑을 것"[65]이 될 수 있었다.

'동심'의 이러한 성격은 아동문학의 창작 원리를 설명하는 데에도 유용하게 사용될 수 있었다. 앞서 살펴본 것처럼, 동화 창작은 아직 "아동성"을 잃어버리지 않은 예술가가 다시 "아동의 마음"으로 돌아올 때 가능하다는 설명 방식에는 '성인-예술가'와 '아동-독자'를 배타적으로 이분하는 논리의 구조가 깔려 있는 것이며, 이와 동시에 단절된 두 세계 사이를 넘나들며 연결해 주는 "아동성"이라는 매개적 개념이 작동하고 있는 것이라고 볼 수 있다. 보편적이며 초월적인 영원한 '동심'은 성인과 아동의 경계 영역을 두루 관통하면서 아동문학의 정의와 창작 원

63) 小波, 「새로 개척되는 '동화'에 관하여」, 『개벽』 31호, 1923.1, 22~23면.
64) 小波, 「새로 개척되는 '동화'에 관하여」, 『개벽』 31호, 1923.1, 22면.
65) 小波, 「새로 개척되는 '동화'에 관하여」, 『개벽』 31호, 1923.1, 22면.

리를 설명해 주는 역할을 했다.

> 어룬이 일부러 「어린이답은 心情」을 가지랴고 努力함은 도로혀 不純性을 거듭하게 됨니다 대개의 童謠의 感興은 意志的 狀態를 떠나 無心히 自然萬衆을 對할 때 니러나서 「어린이답은 心情」을 가지게 되는 것임니다
>
> 「어린이」를 위하야 童謠를 지으랴는 것보다도 「어린이가 되야서」의 見地에서 童謠를 써야 할 줄 압니다
>
> —밴댈리스트, 「동요에 대하야(미정고)」, 『동아일보』, 1925.1.21

> 동화는 대인이 말하며 어린이에게 들이여 주는 것이라고 생각하는 것은 표면적 견법에 불과함니다. 오등이 어린이에게 동화를 들니여 줄 때에는 반다시 오등은 대인으로서의 가지고 잇는 지식과 감정을 버리고 어린이의 심리로 동화하여야만 될 것이라고 필자는 信합니다.
>
> 오등은 대인으로서의 늣김과 표준과 가치의 판단을 떠나서 어린이와 동화치 안으면 동화를 들여줄 수 업다는 데서 보면 동화는 어린이의 심리에서 출생하야 대인의 입을 통하여 어린이의 심리로 도로 도라간다고도 할 수 잇습니다.
>
> —안덕근, 「동화의 가치」, 『매일신보』, 1926.1.31

아동문학 창작 원리의 중심에서 '동심'이 작용할 때, '어린이다운 것'은 가장 중요한 문제로 떠오를 수 있었다. 그런데 "어린이답은 심정"은 의식적인 노력이나 의지로 얻을 수 있는 것이 아니라 오히려 가장 자연스러운 상태, "무심히 자연만중을 대할 때" 일어날 수 있는 것이며, 성인으로서의 지식과 감정, 가치 판단을 버리고 아예 어린이에게 동화될 때만 얻을 수 있는 것이라고 주장되었다. 작가는 "어린이를 위하야"가 아니라 "어린이가 되야서" 창작에 임해야 하는 것이며, 이에 따라 작가는 단지 어린이의 마음을 대리하여 전달해 주는 "입"에 불과하게 될 수도 있었다. 그럼에도 불구하고 미적 이념의 결정체로서의 '동심'은 아동문학 작가들로 하여금 '동심'의 대리인으로서의 지위를 기꺼이 수락하게 했다. 그만큼 '어린이답다'는 것은 작가 개인의 개성이나 상상력보다

도 우월한 지위에서 아동문학의 성격을 추동해 내는 강력한 미적 이념으로 작용했던 것이다.

다음은 류지영[66]의 「동요를 지으시려는 분씌」의 일부로 "어린이 세상에서는 용납하지 못할 어른들의 꾀와 뜻이 붓게 되어 망처진" "옛적 동요" 대신에 "새동요"가 많이 생길 수 있도록 소개한다면서 창작 기준의 세목을 구체적으로 제시한 부분이다.

쓸 것, 못쓸 것(以下 譯述)[67]

참동요를 짓는 데는 아래에 써노흔 여덜가지 됴목에 맛도록 해야합니다.

一. 동요는 순전한 속어(입으로하는 보통말)로 지어야 함니다…… 글투로 짓거나 문자를 느어 지은 것은 못씀니다.

二. 노래로 불을 수가 잇스며 그에 맛처서 춤을 출 수 잇게 지어야 함니다. 격됴(格調)가 마저야함니다…… 노래로 불을 수도 업고 또 춤도 출 수 업게 지은 것은 못씀니다.

三. 노래 사설이 어린이든지 어른이든지 잘 알도록 해서 조곰도 풀기 어렵지 안케 지어야 함니다…… 사설이 어린이만 알고 어른들은 몰으게라든지 어른만 알고 어린이들은 몰으게 지으면 못씀니다.

四. 어린이의 마음과 어린이의 행동과 어린이의 성품을 그대로 가지고 지어야 함니다…… 어린이의 세상에서 버서나거나 무슨 뜻을 나타내랴고 쓸데 업는 말을 쓰거나 억지의 말을 쓰거나 엇절 수 업는 경우가 아닌데 음상사가 좃치 못한 글짜를 써서 지은 것은 못슴니다.

五. 영절스럽고 간특하지 안케 맑고 순전하고 신신하고 건실한 감정을 생긴 그대로 지어야 함니다…… 어린이의 감정을 꾀로 꾀여서 호긔심을 충동여내게 지은 것은 못씀니다.

六. 사람의 꾀나 과학(科學)을 가지고야 풀어 알 수 잇게 짓지 말고 감정으로 제절로알게 지어야함니다…… 꾀나 과학으로 설명해야 알게 지은 것은

66) 필명은 버들쇠. 류지영은 당시 『동아일보』 사회부 기자였으며 동요 「고드름」의 작사자이다.(윤석중, 『어린이와 한평생』, 범양사, 49면 참조)

67) "譯述"이라고 표기되어 있는 것으로 보아 일본 등의 아동문학론을 번역한 것으로 보인다.

못씁니다.

七. 이약이처럼 엇지엇지 되엿다는 래력을 설명하는 것을 대두리로 삼ㅅ지 말고 심긔(心氣)를 노래한 것이라야 합니다…… 설명만 좍 해노흔 것은 못씀 니다.

八. 어린이들의 예술교육(藝術教育) 자료(資料)가 되게 지어야 합니다…… 어린이들에게 리로웁기는커냥 해를 씻치게 지은 것은 못씁니다. 악착스러웁거나 잔인한 것이나 허영심을 길너 주게 될 것이나 쏘 사실에 버스러지게 잘못 지은 것은 못씁니다.

—버들쇠, 「동요를 지으시려는 분끠」, 『어린이』 2년 2호

"쓸 것"과 "못 쓸 것", 수용과 배제의 선명한 대립 구성을 보이는 위의 내용을 보다 간단히 요약하면 다음과 같다. 첫째, 구어체로 지을 것 둘째, 노래 부르고 춤추기에 적합하도록 격조를 맞출 것 셋째, 이해하기 쉽게 풀어서 쓸 것 넷째, 어린이의 마음, 행동, 성품 그대로를 드러낼 것 다섯째, 순수한 감정 그대로를 그릴 것 여섯째, 감정만으로 저절로 느낄 수 있게 할 것 일곱째, 심기(心氣)를 노래할 것 여덟째, 아동의 예술자료로 사용할 수 있도록 쓸 것. 요컨대 구어체, 정형률, 단순한 가사, 어린이의 마음, 감정, 서정, 예술 교육 등이 새로운 동요가 갖추어야 할 요건이라면 문어체, 내재율, 복잡한 내용, 인위적인 가공, 성인의 지력, 과학, 이성, 서사, 악착스러운 것, 잔인한 것, 허영심, 사실과 다른 것 등은 배제해야 할 요소였다. 전자가 '어린이다운 것'의 내용이라면, 후자는 어린이답지 않은 것, 혹은 '어른다운 것'의 내용이라고 할 수 있을 것이다.

아동문학이 갖추어야 할 양식적 요소의 규준을 제공하고 있다고 볼 수 있는 이러한 관점들은 앞서 살핀 자연으로서의 아동의 미적 표상에 많은 부분 기대고 있다. 동요는 "입에서 저절로 노래가 울어나와서 입으로 노래한 것을 글ㅅ자로 긔록해서 세상 사람들에게 노래 불으게 하는 것"으로, 이는 "우연히 져절로 지어지는 것"이고 "심긔(心氣)가 스사로 나아놋는 것"[68]이므로 공연히 애를 써서 짓는 것이 아니라는 설명

등에서 '저절로', '스스로'라는 표현이 반복적으로 사용되었던 것도 이와 관련된다. 이러한 설명들에는 어린이는 그 자체로 이미 아름다운 존재이므로 그 존재의 내면을 꾸밈없이 그대로 드러낼 때 가장 자연스럽고 아름다운 예술이 될 수 있다는 생각이 바탕에 깔려 있는 것이라고 볼 수 있다.

그러나 이 지점에서 생각해 볼 필요가 있는 것은, 이렇듯 '어린이답다'는 것이 곧 '자연스러운 것'이 될 때, '어린이답다'는 것의 내용은 회의의 대상이 되지 않을 수 있으며 그것이 갖는 역사적 상대성 또한 은폐될 수 있다는 점이다. 특히 '동심'이라는 용어로 미화된 아동의 내면은 비슷한 시기의 일반 문학론에서 주장했던 개체적 자아의 전적 생명의 표현으로서의 개성과는 거리가 먼 것으로, 아동이라면 누구라도 똑같이 가지고 있는 균질한 것이며 누구나 들여다 볼 수 있는 투명한 것으로 여겨지고 있었다는 점에 유의해 볼 필요가 있다. 누구든지 이미 알고 있으며, 미리 예상할 수 있는 아동의 마음과 그 마음을 그리는 문학이란, 따라서 편향적이고 제한된 방향으로 코드화될 위험도 지닐 수 있기 때문이다.

류지영은 위의 「동요를 지으시려는 분씌」의 속편 격인 「동요짓는 법」(『어린이』 2년 4호)이라는 글에서 위의 여덟 가지 기준에 모두 부합하는 동요의 예로 "새야 새야 파란새야 / 록두 남게 안지말아 / 록두 쏫이 써러지면 / 청포 장사 울고간다"를 들었다. 그는 이 동요를 해석하면서 "청포장사 울고간다"는 구절의 뜻을 청포장사가 돈벌이를 못해서 울고 간다고 해석하지 말고 그저 청포 장사를 못하겠으니까 울고 간다는 데까지만 생각하라고 주문한다. 청포가 없으면 청포장사가 청포 사라고 즐겁게 노래를 부르고 다닐 수 없을 테니까 울고 가겠다고 생각할 때 이 동요가 더 곱게 느껴질 수 있으며, "어린이 마음에서 버스러지지 말어야 한다"

68) 버들쇠, 「동요 짓는 법」, 『어린이』 2년 4호, 1924.4.

는 기준에 부합될 수 있다는 것이었다. 뿐만 아니라 그는 『어린이』의 독자가 투고한 「비」라는 창작 동요가 격조가 맞지 않아 노래 부를 수 없으므로 동요라고 볼 수 없다고 하면서, 4.4조의 엄격한 음수율로 고쳐서 싣기도 했으며,[69] 그렇게 고쳐 놓은 뒤에도 형식을 맞추기 위해 자신이 붙여 넣은 "무슨 서름"이라는 구절이 '어린이 마음'과 맞지 않는 것 같다고 아쉬움을 표현하기도 했다.[70]

---

69) 노래 부를 수 있는 정형의 율격이 왜 어린이다운 성격으로 이해되었는지에 대해서는 여러 가지 층위에서 생각해 볼 수 있을 것이다. 비슷한 시기 양주동은 「시란 엇더한 것인가」(『금성』 2호, 1924.1)라는 글에서 "시란 우리 사람의 자연이나 인생에 대하야 늣긴 바 정서를, 개성과 상상을 통하야, 가장 단순하고 솔직하게 음률적 언어로 표현한 것이올시다."라고 말한 바 있다. 이러한 구절에서 '우리 사람의 정서'라는 표현을 '어린이의 마음' 정도로 바꿀 수 있다면 앞에서 살핀 동요의 개념 정의와도 크게 다르지 않다고 볼 수 있을 것이다. 그러나 '우리 사람의 정서'는 한결같은 성격으로 그려진 어린이의 마음과는 크게 다른 것이었다. 양주동은 '사람의 정서'는 환경에 대해 가장 격동하고 견디기 어려울 지경이 되면 감탄하는 어떤 소리를 지르게 되는 것이며, 이렇게 "감정의 격동에서 울어나오는 소리"는 필연적으로 어떤 음율적인 언어가 될 것이라고 했다. 양주동이 말하는 시의 숨결로서의 리듬은 어디까지나 개인적인 "감정의 활동"의 소산으로 고유하고 독자적인 개성인 것이며 외적 형식으로 환원될 수 없는 것이었다. 운율은 이미 시의 내용 그 자체에 내재되어 있는 것이었다. 이러한 맥락에서 그는 시와 산문의 구별이 그 형식에 있지 않고 "내용의 포함된 리씀에 잇는 限에는, 시와 산문을 철저하게 꼭 구별하는 방법 갓흔 것은 업슬 것"이라고 했다. 산문 같은 시도, 시와 같은 산문도 얼마든지 있을 수 있다는 것이다. 이에 따라 시의 운율은 외형적인 리듬이 아니라 각자의 견식과 성찰로 발견해야 하는 것, 내적인 것으로 침잠될 수 있었다. 이상과 같은 근대 자유시의 이념에는 외부와 격절되어 있는 개인의 고유하고 고독한 내면이 상정되어 있었다. 이에 반해, 아동을 위한 시에는 누구나 공유하고 있는 영원한 동심이 전제되어 있었다. 어린이다운 시의 요건으로 누구나 함께 부를 수 있는 외적인 정형률이 강조되었던 것도 이와 무관하지 않을 것이다.

70) 아래의 ①은 독자가 투고했다는 동요이며, ②는 류지영이 교정한 형태이다. 네 글자의 형식적인 틀에 맞춰 넣기 위해 띄어쓰기까지 무시한 것이 눈에 띈다. 그는 '비는 온다'의 '온다'는 말을 잘 고르지 못한 것이라면서 이 구절을 '비가 와요'로 바꾸기도 했다. 이 또한 부드럽고 친근한 어감을 살리기 위한 것으로 보인다. 류지영이 교정한 ②의 동요는 다시 수정되어 『朝鮮語讀本』(1930, 1권 53과)에 수록되기도 했다. ③은 보통학교 교과서(『조선어독본』) 수록본인데 명사와 조사 사이를 띄어서 표기한 것이 특징이다.

① 부슬 부슬 / 비는 온다 / 비는 누구에 / 눈물 인가 / 달님의 눈물인가 / 해님의 눈물인가 / 저녁비는 달님 / 낫비는 해님

② 비가와요 비가와요 / 부슬부슬 비가와요 / 하늘에서 비가와요 / 햇님달님 눈물와요 / 저녁비는 달님눈물 / 아츰비는 햇님눈물 / 무슨서름 눈물인가 / 비가와요 눈물와요

그런데 이와 같이 아동문학의 성격을 '어린이답다'는 것에 정초하는 것은 결코 몇몇 개인 평자의 취향에 결부된 문제가 아니었다. '어린이답다'는 것은 아동문학을 생산하게 하는 준거이자 제약하는 규준으로 작용하면서 아동문학 및 아동문학 교육의 담론적 실천을 반복적으로 추동해내는 역할을 했다. 20년대에 대중적인 인기를 누렸던 잡지 『어린이』에는 수많은 독자들의 투고가 있었는데, 수수께끼와 같은 현상 공모 문제를 제외한다면 동요가 그중 가장 많은 분량을 차지했다. 그런데 이와 같은 동요들을 취사선택하는 기준의 중심에도 어린이다운가 그렇지 않은가 하는 문제가 놓여 있었다. 즉 "넘어 잘 되여 어린이 作品이라 할 수 업"다든가 "童謠라는 것보다 詩라고 할 것" 혹은 "童謠라 하는이보다 民謠라 할 것" 등이 취사의 기준이 될 수 있었으며, "점 어린이의 마음을 잘 나타내스면 훌륭하겟슴니다"[71]는 것이 아동의 글쓰기를 지도하는 핵심적인 내용이 될 수 있었던 것이다.

2) 예술과 동심-보편적으로 편재한 문명으로서의 문학

'연구'라는 말은 초창기 아동문학에서 자주 눈에 띄는 말이었다. 그런데 '연구'라는 말이 앞세워지는 데에는 동화가 재래의 이야기들과 다른 전문적인 이해를 요하는 것이며 무엇보다 근대 '예술'의 하나라는 점을 강조하고자 하는 의도가 깔려 있었다.

> 근일 우리나라에서 발표되는 동화를 보건대 그 연구가 대개는 일면적이며 편방적으로 되여 간다고 할 수 잇스니 엇더한 것은 지력만으로 또 엇더한 것

---

③ 비 가 오네, / 비 가 오네. / 부슬부슬 / 비 가 오네. / 하날 에서 / 비 가 오네. / 햇님 달님 / 눈물 오네. / 저녁비 는 / 달님 눈물, / 아침비 는 / 햇님 눈물. / 비 가 오네, 눈물 오네.

71) 「동요를 썝고서」, 『어린이』 3권 7호, 1925.7.

은 도덕을 넘어 편중히 하는 견지로써 고찰하엿스며 엇더한 것은 아동의 심리 또는 동화라는 그것의 발생발달의 연구를 등한히 하야 가지고 다만 막연히 동화라는 것을 유희시하는 폐가 업지 아니하다. 지금도 이 동화를 예술화하지 못하고 그저 녯날의 구각을 버서나지 못하는 관이 잇다. 심하게 말하면 동화 그것이 무엇인지 알지도 못하는 친구가 아동의 특유심리를 연구도 하여 보지 못한 사람이 동화를 말하려고 한다. 참으로 가엽슨 일이다.

—凹眼子, 「童話에 對한 一考察—童話作者에게」, 『동아일보』, 1924.12.29

위의 논자는 동화가 무엇인지도 모르고, "아동 특유의 심리"를 연구해 본 적도 없는 사람이 동화를 말하는 것은 "참으로 가엾슨 일"이라고 했다. 이러한 우월감은 다른 사람은 모르는 전문적인 지식을 자신만이 가지고 있다고 생각할 때 가질 수 있을 것이다. 위의 논자에 따르면 동화 연구는 '지력'이나 '도덕', '유희'의 견지에서가 아니라 '아동의 심리'에 관심을 두는 연구이며, 이러한 연구가 있을 때 동화는 재래의 구각에서 벗어나 '예술화'할 수 있는 것이다. 이것을 아는 사람만이 동화를 안다고 할 수 있는 것이고, 동화에 대해 논할 자격이 있는 것이었다.

방정환 또한 「새로 개척되는 동화에 관하야」에서 "童話硏究"가 전문적인 지식을 요하는 것임을 강조했다. 무엇보다 방정환이 '연구'라는 말을 앞세울 수 있었던 것은 '아동'과 '동화'를 근대 학문으로서 접할 수 있었던 일본 유학의 경험이 컸다.[72] 1920년대 초반 조선의 현실에서 동

---

72) 방정환은 1920년 9월 중순, 『독립신문』의 편집・배포 사건으로 검거되었다가 석방된 후 활동에 큰 제약을 받게 되자 동경 유학의 길에 오르게 된다. 그는 『개벽』지의 동경 특파원과 천도교 청년회 동경지부의 회장직을 겸임하면서 이후 4~5년간 동경과 경성을 오가면서 바쁘게 활동한다. 특히 1921년 4월에는 도요대학 전문학부 문화학과에 입학하여 이듬해인 1922년 3월까지 다녔다. 도요대학 전문학부는 1921년 신설된 학과로 "철학을 중심으로 문예 및 사회 문제를 연구 대상으로 하고, 참으로 신문화의 의의를 학습"한다는 취지를 가진 과였는데 특히 야나기 무네요시 등 조선의 문화에 대해 호의적인 교원들이 있었기 때문에 조선 학생들에게는 크게 인기가 있는 과였다. 관심을 끄는 것은 이 문화학과가 운영했다는 문예 연구회이다. 이 문예 연구회의 강사 대부분이 당시 크게 유행하던 아동문학 잡지 『붉은 새』, 『금의 배』 등에 기고하는 아동문학가였던 것이다. 당시 일본은 동요나 동화라는 단어가 들어가기만 하면 어떤 책

화는 "새로 개척되는" 것이며, 이제 막 "엄돗기 시작한" 것이므로 조선인에게 '동화'란, 개념은 물론이거니와 어휘조차 생경한 새로운 문명어였다.

> 多少 民間에 닑혀진 興夫傳이나 쏘는 鱉主簿傳이나 朴天男傳等이 童話 아닌 것은 아니나 그것은 營利를 爲하는 冊장사가 當치도 안흔 文句를 함부로 늘어노하 그네의 所謂 小說體로 맨들어 古代小說이라는 冠을 씌워 廉價로 放賣한 까닭이요 冊의 內容 그것도 童話의 資格을 닐흔지 오래엿고 그것을 購讀하는 사람도 童話로 알고 읽은 것이 아니고 古代小說로 읽은 것이엇섯다. 그것은 이때까지의 우리는 아모도, 童話를 硏究하는 이가 보이지 안햇고 아모도 童話를 들어 一般에게 보여주거나 說明해준 이가 업서서 實로 無識하게까지 童話에 對한 理解를 가지지 못한 까닭이다.
>
> —小波, 「새로 개척되는 '동화'에 관하야」, 『개벽』 31호, 1923.1

방정환은 조선에서는 지금까지 아무도 동화를 연구하지 않았으며 아무도 동화를 선보이지 않았으므로 실로 "무식하게까지" 동화에 대한 이해가 없었다고 했다. 따라서 '흥부전', '별주부전'과 같이 눈앞에 널려 있는 동화들을 보면서도 동화인 줄 모르고 '고대소설'로 만들어서 팔았으며, '고대소설'이라고 생각하면서 읽었다는 것이다. 방정환의 경우에도 조선인들이 알지 못하고 있다는 '동화' 개념의 요체는 동화가 '예술'이라는 점에 있었다고 할 수 있다.

> 童話는 그 少年-兒童의 精神 生活의 重要한 一部面이고 最緊한 食物이다. 文化的으로 進化한 現代에 잇서서는 우리네의 人間的 敎養의 一要素로

이라도 잘 팔리는 아동문학의 융성기였으며, 일본 문단의 저명한 작가들이 아동문학 작품을 쓰는 것이 유행하던 때였다고 한다. 사회적 실천과 문학적 욕구를 동시에 가졌던 방정환에게 이때의 경험은 아동문학을 예술과 실천이 결합될 수 있는 가능성의 영역으로 확신하는 데 결정적인 영향을 미쳤으리라 짐작된다. 仲村修, 「方定煥硏究序論 : 東京時代を中心に」, 『靑丘學術論集』 14號, 1999.3; 大竹聖美, 「두 사람의 소파(小波) : 이와야 사자나미(嚴谷小波)와 方定煥」, 『아동문학평론』 93호, 2001년 봄.

藝術이 絶對的으로 必要한 것과 가티 現代의 兒童에게는 그 人間적 生活의 要素로 童話가 要求되는 것이다.

—小波, 「새로 개척되는 '동화'에 관하야」, 『개벽』 31호, 1923.1

위의 인용문에 따르면 동화는 아동의 정신생활에 반드시 필요한 것이며, 이는 현대인에게 '예술'이 필수적인 교양인 것과 마찬가지이다. 인간의 정신 영역을 몇 부분으로 나누고 예술을 그중 정(情)적 영역의 향유물로 특화시킴으로써 예술을 인간의 정신생활에 반드시 필요한 요소로 가치화하는 것은 근대 예술론이 도입된 이후 반복적으로 강변되었던 전형적인 논리였다. 일본의 아동문학론도 이러한 논리로 동화 연구의 필요성을 내세운 바 있으며,[73] 방정환 또한 이를 원용하여 동화의 가치를 역설하고 있다.

그런데 위의 인용문에서 유의해서 살펴 볼 것은 "(그) 소년—아동"이라는 이중 표기이다. 「새로 개척되는 동화에 관하야」의 본문에서 '소년'이라는 어휘는, 동화의 개념을 서술하기 시작하는 위의 인용문 바로 앞에서 사용된 후, 대충의 논의를 마무리하는 단계에서야 다시 나온다. 예술로서의 동화에 대한 개념이나 특성을 설명하는 내내 '소년'이라는 어휘가 굳이 '아동'이라는 말로 대체되어야 했다는 것은 일단 이 글이 일본 아동문학론의 번역에 크게 의존하고 있었다는 데에서 일차적 원인을 찾을 수 있겠지만, 근본적으로는 아동문학론을 구성하는 데에는 기존의 '소년'이 환기하는 미성년에 대한 개념이나 이미지와는 차이를 갖는 새로운 표상이 필요했다는 것을 암시해 주는 것이라고 할 수 있다. "(그) 소년"이 거느리는 의미 계열은 위의 인용문 바로 앞에 서술된 것처럼 "한 민족에 잇서서나 한 국가에 잇서서나 쏘는 세계 인류에 잇서

73) 인용문의 내용은 일본에서 아동문학 전문 연구 잡지로는 최초로 발간되었던 『童話研究』(1922.7)의 창간사에 들어있었던 것을 방정환이 차용한 것이다. 이정현, 「방정환의 동화론 「새로 開拓되는 童話에 關하야」에 대한 고찰: 일본 타이쇼시대 동화이론과의 영향 관계」, 『아동청소년문학연구』 3호, 2008.12 참조.

서나 모든 새 사상 새 사업은 항상 새 인물의 두뇌에서 생기고 또 그 손으로 되는 것이며 그 신인은 반듯이 소년의 세계에서 길리워 나오는 것"이라는 점이었다. 이는 이미 모두가 잘 알고 있는 바이므로 "다시 쓸 것이 업슬 것"이었다. 앞서 살펴보았듯이 '소년'은 1900년대 이래 근대적 전환의 국면에서 미성년들을 국가와 민족의 미래를 담당할 주체로 호출해 내는 데에 여러 모로 유용한 어휘였다. 그러나 이때 주로 강조되었던 것은 강건하고 진취적인 남성적 이미지였다. "무쇠골격 돌근육",[74] "빗나고 쓰거웁고 剛健한太陽"[75] 등의 수사가 동원되는 기존의 소년 담론으로 예술로서의 동화론을 전개하는 것은 뭔가 어색하고 불편하며 걸맞지 않는 것이었다. 이러한 점을 생각한다면 위의 "(그) 소년—아동"의 이중 표기는 '익히 아는 바'와 '아직 모르는 것' 사이에서 생겨날 수 있는 간섭 현상을 무의식적으로 조정하고자 한 흔적이라고 읽어볼 수 있을 것이다. "(그) 소년—아동"에서의 '—'는 미성년에 대한 익숙한 표상과 낯선 표상을 서로 '연결'해 주는 동시에, 하나의 의미 계열에서 다른 의미 계열로 건너감을 표시해 주는, 담론과 담론 사이의 '단절'을 증명해주는 이중적 기능의 징검다리였던 것이다.

'소년'과 인접하여 연결되어 있기는 하지만, '소년'으로부터 건너선 자리에서 곱고 아름다운 '아동'의 미적 표상은 작동할 수 있었으며, 지순한 미적 존재로서의 아동의 표상은 곧 예술로서의 아동문학의 지위를 보증해 주는 것이었다. 인생을 재현하는 것이 예술이라면, 인생 중에서도 가장 아름다운 시절인 아동의 세계를 대상으로 하는 동화는 가장 "훌륭한 완전한 예술"이라는 영예를 얻을 수 있을 것이기 때문이었다.

> 藝術은 人生의 洗鍊된 再現이라 하면 童話는 훌륭한 완전한 藝術이다.
> —小波, 「새로 개척되는 '동화'에 관하야」, 『개벽』 31호, 1923.1

74) 「소년남즈가 : 한인야구단용 창가」, 『대한매일신보』, 1909.7.24.
75) 「신대한소년」, 『소년』 1년 2권, 1908.12.

결국 가장 훌륭하고 완전한 예술로서의 동화를 말할 수 있게 하는 것은 아동과 아동의 마음의 아름다움에 대한 새삼스러운 발견이었다고 할 수 있다. 이는 "아동 특유의 심리"에 대한 관심과 이해를 바탕으로 하는 것으로 전대의 미성년 담론은 열어 보일 수 없었던 새로운 영역이었다. 바꾸어 말하자면 미성년에 대해 전과는 다른 방식으로 말할 수 있는 담론적 가능성이야말로 당시의 조선 사회에 부재했던 문명이었던 것이며, 예술로서의 동화가 개척되지 못했던 근본적인 이유였다고 할 수 있다.

예술로서의 아동문학 또한 일반 예술론이 흔히 그러했듯이 도덕이나 지식과 대립하는 지점에서 자율의 논리를 세우곤 했다. 이때 학교 교육은 가장 대표적인 비판의 대상이었다. 동화의 본래 목적은 "덕성을 함양하며 권선징악의 외피를 환기하는" 것에 있는 것이 아니라거나, "초등교과서 속에서 편입된 여러 가지 동화는 참으로 우리 아동을 독케 함이 적지 아니하"다는 주장이 제기되었다.[76] 새로운 동요는 "예술적 창가"로서 기존의 학교 창가처럼 지식과 공리의 수단이 아니라는 점도 누누이 강조되었던 바였다.[77]

그러나 교육에 대한 이러한 비판은 언제나 보다 균형 잡힌 '완전한 교육'이라는 포괄적인 교육의 목표에 다시 포섭되는 것이었을 뿐, 결코 아동문학의 교육적 가치를 폄하하거나 아동예술의 자율성을 극단적으로 강조하는 방향으로 전개되었던 것은 아니었다. 앞서 언급한 것처럼 아동과 아동예술에 대해 극히 낭만적인 이상을 피력했던 방정환마저도 아동예술의 가치를 "반찬"에 비유해 설득하고자 했을 정도였다.[78] 이러

76) 凹眼子, 「童話에 對한 一考察－童話作者에게」, 『동아일보』, 1924.12.29.

77) 밴댈리스트, 「동요에 대하야(미정고)」, 『동아일보』, 1925.1.21.

78) "우리에게 유익한 지식이라 하야 수신(修身)과 산술(算術)만 ᄉᆞ역ᄉᆞ역 먹고 조흔 사람이 될 수 잇느냐하면 그것만 가지고는 조흔 사람=빠진 구석 업시 완전한 조흔 사람=이 될 수 업는 것이요 예술(藝術)이라 하는 조흔 반찬을 부즈런히 잘 구(求)해 먹어야 비로소 빠진 구석업시 완전한 조흔 사람(全的 生活을 잘 把持해 갈 수 잇는 人物)

한 맥락에서 본다면 기존의 소년 담론과는 다른 지점에서 미적인 아동의 표상이 작동되었으며 이를 통해 예술로서의 아동문학의 정체성이 구성될 수 있었던 것은 사실이지만, 그렇다고 해서 소년의 기획과 아동(어린이)의 기획이 완전히 결별한 것은 아니었다고 말할 수 있을 것이다. 오히려 씩씩하고 강건한 소년을 이성적 근대 주체로 키우고자 하는 계몽의 기획이 작동하는 한편에서 아름다운 존재로서의 아동(어린이)에 대한 감성적 측면의 문화 기획이 이를 보완하면서 작동하고 있었다고 보는 편이 사실에 부합될 것이다. 따라서 앞서 살핀 "소년-아동"의 이중 표기는 소년 기획과 아동(어린이) 기획의 차이를 반영하는 것이지만 동시에 둘의 긴밀한 결속 관계를 표시해 주는 것이라고도 말할 수 있을 것이다. 이러한 점은 아동문학의 양식적 특성과 미적 가치 등 예술로서의 아동문학이 갖는 성격 전반과 관련되는 것이다.

한편 예술로서의 아동문학과 일반문학의 관계는 주로 인간관계를 모델로 삼아 설명되곤 했다.

> 詩歌와 童謠는 형제입니다 하나는 「어룬」을 다른 하나는 「어린이」를 위한 世界이나 그들이 가는 곳은 다가치 藝術의 宮殿입니다. 그곳에는 永久性이 잇습니다 (……)
>
> 童謠를 사랑치 아니하는 사람은 結局 詩歌를 사랑치 아니하는 사람으로 眞善美와는 아모 因緣이 업는 것입니다
>
> —밴댈리스트, 「동요에 대하야(미정고)」, 『동아일보』, 1925.1.21

아동문학과 일반문학은 "형제" 관계와 같고, 둘다 "예술의 궁전"을 향하는 점은 동일하다는 것을 강조하는 이면에는 예술이 갖는 외적 권위에 기대어 아동문학 또한 문학 장르의 하나로 중요한 가치를 지니고 있다는 것을 역설하기 위한 의도가 깔려있었다고 볼 수 있다.

이 되는 것입니다."(방정환, 「세계 아동예술전람회를 열면서」, 『어린이』 6권 6호, 1928.10)

그러나 이렇듯 아동문학과 일반 문학의 차이가 인간적인 친족 관계의 비유에 기대어 설명될 때, 아동문학과 일반 문학의 양식적 차이는 미성숙과 성숙이라는 생물학적 용어로도 환원되기 쉬워진다는 점은 짚어볼 만하다. 아동문학이 미적 아동의 표상을 통해 자연미를 구현하는 예술로서의 정체성을 갖게 되는 순간, 소박하고 단순하며 전근대적인 문학 양식으로서의 이미지도 함께 내장될 수 있다는 사정을 엿볼 수 있게 하기 때문이다.

3) 민족과 동심-민족 고유의 자산으로서의 문학

동화의 정의가 인류 누구나 가지고 있는 "영원한 아동성"이라는 개념에 기초를 두는 한 아이가 없는 세상이 없듯이 동심이 없는 세상이 없으며 동심의 문학인 동화도 언제나 존재하기 마련이라는 논리는 쉽게 성립할 수 있었다. 시간과 공간을 초월하여 동심의 존재가 자명하다는 전제를 받아들인다면 동화의 보편적 편재 또한 당연한 것일 수 있었기 때문이다.

> 童話가 어느 時代 어느 곳에던지 업는 곳이 업고 갈스록 더 그 世上을 넓혀가는 所以는 實로 世界 全般 兒童의 生活에 不可缺할 精神的 食料로 本能的, 自然으로 欲求되는 까닭이다 보라, 風土, 氣候, 風俗의 關係로 取扱된 內容의 材料는 다르되 如何한 文明國에나 如何한 未開民族에게나 童話의 世界에는 한결가티 쏫이 피어 잇는 것을 보라
>
> —小波, 「새로 개척되는 '동화'에 관하야」, 『개벽』 31호, 1923.1

동화는 아동의 정신생활에 필수적인 "식료"이며, 본능적으로 요구되는 것이므로 어느 시대 어디에서나 존재할 수밖에 없다는 논리는 상당히 자연스러워 보인다. 그러나 동화의 세계가 '문명국'에도 '미개민족'

에게도 풍토, 기후, 풍속 등의 차이에도 구애되지 않고 한결같이 꽃 피어있다는 위의 주장은, 이 글의 한 편에서 조선에는 아직까지도 동화가 없다고 개탄하던 것과는 상충되는 것이다.

그럼에도 불구하고 방정환에게 이러한 모순은 자각되지 않았다. 그에게는 동화가 어디에나 있다는 것도 진실이었으며, 조선에는 아직 동화가 없다는 것도 사실이었기 때문이었다. 그가 보기에 조선에는 "캐여날 날 없시 무처버리고말"지도 모를 자연발생적 동화(이야기)는 있어도, 예술로서의 창작 동화는 물론이고 전래되는 이야기를 수집하여 책으로 묶어낸 조선 동화집은 없었던 것이다. 예컨대 조선에 없는 것은 "英國 오스카-와일드", "白義耳 메-텔링"[79]의 예술 동화였으며, "世界 童話文學界의 重寶라고하는 獨逸의 그리므 童話集"과 같이 세계 문화계에 내놓을 만한 조선 고유의 동화집이었던 것이다.

당시의 아동문학이 민족성의 개념과 관련 맺고 있었던 상황 맥락을 가장 잘 보여주는 글 중 하나인 방정환의 「새로 개척되는 '동화'에 관하야」를 중심으로 이러한 문제를 좀더 자세히 살펴보기로 하자. 「새로 개척되는 '동화'에 관하야」에는 맨 마지막에 "(1922년-인용자) 11월 15일"이라고 작성된 날짜가 명기되어 있었다. 이때는 『개벽』사에서 주최한 "古來童話 募集"이 마감된 직후였다. 방정환은 "고래동화 모집"을 통해 수합된 원고가 자신에게 전달되기를 기다리는 동안 이 글을 썼다.[80] 다음은 『개벽』사의 "고래동화 모집"의 광고문 중 취지를 설명한 부분이다.

> 어느 民族에던지 그 民族性과 民族生活을 根底로 하고 거긔서 울려나온 傳說과 民謠와童話와 童謠가 잇는 것이니 英米의 民에게는 그네의 傳說과 童話

---

79) Meeterlink, Maurie. 「파랑새」 등을 지은 벨기에의 작가.

80) '고래동화 모집'의 마감 날짜는 11월 10일이었다. 방정환은 「개척되는 동화」의 본문에서 "얼마잇지 안하서 그들의 原稿(고래동화 모집에 응모한 원고-인용자)는 내게로 올 것이다 그리고 그 속에서 만흔 寶玉가튼 童話를 어들 수 잇슬 것을 나는 깃븐 마음으로 苦待하고 잇다"고 했다.

가 짜로 잇고 獨이나 佛民에게는 또 그네의 짜로운 傳說과 童話를 가지고 잇는 것이라 이 傳說, 童話, 童謠는 그 民族性과 民族의 生活을 根據하고 거긔서 흘러나와서 다시 그것이 그 民族 根性을 굿건히 하고 새 물을 주는 것이니 이 사이에는 無限히 循環되는 相生의 關係가 잇는 것이라 彼 有名한 구리무 兄弟의 童話는 얼마나 獨逸國民에게 强勇性을 길러주엇스며 英國의 國民童話라해도 可할 有名한 彼-惡魔退治의 三大童話는 얼마나 그 民族에게 堅忍性과 保守性을 길너주엇는가를 想覺하여 보면 숌즉히 童話, 傳說의 힘의 偉大함을 다시 늣기게 되는도다 그러나 兄弟여 우리는 只今 무슨 그런 것을 가지고 잇는가 우리는 姑捨하고라도 우리의 압헤 새로 生長하는 새 民族에게 길러줄 무엇을 우리는 가지고 잇는가 달은 곳 아모것으로도 比하지 못할 高尙한 朝鮮古來의 童話와 童謠는 이에 留意하는이 업슴에 어느듯 몰르는 中에 파뭇처 버리고 京鄕의 우리 새 民族은 불으느니 モシモシカメヨ이고 아느니ウラヅマ太郞, 桃太郞뿐이로다 아아 兄弟여 이것을 이대로 바려둔다 하면 우리의 明日이 엇지 될 것이겟나뇨

—「조선 고래동화 모집」, 『개벽』 26호, 1922.7

위에 인용한 부분의 내용을 요약해 보자면, 첫째, 모든 민족은 각자의 전설, 동화, 동요를 가지고 있는 법인데 이는 그 민족의 고유한 민족성과 밀접한 관계가 있으며 그 민족의 특성을 만들어내는 위대한 힘을 지닌 것이다 둘째, 우리도 다른 민족에 뒤지지 않는 고상한 동화와 동요를 가지고 있는 것은 분명하지만 이에 유의하지 않아 파묻혀버렸으므로 지금 우리의 “새민족”, 어린 세대들은 일본의 동화와 동요만 아는 형편이니 이대로 둔다면 민족의 내일은 없다 정도이다. “고래동화”를 모집하면서 “반듯이 조선 고래동화라야”하며, “번역은 절대불가”라는 주의사항을 덧붙였던 것도, 아동 잡지 『어린이』의 창간호 목차에 “丁抹童話”,[81] “佛國童話”, “朝鮮童話劇”, “露西亞少年” 등 국가의 이름이 유난히 강조되었던 이유도 여기에서 찾을 수 있다. 현재 일본의 속국인

81) ‘丁抹’은 덴마아크를 가리킨다.

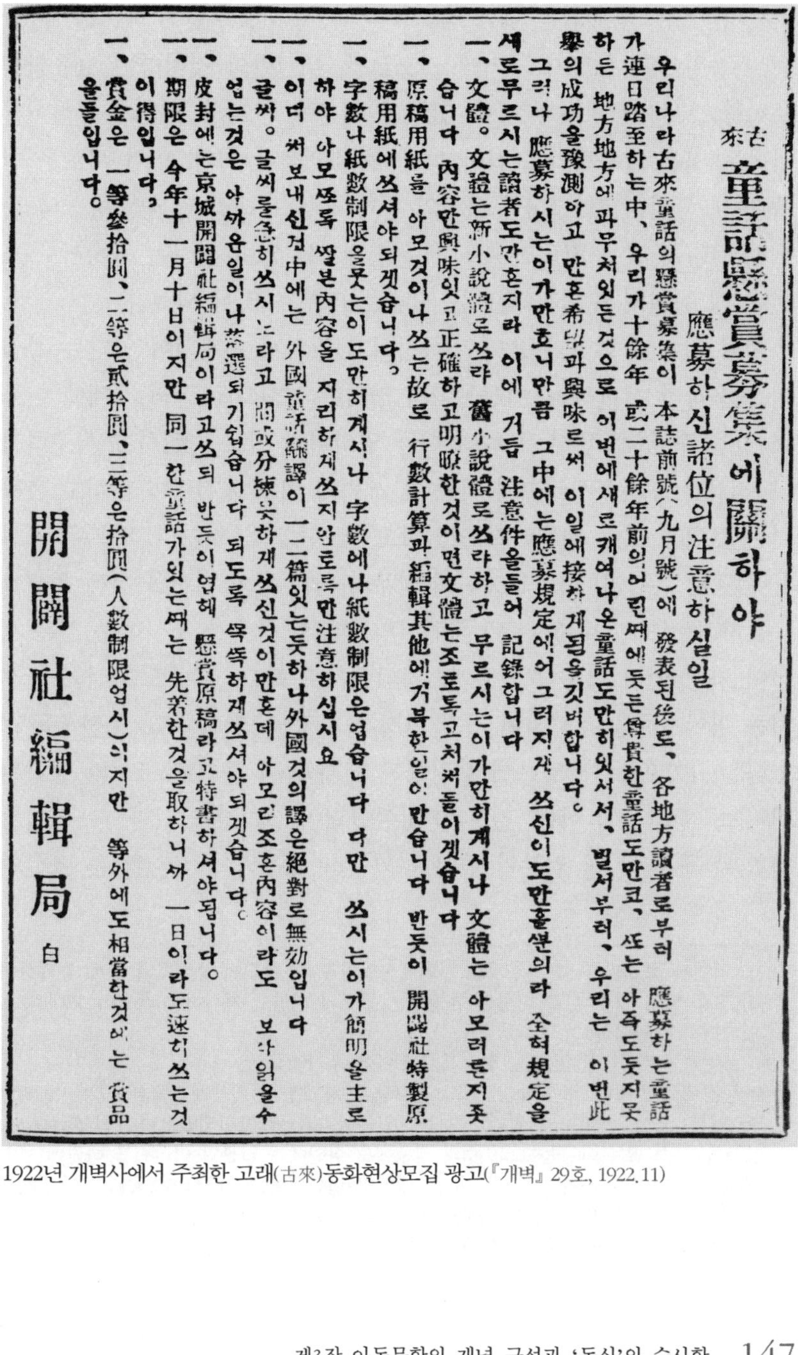

古來 童話懸賞募集에關하야

應募하신諸位의注意하실일

우리나라古來童話의懸賞募集이 本誌前號(九月號)에 發表된後로, 各地方讀者로부터 應募하는童話가連日踏至하는中, 우리가十餘年 或二十餘年前의어린때에듯든尊貴한童話도만코, 또는 아즉도듯지못하든 地方地方에 파무처잇든것으로 이번에새로캐여나온童話도만히잇서서, 벌서부터, 우리는 이번此擧의成功을豫測하고 만흔希望과興味로써 이일에接하게되옴을깃버합니다。

그러나 應募하시는이가만흐니만큼 그中에는應募規定에어그러지게 쓰신이도만흘샌의라 全혀規定을새로무르시는讀者도만흔지라 이에 거듭 注意件을들어 記錄합니다

一、文體。文體는新小說體로쓰랴 舊小說體로쓰랴하고 무르시는이가만히계시나 文體는 아모러튼지좃습니다 內容만興味잇고正確하고明瞭한것이면文體는조로톡고처써돌이겟습니다

一、原稿用紙를 아모것이나쓰는故로 行數計算과編輯其他에거북한일이만습니다 반듯이 開闢社特製原稿用紙에쓰셔야되겟습니다。

一、字數나紙數制限을뭇는이도만히계시나 字數에나紙數制限은업습니다 다만 쓰시는이가簡明을主로하야 아모쪼록 쌀본內容을 지리하게쓰지안토록만注意하십시요

一、이미 써보내신것中에는 外國童話飜譯이 一二篇잇는듯하나外國것의譯은絶對로無効입니다

一、글씨。글씨를急히쓰시느라고 間或分揀못하게쓰신것이만흔데 아모리조흔內容이라도 보아읽을수업는것은 아까운일이나落選되기쉽습니다 되도록 똑똑하게쓰셔야되겟습니다。

一、皮封에는京城開闢社編輯局이라고쓰되 반듯이 엽헤 懸賞原稿라고特書하셔야됩니다。

一、期限은 今年十一月十日이지만 同一한童話가잇는때는 先着한것을取하니까 一日이라도速히쓰는것이得입니다,

一、賞金은 一等參拾圓、二等은貳拾圓、三等은拾圓(人數制限업시)이지만 等外에도相當한것에는 賞品을들입니다。

開闢社編輯局 白

1922년 개벽사에서 주최한 고래(古來)동화현상모집 광고(『개벽』 29호, 1922.11)

식민지 '조선'의 이름을 세계 각국의 이름 사이에 나란히 배치할 수 있는 가능성이란 오로지 과거의 것으로만, 조선만의 것이라는 고유함을 주장함으로써만 확실해질 수 있었기 때문에 반드시 조선의 동화여야 한다는 것은 필수적인 요건이 아닐 수 없었을 것이다. 또한 새로운 민족 주체가 될 어린 세대가 조선의 동화나 동요 대신 일본의 동화나 동요만 안다는 것은 민족의 미래가 위험해지는 일이 된다는 점에서도 조선 고래 동화의 수집과 정리는 시간을 다투는 일이 되었다.

이와 같이 동화나 동요가 민족성이 긴밀하게 연관되어 있다는 관점이 작용하기 시작하면, 아동문학의 영역은 평화로운 꿈의 세계에 머물러 있을 수 없게 된다. 오히려 이들 영역이야 말로 발굴하고 사수하거나, 점유하고 동화시키고자 하는 제 세력의 의도와 전략이 얽히고 충돌하는 보이지 않는 전쟁터가 되었다고 할 수 있을 것이다. 일본은 조선을 식민지로 삼기 전인 1900년대 말부터 학교 등의 기관을 통해 동요를 수집하려 시도한 바 있다.[82] 식민지의 풍토와 풍속을 조사하는 것은 제국이 가장 먼저 착수하는 일 중 하나이기도 하다. 실제로 조선의 전래하는 이야기들을 조사하여 가장 먼저 동화집을 낸 주체도 '조선총독부'였다.[83] 1920년대에 일본에서 간행된 세계 동화 문고에 조선의 동화는 아이누, 대만 등과 함께 '일본편'에 분류되어 실리고 있었다.[84] 『조선동화집』[85]을 묶어 낸 일본인 편자 나카무라 료우헤이(中村亮平)는 조선의

82) "리언과 동요를 됴사 학부차관 일인표손일이ㄱ 각 학교에 통쳡ᄒᆞ되 한국 풍쇽상에 참 고훌 일이 잇스니 각 디방에 류힝ᄒᆞᄂᆞᆫ 동요와 리언을 자셔히 긔혹ᄒᆞ야 보내라 ᄒᆞ얏다더라."(『공립신보』, 1908.7.22)

83) 조선총독부 편, 『朝鮮童話集』, 大阪屋號書店, 1924.

84) 동경에서 발행된 『世界童話體系』(전23권, 동경 : 세계동화체계간행회, 1924~1928)에서 일본, 조선, 아이누의 전래 동화는 『일본동화집』에 포함되었으며, 『日本昔話集』 上・下(동경 : 일본아동문고, 1929)의 경우에도 상권에는 일본의 이야기를 하권에는 일본의 식민지였던 아이누, 조선, 유구, 대만의 이야기를 모아놓았다.(大竹聖美, 「近代韓日 兒童文化教育 關係史 硏究(1895~1945)」, 연세대 박사논문, 2002, 79~86면)

85) 中村亮平, 『朝鮮童話集』, 東京 : 富山房, 1926.

이야기 중에서는 내지(內地)에 있는 것과 너무나 같거나 비슷한 것이 있어서 "태고부터, 어딘가에서 깊게 묶여 있었던 것처럼 생각"된다고 했다. 그는 "새로운 동포와의 진정한 친근감"을 얻기 위해 "동포 간에(조선과 일본—인용자) 전해오는 이야기"를 소개한다고 간행의 취지를 밝히기도 했다.[86)]

반면 방정환은 「새로 개척되는 '동화'에 관하야」에서 일본 동화라고 유럽 각지에 번역되어 알려져 있는 「猿의生膽」이 사실은 일본의 고유한 것이 아니고 조선 동화가 일본으로 건너간 것이라고 주장했으며, 「혹쟁이」나 「허리 부러진 새」(「흥부놀부」) 등도 마찬가지라고 했다. 조선의 것과 일본의 것을 구분할 뿐 아니라 조선의 이야기를 일본 이야기의 선조(先祖)로 자리매김하고자 했다는 것을 알 수 있다. 사실 이와 같은 문제를 처음으로 밝혔던 것은 일본인 학자 타카기 토시오였다. 타카기 토시오는 그의 저서 『童話の研究』에서 설화의 민족 간 이동과 변용의 문제를 역사적으로 고찰하면서 조선의 설화가 일본에 유입된 경우로 위의 예로 들었던 것이다.[87)] 그러나 같은 내용이라고 하더라도 타카기 토시오는 일본의 설화가 갖는 세계적 보편성을 강조하기 위한 예로 사용했지만, 방정환은 이를 조선의 민족적 자존심을 강화하는 논거로 활용하고자 했다는 점에서 차이가 크다. 제국주의의 입장에서건 식민지 민족주의의 입장에서건 전래하는 이야기, 과거의 시간이 남겨준 이야기들은 그 활용 방식에 따라 얼마든지 다른 담론적 효과를 만들어 낼 수 있는 요긴한 자산이었다. 아이들을 위한 동화 영역을 개척한다는 명분을 내세우기는 했지만 전래하는 고유한 이야기의 수집이 민족주의적 기획과도 은밀하게 닿아있었다는 것은 쉽게 짐작할 수 있는 일이다.

---

86) 大竹聖美, 「近代 韓日 兒童文化教育 關係史 研究(1895~1945)」, 연세대 박사논문, 2002, 73~75면에서 재인용.

87) 이정현, 「방정환의 동화론 「새로 開拓되는 童話에 關하야」에 대한 고찰—일본 타이쇼시대 동화이론과의 영향 관계」, 『아동청소년문학연구』 3호, 2008.12, 112~114면 참조.

방정환은 독일과 일본의 예를 들면서 전해져 오는 이야기를 수집하는 일은 인력과 시간이 많이 드는 거대한 규모의 기획이지만, "政府이니 文部省이니 하고 미들 곳도 가지지못한" 식민지 조선의 형편에서는 아무리 어렵더라도 스스로의 힘으로 착수하지 않을 수 없다고 역설했다. 그는 개벽사가 "고래동화"를 공모했던 것처럼 다른 신문, 잡지들도 이러한 사업에 적극적으로 나서줄 것을 촉구하였다. 또한 무엇보다 각 지방에 있는 청년들이 이 문제의 중차대함을 자각하여 자발적으로 동참해 주기를 희망했다. 「개척되는 동화」의 부제는 "特히 少年 以外의 一般 큰이에게"였다. 여기에서 "일반 큰이"란 물론 사회 전체의 성인들을 가리키는 것이겠지만 구체적으로는 "각 지방에 계신 청년"들, "각지 학교에 근무 중인 교사 각 청년회 문예부원"으로부터 "은행원, 금융조합원, 면역소원(面役所員)"들을 가리키는 것이었다.[88] 「개척되는 동화」는 단지 동화에 대한 개념을 원론적으로 설명하고자 하는 목적을 가지는 것에 그쳤던 것이 아니라, 동화에 대한 이해를 공유함으로써 동화라는 새로운 개척지에 더 많은 개척자들을 불러 모으기 위한 현실적 실천의

---

88) 특히 전국적으로 포진해 있었던 천도교 청년회의 조직은 고래동화 수집 등의 사업이 실질적으로 추진되는 데에 큰 힘이 되었으리라 짐작된다. 1919년 '천도교 청년 교리 강연부'로 출발한 천도교 청년회는 산하의 편집부 사업으로 1920년 개벽사를 설립하고 『개벽』을 발행하였다. 이때 각지의 천도교 청년회 조직은 『개벽』의 분매소로 활용되어 『개벽』을 유통, 보급하는 데에 중요한 역할을 담당하였으며, 순회 강연 등 각종 문화 사업을 벌여 나가는 데도 긴요한 거점이 되었다. 아동문학 보급에 큰 역할을 한 잡지 『어린이』를 발간한 곳도 개벽사였으며, 당시 소년 운동에 선도적이었던 '천도교 소년회'(지도위원 : 방정환 · 김기전 · 이정호, 1921)의 조직도 천도교 청년당에서 기획한 것이었다. 또한 1920년대는 천도교 청년회 외에도 각종 청년회가 처처에서 결성되고, 전국단위의 연합체가 조직된 시기이기도 해서 청년들이 중심이 되어 문화 개조 사업을 전개할 수 있는 사회적 조건을 갖추고 있었다. 당시의 일제의 통계에 따르면 청년 단체는 1920년에 251개, 1921년에는 446개, 1922년에는 488개에 이르렀다고 한다. 자세한 내용은 아래의 글을 참조할 것. 이연복, 「천도교 청년당과 신문화운동」, 『최수운 연구』, 한국사상연구소, 1974; 천도교청년회중앙본부, 『천도교청년회80년사』, 글나무, 2000; 최수일, 「1920년대 문학과 '개벽'의 위상」, 성균관대 박사논문, 2002; 최수일, 「'개벽' 유통망의 현황과 담당층」, 『대동문화연구』 49집, 2005.3.

요구에 동기를 두고 있었던 것이다. 동화의 영토를 개척하는 것이 민족의 정체성을 확보하는 일과 통하는 것이라는 확신이 있었기 때문에 "남에게 지지아니하는 寶玉가튼 우리童話 캐여내"는 일에 청년들의 참여를 강권하는 목소리에는 힘이 실릴 수 있었다.

초창기 아동문학론에는 성인과 구별되는 아동의 심리적 특성을 설명하기 위해 "아동성"이라는 용어 외에도 '아동 성질', '아동의 심성', '어린이의 마음', '어린이의 심리', '어린이의 靈', '아동의 영혼' 등의 다양한 표현이 사용되었다. 이러한 표현들은 곧 '동심'이라는 표현으로 정리되어 이후 아동문학의 정체성을 설명하는 핵심 어휘로 사용되게 된다. 심지어 1920년대 후반, 초창기 아동문학론들이 아동의 특성을 곱고 아름답게만 미화했던 것을 전면으로 비판하면서 "「동심은 순결무구한 것이다.」, 「아동은 천진난만한 것이다.」, 「아동은 신성하다」는 말소리는 뿔조아적 아동관이엿다. 우리는 여기에서 동요를 뿌르조아 동요와 푸로동요로 난우와서 동심에도 계급성이 잇다는 것을 선언하여야 한다."고 주장하고 나섰던 계급주의 아동문학론에서도, 동요는 "동심의 발로"이며, "엇젓튼 동심을 노래한 것, 아동의 처지에서 자연이나 인간이나 사회를 관찰 감수하야 노래한 것"이라는 설명을 포기한 것은 아니었다. "한가지 사물을 볼 때에 뿔조아 아동과 푸로레타리아 아동은 각각 그 동심에 잇서서 달은 감정을 가질 것"[89]이라고 하면서 동심의 성격을 계급에 따라 분류하고자 했던 것이었을 뿐, '동심'이라는 개념 자체는 여전히 유지하고 있었던 것이다.

동심은 아동문학의 외부적 존재로서의 아동이 아동문학론의 내부에서 작용할 수 있게 하는 발생의 지점이 되어 왔다. 동심의 논리가 공고해질수록 아동문학의 개념과 예술로서의 자율성은 보다 정교하게 확보

89) 김병호, 「동요강화(1)」, 『신소년』 8호, 1930.11.

될 수 있었다. 아동문학이 정착된 이후, 동심의 성격은 상황과 입장에 따라 다양한 방식으로 재규정됨으로써 새로운 담론을 생산해 왔으나, 동심의 존재 자체가 무시된 적은 없었다. 아동문학의 탄생은 동심의 탄생과 밀접하게 연동되어 있으며, 아동문학이 어른과 아이의 차이를 구조화하여 작동되는 제도인 이상 동심 또한 아동문학의 정체성 구성에 어떠한 방식으로든 계속해서 관여하게 될 것이다. 따라서 동심을 포함하여 우리가 알고 있는 아동에 대한 '지식'이 어떻게 구성되어 있는가를 자각하는 일은, 아동문학을 이해하는 일 뿐 아니라 새로운 실천을 모색하는 데에도 핵심적인 과제가 될 수밖에 없다.

제4장
아동문학의 매체 환경과 양식적 성격

근대문학은 인간 내면의 '정'의 가치를 특별하게 주장하는 과정에서 자율화의 논리를 공고히 할 수 있었다. 아동문학 또한 아동들을 억압하는 재래의 윤리나 위계적 질서로부터 아동의 정을 해방시켜야 한다는 가치를 내걸었다. 아동 내면의 꿈틀거리는 생명력을 억압한다는 이유로, 전대의 일상에서 높게 평가되어 오던 '점잖다'는 행동 양식마저 "빗조흔 개살구"[1]라고 야유 받게 된 시대에 이르러 아동문학은 자신의 입지를 굳힐 수 있었던 것이다.

그러나 근대문학의 개척자로서 동인지 문학인들이 내걸었던 바와 같은 "참자기, 참사랑, 참인생, 참생활"[2] 등의 모토가 아동문학에도 그대로 통용될 수 있었던 것은 아니었다. 근대문학의 '정'의 기획은 성, 연령, 계층, 지역 등의 조건에 따라 다양한 방식으로 전개되고 있었다. 앞

1) 설의식, 「빗조흔 개살구 '점잔타'」, 『어린이』 3권 3호, 1925.3.
2) 김동인, 「소설에 대한 조선사람의 사상을」, 『학지광』 18호, 1919.8.

장에서 살펴본 바와 같이, 아동의 '정'은 발현되어야 할 것이라기보다는 보호되거나 육성되어야 할 대상으로 파악되고 있었으며, 아동문학은 개인의 차이보다는 아동 집단의 균질적인 표상을 중심으로 개념이 구성되고 있었다. 아동문학에 있어서는 하나뿐인 개체의 전적 생명의 표현으로서의 '개성(個性)'보다는 순수하고 때 묻지 않은 자연 상태 그대로의 '천성(天性)'이 보다 중요한 미적 이념이 되었던 것이다. 따라서 아동문학은 개인의 독특한 취향보다는 함께 공유할 수 있는 보편적이고 건전한 '취미(趣味)'[3]를 중시했으며, 서로의 처지를 공감하고 '동정(同情)'하는 감정의 교류에 역점을 두었다.

한편 아동만을 위한 근대적 매체의 등장은 세대 기획의 실천을 보다 구체적으로 전개할 수 있는 조건을 마련해 주었다. 매체는 다양한 질료들을 구체적인 양식으로 특성화하는 물적 조건으로 작용하는 것이면서, 나아가 이러한 매체와 접속하는 주체의 사유 방식이나 감각적 수용 방식에 영향을 미침으로써 주체의 성격을 구성하는 데까지도 관여하는 것이라고 할 수 있다. 아동용 정기 간행물 등 아동을 대상으로 한 근대 매체는 개별 아동의 감각적 수용 방식을 훈련시킴과 동시에 어떤 대상에 대해 쾌, 불쾌를 가늠할 수 있는 미적 판단의 능력, 함께 기뻐하거나 슬퍼할 수 있는 세대적 감수성, 상호 주관적인 공통 감각[common sense][4]

---

3) '취미[趣味; taste]'는 미적 체험으로 부여된 감각적 인상을 반성적으로 '맛'보면서 대상의 미묘한 차이를 구별하는 능력 및 그와 같은 능력을 나타내는 양식적 차이를 말한다. taste는 본래 '미각'을 의미한다는 점을 생각해 본다면, '맛볼 줄 아는 능력'이라고 할 수 있는 취미 판단 능력은 주체의 주관적인 능력이면서도 동시에 대상의 객관적인 양식적 특색에 크게 영향 받는 것이라고 할 수 있다. 취미의 미학은 보편타당한 도덕 감각, 습관이나 관습을 통해 반복적으로 익혀진 감수성과 판단력 등과 관련하여 전개되어 왔다.(사사키 겐이치, 『미학사전』, 동문선, 2002, 270~280면)

4) '공통 감각[common sense]'는 대개 사회적인 상식, "사회 속에서 사람들이 공통(common)으로 지니고 있는 정상적인 판단력(sense)"의 의미로 이해된다. 또한 이는 "인간의 오감(시각, 청각, 후각, 미각, 촉각)과 서로 관련되면서 그것들을 통합하는 종합적이고 전체적인 감득력(센스)"의 의미로 사용되어 온 연원을 가지고 있다. 칸트적 의미에서 공통 감각은 감각적 주체가 반성하는 데에 있어 다른 모든 사람들을 선험적으로

의 형성을 지원해 주었다. 취미론적 미학의 관점과 동정의 기획은 근대적 매체 환경 속에서 실제적인 결합의 양태를 취할 수 있었던 것이다. 아동문학은 근대적 매체 조건을 기반으로 한 주체 형성의 기획 속에서 양식적 특성을 형성해 나갔다.

1. '동정(同情)'과 '취미(趣味)'의 네트워크

1) 아동문학의 매체 환경 – 아동용 정기 간행물, 동화회, 소년회

1900년대 말에 최남선의 주재 하에 종합잡지 『소년』(1908.1~1911.5)을 펴냈던 신문관은 1910년대에 들어서서는 『붉은 져고리』(1913.1~1913.6), 『아이들 보이』(1913.9~1914.10), 『새별』(1913.9~1915.1)과 같은 아동용 정기간행물과 『청춘』(1914.10~1918.9)과 같은 청년층 대상의 잡지를 분리해서 발행한다.[5] 또한 아동용 정기간행물도 보통학교 학생 정도를 독자층으로 상

고려하는 능력이라고 할 수 있다. 칸트는 이를 미적 판단력으로 상정하여 취미 판단의 전제로 삼았다. 한편 맥루한은 개인의 공통 감각의 형성은 매체의 특성과 밀접한 관계가 있으며, 공통 감각은 어떤 문화나 문명의 보이지 않는 기반으로 작용할 수 있음을 강조하였다. 요컨대 '공통 감각'은 주체의 내적이고 주관적인 감각이라고 할 수 있지만 사회적으로 공유되는 상호 주관적인 속성을 지닌 것이며, 특정한 시대나 장소, 매체와 밀접한 관련을 맺으면서 형성되는 역사성을 띠는 것이라고 생각할 수 있을 것이다. 나카무라 유지로, 『공통 감각론』, 민음사, 2003; 김상호, 「마샬 맥루한의 은하계」, 『매체 · 역사 · 근대성』, 나남출판, 2004.

5) 지금까지 대부분의 아동문학사는, 『붉은 져고리』는 독자층의 연령을 끌어내렸다는 의의가 있으나 한자 표기가 성했으며, 『아이들 보이』는 이에 비해 순한글을 사용하고 새로운 문체 확립을 위해 노력했고, 『새별』은 지식 향상을 위주로 한 앞서의 잡지들보다 문예란을 충실하게 만든 것이 특징이라는 통설을 따라왔다.(조용만, 『육당 최남선』, 삼중당, 1964, 116~121면 참조) 이는 세 잡지를 '순한글 표기의 문예적 성격의 문학'이라는 목적지를 향해 발전해 나아가는 순차적인 도정 위에 나란히 배치하고자 하는 동기

정한 『붉은 져고리』, 『아이들 보이』와 중등학교 학생 정도를 겨냥한 『새별』를 나누어 발간하였다. 이와 같은 신문관의 출판 전략의 변화는 미성년에 대한 문화 기획이 근대 학제의 분절 단위를 기준 삼아 분화되어 나갔음을 보여주는 것이라고 할 수 있다. 근대적 학교의 체제를 기준 삼아 주체 생성의 가장 낮은 단위에서부터 가장 고등한 단위까지의 단계적 구도가 구성됨으로써 아동만을 위한 정기간행물도 독자적인 발간의 계기를 얻을 수 있었다. 그러나 신문관의 아동 잡지 발간은 그 선도적인 성격과 참신한 기획력에도 불구하고 지속적으로 전개되지는 못했다. 1910년대는 아직 아동을 위한 문화 사업이 자리 잡을 만한 사회적 제도의 기반이 충분히 무르익지 않았을 뿐 아니라, 앞에서도 살폈듯이 나이 어린 아동들보다는 현실을 실질적으로 감당할 능력을 지닌 '청년'들을 주체로서 호출해내던 시대였기 때문일 것이다.

이러한 상황이 또다시 급변하게 된 것은 1920년대 초반에 이르러서였다. 1920년대는 근대 교육에 대한 욕망이 전 사회적으로 빠른 속도로 번져나갔으며, 어린이 담론이 부상하는 등 아동에 대한 새로운 지식이 여러 가지 경로로 도입되었고, 청년들에 의한 소년 운동의 활약에 힘입어 아동에 대한 일반인들의 인식도 큰 폭으로 조정되었던 시기였다. 이

에서 비롯된 것으로 보인다. 그러나 이와 같은 설명은 전면적으로 재검토될 필요가 있을 것으로 보인다. 우선 『붉은 져고리』는 한글 전용을 원칙으로 했을 뿐 아니라 순우리말을 적극적으로 사용하였으며, 아동용 이야기나 시가가 다량으로 실려 있었다. 또한 『아이들 보이』와 『새별』은 『붉은 져고리』 폐간 이후 1913년 9월에 동시에 발간되었다. 『새별』은 국한문 표기를 사용하였으며 "京城各私立高等程度學校의必須參考書"로 사용되고 있다고 광고했던 것으로 보아(『청춘』 3호, 1914.12) 『붉은 져고리』나 『아이들보이』의 독자층보다는 상대적으로 나이가 많은 중등학교(남녀 고등보통학교, 각종 실업학교 등)의 학생층을 독자로 삼았던 것으로 볼 수 있다. 1910년대 신문관 아동잡지들의 관계는 미성년 기획의 체계 속에서 이해하는 것이 사실에 부합될 것으로 보인다. 한편 기본적인 서지 사항도 보완될 필요가 있다. 『붉은 져고리』가 1913년 1월 1일부터 1913년 6월 15일까지(매월 1일, 15일 발간) 11호를 발행했음은 이미 밝힌 바이며(졸고, 「1910년대 아동 신문 『붉은 져고리』 연구」, 『근대문학연구』 8호, 2003 참조), 『아이들 보이』도 1913년 9월부터 1914년 8월까지 통권 12호를 발행했다는 통설과는 달리 1914년 10월에 한 호를 더 내어 13호까지 발간하였음을 확인하였으므로 밝혀 두는 바이다.

에 발맞추어 『어린이』를 비롯한 각종 아동 잡지들이 쏟아져 나왔으며, 『사랑의 선물』과 같은 동화집은 당대의 베스트셀러가 되어 출판계를 놀라게 하기도 하였다. 1920년대의 아동 잡지는 아동을 위한 '문학' 혹은 '예술'에 대한 인식을 적극적으로 수용함으로써 아동문학을 제도적으로 정착시키는 데 크게 이바지했다. 아동문학사적으로 볼 때 1920년대에는 이러한 매체적 조건을 바탕으로 아동문학의 장르 개념이 정착되고 아동문학의 양식적 성격이 특성화된 시기라고 할 수 있다.

그럼에도 불구하고 1910년대 아동용 정기간행물들은 아동만을 위한 매체 기획의 첫 사례로서, 아동의 미적 표상이나 문학예술로서의 아동문학의 개념이 등장하기 이전의 아동을 위한 글쓰기의 다채로운 모습을 보여준다는 점에서 흥미롭다. 특히 어린이의 시대라고 할 수 있는 1920년대 이후에도 '소년'의 기획은 완전히 단절되지 않았고 오히려 '어린이' 기획의 보완을 받으면서 강력하게 작동하고 있었다는 점을 생각해 본다면 근대 아동 기획의 다층성을 살피는 데에도 1910년대는 필수적인 검토 대상이 될 수밖에 없다.

1910년대 아동용 정기간행물의 발행은 1913년부터 1915년경까지 약 2년 정도의 짧은 기간에 집중되었으며 최남선이 주관한 신문관 한 곳에서만 이루어졌던 것이기는 했으나, 간행 기간 동안에는 상당히 의욕적으로 진행되었으며 비슷한 시기의 다른 잡지들과 비교해 볼 때 일반의 반응도 그리 나쁜 편은 아니었다고 할 수 있다. 훗날 최남선은 "『소년』 『청춘』이 다 이천 부밖에 찍지 못한 데 비하여 『붉은 저고리』만이 삼천부를 냈었다."[6]고 회고한 바 있다. 신문관의 아동 잡지는 사회의 한 부분, 일부 계층을 대상으로 한 것이기는 하지만 1910년대에 이미 아동을 대상으로 한 문화 상품이 기획될 수 있었다는 사실을 보여준다.

『붉은 져고리』는 "참으로 아ᄃᆞ님을 사랑ᄒᆞ며 그럼으로 공부를 잘 식

6) 최남선, 「한국문단의 초창기를 말함」, 『현대문학』 1호, 1955.1.

히는 문명한 나라에는 정도와 셩미를 마쳐 내는 신문이 여러 가지 잇셔 크게 공부를 돕는디 오작 우리 세상에는 거긔 덕당한 긔관이 오늘날까지 업슴"에 비록 조야한 형태로라도 시작하지 않을 수 없다고 간행의 취지를 밝혔다. 다른 나라는 '가정'과 '학교' 외에도 '신문이나 잡지'가 있어서 세 가지 공부를 시키는데 비해, 조선은 단지 두 가지 공부밖에 시키지 못한다면서 아동 교육을 담당할 '제3의 기관'으로서의 역할을 자처하고 나섰던 것이다. 또 "이 신문은 아희들 보이기 위하야 내는 것임으로 어른이 보시면 넘어 맛 업시 생각되실 것도 만흘지오 또 어른이 보시기에 허탄하고 쓸디 업는 것 갓치 생각되실 것도 업지 아니할 줄 아옵니다 그러나 이 신문의 ᄌ미잇고 업슴은 여러분이 어린 아희가 되여셔 생각하실 것이오 유죠하고 못함은 보는 아희의 뒤일을 보아 말슴하실 것"이라고 주장함으로써 아동의 특성을 감안했다는 점을 적극적으로 강조하고자 했다.[7] 아동은 성인과 다른 취향을 가지고 있으며, 아동에게 필요한 읽을거리는 따로 있을 수 있다는 생각은 『붉은 져고리』 이전의 잡지에서는 깊이 고려된 적이 없었다. 이는 실제로는 독자의 흥미를 고려한 흔적이 역력함에도 불구하고 "경연(輕軟)한 것을 주장하야 아동의 호기심과 환의를 영합하고 온갖 현상과 추첨을 행하야 백지갓흔 아심(兒心)에 허욕과 요행심을 인(印)케 하난 것은 외국잡지의 통폐라"[8]고 비판하던 1900년대 『소년』의 태도와는 현격하게 다른 것이었다. 1910년대 아동 잡지들이 구체적으로 어떠한 취지를 내세우고 있었는지 살펴보기 위해 잡지의 광고문들을 참조해 보기로 한다.

① 兒童雜誌 아이들보이

本 雜誌는 兒童教育에 對하야 深大한 期待로써 發行하는 者니 一篇材料一다 極擇精選한 것이라 記事는, 小說, 古談, 教訓, 學藝, 傳記, 遊戲 등 여러

7) 「이 신문의 유죠한 것을 엇더케 알가」, 『붉은 져고리』 4호 부록, 1913.2.15.

8) 「編輯室通寄」, 『소년』 1년 1권, 1908.11.

方面이오 文章은 平易ᄒᆞ며 圖畵ᄂᆞᆫ 精美ᄒᆞ야 智德涵養上 最緊切ᄒᆞᆫ 機關이 되오니 滿天下 父兄 及 子弟 諸位ᄂᆞᆫ 다갓치 愛護ᄒᆞ실 義務가 有ᄒᆞ다 ᄒᆞ나이다 (……)

—『청춘』 1호, 1914.10

② 월간 새별

本誌는 舊「붉은 져고리」 以來로 少年文學의 先驅가 되어 江湖의 歡迎을 久蒙한 者―라 十一月로부터 內容外形에 一大革新을 加하고 程度를 稍高하야 進學益智上 無等한 良師友를 作케 하얏스며 더욱 新文章 造成에 注力하야 우리 語文의 精華를 發揮케 하얏스니 最廉한 價로 最大한 益을 得할 者는 本雜誌外에 更無할지니라

本誌에 連載하는 「읽어리」는 이미 京城 各 私立高等程度學校의 必須參考書로 採用을 蒙하얏스며 地方에서도 漸次로 採用함

—『청춘』 3호, 1914.11

①과 ②는 아동 잡지와 "형제"[9]의 관계를 표방했던 『청춘』에 실렸던 것으로 각각 『아이들 보이』와 『새별』의 광고문이다. "아동교육", "智德涵養上 最緊切ᄒᆞᆫ 機關", "進學益智上 無等한 良師友", "私立高等程度學校의 必須參考書" 등의 문구를 통해서 『붉은 져고리』와 마찬가지로 『아이들 보이』와 『새별』도 교육적 효용을 최고의 덕목으로 선전하고 있었음을 살필 수 있다. 물론 『새별』의 광고문에는 "소년문학의 선구"라는 표현도 사용되고 있었지만, 이때의 '소년문학'이란 오늘날의 '아동문학'과는 물론이고 1920년대 이후에 사용된 '소년문학'의 개념과도 차이가 있는 것이었다.[10] 1910년대 전반은 아직 근대문학의 개념이

9) 『새별』 15호(1914.12)에 실린 『청춘』광고에는, 『청춘』이 『새별』의 "형제"라고 표현되어 있으며, 『청춘』 4호(1914.12)에 실린 『새별』광고에는 『새별』이 『청춘』의 "愛弟"라고 되어 있다.

10) '소년문학'이라는 용어는 1920년대에도 사용되었다. 앞 장에서 살핀 전영택의 「소년문제에 대한 일반적 고찰」(1924) 뿐만 아니라 『아희생활』과 같은 잡지에서도 찾아 볼 수 있으며, 특히 '어린이'라는 말에 거부감을 표시했던 계급주의 아동문학 진영에서는

완전히 정착되지 못했던 때였다는 점을 감안한다면,[11] 여기에서 사용된 '문학'이란 문예나 예술로서의 의미보다는 '문(文)'을 대상으로 한 '학문'으로서의 개념에 더 가까웠다고 볼 수 있을 것이다.[12] 『새별』이 주력하고 있다고 자랑하고 있는 '신문장 조성(新文章 造成)'이라는 것도 결국은 근대적 글쓰기를 위한 표준화 작업의 일환으로 새로운 문체의 모델을 제공하는 교육적인 입장이 강한 것이었다.

돌이켜 본다면, 이전의 『소년』 또한 근대적 교육을 통한 계몽을 우선의 목표로 내세웠으며 이때 기준으로 삼은 것도 학교의 교과 체계였다

의식적으로 사용하기도 했다. 그러나 근대적 문학의 개념이 1910년대 후반을 거치면서 일반화되었다는 점을 상기해본다면, 1910년대 전반에 사용된 '소년문학'과 1920년대에 사용된 '소년문학'이라는 용어에서 '문학'이 내포하는 의미는 차이가 있을 수밖에 없을 것이다. 한편 '소년문학'이라는 용어 또한 일본으로부터 영향받았을 가능성이 큰데, 일본에서 '소년문학'이라는 용어는 이와야 사자나미가 『고가네마루』(1891)를 출판하면서 처음으로 사용하였다고 한다. 그는 "이 책의 제목인 '소년문학'은 소년용 문학이라는 의미이며, 독일어의 jugendschrift(juvenile literature)에서 유래하였지만, 우리나라에 적당한 숙어가 없어서 임시로 이렇게 이름을 붙였다."고 밝혔다.(오타메 키요미, 「두 사람의 소파(小波) : 이와야 사자나미(巖谷小波)와 方定煥」. 『아동문학평론』 93호에서 재인용) 최남선 또한 이와야 사자나미의 용례를 모델로 삼아 '소년문학'이라는 용어를 사용했을 가능성이 크다.

11) 근대문학 개념과 이의 정착 과정에 관한 최근의 주요 논의는 아래의 글 참조. 김동식, 「한국의 근대적 문학개념 형성과정 연구」, 서울대 박사논문, 1999; 황종연, 「문학이라는 역어」, 『한국문학과 계몽 담론』, 새미, 1999; 권보드래, 『한국 근대소설의 기원』, 소명출판, 2000; 황호덕, 「한국 근대에 있어서의 문학 개념의 기원(들)」, 『한국사상과 문화』 8호, 2000.

12) 김동식의 조사에 따르면, 적어도 1900년대부터 1910년까지 '문학'이라는 말은 문자와 관련된 지식의 전 영역을 지칭하는 포괄적인 용어였으며, 보통교육과의 연관성 속에서 사용되는 경우가 대부분이었다고 한다. 시, 소설, 연극 등을 하위 체계로 갖는 상위개념으로서의 문학이라는 말이 사용된 경우는 거의 찾아볼 수 없으며, 대부분의 경우 문장, 학문일반, 지식일반, 보통교육의 일반적 지식, 교육을 위한 텍스트, 사회를 구성하는 층위 등의 의미로 사용되고 있었다는 것이다. 이는 새로운 문학 개념을 정립하는 데에 기여한 잡지 『소년』의 경우도 마찬가지여서, 『소년』에서 "소년문학"(『소년』 1권 1호, 1908.11, 79면)이라는 어휘는 문예적인 측면보다는 사상적 측면을 중시하는 맥락에서 즉, 인심을 움직일만한 사상과 언어적 기교가 결합된 설득력 있는 문장 정도의 의미로 사용되고 있었다고 지적했다.(김동식, 「한국의 근대적 문학개념 형성과정 연구」, 서울대 박사논문, 1999, 73~91면)

고 볼 수 있다. '봉길이 지리공부', '소년 수학유희', '소년 한문교실', '소년 이과교실' 등에서 볼 수 있는 근대적 교과명의 차용과 학교 공간을 연상케 하는 지면의 배치, 하나의 주제를 '보통과', '고등과', '전문과', '보습과' 등으로 나누어 단계별로 제시했던 시도 등은 근대적 교육 체제와의 상동적 구조를 확인케 한다.[13] 그러나 『소년』은 그 자체로 근대 지식의 여러 분야와 단계를 망라하는 종합 교과서가 되고자 했으며, 다양하고 복합적인 성격의 소년들을 교도하는 포괄적인 학교가 되고자 했다. 요컨대 『소년』은 당장 시급한 계몽 지식의 보급을 위해 학교의 역할을 대신하여 나선 '대리물'의 성격을 지닌 것이었다고 볼 수 있다.

이와 비교한다면 『붉은 져고리』, 『아이들보이』, 『새별』 등 1910년대 아동용 정기간행물들은 학교 교육에 대한 '보조물'로서의 성격을 표방했던 것이라고 할 수 있다. 학교라는 제도를 일단 기정사실로 인정하고, 이에 따라 보다 한정된 연령과 수준의 아동을 독자로 상정한 기획이었다는 점에서 『소년』과는 근본적인 차이가 있다. 독립된 국민국가 건설의 기획이 실패로 돌아간 1910년대 이후에는 미성년에 대한 계몽 활동도 전대의 '소년'에 대한 것과는 달리 '국가'를 매개로 한 열정이 노골화될 수 없었으며, 강력한 선동의 힘을 상실한 채 근대 제도 속에 침잠되어 나타나는 경향을 띠었다. 실질적인 제도에 따라 한정된 범주로 설정된 아동은 이상적 존재로 선취되었던 소년과는 달리 구체적인 실재로, 자명한 교육의 대상으로 여겨질 수 있었다. 이에 따라 아동 독자는 보다 비슷한 연령대의, 한결 균질한 성격을 지닌 집단으로 상정되었으며, 이러한 독자 대상의 균질성은 잡지에 실리는 이야기나 시가들이 특정한 방식으로 재구성되도록 유도하는 효과를 낳게 된다.

그러나 1910년대의 신문관의 아동용 정기 간행물 발간은 약 2년 정도 집중적으로 시도되다가 폐간 조치된 후에는 더 이상 추진되지 않았

---

13) 『소년』 2년 5권의 '花學教室'의 수준별 구성이 그 대표적인 예이다.

다. 이는 1910년대 후반에 들어 정기 간행물의 현실적 수요가 아동들보다는 청년들에게 몰려있었다는 사실과 관련이 있을 것으로 생각된다. 1910년대 후반은 우리 사회에 본격적으로 '신지식층'이 형성되기 시작했던 때였으며,[14] '청년'이라는 이름으로 이들의 역할과 지위가 부상했던 때이기도 했다. 1917년 2년 2개월만에 복간된 『청춘』 7호는 1910년대 전반과는 달리 수천 부가 팔려나가는 새로운 출판 상황에 직면하게 된다.[15] 이에 따라 신문관의 잡지 출판 계획도 청년층의 수요를 중심으로 이루어지게 되고 아동용 정기 간행물 발간은 관심 밖으로 밀려나게 되었으리라 추측할 수 있다.

이러한 상황은 1920년대에 들어서면 또 다시 변화의 국면을 맞이하게 된다. 신문관의 아동 잡지가 기획된 지 약 10년이 지난 1923년경을 기점으로 해서 아동 잡지의 발간 건수는 폭발적으로 증가하게 되며 출판 부수도 대폭으로 늘어나기 시작했다(〈표 1〉 1910~1920년대 발간 '아동용 정기간행물' 목록 및 〈표 2〉 1910~1920년대 '아동용 정기간행물' 창간 건수 참조). 이러한 현상은 단지 아동 잡지 발간이 양적으로 증가했다는 것만을 의미하는 것이 아니다. 아동의 문화 공간이 독자적인 형태로 창출된다는 것은 사회 전반의 문화적 구조가 새롭게 전환된다는 것을 보여주는 현상이라고 할 수 있기 때문이다. 아동과 성인의 문화적 경계의 형태는 그 사회가 어떠한 성격을 지녔는가를 알려주는 하나의 지표가 될 수 있다.[16]

---

14) 박찬승은 1910년대, 특히 후반에 이르러 일본 유학생과 그 졸업생을 중심으로 신교육을 받은 '신지식층'이 다수 등장하고 있었으며, 이는 우리 근대사에서 최초의 '신지식층의 본격 등장'을 의미하는 것이라고 했다.(박찬승, 『한국 근대 정치사상사 연구』, 역사비평사, 1992, 121면)

15) 1910년대 『청춘』의 판매 부수 변동 추이, 유통망의 확대 현상에 대해서는 다음의 글 참조. 한기형, 「근대문화제도의 형성과 최남선―그 시론적 문제 제기」, 『한국문학사의 쟁점1(한국문학연구학회 2003년 가을 학술대회 발표문)』, 2003.11.

16) Geoff Payne은 '사회적 분할들(Social Divisions)'은 결코 자연적인 것이 아니라는 것을 전제로, 이를 사회를 탐구할 수 있는 하나의 방법으로서 제안하였다. 사회적 분할은 계급, 젠더, 인종, 민족성, 연령, 아동기 등에 따라서 다양한 층위로 분석될 수 있으며, 사회는 이러한 분할 규칙들의 복합체라는 것이 그의 기본적인 입장이다.(Geoff Payne,

1920년대 초 아동 담론들은 아동들이 사회적으로 제대로 대접받지 못하고 있다는 근거를 아동에 대한 양생송사(養生送死)나 신종추원(愼終追遠)이 소홀하다는 관습적인 측면에서 찾았을 뿐 아니라,[17] 조선 사회에는 아동들만을 위해 '따로' 만들어진 무엇이 없다는 제도적인 측면에서도 찾았다. 방정환은 다른 나라 소년들은 집에는 자기 방이 따로 있고, 창조력과 취미를 길러주는 장난감이 많으며, 밖에는 토요일마다 재미있게 열리는 모임이 있고, 소년들을 위한 소년연극장이 따로 있으며, 그들 전용의 아동공원도 있어서 즐겁고 유쾌하게 맘껏 커갈 수 있는 데 비하여, 조선의 아동들은 이런 것들이 없어 재미없고 지루한 하루하루를 억지로 보내고 있다고 비판했다. 그는 어린 시절을 이렇듯 쓸쓸하게 풀죽어 보내는 것은 마치 "일생의 어린 싹이 차고 아린 서리[霜]를 맞는 것" 과 같은 것이므로 이와 같은 여건에서는 소년들이 온전하게 자라나기 어렵다고 주장했다.[18] 당시 소년 운동의 한 갈래는 바로 이와 같은 문제, 즉 다른 나라 소년들은 모두 가지고 있지만 조선의 소년들은 아직 가지고 있지 못한 것들을 만들어 내는 일을 실천의 주요 과제로 삼았다.

"An Introduction to Social Divisions", Geoff Payne ed., *Social Divisions*, Lodon : Macmillan Press, 2000, pp.1~19)

17) 김기전은 "養生送死는 禮之大者라 하얏스며 愼終追遠이면 民德이 歸厚이라 함은 옛 聖人의 懇切히 남겨준 訓語"라고 했다. 그러나 이때의 양생송사, 신종추원에는 남녀, 장유의 구분이 있었던 것이 아니었음에도 불구하고, 이러한 교훈으로 살아간다는 조선 사회는 지금까지 유년들을 차별적으로 대해왔다고 비판하였다. 즉 떨어진 소반이면 아동에게 돌려라, 찌꺼기 음식이면 유아에게 주어라 하는 것이 아동양생법이었으며, 아동이 죽으면 그 즉시로 기름종이 조각이나 거적에 둘둘 말아 마치 견마(犬馬)의 사체를 처리하듯이 산꼭대기이든 계곡이든 한 자[尺]의 깊이만 파서 얕게 묻고 몇 삼태기 흙을 부어 대충 덮어 버리고 마는 것이 아동에 대한 송사추원의 법도였다는 것이다. 김기전은 소년운동의 기조를 소년들의 윤리적, 경제적 '해방'에서 찾고자 했던 대표적인 논자였다.(김소춘, 「장유유서의 말폐 : 유년남녀의 해방을 제창함」, 『개벽』 2호, 1920.7)

18) 편즙인, 「'어린이' 동모들께」, 『어린이』, 2년 12호, 1924.12. 필자명 란에는 '편즙인'이라고만 되어 있지만 이 글의 끝에 '(方)'이라고 부기되어 있어 방정환이 쓴 것임을 알 수 있다.

그럼으로 이 일을 위하야는 하고 십은 일이 한두 가지뿐이 아닙니다. 우선 지방지방으로 다니면서 촌촌마다 소년회를 골고로 조직하게 하고 또 왼조선의 모든 소년회가 한결가티 소년회다운 소년회가 되게 하고 한편으로 소년문뎨를 들어 각 부형과 사회에 강연을 할 것이고 또 한편으로 소년문뎨연구회를 더 크게 더 만히 조직하야 소년운동을 잘 진전식히게 하고 한편으로는 동요와 동화를 널리 펴기에 힘을 써야할 것이고 또 그리하고 십습니다.

—편즙인, 「'어린이' 동모들께」, 『어린이』, 2년 12호, 1924.12

아동만을 위한 별도의 무엇을 배려하는 사회가 아이들을 잘 키우는 문명한 사회라는 시대적 이념은 아동의 문화 영역을 확대시켜 나가야 한다는 의지를 다지는 데에 강력한 동기를 제공했다. 소년들만의 모임인 '소년회'를 조직하고, 소년 문제를 이해시키기 위한 '강연회'를 여는 것, 소년운동의 내실을 기하기 위해 '소년 문제 연구 단체'를 만드는 일, '동요'와 '동화'를 널리 보급시켜 나가는 것 등이 이러한 맥락에서 고려되었다.[19)]

특히 '아동만을 위한 잡지', '소년회를 비롯한 소년 단체', '동화회와 같은 아동을 위한 문화 공간'들은 아동문학이 실현되는 구체적인 장소였다는 점에서 주목할 필요가 있다. 아동을 위해 기획된 이러한 공간들은 특별히 아동에게 적합하거나 바람직한 것으로서의 규준들을 작동시킴으로써 아동문학의 성격이 특화될 수 있는 조건을 제공했다. 뒤에서 다루게 될 아동문학의 양식적 특성에 대한 문제도 이러한 조건과 상황에 대한 이해를 바탕으로 접근해 볼 수 있을 것이다.

1920년대의 아동 잡지는 1910년대 아동 잡지와는 다른 내용의 선전

---

19) 아울러 아동용 상품의 전문화 현상이 나타났다는 것도 지적할 수 있다. 1920년대 이후에는 장난감 및 교구, 아동복, 아동용 의료품에 대한 선전과 이러한 상품에 대한 정보를 제공하는 담론도 확산되기 시작한다. 관련 내용은 아래 글 참조. 김혜경, 「일제하 '어린이기'의 형성과 가족변화에 관한 연구」, 이화여대 박사논문, 1998, 117~121면; 김예란, 「변신의 기호, 그 이중성과 잡재성 : 1920~1940년대 광고를 통해 본 아동의 이미지」, 『당대비평』 25호, 2004.

문구를 내걸었다. 1923년 3월 발간되어 1920년대 내내 가장 대중적인 인기를 누렸던 『어린이』[20]가 내세운 편집 방침은 1900년대의 『소년』은 물론이거니와 1910년대의 『붉은 져고리』, 『아이들 보이』, 『새별』과도 차이가 컸다.

> 교훈담이나, 수양담은 학교에서 만히 듯는고로, 여긔서는 그냥 자미잇게 읽고 놀자, 그러는 동안에 제절로, 깨긋하고 착한 마음이 자라가게 하자! 이러케 생각하고 이 책을 꾸몃슴니다.
>
> —「남은 잉크」, 『어린이』 1권 1호, 1923.3

학교의 교실을 모델로 삼아 학교 교과의 내용을 요약하여 옮겨놓은 듯했던 『소년』의 지면이나, 학교에서 보조 자료로 사용된다는 점을 자랑하던 1910년대의 아동용 정기간행물들과는 달리, 1920년대의 『어린이』는 오히려 교훈담이나 수양담으로 대표되는 학교의 교육 내용을 대타적으로 설정하고 있었음을 확인할 수 있다. 『어린이』는 학교에서 듣고 볼 수 있는 것과는 질적으로 다른 어떤 것을 기획하고자 했던 것이다. 그러나 『어린이』가 비판의 대상으로 삼은 것은 학교의 지식이나 도덕에 편중된 교육 내용이었으며, 근대교육 자체는 아니었다는 점에는 유의해야 한다. 오히려 『어린이』가 내세운 것과 같이 동화 · 동요 등으로 어린이의 정서를 길러주어야 하며, 자유로운 분위기에서 아동에게 잠재되어 있는 가능성들이 최대한으로 실현되어 나갈 수 있도록 유도해야 한다는 것이야말로

---

20) 1923년 발간되기 시작한 『어린이』는 1920년대 중반에 이르면 가장 많이 팔리는 잡지 중 하나가 되었다. 『어린이』 1924년 11월호의 「독자 담화실」에서 방정환은 『어린이』의 독자가 얼마나 되느냐는 질문에 "굉장히 만슴니다. 조선서 뎨일 만히 팔니는 잡지보다도 더 세갑절이나 더 팔님니다"라고 대답했다. 이 무렵부터 『어린이』는 '10만 독자'라는 말을 사용하기 시작했다. 또한 1925년 1월 23일자 『동아일보』는 『어린이』 25년도 1월호가 나온 지 1주일만에 절판되더니 급기야 3판까지 찍는 신기록을 세웠다고 보도하면서, 이는 한두 호 발행하고 그만두는 일이 비일비재한 조선 잡지계에 새로운 현상이라고 놀라워했다.(「'어린이'잡지는 잡지계 초유의 레코드, 삼판을 또 발행했다고」, 『동아일보』 1925.1.23)

가장 근대적인 교육 이념의 하나일 것이다. 1920년대의 문화 운동은 내면의 감정, 정서의 문제로 주의를 돌렸을 뿐 결코 계몽의 의도를 저버린 것은 아니었다. 『어린이』를 비롯한 소년 운동의 학교 비판은 어디까지나 상대적이며, 전략적인 것이었다고 볼 수 있을 것이다.

한편 『어린이』의 출발 시점에서 보여주었던 이러한 대타적인 비판 의식마저도 시간이 지남에 따라 점차 무뎌지는 듯한 인상을 주었다. 『어린이』 창간 이듬해인 1924년 2권 11호부터는 "학교에서 배흔 것 모르는 것 잇스면 무르십시오 학교에서 배흔 것 아니라도 가르쳐 드립니다"라고 선전한 「궁금풀이」란이 신설되었으며, 발간 4,5년쯤 되는 1920년대 후반에는 「산술시험 잘 보는 법」(『어린이』 4권 11호), 「입학시험 전날 주의할 열가지」, 「입학시험 당일날 주의할 열가지」(『어린이』 5권 3호) 등 시험이나 선발 제도에 대한 대중적인 관심에 부응하는 내용의 기사가 실리기도 했다. 그후 2~3년 후에는 아예 한자 문제나 수학 문제 등을 싣는 고정란들이 생겨났다. 이는 1920년대 중반 이후 아동잡지들의 수가 늘어나면서 상호 경쟁적인 분위기가 조성되었고 이에 따라 현실적인 대중의 요구를 얼마간 수용해가지 않을 수 없었던 때문으로 생각된다. 전대의 『소년』이 아동의 심리에 영합하지 않겠다고 선언했으면서도 실제에 있어서는 독자의 흥미를 상당히 고려하고 있었다고 한 앞에서의 설명을 『어린이』에는 역으로 적용해 볼 수 있을 것이다. 즉 1920년대의 『어린이』는 아동 독자들이 재미있게 놀고 즐길 수 있게 하겠다는 것을 기본적인 취지로 표방했지만 교과 지식이나 도덕적인 교훈담을 제공받기 원하는 일반의 요구를 완전히 무시하지는 못했다.

그럼에도 불구하고 『어린이』가 내세운 교육적 가치가 이전의 잡지들이 표방했던 지·덕 위주의 교육적 명분과 내용상 차이가 있다는 점은 분명했다. 『어린이』 3권 3호(1925.3)에는 씨동이라는 아이가 잠결에 할아버지를 말로 착각하고 등에 올라탔다가 혼쫄이 난다는 내용의 만화가 실려 있었다. 이에 한 독자는 "어린이 三月호에 만화는 씨동이가 한아버지를 타고 가는 것이 점 안된 것 갓습니다. 유익한 교육만화가 엇덜런지요"라면서 불편한 심기를 내비쳤다. 이에 대해 『어린이』는 "간단히 설명할 수는 업습니다만은 반듯이 修身書에 잇듯하는 것만이 教育的이라고는 우리는 생각하지 아니함니다. 三月호 만화가 독자에게 좃치 못한 영향을 주리라고는 생각되지 안습니다"라고 대답한다.21) 1920년대의 『어린이』는 기본적으로 지식이나 도덕으로 편향된 교육적 가치에 대한 반발감을 바탕에 깔고 근대적 학교 교육과 대타적인 태도를 취함으로써 정서적 교육의 필요성을 주장할 수 있는 논리적 입지를 확보할 수 있었다고 볼 수 있을 것이다.

그런데 1920년대의 아동 잡지가 전대와는 달리, 아동들이 재미있게 놀고 즐기는 어떤 새로운 공간을 상상할 수 있었던 것은 이 시기에는 학교뿐만이 아니라 '소년회'나 '동화회'와 같은 미성년들의 문화적 공간들이 만들어지고 있었다는 사실과 관계가 깊다. 『어린이』의 창간호만 살펴보더라도 1면에는 천도교 소년회의 지난 활동을 소개하는 「'어린이'를 발행하는 오늘까지 우리는 이러케 지냇습니다」라는 글이 실려 있었으며, 5면에는 소년회의 입회를 권장하는 글이 실려 있었고, 9면에는 「각 지방의 소년회 소식」란이 배치되어 있었다. 『어린이』의 발간에 소년 단체의 조직적 활동이 깊이 연관되어 있었다는 점을 엿볼 수 있다. 이러한 소년 단체들은 아동잡지들을 소비하고 유통시키는 중요한 거점이 되고 있었으며, 아동 잡지들은 소년들의 단체 결성을 권장하면서 이들의 활동을 직, 간접적으로 지원하고 있었다22)

---

21) 『어린이』 3권 5호, 1925.5.

22) '안동소년단'은 당시의 아동 잡지들이 소년 운동의 취지를 가지고 소년 단체의 결성을 지원했으며, 소년 단체들은 아동 잡지를 구독하기를 권장했다는 것을 보여주는 예이다. 『어린이』 1권 9호의 「독자담화실」 란에서 안동소년회의 한 독자는 『어린이』가 보내준 '천도교소년회칙'을 표본으로 삼아 자신들의 회칙도 인쇄하기로 했으며, 소년단원 45명 전체가 『어린이』를 구독하기로 결정했다면서 관련 내용을 문의했다. 같은 지면의 또 다른 독자는 소년회 조직에 대한 참고 서적을 보내달라고 요청했는데 아마도 『어린이』사에서 '천도교소년회칙' 등을 지방 독자들에게 보내주었던 것으로 추측

『어린이』는 소년회를 "글房이나 講習所나 主日學校가 아니라 社會的 會合의 性質"을 가진 것이며,[23] 소년들의 "놀이터"로서 "재미잇고 깃겁게 노는 中에 제절로 조흔 사람이 되는" 곳으로 소개하고 있었다.[24] 물론 당시의 모든 소년회가 이와 똑같은 취지를 가졌던 것은 아니었다. 그러나 적어도 앞에서 살핀 『어린이』의 기본 입장, 아동 잡지는 그저 아동들을 재미있게 읽고 놀게 할 뿐이지만 그러는 동안 '저절로' 깨끗하고 착한 마음이 자라나게 할 것이라는 관점이 소년회에도 마찬가지로 적용되고 있었다는 것은 확인할 수 있다. 소년회가 물리적인 놀

강화소년회 결단식(『동아일보』, 1926.8.6)

된다.(「독자담화실」, 『어린이』 1권 9호, 1923.10 참조) 아동 잡지가 소년 단체 결성을 자극한 또 다른 예로 마산의 '신화소년회(新化少年會)'를 들 수 있다. 1925년 방정환의 지방 순회 공연을 계기로 해서 마산 지역의 『어린이』 독자 40여 명은 '신화소년회'를 조직했다.(「나그네 잡긔장」, 『어린이』 3권 5호, 1925.5 참조) 그러나 발간 초기에 많은 비중을 차지했던 소년회 소식은 『어린이』가 보다 대중적인 잡지로 자리 잡게 된 1925년경에는 '부록'의 지면으로 옮겨지게 된다.

23) 「'어린이'를 발행하는 오늘까지 우리는 이러케 지냇습니다」, 『어린이』 1권 1호, 1923.3.

24) 「여러분」, 『어린이』 1권 1호, 1923.3.

금곡 날범소년회(『동아일보』, 1932.3.7)

이터로 이해되고 있었다면, 아동 잡지의 지면은 담론 상의 놀이 공간으로 상상되고 있었다고 볼 수 있다. 동화나 동요와 같은 아동문학의 자리는 그러한 미성년의 문화 공간 속에서 실현되고 있었다.

아동잡지 지면에 동화나 동요, 동화극 등이 중요한 비중을 차지했으리라는 것은 미루어 짐작할 수 있는 것이지만, 소년 단체들의 주요 프로그램의 하나도 동화를 낭독하거나 동요를 부르는 것이었다.[25] 『어린이』 1권 2호(1923.4)에 실린 「어린이會의 밤」을 참조하면, 당시의 소년운동가들은 같은 지역의 소년들이 자신들의 의지로 모여서 스스로 목적과 방향을 잡아 단체를 꾸려나가는 것을 이상적인 형태로 생각했다는 것을 알 수 있는데, 이때 소년회 프로그램의 모델로 제시된 것은 토론, 악기 연주, 동화구연, 동요 부르기 등이었다.[26] 실제로 '천도교 겸이포

25) 예를 들어 1920년대 경기 지역의 소년 단체 활동은 강연회 19회, 동화회 17회, 토론회 15회, 웅변회 6회, 체육회 46회, 연예 오락회 25회, 어린이날 기념행사 28회, 기타 20회였다.(김정의, 『한국의 소년운동』, 혜안, 1999, 129면. 참조) 체육대회와 오락회 등이 가장 중심이 되었지만 동화회도 상당한 비중을 차지하고 있었음을 알 수 있다.

소년가극대회. 조선여자청년회 주최로 1923년 8월 17일부터 18일까지 종로 청년회관에서 열렸다. 이 소년가극단은 개성의 여학교와 송도의 보통학교 학생들로 구성되었는데, 당시에는 보기 드문 현상이었으므로 세인들의 관심을 끌었다.

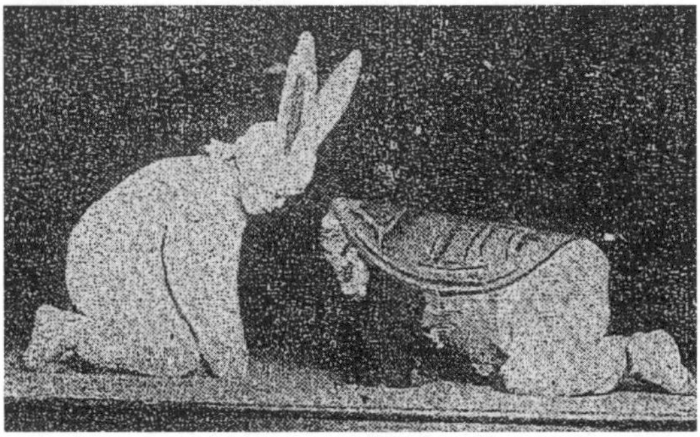

소년소녀대회 연예 광경. 어린이들이 거북이와 토끼로 분장하여 공연하고 있다.(『동아일보』, 1925.3.23)

소년회'의 경우, 1922년 창립 이래 '소년동락회(少年同樂會)'라는 부서를 산하에 두고 매주 일요일 저녁마다 회원들이 모여 동요나 창가 및 각자의 장기를 선보이는 시간을 가졌으며, 탁족회, 등산회 등을 조직하여 야

26) 소년회의 첫 모임을 묘사하고 있는 이 글은 소년 단체의 이름이나 구체적인 지역명이 제시되지 않았다. 이는 실제 활동하고 있는 소년회를 소개한 것이 아니라 하나의 가상적 모델을 그려본 것이기 때문으로 보인다. 이 글에서 최군이라는 소년이 어머니가 보시는 부인잡지에서 본 것이면서 구연했다는 「내여바린 아해」는 개벽사에서 발간한 잡지 『부인』 7호(1923년 1월 『개벽』 31호 광고란 참조)에 방정환이 실었던 동화였다. 방정환 등 문화적인 계몽에 관심을 둔 소년 운동가들의 이상이 투사된 글이라고 추측해 볼 수 있다.(「어린이會의 밤」, 『어린이』 1권 2호, 1923.4)

외로 나가 뛰놀기도 하고, 가극단을 조직하여 황주, 승호리, 강동, 성천, 은산 등 각지를 돌며 공연을 했다고 한다.[27] 소년 단체의 활동에 동화,

불교소년동요가극대회(『동아일보』, 1927.2.13)

천도교 기념관에서 열린 근활소년회 추기음악대회(『동아일보』, 1927.10.22)

27) 「소년회소식」, 『어린이』 1권 1호, 1923.3.

동요, 아동극 등이 상당한 비중을 차지하고 있었음을 알 수 있다.

한편 1920년대에는 '동화회', '동화대회', '동화가극대회', '동화동요대회', '동화극대회' 등의 이름으로 전에 없던 미성년 대상의 대중적 문화 공연들이 활발하게 전개되었다. 특히 1920년대 초부터 나타나기 시작한 동화회는 아동잡지와 마찬가지로 1923년경부터 개최 건수가 크게 증가하여, 이름이 알려진 명사가 출연하는 경우 몇 천 명씩 몰려드는 등 사회적으로 큰 호응을 얻었다. 방정환・고한승・마해송・정순철・연성흠 등 아동잡지를 통해 유명해진 아동문학가들은 이러한 대중적인 공연을 통해서도 인기를 누렸다.[28] 동화회는 부정기적인 특별 행사로 기획되는 경우가 많았지만 아예 토요일이나 일요일에 정기적으로 상설되는 경우도 있었으며, 1920년대 중반 이후에는 특정 단체가 전국적으로 순회하는 대규모의 동화순례회가 구성되기도 했다.[29]

『어린이』는 1923년 창간 즉시, 이를 축하하는 의미에서 동화회와 무도회를 열었으며, 이듬해인 1924년 2권 3호에서는 각 지방에서 청구하

---

28) 특히 방정환은 당시 최고의 구연가로 이름이 높았다. 1925년 천도교 기념관에서 정기적으로 열렸던 방정환의 동화회는 연일 만원이 되었다. 『어린이』 2권 3호의 「독자담화실」란에는 멀리서부터 찾아왔으나 동화회가 만원이 되어 그냥 돌아갔다는 소년의 사연이 실려 있었고, 방정환은 소년에게 "토요일마다 이천명씩 모여 오닛가 엇더케 할 수 업서서 천명만 드리려고 입장권을 천매 맨들어 분배하엿더니 그래도 이천명이나 드러와서 만원이 되엿습니다"라고 답변했다.

29) 구연동화 순례회의 모델은 사실상 일본 아동문학가들이 먼저 제공했다고 볼 수 있을 것이다. 이와야 사자나미 등 일제 아동문학가들은 일본의 전국 각지뿐 아니라 대만이나 조선과 같은 식민지에도 이미 1910년대 이래 순회를 다닌 바 있다. 이와야 사자나미(1913.9~10 조선・만주, 1923.6~7 조선 1930.5~6, 12 조선), 오키노 이와사부로우(1922.5~7 조선・만주) 등이 대표적인 예이다. 오타케 키요미는 이러한 구연동화회 및 동요동화 강연회는 일본 내에서는 동경에서 발달된 새로운 아동문화가 지방까지 전달되는 역할을 다한 것뿐만이 아니라 해외 식민지 지역에까지 일본식 아동문화교육이 전파되는 특수한 역할을 했다고 지적했다. 동화회가 순방할 수 있는 범위는 곧 상상하고 실천할 수 있는 문화적 공동체의 범위, 구체적으로는 민족이나 제국의 영토와 겹쳐지는 것이라고 할 수 있을 것이다. 일본 아동문학가의 조선 순방 동화회에 대한 자세한 내용은 다음을 참조할 것.(오타케 키요미, 「근대 한일 아동문화교육 관계사 연구」, 연세대 박사논문, 2002, 53~66면)

는 대로 순방하겠다는 '동화 동요 순연부(巡演部)'의 광고를 냈다. 이어 1925년에는 『어린이』 창간 2주년을 기념하여 경성으로부터 시작하여 인천, 청주, 대구, 마산, 부산으로 이어지는 '소년소녀대회'라는 이름의 연속 공연을 기획하였다.[30] 공연의 입장권은 『어린이』 잡지 속에 들어 있으며, 각 지역의 소년회 회원이나 『어린이』 독자들을 공연에 출연시켰다.[31] 각 지역의 행사는 『어린이』와 『동아일보』 지국, 지방 청년회나 소년 단체 등이 협력하여 준비하고 있었다. 특별히 이 행사에는 당시에 최고의 구연가로 유명했던 방정환이 출장하였는데, 방정환이 각 지방을 다니면서 그 해 "오월의 소년운동" 즉 어린이날 행사에 관련된 준비도 겸해서 할 것이라고 선전되고 있었다.[32] 아동 잡지사나 언론사, 청년회나 소년회 등이 지역 거점의 역할을 함으로써, '동화회'는 물론이고 '어린이날' 등의 문화 행사가 긴밀한 협조 하에 전국적인 규모로 조직될 수 있었다는 것을 확인할 수 있다.

이에 대한 보다 구체적이고 자세한 정황은 『어린이』 3권 5호(1925.3)의 「나그네 잡긔장」을 통해 살필 수 있다. '소년소녀대회'의 프로그램은 각 지방마다 약간의 차이가 있었으나 소년문제 강연, 동화구연, 동화극 발표 등으로 구성되어 있었다. 각 지방의 대회는 학교, 신문사, 지역 유지, 소년회, 『어린이』 지사에서 준비하고 있었으며, 천도교 기념관, 활동사진관(김천 만경관), 로동학교, 예배당 등의 장소에서 진행되었다. 이 대회의 인기 출연자였던 방정환은 촉박한 일정으로 지방 곳곳을 찾아 다녔는데 각 대회에서는 먼저 소년 운동에 관한 강연을 하고 두 세편의 동

30) 아동 잡지사가 잡지를 홍보하고 독자를 관리하는 방편으로 공연물을 기획하는 것은 당시에 흔한 일이었다. 1923년 개성에서 박홍근이 발간했던 『새ㅅ별』도 창간을 기념하여 독자들을 초대하여 『새ㅅ별동무대회』를 열었다. 이 행사에는 500여명 관객의 모였으며, 잡지사 관계자인 청년들과 이보다 어린 소년소녀들이 번갈아 출연하는 식으로 진행되었는데, 동요, 이야기, 연극이 주된 내용이었다.(「대성황의 새별동무회」, 『동아일보』 1923.11.6)

31) 『어린이』 3권 3호, 1925.3, 52면. '각지소년소녀대회' 광고 참조.

32) 「소년소녀대회 '어린이'창간 이주년 긔념으로」, 『동아일보』, 1925.3.18.

화를 구연하는 방식으로 진행하였다. 이처럼 계몽적 내용의 연설과 동요나 동화, 아동극 등의 문화적 공연물을 적절히 배합하는 것은 단지 방정환이나 『어린이』사 주최의 행사만이 아니라 많은 '동화회'들이 즐겨 사용했던 구성 방식이었다.33)

1920년대의 '아동 잡지', '소년회', '동화회'는 서로 긴밀한 연관 관계를 맺으면서 아동들의 문화 공간을 창출해 나갔다. 아동 잡지는 소년회의 참여를 권장하였으며, 실제로 많은 수의 아동 잡지의 독자는 소년단체의 회원이기도 했다. 아동 잡지 독자들은 잡지사가 주관하는 동화회의 출연자가 되기도 했으며, 관람객이 되기도 했다. 청년회나 소년회는 잡지의 지역 분매소 역할을 담당하기도 했으며, '동화회' 뿐만 아니라 '어린이 날' 행사와 같은 전국적인 규모의 소년 운동의 기획될 때 중앙과 지방의 소식을 전달해 주는 연락망이 되어 주었다. 이러한 긴밀한 연관 체계 속에서 새로운 세대에 대한 기획은 현실적인 실천력을 얻을 수 있었으며, 바로 이러한 상황 조건에서 동화나 동요, 아동극은 사회 속에 자리를 잡아 나가고 있었다. 〈표 2〉, 〈표 3〉, 〈표 4〉의 그래프에서 확인할 수 있듯이 이들의 시기별 증감의 변화 추이는 거의 비슷한 양상을 보였다. 이들은 모두 1920년대 초에는 간헐적으로 나타나기 시작하다가 1923년 경을 전후하여 급격히 증가하기 시작하였으며, 1926년, 1927년 무렵이 되면 그 기세가 최고 절정에 다다르게 된다. 이러한 추세는 20년대 말에 들어서서는 다소 주춤해지면서 1930년대로 이어지게 된다.

---

33) 지방 순회 동화회에 대한 또 다른 예로 『아희생활』사의 동화회를 들 수 있다. 『아희생활』 2권 12호에는 「서북지방동화순방기」라는 글이 실려 있었는데 당시의 아동잡지사들이 각처에 흩어져 있는 지국들을 거점으로 하여 전국적인 순회 동화회 등을 기획하고 있었으며, 이러한 동화회는 지역의 학교, 소년회, 종교 기관, 신문사 등의 도움을 받고 있었다는 사실을 마찬가지로 확인할 수 있다. 또한 이 동화회도 첫째날은 동화회, 둘째날은 소년문제 강연회를 하는 식으로 내용을 구성하고 있었다.(김운강, 「서북지방동화순방기」, 『아희생활』 2권 12호, 아희생활사, 1927.12)

『소년』(1908.11~)

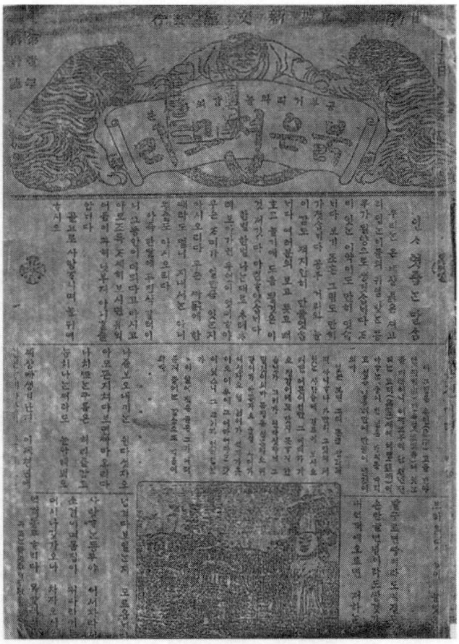

『붉은져고리』(1913.1~)

『아이들보이』(1913.9~)

『새별』(1913.9~)

『새동무』(1921.1~)

『어린이』(1923.3~)

『새ㅅ별』(1923.9~)

『신소년』(1923.10~)

『반도소년』(1924.12~)

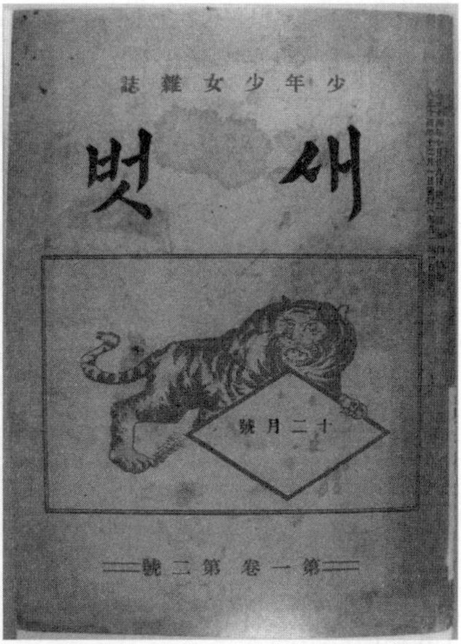

『새벗』(1925.11~)

『아이생활』(1926.3~)

『별나라』(1926.6~)

『영데이』(1926.6~)

이들의 양적 변화가 이렇듯 비슷한 변화의 추이를 보여주었다는 것은 이들이 발생, 성장의 과정에서 서로 긴밀하게 관련을 맺고 있었다는 점, 혹은 적어도 비슷한 상황 조건에 함께 영향 받고 있었다는 점을 시사해 주는 것이라고 볼 수 있을 것이다. 1920년대에 아동문학은 이와 같은 물리적 조건 속에서 급속하게 확산될 수 있었다. 1910년대의 신문관 아동 잡지들이 선도적이고 참신한 기획력을 보였음에도 불구하고 사회적으로 큰 반향을 일으키지 못하고 단기간의 시도로 끝날 수밖에 없었던 것은 1920년대와 같은 인적, 물리적인 조건이 뒷받침되지 못했었다는 점에서도 원인을 찾을 수 있을 것이다.

〈표 1〉 1910~1920년대 발간 '아동용 정기간행물' 목록

창간	간행물명	발행인 / 편집인	발행소	비고
1913.1	붉은 져고리	최창선 / (최남선)	신문관	
1913.9	아이들 보이	최창선 / (최남선)	신문관	
1913.9	새별	최창선 / (최남선)	신문관	
1919	학원			이(100)
1920.7	학생계	오천석	한성도서	이(100) 동아(1920.8.14)
1920.10	새소리	노영호	근화사	
1920.12	새동무	양재기 / 한석원	활문사	동아(21.4.9), 최(2-251)
1922.12	소년신보		소년신보사	동명(22.12.3)
1923.3	어린이	김옥빈, 방정환	개벽사	이(100),윤(60) 동아(23.3.25)
1923.9	새ㅅ별	박홍근, 안지선		동아(23.9.20) 『유년』으로 개칭
1923.10	신소년	다니구찌 / 김갑제, 신명균	신소년사	이(100),윤(60), 최(2-253) 동아(23.11.21)

1923.12	인천아동타임스			동아(23.12.18)
1923.12	햇발(동화잡지)	개성동화회		동아(23.12.2)
1924.7	상해소년	김명수	상해 인셩소학교	신한(24.7.24)
1924.12	반도소년	박준표	반도소년사	이(100),동아(24.12.4)
1924	어린벗	연성흠	어린벗사	동아(1924.6.2)
1925.8	소년시대	김진태	소년시대사	이(100),동아(25.8.8)
1925.8	선명	박준표,신진소년회 선명청년회소년부		이(100),윤(59) 『신진소년』으로 개칭 동아(25.8.8), 시대(25.8.9)
1925.9	아동신보	김종	문학연구사	동아(25.9.10)
1925.10	소년주보	정홍교	소년주보사	동아(25.11.7)
1925.10	수리계	백남규	수리계사	윤(64), 시대(25.10.14) 수학교육잡지
1925.11	소년소녀문단		문학연구사	동아(25.11.6)
1925.11	새벗	노병필 / 이원규, 김태오		이(100),동아(25.11.1), 최(2－254)
1926.3	아동세계	이명제		윤(59),조선(26.3.18)
1926.3	아희생활	나의수, 허대전, 반우거, 안대수 / 한석원, 정인과, 허봉락, 송관범, 전영택, 이윤재, 주요섭, 최봉직, 강병주, 장홍범	아희생활사 조선야소교서회	이(101),윤(59) 조선(26.3.13) 『아이생활』로 개칭
1926.5	우리소년		우리소년사	동아(26.5.2)
1926.6	별나라	안준식, 박세영		이(101),윤(59)
1926.6	영데이	최상현, 유석조	광학서포	이(101),윤(59) 동아(26.6.6)
1926.8	소학생계	심상복		동아(26.8.3)
1926.10	무궁화	윤소성, 한영우	시텬교 소년부	동아(26.9.28)
1926.12	소년계	최연택, 최호동	소년계사	이(101),윤(59) 동아(26.12.1)
1927.3	학원	애우소년학우회		동아(27.1.25)
1927.3	장미	지을순	장미사	이(101),동아(27.3.12)
1927.6	소녀계	최연택		윤(59),동아(27.6.17)
1927.7	아동낙원	이원규		이(101),동아(27.7.6)
1927.7	동아소년		소년신보사	동아(27.7.5)
1927.10	학창	민대호	학창사	이(101),동아(27.10.1)
1927	노동야학			이(101)
1928.1	소년조선	최정순	소년조선사	이(101),동아(28.1.3)
1928.6	소년대중	함평소년동맹		동아(28.6.5)
1929.2	소년순보		소년순보사	동아(29.2.14)
1929.3	학생	방정환	개벽사	이(101),중외(29.2.12)
1929.10	소년세계	이원규	소년세계사	조선(29.10.20) 동아(29.10.4) 최(2－262)
1929	조선아동신보	백대진		이(101)

참고자료: 이－이재철, 『한국현대아동문학사』, 일지사, 1978(괄호 안 숫자는 관련 페이지), 윤－윤석중, 『어린이와 한평생』, 범양사, 1985(괄호 안의 숫자는 관련 페이지), 최－최덕교, 『한국잡지백년(1~3)』, 현암사, 2004(괄호 안의 숫자는 권수와 관련 페이지), 동명－『동명』, 동아－『동아일보』, 시대－『시대일보』, 신한－『신한민보』, 조선－『조선일보』, 중외－『중외일보』 (괄호 안의 숫자는 해당 일자)

〈표 2〉 1910~1920년대 '아동용 정기간행물' 창간 건수

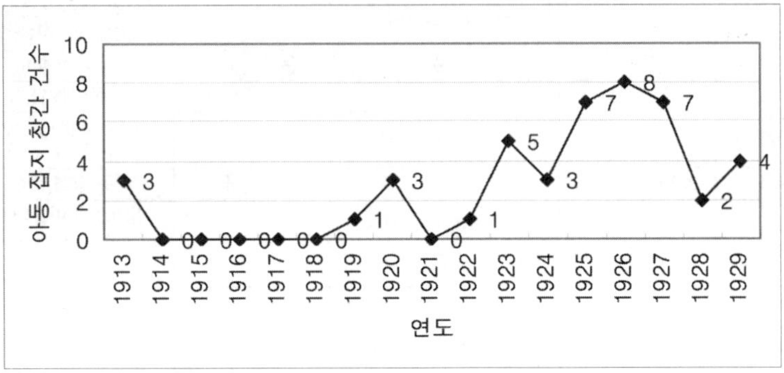

* 〈표 2〉는 〈표 1〉의 조사를 바탕으로 1910~1920년대의 연도별 아동용 정기간행물의 창간 건수 추이를 그래프로 표시한 것이다.

〈표 3〉 1920년대 조선총독부 조사 '소년회' 결성 건수

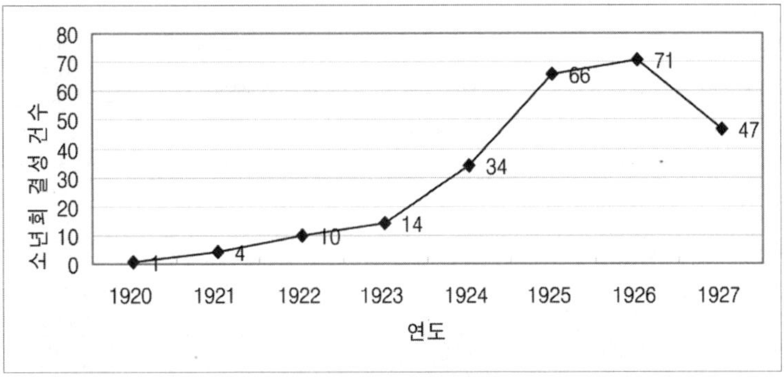

* 〈표 3〉은 「소년운동」, 『朝鮮の治安狀況』(조선총독부경무국, 1927)의 자료를 바탕으로 만든 그래프이다. 그러나 총독부의 조사는 소년회의 양적 증감 추이를 살피는 데는 대체로 유용하지만, 당시에 실제로 조직되었던 단체의 수적 현황을 정확하게 반영하는 것은 아니라는 점에 유의해야 한다. 『동아일보』 기사에 의하면 소년단체의 수는 1924년 4월에 134개(24.4.23), 1925년 4월에 220개(25.4.30), 1926년 5월에 500개(26.5.8)에 이르렀다고 한다.(김정의, 『한국소년운동사』, 민족문화사, 1992, 125~126면 참조)

〈표 4〉 1920년대 '동화회' 관련 『동아일보』 기사 건수

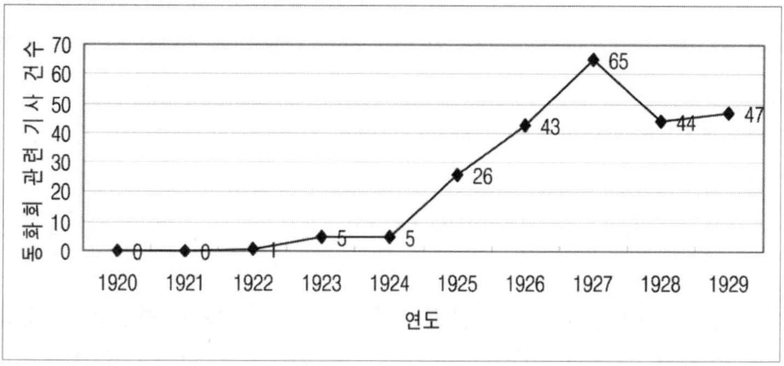

* 〈표 4〉는 1920년대 『동아일보』 기사 중에서 '동화회', '동화대회', '동화동요대회' 등의 표제로 된 기사를 정리하여 그 숫자를 그래프로 나타낸 것이다. 이 그래프에는 '동화회' 관련 기사만 포함하였지만, 당시에는 '동화가극', '동화극' 등의 아동극 공연도 상당히 많이 개최되었다. 이러한 공연물까지 포함한다면 아동을 위한 대중적 문화 행사의 숫자는 이보다 훨씬 많아지리라 생각한다.

2) '동정'과 '취미'로 만들어지는 세대적 감수성

역설적이기는 하지만, 신구 문물의 혼융과 교체가 이루어지던 시기에 미성년들이 겪는 정신적 혼란과 고통은 세대적 연대감을 굳건하게 하는 중요한 자원이 되기도 했다. 젊은 층을 겨냥한 근대적 출판물은 많은 경우 젊은 세대의 번민에 공감을 표시하면서 이를 적극 활용하는 양상을 보였다.

> 나ᄂᆞᆫ 이 ᄎᆡᆨ을 이 셰샹 젊은 친구, 우리와 갓흔 이게 드리노이다
>
> 이거시 한 ᄶᅡ른 이약이에 지나지 못ᄒᆞ오나 늣김으로ᄂᆞᆫ 반편인 우리 ᄶᅡ위에게ᄂᆞᆫ ᄯᅩ한 적지 아니ᄒᆞᆫ ᄶᅵ름이 될 듯ᄒᆞ오니 이ᄂᆞᆫ 여러분ᄭᅦ 한번 보십소샤 ᄒᆞᄂᆞᆫ ᄶᅡ닭이오
>
> 외로움과 고로움은 멧ᄒᆡ부터 ᄂᆡ 살님의 왼통이라 울기도 ᄒᆞ고 웃기도 ᄒᆞᄂᆞᆫ 즁 그ᄅᆡ도 마음 부치ᄂᆞᆫ 고ᄉᆞᆫ ᄎᆡᆨ이라 졈잔은 녯글도 만히 보고 빗 진ᄒᆞᆫ 시ᄉᆡᆼ각도 적지 아니 맛나 보아 다 얼마콤식 마슬 아ᄂᆞᆫ 가운ᄃᆡ셔도 그리 길지도 아니ᄒᆞ고 어슈션ᄒᆞ지도 아니ᄒᆞᆫ 이것에셔 그러토록 기픈 늣김과 굿센 박힘을 어덧

슴은 아모ᄯᆡ ᄉᆡᆼ각ᄒᆞ야도 이샹스러운 일이오 더욱 갑갑ᄒᆞᆫ ᄯᆡ마다 다ᄉᆞ여ᄉᆞᆺ번이나 쓸쓸홈으로셔 나를 ᄶᅳ으러ᄂᆡ여줌은 이즐 슈 업ᄂᆞᆫ 신셰라 이 ᄎᆡᆨ을 보아줄 이는 잇고 업고 나 되야셔ᄂᆞᆫ 이 ᄎᆡᆨ 한아를 우리말로 옴겨노치 아니치 못ᄒᆞᆯ 지라 이ᄂᆞᆫ ᄂᆡ가 이 ᄎᆡᆨ을 이런 ᄃᆡ로나마 뭉둥그러ᄂᆡᄂᆞᆫ ᄭᅡ닭이외다

지금ᄭᅡ지 지ᄂᆡ본 가운ᄃᆡ 가장 기픈 못을 겨오 버셔나셔

번역ᄒᆞᆫ 사람

—라미이, 최남선 역, 『불샹ᄒᆞᆫ 동무』, 1912, 107~108면[34]

최남선은 『불샹ᄒᆞᆫ 동무』의 번역에 부치는 글을 통해 자신의 외로움과 괴로움, 의지할 곳 없는 심경의 고통을 적극적으로 노출시키면서 이 책을 읽을 독자들, "이 셰샹 졂은 친구, 우리와 갓흔 이"에게 공감을 구했다.[35] 고통 받는 자신에게 큰 위로를 준 책이니 비슷한 처지에 있는 조선의 젊은 독자들에게도 깊은 인상을 주리라는 것이다. 한편 이 책의 뒤편에 붙어있는 해설에는 이 작품은 작자가 "셰상에 약ᄒᆞᆫ쟈와 구ᄎᆞ한 쟈와 업슈히 녁임 밧ᄂᆞᆫ 쟈에게 ᄃᆡᄒᆞ야 ᄯᅳ거운 눈물로써 동졍을 표ᄒᆞ노라고(강조는 인용자)"[36] 지은 것이라는 구절이 들어 있었고, 다른 지면의 광고에는 "참혹ᄒᆞᆫ 處地에 잇셔 깁흔 同情으로 結合된 一少年과 一 老狗(강조는 인용자)"[37]의 비극적 운명을 그린 내용임이 선전되고 있었다. 『불

34) Louis De La Ramee의 『A Dog of Flanders』(1912). 『프란다스의 개』라는 제목으로 알려져 있는 소설이다. 위의 인용된 부분은 소설의 본문이 끝난 뒤에 덧붙은 것으로 페이지수가 다시 설정되어 있었던 것인데 편의상 조정하였다. '불쌍하다', '서럽다' 등 슬픔의 정조를 강조하는 제목으로 바꾼 것도 독자의 감정적 반응을 유도하기 위한 의도를 내포한 것으로 보인다.

35) 1920년대의 『창조』의 동인들도 비슷한 방식으로 독자들에게 자신들의 사정을 이해하고 동조해주기를 구했다. 그러나 1920년대의 동인지 동인들의 동정 논의는 세대적 고통에 문학하는 자로서 겪는 정신적 고통까지 더해져서 보다 특화된 형태로 나타났다. "사람마다 얼골이 갓지 안음과 갓치 마음도 각각 다릅니다. 더구나 過渡時代에 잇는 우리 社會는 저마다 각기 다른 意見을 말하며 다른 主義를 主唱하는 現狀임니다. **그런 中에 文化的 事業을 한다는 그 社會에서는 무엇보다도 新舊思想의 衝突노 因하야 煩悶하는 新進靑年들의게는 참으로 同情할 價値가 잇는 줄 암니다.** 제가 이 말을 왜 하느냐하면 저 亦是 그런 靑年 中 한 사람임니다."(백악, 「여러분씌」, 『창조』 7호, 1920.2)

36) 라미이, 최남선 역, 『불샹ᄒᆞᆫ 동무』, 1912, 110면.

샹흔 동무』라는 책 한권을 젊은 층을 겨냥해 선전하는 동안, 내내 강조되었던 것은 '동정[同情; Sympathy]', 즉 상대의 처지를 연민하거나 깊이 이해하는 마음이었음을 알 수 있다. 면밀히 나누어 보자면, 번역자이자 독자인 최남선이 자신과 같은 처지의 젊은 독자들에게 구하고 있는 '공감', 작가인 라미이의 창작 동기로 소개된 타인에 대한 '연민'의 감정, 작품 속에 그려진 작중 인물인 소년과 개 사이의 '유대감' 등은 각각 구별될 수 있는 감정들이라고 할 수 있지만, 당시에 '동정'이라는 어휘는 이러한 감정들의 밑바탕이 되는 원리처럼 이해되고 있었다. '동정'은 하나의 텍스트를 둘러싼 여러 층위의 문학적 실천에 관계되는 다양한 감정들을 두루 지시할 수 있을 만큼 외연이 넓었다.

문학 영역에 한정하지 않는다고 하더라도 20세기 초에 '동정'은 특별한 의미를 부여받았던 감정이었다.[38] 1910년대에 이광수는 「동정」(1914)[39]에서 "동정(同情)이란 나의 몸과 맘을 그 사람의 처지와 경우에 두어 그 사람의 심사와 행위를 생각하야 줌이니 실로 인류의 영귀(靈貴)한 특질 중에 가장 영귀한 자(者) ㅣ 라 인도(人道)에 가장 아름다온 행위－자선 헌신 관서(寬恕) 공익 등 모든 사상과 행위가 이에서 나오나니 과연 인류가 다른 만물에 향하야 소리쳐 자랑할 극귀극중(極貴極重)한 보물"이라고 했다. 그는 어려운 처지에 놓인 사람을 도와주고자 하는 연민의 감정이나 인정(人情)뿐만 아니라, 다른 사람이 겪는 피치 못할 상황에 대해 깊이 이해하고 허물이 있더라도 너그럽게 용서하는 것도 동정이라고 설명했다. 동정은 인지상정(人之常情)과 같이 인간이라면 누구나 갖는 본성과 같

---

37) 『청춘』 1권 1호, 1914.10, 광고란.

38) '동정'은 결국 '정', 인간 내면 · 감정에 대한 근대적 기획의 다양한 양태 중 하나로 볼 수 있을 것이다. 또한 근대문학이 '정'의 분자와 관계하는 문학으로 정의될 때, '동정'은 근대문학의 다양한 계기들과도 연관지어 논의될 수 있다. 1910~1920년대 '동정'에 대한 보다 상세한 논의는 다음 글 참조. 김성연, 「한국 근대문학과 동정의 계보」, 연세대 석사논문, 2002; 손유경, 「1920년대 문학과 동정(sympathy)」, 『한국현대문학연구』 16호, 2004.

39) 외배, 「동정」, 『청춘』 1권 3호, 1914.12.

은 것일 뿐 아니라, 정신 발달의 정도에 비례하여 증진될 수 있는 교육과 문명의 결과물이었다. 따라서 자기 가족이나 친지밖에 사랑할 줄 모르는 자는 동정을 충분히 발달시키지 못해 그 범위가 편협한 범인 혹은 소인이며, 민족이나 인류와 같이 보다 큰 사회를 위해 의무를 다할 수 있는 능력을 지닌 자가 위인이며 군자라고 할 수 있다. 이때 동정이 미치는 범위는 동정의 능력과 비례하는 것으로서, 한 개인이 상상할 수 있는 공동체의 범주, 마음이 미치는 실천의 경계와 관련되는 것이다. 흔히 말해지는 것처럼 '무정(無情)'한 사회를 '유정(有情)'한 세상으로 바꾸어야 한다는 것이 당시에 이광수가 주장했던 문제의 요체였다면, '동정(同情)'할 수 있는 능력을 배양하는 것은 근대적 개인 주체를 정립하는 것인 동시에 개개인의 '정(情)'을 공동체의 이름으로 다시 흡수해 내는 유용한 방도일 수 있었다. 그러나 동정의 논의가 개인을 넘어 보다 넓은 범위로 확장하는 것을 무조건적인 선(善)이며 미(美)라고 가치화하는 데에 이르면 개별 주체의 정은 전체의 이익이나 사회적 도덕 속에 무력하게 해소될 위험이 발생할 수도 있었다.

1920년대에 들어 이광수가 제안한 '소년 수양 동맹'도 소년 개개인의 열정과 노력을 민족을 부흥시킬 에너지로 흡수시키려는 기획의 일종이었다. 꾸준한 훈련을 통해 개인의 정신과 심성을 단계적으로 성숙시켜 나간다는 의미로서의 '수양'은 완전한 인격의 성취라는 목표에 결부되어 있었다. 이광수는 소년들이 수양 동맹을 맺어 10년 정도만 성실하게 단체 생활을 해낸다면 민족성을 개조하여 민족을 부흥시키는 데에 꼭 필요한 "신뢰할 만한 일만 명의 전문가", "신뢰할 만하고 능력있는 범인(凡人)"이 배출될 수 있다고 주장했다. 민족의 개조는 개인의 개조로부터 시작해야 한다는 것은 당시에 폭넓게 지지되던 개조의 논리였다. 그러나 소년의 수양 논리는 앞에서 살펴본 바와 같은, 개별 주체의 동정을 계발시켜 공동체의 영역으로 확산시켜 간다는 단계적 전략과 또 다른 차이가 있었다. 그는 조선의 소년들은 곧 민족의 운명 그 자체이니 "그네는 네요

내요 金之요 李之요 할 수가 업시 오즉 '우리'라는 일인칭 복수(一人稱複數)를 써야 할 것"[40]이라고 했다. 소년은 '정'을 소유한 개별적 감정의 주체이기 전에 이미 '하나의 마음[一心]'으로 통일된 집단으로 사유되고 있었다. 민족성 개조라는 거대 프로젝트로 호출된 소년들의 개체성은 공동체 합일의 단계에 다다르기도 전에 미리 해소되어 있었던 것이다.

> 불을 집혀라! 장작이라도 집히고 石炭이라도 너허라! 진실로 時刻이 急하다 아니다, 이 發動機를 돌릴 火力은 오즉 저 少年들의 쓰거운 精誠이나, 끌는 땀이다, 그네의 기름이오, 살이오 뼈다. 少年들아 너희는 一心으로 너희의 왼통을 저 아궁지에 집어너허 甑動하는 저 指針의 方向을 돌리지 아니하랴느냐, 저 發動機의 爆音으로 朝鮮의 왼쌍을 흔들어 저 어느 便을 向하려 하는 指針으로 하여곰 興을 지나 盛을 지나 無限의 榮光의 限업는 度를 밟아 올라가게 하지 아니하랴느냐.
>
> —노아자, 「소년동맹과 조선민족의 부활—소년에게(其四)」, 『개벽』 20호, 1922.2

그러나 당시의 모든 소년 단체들이 이러한 방식으로 소년들의 모임을 구상했던 것은 아니었다. 소년운동가의 한 사람이었던 이성환은 소년과 지도자 간의 문답 형식으로 소년회에 대해 설명한 글에서 소년회는 외부의 명령이 아니라 소년들의 자발적 요구와 각성으로 만들어지는 것이며, "소년이라는 사람을 쑥 쎄여내서 짜로히 소년의 세계를 지여노코 볼째에 소년이 소년 자신을 위하야 외짜로 못할 일을 모혀서 한다는 것"이라고 했다. 그의 설명에 따르면 소년회의 목적과 내용도 미리 정해지는 것이 아니라 소년들 스스로로부터 나와야 하는 것이며 소년들을 위해 만들어지는 것이어야 했다. 어른은 나이가 많은 만큼 기성사회의 윤리, 도덕, 법률, 종교, 문학 등에 물들어 있으며 지식과 경험, 전통의 힘을 보유하였으므로, 그 힘으로 어린 사람들을 내리 누르려 하는 법인데, 이는 '성의 차별', '빈부의 차별'과 마찬가지로 '연령의 차별'

---

40) 노아자, 「소년동맹과 조선민족의 부활—소년에게(其四)」, 『개벽』 20호, 1922.2.

이라고 비판했다. '문명'이란 사람을 자연적 인위적 압박으로부터 벗어나게 하는 것이라고 할 때, "어른 사람"과 "어린이 사람" 사이의 위압을 없애기 위해서는 소년들의 모임이 필요하며, 이로부터 현실을 장악하고 있는 기성의 원리가 아닌 소년들만의 새로운 이상, 예컨대 "이 세상 사람이 다 자유롭고 평화롭고 그리하야 다 가티 잘 살아지이다."와 같은 희망이 성취될 수 있다고 주장했다.[41] 소년들의 가능성이 현실 세계와의 단절과 분리를 통해 보장받을 수 있다고 본 것은 미성년 시절의 10년 수양 단체 생활을 제안했던 이광수의 구상과도 통하는 것이지만, 이와 같은 소년회의 구상에는 미리 정해져 있는 규칙, 도덕 같은 것이 없었을 뿐만 아니라 하나의 초월적인 심급으로서의 목적도 미리 주어지지 않았으며 소년들의 열정을 어떻게 모아 어디로 흘러가게 할 것인지도 결정해 두지 않았다는 점에서 이광수의 논의와 차이가 있다.

한편 1920년대에는 아동들만의 깊은 정서적 합일과 이로 말미암은 세대적 유대감으로서의 '동정' 또한 다양한 제도를 통해 고양되고 있었다. 이를 가장 잘 보여주는 것은 정기 간행물의 지면들이다. 신문이나 잡지와 같은 아동용 정기 간행물들은 아동들에게 새로운 지식과 정보를 공급해 주었을 뿐만 아니라, 비슷한 연령대의 미성년들이 같은 시기에 같은 내용의 글을 읽는다는, 전에는 상상하지도 못했던 새로운 경험을 가능하게 해 주었다. 당시의 미성년들은 사는 곳이나 처지는 다를지라도 같은 잡지를 읽는다는 사실 하나만으로도 일단 마음과 생각이 통할 것 같다는 세대적 유대감을 강하게 느끼고 있었다.

1920년대의 아동 잡지들은 처음부터 독자들을 지면 위로 끊임없이 불러내려 했다. 대표적인 예로 『어린이』는 창간 때부터 독자들의 존재를 부단히 확인하고 싶어 했고, 집필자와 독자, 독자와 독자 사이의 만남을 적극적으로 주선하는 노력을 보였다.

41) 이성환, 「소년회 이야기」, 『어린이』 3권 5호, 1925.5.

① 이 책을 읽으시는 동모 당신의 얼굴을 보고십습니다, 寫眞과 年齡, 住所 學校를 적어보내시면 冊에 내여서 만흔 사람이 반갑게 보이겟습니다.

―「남은 잉크」, 『어린이』 1권 1호, 1923.3

②「어린이」 雜誌에 對하야 잘잘못도 말슴하시고, 雜誌에 글쓴 사람에게 할 말슴이 잇거나 누구에게던지 하실 말슴이 잇스면 葉書에던지 봉투에던지 적어 너허 보내주십시오, 누구의 편지던지 모다 책에 내여드리겟습니다. 彼此에 퍽 情다워지는 것이요, 먼 곳에 잇는 모르는 사람과도 意思 교환이 되어서 재미잇고도, 퍽 有益한 것입니다.

―「담화실」, 『어린이』 1권 1호, 1923.3

①은 잡지에 실어줄 테니 독자의 사진을 보내달라는 주문이다. 물론 1910년대의 아동 잡지들도 세계의 도시나 유명한 위인의 사진 등을 다수 소개하고 있었다. 그러나 1920년대의 『어린이』는 그런 교육 자료용 사진만이 아니라 평범한 독자들의 사진을 실음으로써, 세상에 실재하는 무수한 '어린이'들의 모습을 지면상에 재현하고 싶어 했다.[42] 그러나 구독자가 그리 많지 않았던 초창기에는 이러한 구상이 당장 실현되기 어려웠다. 이러한 구상이 실현된 것은 『어린이』가 창간된 지 만 이년이 되는 1925년 3월호에 이르러서였다. 『어린이』는 뒷표지 안쪽에 「독자 사진첩」이라는 고정란을 마련하여 독자들의 사진을 실었는데, 사진이라는 매체가 갖는 강력한 현실 재현의 능력은 잡지의 편집자들 뿐 아니라 책을 읽는 독자들에게 또 다른 독자의 존재를 실감하게 만드는 효과를 발휘할 수 있었다.[43] 보내는 독자들의 사진에는 학교명, 주소, 성명,

42) 「독자 사진첩」이 고정란이 되었을 무렵 『어린이』는 '세계 일주 사진'을 부록으로 연속하여 제공하고 있었다. 사진이 대상에 대한 '실감'을 위해 사용되었던 것이라고 할 때, 『어린이』는 '세계'와 '어린이'의 표상을 동시에 제공하고자 했다고 볼 수 있다.

43) 『어린이』의 이러한 시도는 다른 아동 잡지에도 큰 영향을 미쳤던 것으로 보인다. 비슷한 시기에 발간되었던 『신소년』도 1927년 5월호에 애독자의 사진을 모집한다는 광고를 냈으며, 다음 호인 6월호부터는 『어린이』와 마찬가지로 뒷표지 안쪽에 독자들의 사진을 싣기 시작했다.

나이 등을 정확하게 기재할 것이 요구되었으며, 「독자 사진첩」의 아래 단에는 "얼골은 보지 못하고 『어린이』로 하야 생각을 통하고 정드려 온 동모에게 보이기 위하야 각각 사진을 내여 보이기로 하십시다. 다시 도라오지 못할 「어린 때」를 영구히 긔렴하기 위하야 또 압날의 일동무를 길게 사괴기 위하야 이 사진첩을 정성드려 모으십시다"[44]라는 문구가 있었다. 독자들의 사진을 싣는 일은 일단 아동 독자들 사이의 교류를 활성화하기 위해 추진되었다. 또한 이는 각처에 흩어져 있는 어린이들의 모습을 한 지면 위에 모아 놓음으로써 후일의 사업을 함께 도모할 동료로서의 연대감을 확보하고 실제적인 인적 정보를 수집할 수 있게 하자는 취지에서 마련된 것이었다.

②는 독자에게 글을 보내달라는 광고이다. 『어린이』는 독자에게 어떤 얘기든지 써서 보내 주기만 하면 모두 실어주겠다면서 독자의 투고를 적극적으로 독려한다. 「독자담화실」은 독자들이 보내준 소식과 의견을 실어주는 코너였다. 이 코너도 발행 첫 해에는 지지부진하게 유지되었으나, 이듬해인 1924년 하반기에 접어들면서부터 독자의 참여가 부쩍 늘어나 활기를 띠게 된다. 편집자는 이에 대해 "독자담화실이 퍽 풍성풍성해질 뿐 아니라 여러분이 리용할 줄을 알게 되어서 인제는 제법 터가 잡히고 판이 어울니게"[45] 되었다고 했다. 독자들은 잡지에 실린 글에 대한 소감, 잡지사에 대한 질문이나 요구 사항뿐만 아니라, 다른 독자의 현상 공모 작품에 대한 품평, 자신들의 개인적인 처지나 지역의 소식까지 보내왔다. 아동 독자들은 잡지에 실린 같은 글을 읽고 나서 그에 대한 생각을 나눌 수 있을 뿐 아니라, 멀리 떨어진 지역의 얼굴도 모르는 개별 아동들의 처지까지도 속속들이 알게 되는 새로운 체험에 흥미로워 했다. 아동 잡지는 "불상하게 길려나는 朝鮮 少年少女를 위하야 새로운 생명과 정신을 너어주고 서로 엉키게 련락을 지여주는"[46]

44) 「'어린이' 독자사진첩 其一」, 『어린이』 3년 3호, 1925.3.
45) 「남은 잉크」, 『어린이』 2권 7호, 1924.7.

역할을 함으로써 세대적 공감이 형성될 수 있는 '동정'의 공간을 제공해 주고 있었던 것이다.

이러한 과정에서 잡지의 지면을 거치지 않고 독자들끼리 직접 서신을 교환하는 일도 생겨났다. 『어린이』 3년 11호의 '작문'란에 실린 「뜻밧게 편지」라는 남상덕이라는 독자의 글에는 알지 못하는 사람으로부터 편지를 받고 보니 『어린이』의 독자였다는 내용이 들어있었다. 편지는 "…… 우리들의 『어린이』 잡지에서 兄님의 성함을 뵈온지 오래엿고 이번 作文에 뽑힌 兄님의 글을 낡고 兄님을 몹시 그립게 되엿습니다"는 문장으로 시작하였다는데 이를 받아본 남상덕은 단번에 『어린이』에서 자조 보던 김재홍인 줄 알았다고 했다. 그들은 편지를 통해 "…… 우리가 서로 먼 싀골에 잇서 얼골을 서로 모른다 할지라도 갓흔 때 갓흔 朝鮮에 나서 갓치 갓흔 일을 할 朝鮮의 少年이요 또 다행히 갓흔 어린이잡지로 갓흔 생각과 갓흔 정신을 길러가는 터이니 압날에 사회에 나아가 일을 하게 될 때까지 굿센 맹세로써 갓치 나아가기를 결심"하자면서 강하게 의기투합했다. 또한 같은 호의 「독자 담화실」에도 이름이 잘못 인쇄되는 바람에 틀린 이름으로 편지를 주고 받았다는 등의 사연이 있는 것으로 보아 당시 독자들끼리의 서신 왕래가 드물지 않은 일이었음을 알 수 있다.

또한 비슷한 연령의 소년소녀들이 겪는 애절한 사연들이 소개될 경우, 독자들은 이를 깊이 '동정'해 주었다. '고학생 정판윤', '천재 소녀 최정옥', '중국 동포 이성택'의 경우가 그 대표적인 예이다. 정판윤은 일본 동경에서 고학하던 학생이다. 그의 딱한 처지가 『어린이』 1권 4호에 실리자 독자들은 일제히 동정하는 마음을 표했다. 그런데 같은 해 9월에 동경에서 큰 지진이 일어났다는 소식이 전해지자 어린이의 독자들은 또 다시 정판윤의 안부를 걱정했다. 신문에서 지진 소식을 접하고 놀라는 어른들의 틈에서 한 어린 소년은 대뜸 "에그 그 정판윤씨가 엇

46) 「휴계실」, 『어린이』 3권 5호, 1925.5.

지 되엿나"하면서 정판윤의 신상부터 걱정했고, 『어린이』 잡지사에는 매일 그의 안부를 묻는 독자들의 엽서와 편지가 답지했다. 이러한 광경을 접한 『어린이』 관계자는 "사람의 마음이 이럿케 곱거니…… 어린이의 가슴은 이러케 정이 씔커니……" 하면서 감격해 했고, 독자들을 "아— 텬사보다도 더 고흔 마음을 가진 少年 동모여러분!"이라고 불렀다. 마침 조선에 돌아와 있어 화를 면한 정판윤은 『어린이』 독자들의 뜨거운 관심에 "지극하신 사랑과 그러틋 감사한 同情을 밧고 저는 무엇으로 그 萬分의 一이나 情을 표할는지 모르겟습니다. 한번 편지도 못하고 아지도 못하는 사이에 어린이 잡지의 소개 한번으로 이럿케 닛지 안코 사랑하여 주시는 정은 참으로 뼈속에 삭여서 죽어도 닛지 아니하겟습니다"[47]라고 화답했다.

최정옥은 서예에 뛰어난 재주를 가진 10세 소녀였다. "귀신의 재조를 가진 소녀 명필" 소리를 듣는 그는 공부하는 것이 소원인데도 완고한 부모와 가난한 형편 때문에 학교에 가지 못하고 재주를 팔아 돈을 벌고 있는 처지였다. 최정옥의 사연을 쓴 기자는 "한이 업시 자라고 커갈 존귀한 텬재! 그것이 오원이나 십원의 돈에 팔 수 잇는 것이겟습닛가? (…중략…) 구차한 집에 태여난 설음은 어리고 약한 몸이 싹돗는 텬재를 가지고 이 사랑 저 사랑을 차저서 길거리에 나서지 아니치 못하게 되는 것이엿습니다"[48]라고 하면서 독자들의 감정에 호소했다. 정판윤과 최정옥은 특별한 경우라기보다는 표본적인 사례이다. 즉 어떻게든 배워야 한다는 '학구열'이 개개인에게 내면화되어, 무수한 '고학생'들이 산출되고, '못 배운 한'이 양산되기 시작했던 1920년대의 정황에서 비슷한 처지에 있는 아동 독자들로부터 연민과 동감의 정을 받을 수 있는 대표적인 모델이었다고 볼 수 있다.

한편 중국 길림성에서 태어나 자란 이성택은 고국을 애타게 그리면

47) 「궁금해하시던 정판윤씨」, 『어린이』 1권 9호, 1923.10.
48) 「천재소녀 최정옥 양」, 『어린이』 3권 2호, 1925.2.

서도 한번도 와보지 못했다는 이유로 독자들의 '동정'을 받았다.[49] 이성택의 사연을 눈물 흘리며 읽었다는 한 독자는 이성택을 '형님'이라고 부르면서 그의 외로운 처지를 위로했다.

> 락심하지 마십시요. 우리에게도 어린이 잡지 가튼 조흔 긔관이 생기고 소년 운동이 힘차게 니러납니다. 정신적 교통을 끈치지 말고 갓치 손목 잡고 나아가십시다. 아모러한 곳에 외롭게 잇드래도 결코 외짜른 한 몸둥이가 아니다. 붓적 니러나는 조선 소년 큰 운동 중의 한 목입니다. 형님 형님의 등 뒤에 어린이 잡지가 잇고 소년 운동이 잇고 그로 하야 수만 수십만의 동모가 갓치 짜르는 것을 생각하야 스스로 긔운을 내이십시오
>
> —「동모생각 : 길림 계신 이성택 형님께」, 『어린이』 2권 7호, 1924.7

앞의 정판윤과 최정옥은 그들의 딱한 처지 때문에 독자들이 연민을 느끼고 안타까워했던 경우라면, 이성택은 그가 겪는 외로움과 그리움의 감정에 공감했기 때문에 위로를 표했던 경우였다고 할 수 있다. 이러한 동정의 감정들을 교환하는 동안 아동 잡지의 독자들은 얼굴도 모르는 다른 독자들과 "한마음 한뜻으로 엉키여 잇는"듯한, "정신적 교통"[50]이 이루어지는 듯한 느낌을 강하게 받을 수 있었다. 특히 앞의 정판윤의 사례에서 엿볼 수 있는 것처럼, 성인들의 관심사와 여론이 주로 일반 잡지나 신문에 의해 조성되었던 데에 비해, 아동들의 정보와 화제는 아동들의 매체를 통해 만들어질 수 있었다는 점은 다시 짚어 볼만한 일이다. 매체의 분리는 세계와의 접속 방식에 차이가 생겨난다는 문제와 연관된 일이기 때문이다. 당시의 아동 잡지들이 잡지 내부에 굳이 '아이들 신문',[51] '어린이 신문',[52] '소년 신문'[53] 등의 이름을 빌어 신문의

---

49) 이성택, 「나의 사정 1 : 고국 꿈」, 『어린이』 2권 5호, 1924.5.
50) 「동모생각 : 길림 계신 이성택 형님께」, 『어린이』 2권 7호, 1924.7.
51) 『아이들 보이』의 고정란 이름.
52) 『어린이』의 부록 이름.
53) 『신소년』의 고정란 이름.

편집 양식을 삽입해 넣고자 했던 것도 아동들만의 소식, 지식을 접한다는 느낌을 조성함으로써 그들만의 공통된 감각과 인식을 강화시켜 낼 수 있으리라는 생각에서 비롯된 것이라고 볼 수 있을 것이다.

고학생의 처지를 다룬 '사진 소설' 「영호의 사정」[54]은 이상에서 논의한 바와 같은 사진이 주는 사실적인 재현의 효과, 고학생이라는 주제가 자극할 수 있는 사회적 관심사와 세대적 감수성 등이 텍스트 상에서 어떠한 방식으로 엮어질 수 있는지를 표본적으로 보여주는 작품이라고 볼 수 있다. '사진 소설'이란 하나의 이야기를 몇 개의 장면으로 나눈 뒤, 각 장면의 내용을 연출하여 찍은 사진 한 컷에 간략한 서술을 덧붙인 뒤 이를 연속적으로 배열한 독특한 양식의 서사물이다. 「영호의 사정」은 4회 연재되었으며 총 21장면으로 구성되어 있었다. 텍스트를 확인할 수 있는 2~4회의 내용을 간략히 소개하면 다음과 같다.

①~⑥ (떡집에서 일하는 영호가 여관에 배달을 갔다가 구두 도둑의 누명을 씀.)
⑦ 영호가 경찰서에 붙들려 가 취조를 당함.
⑧ 하룻밤을 유치장에서 보냄.
⑨ 다음날 진짜 도둑이 잡혀서 경찰서에서 풀려 나왔으나 친구들의 놀림을 받음.
⑩ 떡집에서도 쫓겨남.
⑪ 갈 곳이 없는 영호는 날이 어두워 가는 벌판에서 혼자 울고 서 있음.
⑫ 이튿날 우연히 회사 급사 모집 광고를 봄.
⑬ 급사로 채용되고 야간 학교에 다니게 됨.
⑭ 어느 날 사장 방에 떨어진 손님의 지갑을 줍게 됨.
⑮ 지갑 주인에게 되돌려 주러 가면서 평소 습관대로 책을 읽으며 걸어감.
⑯ 책을 읽으며 걷다가 자전거와 부딪쳐 넘어지게 됨.
⑰ 쓰러진 영호를 자동차가 칠 뻔 했으나 아슬아슬하게 비껴감.
⑱ 길에서 책을 보다가 자동차에 치일 뻔 했다는 말에 회사 사장이 감동함.

---

54) 「영호의 사정」은 '사진 소설'이라는 명명하에 4회에 걸쳐 연재되었는데, 첫 회는 확인할 수 없었다. 제2회는 『어린이』 1권 9호(1923.10), 3회는 1권 10호(1923.11), 4회는 1권 11호(1923.12)에 실려 있다.

⑲ 야간 학교를 우등으로 졸업함.
⑳ 진학 걱정을 하는 영호에게 사장이 자신의 수양아들이 될 것을 제안함.
㉑ 사장의 수양아들이 된 영호는 고등보통학교에 입학하여 맘껏 공부할 수 있게 됨.

가난하지만 마음씨 착하고 정직했던 한 고학생이 열심히 공부하고 노력한 끝에 행운을 얻게 된다는 서사는 당시의 수많은 고학생들이 함께 꿈꾸었을 집단적 욕망의 플롯이라고 할 수 있을 것이다. 「영호의 사정」이 발표되었던 1923년에 『어린이』는 「나의 소원」이라는 주제로 독자들의 작문을 현상 공모하였다. 이때 가장 많이 나온 내용도 학교에 가서 마음껏 공부하고 싶다는 것이었다.[55] 당시의 미성년들에게 '학교 공부'는 최대의 소망이었다.[56] 고학생 영호는 현실 속의 무수한 고학생들을 대리하는 인물이었다고 할 수 있다. 고학생 영호의 이야기는 이야기의 장면들을 연출한 사진을 통해 더욱 인상적으로 재현되었다. 연속하

55) 물론 현상 공모에 뽑혀서 지면에 소개된 작문들이 당시에 응모했던 작문의 전반적인 경향을 그대로 반영했다고 단언할 수는 없다. 잡지는 독자들에게 작품을 공모하고, 선발하고, 교정하거나 평하는 과정에서 내용이나 형식을 특정한 방향으로 정향시킬 수 있는 편집권을 발휘할 수 있기 때문이다. 그러나 1920년대 초반 학교 교육에 대한 열망이 사회적으로 급격하게 팽창되었으며, 이는 일제의 교육 방침이나 민족주의자들의 계도에 의한 것일 뿐 아니라 기층에서의 욕망이 자발적인 형태로 들끓어 나타난 현상이었다는 점은 강조해 둘 필요가 있다.

56) 예를 들면 다음과 같다. "나는 빈한한 가정에 나서 남과 갓지 못한 일이 만흔 중에 제일 공부 못하는 것이 원한입니다. 普通學校는 겨우 졸업하엿스나 中業學校에도 돈이 업서서 가지 못하고 아모 희망이 업시 잇스니 엇지 돈이 소원되지 안켓슴닛가"(김찬현, 「돈」), "나는 간란한 동모 어린이들의 신세를 제일 불상하고 가엽게 생각합니다 하고 십흔 공부를 하지 못하고 힘에 넘치는 일을 땀흘리며 애써 하는 경황도 참혹하거니와 공부를 못한 탓으로 장래에 매사를 츨츨히 해나가지 못하야 남에게 멸시를 밧는 사람이 되야 슬픈 생활을 하게 될 것을 생각하면 참으로 미안하고 불상하게 생각됩니다"(이병관, 「불상한 동모업기」), "저는 하동구 읍내라는 조고만한 촌락에서 사난대 보통학교는 간신히 맛치엿스나 부모님 속박으로 집안에 갓처 안저서 서울은 못가드래도 대구라도 유학가기를 소원하엿섯슴니다. (…중략…) 학교에서 공부를 잘해서 우등졸업을 하고 또 더 놉흔 학교 공부도 잘하고 외국까지라도 가서 끗끗내 공부를 잘해가지고 와서 우리나라 여자계에 큰 일꾼이 되여야 할 터인대 그러케 공부를 식혀 주실넌지 큰 걱정이며 또 큰 소원입니다"(한선애, 「공부하기」). 「나의 소원」, 『어린이』 1권 10호, 1923.11.

는 사진들은 플롯의 핵심적인 내용을 짚어주는 고정점과 같은 역할을 함으로써 독자의 이해를 도왔을 뿐 아니라, 독자들과 비슷한 나이의 아동 모델을 내세움으로써 독자들의 공감을 유도했으며, 현실 속 고학생의 모습을 그대로 들여다보는 듯한 실감을 불러일으킬 수 있었다. 활동사진이나 환등기 등 근대적 영상 매체에 매료되기 시작한 새로운 세대에게 사진 소설은 지면 위에서 활동사진을 보는 것 같은 감각적인 연상 작용을 불러일으킴으로써 강렬한 인상과 신선한 재미를 줄 수 있었다.

만약 「영호의 사정」을 '마음 착한 고학생 영호가 고생 끝에 행운을 얻게 된다'는 해피 앤딩의 서사로 간략하게 축약해 볼 수 있다면, 영호의 '행운'이란 곧 '동정'을 얻을 수 있었던 것이라고 바꿔 말할 수 있다. 회사의 사장은 영호가 책을 읽으면서 길을 걷다가 차에 치일 뻔했다는 말을 듣고 영호에게 "귀애하고 동정하난" 특별한 감정을 느끼게 되었으며 이를 계기로 영호의 앞날을 보살펴 주게 되었기 때문이다. 이런 의미에서 「영호의 사정」은 텍스트 안팎에서의 이중의 동정으로 떠받쳐지고 있었다고 볼 수 있을 것이다. 즉 텍스트 안에는 영호의 이야기를 해피 앤딩으로 이끄는 동정의 서사 장치가 있었다면, 텍스트 밖에는 영호의 사정에 깊이 공감하는 독자들의 동정어린 반응이 있었다.

「영호의 사정」에서 '마음씨 곱고 정직한 영호'와 '고학생 영호'는 이 이야기가 행복한 결말로 끝나게 되리라는 것을 예상하게 하는 한 쌍의 기호로 작용하고 있었다. '마음이 곱고 착한 것'이 행복한 결말을 유도하는 장치가 되는 것은 보편적인 서사 관습이라고 할 수 있다. 그러나 '어려운 처지에서도 공부에 대한 굳은 의지를 갖는 것'도 근대적 가치 지평에서는 행복한 결말을 예정하는 것이 될 수 있었다. '고(苦) + 학생'이 겪는 '고통'은 근대 사회가 '학생'에 부여하는 긍정적 가치 덕택에 동정 받을 만한 것이 될 수 있었으며, 이때 동정은 문제가 되는 상황을 해결하게 하는 서사적 장치가 되었던 것이다. 그러나 모든 종류의 고통이 다 동정 받을 만한 것이 되는 것은 아니다. 동정은 어떤 대상이 동정

받을 만한가 그렇지 않은가, 선/악, 긍정/부정을 판별하는 사회적 윤리 감각과 밀접한 관계가 있는 감정이다. 이러한 측면에서 본다면 고생스럽게 공부하는 학생들의 이야기가 동정의 서사로 미화되고, 이러한 이야기에 공감을 표하는 독자들의 정서적 반응이 컸다는 것은 미성년에 대한 근대적 가치의 규준이 아동문학의 안과 밖에서 얼마나 강력하게 작용하는 것인지 보여주는 것이라고 할 수 있다.

동정하는 마음을 고양하는 것은 대상에 대한 도덕적 판단력과 심미적 감수성을 배양하는 일이 된다는 점에서 계몽의 목표가 될 수 있었다. 동정할 줄 아는 마음은 곱고 아름다운 마음이며, 어린이의 본성이라고 예찬되고 있었으며, 아동문학은 이러한 마음을 보호하고 길러 주어야 한다고 주장되었다. 아동문학이 동정의 서사를 적극적으로 양산하고자 하는 했던 것도 이 때문이었다고 볼 수 있다. 그러나 누구라도 동정할 수밖에 없는 극한 상황을 재현하고자 집착할 때 아동문학의 서사는 비슷한 유형의 패턴으로 협소하게 고착될 수도 있었으며, 동정의 행위로서 눈물만을 강요하게 된다면 독자의 감수성이 지나치게 감상적인 측면으로 길들여질 위험도 적지 않았다.

이와 관련하여 당시에 작품을 읽거나 공연을 보고 '눈물을 흘렸다'는 것이 독자가 크게 감동을 받았다는 것과 동의적인 표현이었으며, 작품이 성공했다는 확실한 증거로 이해되고 있었다는 점도 '동정'의 맥락에서 눈여겨 볼 필요가 있다.

> ① 동요 가극 토론 등으로 막을 맛치게 되엿다 우리는 여러 손님의 칭찬을 밧고 또한 엇던 손님은 한네레의 극을 보고 만히 우는 것을 보앗다 이것을 본 우리의 마음은 우리의 成功함을 매우 깁써하엿다.
>
> —장문성, 「썝힌글」, 『어린이』 3권 4호, 1925.4

> ② 『사랑의 선물』은 소파 방정환씨가 번역하신 책입니다. 세계 각국에서 제일 자미잇고 제일 유명한 이약이만 모은 것이어서 이 책을 낡고 울지 안는 이

가 업습니다.

—『어린이』 3권 9호, 1925.9 뒷표지 광고란 참조

③ 아아 방정환 선생님 여러곳 소년소녀대회에 출석하시노라고 얼마나 괴로우시고 피곤하섯슴닛가 선생님이 대구에 오섯슬 때는 저의는 이약이 드르면서 작고 울엇슴니다 집에서 이약이 하닛가 누님도 울엇담니다.(대구 부광정 최영남)

—「휴게실」, 『어린이』 3권 3호, 1925.5

①은 『어린이』의 「독자투고란」에 뽑힌 독자의 글로서 학교에서 학예회를 마치고 쓴 일기 형식의 글이었다. 독자는 자신들의 연극을 보고 손님이 많이 운 것을 공연 '성공'의 징표로 파악했다.

②는 1920년대에 판을 거듭하여 찍을 정도로 인기를 얻었던 『사랑의 선물』의 광고 중 일부분이다. 세계에서 제일 재미있고, 유명한 이야기이기 때문에 책을 읽고 울지 않은 사람이 없다고 광고하고 있다. 독자의 '눈물'이 '재미있는 것', '유명한 것'을 가장 명확하게 증명해 줄 수 있는 것으로 여겨졌다는 것, 독자를 '울리는 능력'이 곧 독자를 '감동시키는 힘'으로 인식되고 있었다는 것을 알게 해준다. 당시에 이러한 인식은 슬프고 불쌍한 이야기를 읽음으로써 "곱게 깻긋하게 흘러나리는 눈물은 가슴 속 갈피갈피를 씻처"[57]주는 정화 능력이 있다는 믿음으로 뒷받침되고 있었다. 많이 우는 것은 마음이 순수해지고 깨끗해질 수 있는 비법이라고 여겨지고 있었던 것이다.

③ 또한 한 독자가 방정환의 동화구연을 듣고 많이 울었다는 것으로 감동받은 소감을 전한 경우이다. 동정의 감정은 개인 혼자서만 조용히 느끼는 것에 그치지 않고, 다른 사람의 반응을 통해 자신의 감정을 재차 확인하고 상호 교류하고자 하는 욕망을 동반한다. 독자는 자신이 들은 이야기를 집에 가서 들려주자 자신의 누나도 울었다고 하면서 슬프

57) 『어린이』 3권 4호, 1925.4 광고란 참조.

고 감동적인 이야기였음을 재차 강조하고 있다. 그런데 이렇게 동정의 반응을 유도하고 확산시키는 데에는 이야기의 내용 자체가 보편적인 공감을 폭넓게 확보할 수 있는 것이 유리했을 것임은 물론이다. 이는 당시의 동화들이 슬프고 가련한 사연들을 소재로 자주 선택하여 감상주의의 혐의를 입었던 것과도 관계가 있을 것이다.

그런데 당시 동화회의 정경을 묘사한 글들을 살펴보면, 이야기의 내용 자체도 문제지만 이야기를 어떻게 전달하느냐 하는 것이 감동과 재미를 좌우하는 중요한 요인이 되었음을 알 수 있다. 다음은 당시에 소문난 구연가이기도 했던 방정환의 동화회의 정경을 회상한 글이다.

> 개벽사 주최인지 천도교 주최인지, 그것은 기억에 없지만 어쨌든지 꽤 자주 동화대회가 열렸다. 천도교 기념관이라는 알맞은 강당이 세워진 뒤에는 한달에도 몇 번씩 동화대회가 열렸고, 나는 빠지지 않고 갔었는데, 늘 꽉 차 있었다. 확실히 활동사진(영화)의 맛과 다른 점이 있었다.
>
> 첫째로 소파의 동화는 내용이 재미있다. 무엇인가 우리들 어린 사람을 슬프게 하고 기쁘게 하고 신나게 하고, 그런 다음에 잊지 않고 생각에 담아둘 내용이 있었다.
>
> 둘째로 화술이 무척 능란하였다. 이분이 뚱뚱이(어린이날 광고지 나눠 주던 그 분)이기 때문에 「방뚱뚱이」라는 애칭이 있을 정도로 비대하다. 그런데 이 분의 이야기 속에 말라꽁이가 등장한다. 말라꽁이는 뚱뚱보와 극반대의 사람이다. 그런데 소파가 그 말라꽁이를 묘사하면, 소파의 몸이 꼬챙이처럼 마른 사람으로 보이는 환각을 일으킨다. 이는 오로지 그의 화술이 마술로 변한 것이라고 아니할 수 없다. 그러니까 우리 듣는 사람은 말하는 이의 구상(具像)과는 달리, 거기 상상만을 받아들이기 때문이었다.
>
> 우리가 집에서 아버지한테서 들은 옛날이야기를 소파가 한다. 그 내용은 다 아는 것이다. 그렇지만 소파가 어떻게 그 아이들이 다 아는 옛날이야기를 요리하는가는 모든 어린이들이 관심을 가지고 들었다. 이것만 보아도 화술이 얼마나 중요한가를 알 수 있다.
>
> 그의 레파터리는 먼저 아이들이 거의 알고 있는 옛날이야기를 소품으로 하여

준다. 아마 이것으로 화술 실력의 위압감을 주려는 것이었는지 그것은 모르지만,
『저 얘기가 저렇게 재미있을 줄은 몰랐다.』
하는 인상을 받았으니까, 다음 메인이벤트에 대한 기대가 크다. 그리고 그 정작 그날의 메인이벤트가 나오면 만장의 어린이들이 갈대처럼 연사인 소파의 마음대로 움직이는 것이었다. 웃으면 다 같이 웃고, 울면 다 같이 울었으며 한번 외치는데 어린이들이 발을 굴렀다.

—조풍연, 「소파 방정환의 추억」, 『신인간』 389호, 1981.7

능란한 구연가였던 방정환은 청중들에게 생소한 이야기부터 먼저 꺼내 놓지 않았다. 오히려 너무나 잘 알려져서 누구라도 다 알고 있는 '옛날이야기'부터 시작했다. 어린 관객들은 이미 몇 번이라도 들어서 익숙할 대로 익숙한 이야기를 듣고도 "저 얘기가 저렇게 재미있을 줄은 몰랐다"는 반응을 보였다. 집필자가 회고한 것처럼 이는 일단 방정환의 뛰어난 화술 덕분이라고 볼 수 있을 것이다. 방정환은 일찍이 연극과 영화에도 관심이 많았고 공연 경험도 많았으며 무엇보다 언변이 뛰어났다. 그는 똑같은 이야기도 재미있게 전달해서 관객을 끌어들일 줄 아는 화술의 재능을 지니고 있었다.

여기에 보태어, 수백, 수천 명의 청중이 같은 장소에 꽉 차게 들어 앉아 이야기를 들으면서 구연가의 손짓 하나 말투 하나에 "웃으면 다 같이 웃고, 울면 다 같이 울"고, 함께 소리 지르고 발 구르는 것은 지금까지 없었던 낯설고 신선한 집단 체험이었다는 점도 생각해 볼 수 있을 것이다. 같은 이야기라고 하더라도 부모나 가까운 어른이 조용한 방에서 들려주었을 때와 전문 구연가가 강당과 같은 장소에서 수많은 청중을 모아놓고 전략적 화술을 구사하면서 들려주는 것은 전혀 다른 느낌을 줄 수 있었을 것이다. 어떤 내용인지 뻔하게 잘 알고 있는 이야기를 들으면서도 "저 얘기가 저렇게 재미있을 줄은 몰랐다"는 새삼스러운 반응이 나타날 수 있었던 것은 '이야기'가 아니라 '이야기가 놓여진 환경'이 크게 달라졌기 때문이었다고 할 수 있다.

당시에 눈물을 자아내는 동정의 서사와 짝을 맺고 있었던 것은 전국 방방곡곡에서 만들어졌던 소년회나 아동 잡지, 동화회와 같은 문화적 공간에서의 세대적이고 집단적인 유대감이었다. 특히 아동잡지와 같은 인쇄 매체는 각지 소년회의 사정이나 동화회 등을 소개해주고, 독자들의 생각과 느낌을 교류시켜 줌으로써 이들의 접속을 활성화시키는 기능을 감당했다. 아동 잡지나 동화회처럼 무수한 동년배의 독자나 청중들이 같은 이야기를 읽거나 듣는 것이 가능할 수 있게 된 환경의 변화는 새로운 세대의 감수성과 미적 취향을 규합해 낼 수 있는 조건을 조성하였으며, 아동문학을 양식적으로 특성화하는 데에도 관여하게 된다.

2. 아동문학의 양식적 규준의 형성

1) 순수함과 단순함의 이중 표백

아동들에게 어려운 한자 대신 한글을 가르치자는 것은 국민국가의 기획과 더불어 언어의 통일 문제가 대두되었던 19세기말 이래 지속적으로 주장되어 오던 것이었다. 일제의 강점이 이루어지기 직전인 1900년대의 아동에 대한 한글 교육의 주장은 크게 보아 다음과 같이 정리해 볼 수 있다. 첫째, 누구나 쉽게 배울 수 있는 한글을 사용함으로써 기초적인 언어 능력을 획득하는 데에 드는 시간을 줄이고, 대신 그 시간에 보다 많은 신학문을 수용할 수 있게 해야 한다.[58] 둘째, 한글은 국민들

58) 주시경은 한글 전용의 주장의 논거로 구미의 융성한 나라들은 그 나라말과 글을 근본으로 숭상하고 국어를 가르치며, 천만가지 서책을 다 국어로 저술하고, 번역하여 국민을 홍진시켜왔던 데에 비해, 우리나라는 한문을 숭상해 왔던 탓에 시간과 노력의 낭

에게 애국심을 키워주는 것이며 국민들을 하나로 통일시켜주는 것이므로 어렸을 때부터 반드시 한글을 가르쳐야 한다.59)

물론 당시의 현실에서 자국어 통일의 논의가 반드시 한글을 위주로 해서 이루어졌던 것은 아니었으며, 한글 표기가 모든 영역에서 획일적으로 주장된 것도 아니었다. 주변 계층의 문자였던 한글이 오랫동안 동아시아의 공용어문으로 사용되어 온 한자를 단번에 대치한다는 것은 현실적으로 불가능한 일이었다. 당시에 한글 전용론, 국한문 혼용론, 한자 폐지 불가론 등의 주장은 나름의 가치와 논리를 가지고 경쟁적으로 전개되고 있었으며, 각 주장은 성, 계층, 연령에 따라 또 다시 분화될 수밖에 없었다. 이렇듯 다기한 상황 속에서 국민의 공통어로는 국문체보

비가 커서 다른 일을 도모할 수 없다는 점을 들었다. 즉 그는 "自幼로 至二三十歲히 專力ᄒᆞ되 能히 諸書를 解다하고 能히 그 意思를 述ᄒᆞ어 그 効驗을 보는 者ㅣ 百에 하나이 못 되니 이는 닭음 안이라 漢文은 他邦 글인 故로 이ᄀᆞᇀ이 배호기 어려오니라. 全國의 모든 선비가 一生에 두 번 오지 안는 靑春을 여간 漢文 배호기에 다 虛費ᄒᆞ고 何暇에 달은 것을 배화 가지고 일을 ᄒᆞ리요 그 닭은 百姓들은 學文이 무엇인지도 아지 못ᄒᆞ고 ᄯᅩ 알게 ᄒᆞ기도 어려온지라 엇지 그 나라에 知識과 事業이 發達될 수 있겠ᄂᆞ뇨"(주시경, 「대한국어문법 발문」, 『대한국어문법』, 1906)라고 하면서 한문 위주의 문자 생활을 비판하였다.

59) 한글이 민족의 표상이 되는 '어문민족주의'가 발동되기 시작한 것도 이 무렵이다.(고영근, 「개화기의 한국 어문운동」, 『관악어문연구』 25집, 2000.12 참조) 다음과 같은 주장을 언어민족주의와 아동에 대한 교육의 이념이 결합되어 나타난 예로 들 수 있다. "언어수양과 심적도야는 밀접ᄒᆞᆫ 관계를 유ᄒᆞᆫ 거시니 보통교육상에 언어의 수양은 최필요ᄒᆞᆫ 거시라 (…중략…) 금일 보통교육을 시ᄒᆞᄂᆞᆫ 학교에셔 정도의 여하를 불문ᄒᆞ고 일반 자국어로 중심을 삼ᄂᆞᆫ거슨 세계 각국이 일반이라 고석 인도주의가 복흥ᄒᆞᆯ 시대에ᄂᆞᆫ 고어를 연구ᄒᆞ야 고인의 유서를 이해ᄒᆞᆷ으로 ᄡᅧ 유무ᄒᆞ고 외국어를 자국어보다 도리혀 존중히 ᄒᆞᆫ 폐단이 유ᄒᆞ엿스나(아국의 종래 교육이 아국 국문은 비천ᄒᆞ다 ᄒᆞ야 배척 불용ᄒᆞ고 한문만 존숭ᄒᆞ엿스며 한문에도 ᄯᅩ 고자해자와 궁벽ᄒᆞᆫ 문자등을 다수 탐구ᄒᆞ야 고서를 다해ᄒᆞᆷ으로ᄡᅧ 학식의 존비를 비교ᄒᆞᆷ과 여ᄒᆞᆷ) 차등 습견은 과거시대에 기속ᄒᆞ고 각국이 다-그 자국어로ᄡᅧ 교육의 중심을 삼나니 차ᄂᆞᆫ 즉 국민으로 ᄒᆞ여금 각자의 의무를 진케코져 ᄒᆞ면 일즉히 국가명의에 동정을 표ᄒᆞ야 애국의 정을 환기케 ᄒᆞᆯ거시오 ᄯᅩ 국어ᄂᆞᆫ 기 국민의 사상감정을 표출ᄒᆞᆫ 거시ᄆᆡ 동포를 결합ᄒᆞᆷ에 최유력ᄒᆞᆫ 방편이라 여차로 국민학교 정도에셔ᄂᆞᆫ 다못 자국어로ᄡᅧ 국민현시의 현황을 요해ᄒᆞᆷ으로ᄡᅧ 만족ᄒᆞᆯ 거시나 (…중략…) 현시에ᄂᆞᆫ 하국을 물론ᄒᆞ고 중학정도 이상되ᄂᆞᆫ 학교에셔ᄂᆞᆫ 최밀접ᄒᆞᆫ 관계가 유ᄒᆞᆫ 일 이개 외국어를 과케ᄋᆞ고 차와 동시에 자국문학을 일층 더 연구ᄒᆞ야"(장응진, 「교수와 교과에 대ᄒᆞ야(전호속)」, 『태극학보』 14호, 1907.10)

다는 국한문체가 보다 실용적인 제안으로 받아들여질 수 있었다. 즉 "구 지식인에게는 타국(他國) 문자를 버릴 필요를 설득하고, 부녀자·아동·노동자 등에게는 국문 학습에서 시작하여 한자까지 익혀나갈 것을 선전하는 중도책이 오히려 '국민' 내부의 다양한 편차에 고루 응할 수 있는"[60] 방도로 설득력을 가질 수 있었던 것이다. 한글 중심의 표기가 현실성 있는 제안이 될 수 있었던 것은 국민 전체를 대상으로 삼을 때보다도 나이 어린 아동으로 대상이 한정될 때였다.

1910년대 신문관의 아동 잡지는, 표기 방식과 아동 간의 관계에 대한 논의를 심화시킬 수 있는 구체적인 예를 제공한다. 1910년대에 들어 신문관은 이전의 『소년』과는 달리 미성년 내부의 차이를 적극적으로 고려하기 시작했다. 이때 준거가 되었던 것은 미성년들을 연령 단위로 분절하기 시작한 근대적 학제의 체계였다. 앞에서도 언급했던 것처럼, 『붉은 져고리』와 『아이들 보이』는 가장 낮은 연령의 보통학교 학동을, 『새별』은 그보다 조금 높은 중등 학생을, 『청춘』은 가장 나이가 많은 고등 전문 학생 이상을 염두에 두고 발간되었던 잡지였다고 가정해 볼 수 있다. 그런데 이들 잡지의 차이는 내용에서뿐만 아니라 표기 방식에서도 두드러지게 나타났다. 즉 『붉은 져고리』와 『아이들 보이』는 한글 전용을 원칙으로 하고 있었던 데 비해, 『새별』은 국한문을 혼용하여 표기하였으며, 『청춘』은 한문 문장으로 구성된 글까지도 싣고 있었다.[61] 물론 미성년의 연령별 수준을 고려하여 표기 방식이나 서술 태도를 달리하는 것은 근대적 교과서의 구성을 통해서도 살필 수 있는 특징이며,[62] 나이

60) 권보드래, 『한국 근대소설의 기원』, 소명출판, 2000, 142면.

61) 이러한 설명은 비교의 편의를 위해 대체의 경향을 단순화시킨 것이라는 점을 밝혀 둘 필요가 있다. 즉 『붉은 져고리』나 『아이들 보이』는 글의 종류에 상관없이 균일한 한글 표기의 방식을 보였다고 할 수 있지만, 『새별』이나 『청춘』에 실린 글은 장르나 집필자에 따라서 표기 방식에 큰 차이가 있었다. 한자 사용은 문예적인 글보다는 특히 논설적인 글이나 지식 전달의 글일 경우 더욱 두드러졌다.

62) 19세기 말부터 편찬되기 시작한 교과서들은 아동의 수준을 고려하여 저학년은 국문이나 국한문 표기를 하고, 고학년으로 올라갈수록 점차 한문 사용을 늘려가는 방식을

어린 아동을 위해서 보다 쉬운 표기를 사용한다는 것은 특별히 주목할 만한 일이 못된다고 할 수도 있을 것이다. 그러나 『붉은 져고리』와 『아이들 보이』의 한글 표기는 다분히 의도적이고 실험적인 성격을 강하게 띠고 있었다는 점에서 유의해서 살펴 볼 필요가 있다.

지금까지 『붉은 져고리』는 한자의 혼용이 성했다고 알려져 왔다. 그러나 이는 사실과 다르다. 『아이들 보이』는 물론이거니와 『붉은 져고리』의 본문도 글의 종류와 상관없이 한글 표기가 원칙이었으며, 부득이 한자를 써야 할 때에는 괄호 속에 넣는 방법을 사용하였다. 그런데 『붉은 져고리』, 『아이들 보이』의 한글 사용은 단지 '한글로 적는다'는 수준을 넘어선 것이었다. 이들 잡지들은 '아이들 보이'와 같이 잡지명에서부터 우리말 조어법을 보여주기도 했지만,[63] 연속 컷의 만화를 싣는 고정란은 '다음 엇지',[64] 과학 지식을 전달하는 란은 '것 모리', 수수께끼나 수학 퀴즈 등을 푸는 란은 '의사 보기', 독자들의 작문을 실어주는 란은 '글 ᄭᅩᆫ느기'로 하는 등 고정란의 명칭에서 순한글 조어법을 적용한 새로운 표현을 선보였다. 또한 표지를 '칙거죽', 판화를 '나무삭임'이라는 명칭으로 소개하기도 하였으며, 일반적으로 널리 통용되고 있는 추상적인 개념어로서의 한자어까지도 뜻을 다시 풀어서, 단기(檀紀)를 '세움',[65] 용

채택하는 모습을 보여주기도 하였다. "小學의 教科書를 편집홀시 天下 萬國의 文法과 視務의 適用ᄒᆞᆫ 自를 衣樣ᄒᆞ야 惑 物象으로 譬喩ᄒᆞ며 或 畫圖로 形容ᄒᆞ야 國文을 尙用홈은 여러 兒孩들을 위션 ᄭᅵ닷기 쉽고ᄌᆞ 홈이오 漸次 ᄯᅩ 漢文으로 進階ᄒᆞ야 教育홀 거시니 므릇 우리 羣蒙은 國家의 實心으로 教育ᄒᆞ심을 본바다 恪勤ᄒᆞ고 勉勵ᄒᆞ야 才器를 速成ᄒᆞ고"(학부 편찬, 「신정심상소학 서(序)」, 『신정심상소학』, 1896(『근대계몽기의 학술 · 문예 사상』, 소명출판, 2000, 16면에서 재인용).

63) '아이들 보이'는 아이들의 '볼 것', '볼거리' 정도의 의미로 생각할 수 있다. 『새별』에는 모범적인 문장이나 글을 선보이는 독본 성격의 '읽어리'라는 고정란이 있었는데, 마찬가지로 '읽어리'는 '읽을거리' 정도로 풀어볼 수 있다.

64) '다음 엇지'에 대해서는 『붉은 져고리』 1년 1호(1913.1.1)에 "이것은 ᄎᆞ례ᄎᆞ례 보아가ᄂᆞᆫ 우숨거리 그림이니 첫재 그림을 자세히 보아 의취를 렴량ᄒᆞ고 그 다음을 보시면 셜명이 업서도 ᄌᆞ미잇게 일이 보시리다"라는 설명이 있었다. '다음 엇지'는 『붉은 져고리』, 『아이들 보이』뿐 아니라 『새별』에도 고정란으로 들어 있었다.

65) 연호를 사용할 때, '단기(檀紀)' 몇 년으로 쓰는 대신, '세움' 몇 년이라는 표현으로

기(勇氣)를 '날냄', 신독(愼獨)을 '혼자 잇슬 때 조심' 등으로 바꾸어 쓰기도 했다. 이렇듯 신문관 아동 잡지는 새로운 어휘까지 만들어서 한자어를 대체할 정도로 순한글 표기의 실험을 적극적으로 시도했다. 이는 일반적으로 행해지는 한글 표기라는 것이 사실은 한자어의 소리값을 옮겨 적는 수준에 불과한 것이므로 여전히 한자에 의존하고 있는 것이라고 할 수 있으며, 결과적으로 한자로 구축된 지식 체계에 귀착할 수밖에 없다는 한계를 인식한 결과라고 볼 수 있을 것이다. 『붉은 져고리』와 『아이들 보이』의 지면 구석구석에는 한자어가 갖는 지적 연상 작용에 의지하지 않고도 의미를 분명하고 정확하게 전달할 수 있는 한글 표기의 가능성을 고심한 흔적이 역력했다. 이런 점에서 이들 아동 잡지는 한글을 '소리'만을 전달하는 것이 아니라 '의미'까지 매개할 수 있는 도구로서 개발하고자 했으며, 단순히 '한글만으로 적는다'는 수준이 아니라 '조선어로 사유한다'는 차원을 지향했던 것이라고 말할 수 있을 것이다. 한글은 단지 한자보다 더 익히기 쉽다는 상대적인 효용성의 차원에서만 사유되었던 것이 아니었던 것이다.

만약 배우고 익히는 데에 드는 시간과 노력이 절감된다는 경제성만이 문제였다면 한글 표기의 주장은 일본어를 사용하게 됨으로써 얻게 되는 효율성의 논리를 반박하기 어려웠다.

> 然ᄒᆞᆫ즉 朝鮮 今日에 處ᄒᆞ야 日語를 不知ᄒᆞ면 卽聾者啞者를 免치 못ᄒᆞᆯ지니 交際의 困難은 言을 不俟ᄒᆞᆯ지라 內地人이 年年渡來ᄒᆞ야 京鄕을 勿論ᄒᆞ고 比隣同居ᄒᆞ니 隣理間에 言語를 不通ᄒᆞ면 엇지 融和의 情을 得ᄒᆞ리오
>
> 農者는 不可不 內地人의 農法을 學ᄒᆞᆯ지니 內地語를 不知ᄒᆞ면 何로 由ᄒᆞ야 學ᄒᆞ며 商者ᄂᆞᆫ 不可不 內地人의 商法을 學ᄒᆞᆯ지니 內地語를 不知ᄒᆞ면 何로 由ᄒᆞ야 學ᄒᆞ며 工者ᄂᆞᆫ 不可不 內地人의 工法을 學ᄒᆞᆯ지니 內地語를 不知ᄒᆞ면 亦何로 由ᄒᆞ야 學ᄒᆞ리오 (…중략…)

대체했던 것을 말한다.

現狀의 風潮는 不覺ᄒᆞ고 但 舊慣을 株守ᄒᆞ야 或其子弟가 內地語를 傳習코져 ᄒᆞ면 反히 此를 不喜ᄒᆞᄂᆞᆫ 者도 有ᄒᆞ니 此는 其子弟로 ᄒᆞ야곰 自聾케 ᄒᆞ며 其子弟로 ᄒᆞ야곰 自啞케 홈이니 엇지 可笑치 안이 ᄒᆞ리오 (…중략…)

內地文明을 輸入ᄒᆞ기에 最速度는 內地語普及에 在ᄒᆞ다 ᄒᆞ노니 文明을 愛ᄒᆞᄂᆞᆫ 者는 玆에 努力홀지로다

—「國語普及의 急務」, 『매일신보』, 1914.3.13

내선합일의 논리를 바탕에 깔고 일본어 학습을 적극 권장하고 있는 위의 글이 가장 중요한 논거로 내세운 것도 의사소통의 효율성이었다. 일본의 농법·상법·공법을 배우지 못하면 농사도, 장사도, 공업도 할 수 없는 상황에서 일본어를 배우는 것이 곧 문명 수입의 가장 빠른 길이라는 주장은 부정하기 어려운 현실적인 실용 논리였다. 현실 논리대로라면 논설자의 주장처럼 자녀에게 일본말을 가르치지 않는 것은 스스로 자신의 귀한 아들, 딸들을 귀머거리나 벙어리로 만드는 일이 될지도 모를 일이었다.

따라서 1910년대의 식민지 조선의 상황, 즉 국문체냐 국한문체냐의 표기 방식을 선택하는 일뿐만 아니라 나날이 판도를 넓혀가던 일본어의 현실 장악력과 일제의 검열 압박까지도 고려해야 했던 상황에서 이루어졌던 신문관 잡지의 한글 표기 실험을 단지 빠르고 쉽기 때문에 채택되었다는 효율성의 차원에서만 해명할 수는 없을 것이다. 이는 결국, 19세기 말 이래 계속 개진되어 왔으나 1910년대의 일제의 무단통치 상황에서는 식민지 조선의 바깥에서만 겨우 표출될 수 있었던 주장들, 예컨대 "엇더ᄒᆞᆫ 나라이던지 쇼학교 학ᄉᆡᆼ은 외국옷을 닙히지 안으며 쇼학교 과뎡에는 외국말과 외국글을 넛치 안는 것이라. ᄉᆞᄅᆞᆷ이 어렷을 ᄯᅢ에는 ᄒᆞᆼ샹 마음이 연약ᄒᆞ야 인도ᄒᆞᄂᆞᆫ ᄃᆡ로 담ᄂᆞ니 잉글리 말을 ᄇᆡ호면 잉글리 ᄉᆞᄅᆞᆷ이 되고 일본글을 ᄇᆡ호면 일본ᄉᆞᄅᆞᆷ이 되는것이라"[66]와 같은 어문민

66) 「청년자녀의 부형된 이들에게 고함」, 『권업신문』, 1913.9.20. 『권업신문』은 '권업회'의 기관지로서 1912년 4월부터 1914년 8월까지 러시아 블라디보스토크에서 발간된 한

족주의의 이념이 아동들을 대상으로 한 문화적 실천 속에서 나타났던 하나의 사례로 이해해야 할 것이다. 어렸을 때부터 일본어만을 배우고, 일본어로만 사유하게 된다면, 민족의 혼은 영영 보존될 수가 없으리라는 민족주의적 언어 인식은 한글 표기에 대한 의지를 공고하게 해주었을 것이다.

한편 마찬가지의 이유 때문에 일제도 보통학교 교육에서부터 일본어의 비중을 늘리고 한글의 입지를 좁혀나가는 교육정책을 취하고자 했다. 1910년대 식민지 조선의 현실에서 '한글'은 이미 '국문'이 아니었다. 1911년에 공포된 '구교육령'의 각급 학교 일본어 교육 방침에 따르면 "國語(일본어－인용자)는 國民精神이 宿ᄒᆞᆫ바ㅣ니 又 知識技能을 得케 홈에 缺치 못홀 것인즉 何敎科目에 對 ᄒᆞ야도 國語의 使用을 正確히 ᄒᆞ고 其應用을 自在케"(7조)해야 하는 것으로서, 조선어나 중국어의 학습은 언제나 일본어와의 관계 속에서 즉, "常히 國語와 聯絡을 保ᄒᆞ야" 이루어져야 하는 것이며 때로는 일본어로 해석하게 하는 것이 필요한 것으로 되어 있었다.[67] 식민지 조선에서 한글 표기의 실천이 미성년의 영역에서 일제의 권력과 상충할 수밖에 없었던 것은, 민족의 언어는 가장 순수하고 고유한 것이어서 그 민족의 정체성과 밀접한 관계를 맺고 있다는 동일한 믿음을 공유하고 있었기 때문이었다.

신문관 아동 잡지의 한글 표기가 갖고 있었던 급진적이고 실험적인 성격은 『아이들 보이』에 연재되었던 「한글 풀이」에서도 엿볼 수 있다. 「한글 풀이」는 한글의 자모를 풀어서 가로로 쓰는 방식을 소개하는 란이었다.

인 신문이었다. 신채호, 이상설 등이 관여했던 것으로 알려져 있다.

67) 윤여탁 외, 『국어교육 100년사』 Ⅰ, 서울대 출판부, 67~68면에서 재인용.

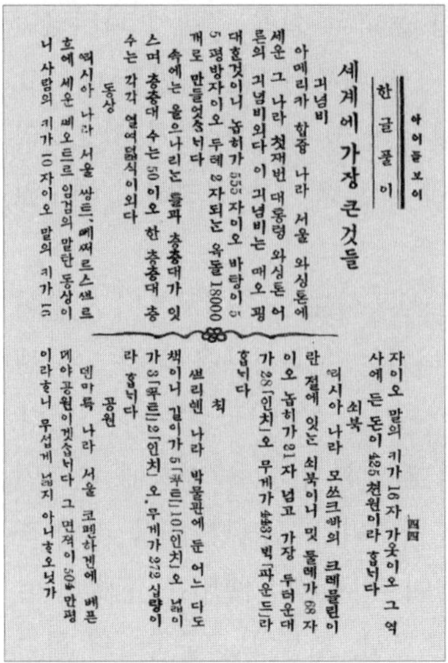

아이들보이

한글풀이

세계에 가장 큰 것들

긔념비

아메리카 합즁 나라 서울 와싱톤에 세운 그 나라 첫재번 대통령 와싱톤 어른의 긔념비외다 이 긔념비는 매오 평대ᄒᆞᆫ것이니 놉히가 555자이오 바탕이 5 5평방자이오 두께 2자되는 옥돌 18000개로 만들엇습니다 속에는 올으나리는 틀파 충충대가 잇스며 충충대 수는 50이오 한 충충대 충수는 각각 열여덟식이외다

동상

떡시아 나라 서울 쌍트「뻬쩌르스쌔르」호에 세운 뻬오트르 임검의 말탄 동상이니 사람의 키가 10자이오 말의 키가 16자이오 말의 키가 16자 가웃이오 그 역사에 든 돈이 425천원이라 ᄒᆞᆸ니다

四四

쇠북

러시아 나라 모쓰크빠의 크레믈린이란 절에 잇는 쇠북이니 밋 둘레가 68자이오 놉히가 21자 넘고 가장 두터운대가 28「인치」오 무게가 4437빅「파운드」라 ᄒᆞᆸ니다

척

쌔리텐 나라 박물관에 둔 어느 다도책이니 길이가 5「퓌트」10「인치」오 넓이가 3「퓌트」2「인치」오 무게가 372십량이라 ᄒᆞᆸ니다

공원

덴마륵 나라 서울 코펜하겐에 베픈 메야공원이겟습니다 그 면적이 504만평이라 ᄒᆞ니 무섭게 넓지 아니ᄒᆞ오닛가

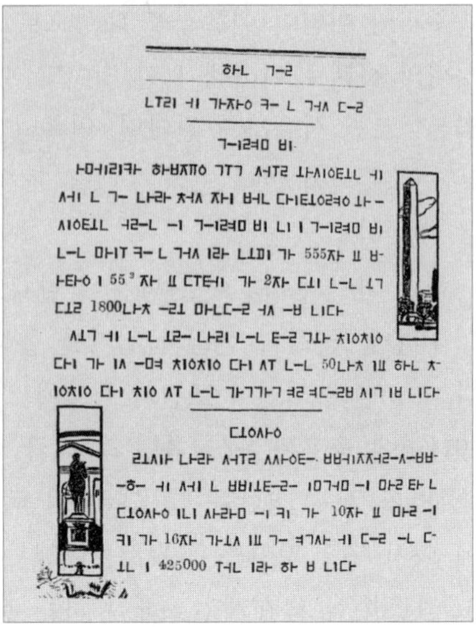

「한글 풀이」(『아이들 보이』 7호, 1914.3)

「한글 풀이」 란은 먼저 왼쪽 그림과 같이 당시의 일반적 표기 방식이었던 세로쓰기의 원문을 보여준 후, 같은 내용을 오른쪽 그림처럼 자모를 풀어서 가로쓰기로 바꾼 것을 나란히 이어서 보여주었다. 당시의 독자들에게는 문장을 가로로 읽는 것 자체가 생소한 일이었겠지만, 가로로 읽고 쓰는 것에 익숙해져 있는 지금의 감각으로도 가로풀어쓰기 문장은 마치 암호처럼 보여서 단번에 읽고 이해하기가 어렵다. 그럼에도 불구하고 『아이들 보이』는 이러한 예를 여러 회에 걸쳐 계속 보여줌으로써 아동 독자들에게 음절 중심의 문장 표기법을 해체하여 음소 단위로 풀어서 쓴 가로풀어쓰기의 표기법을 훈련시키고자 했다. 사실 이러한 가로풀어쓰기의 실험은 일찍이 주시경의 『국문연구의정안』에 의하여 제안된 바 있었으며 그의 사후에도 김두봉·최현배 등 그의 제자들에 의해 계속 전개되었다.68) 당시에 최남선이 주시경을 각별하게 존경하고 있었으며, 둘 사이에 친밀한 교류가 이루어지고 있었던 것을 생각

해 볼 때,[69] 신문관 아동 잡지에 나타난 한글 표기의 실험도 주시경의 영향을 받아 이루어졌으리라 추측해 볼 수 있다.[70]

『아이들 보이』 제10호의 「한글 풀이」란에는 「한글 새로 쓰는 까닭」이라는 글이 덧붙어 있었다. 「한글 새로 쓰는 까닭」은 비록 짧은 분량의 글이었지만, 별다른 설명 없이 연재되어 오던 가로풀어쓰기의 실험이 어떤 의도를 가졌던 것인지 엿볼 수 있게 하는데, 전체 내용은 주시경이 『말의 소리』(1914)[71] 등에서 가로쓰기를 주장했던 논지와 거의 일치하는 견해를 보여주고 있다.

> 우리 글씨는 글씨 가온대에 가장 뛰어난 것이니 그 됨됨과 씀씀이 글씨로 꿈일 수가 잇음과 사람으로 만들 수가 잇음의 하('한'의 오기로 판단됨—인용자)썻을 보인 것이라 그러나 첨 짓으신 이가 한 가지는 뒤사람에 미루신 것이 잇음을 잇지 못할지며 아울러 편하고 리롭은 이 은혜를 널이 펼 소임이 잇음을 버리지 못할지니 다른 것은 다 완젼하되 그 쓰는 법에 고칠 틈 잇음을 보매 우리가 그대로 두지 못할 줄을 깨달을지며 우리말에 업는 소리라도 못 적을 것이 업슴을 볼 때에 우리만 그 복을 혼자 누리러 들지 못할 것을 짐작할지라 부르짓노니 이 글씨를 몬저 가진 우리들은 떨치어 그 쓰는 법에 다하지 못함

---

68) 문혜윤, 『문학어의 근대』, 소명출판, 2008, 128~131면 참조.

69) 최남선과 주시경의 교류는 널리 알려져 있는 바이며 여러 자료를 통해 확인할 수 있지만, 다음의 글도 그 한 예이다. "주시경 어른은 가장 뫼신지가 갓가우나 가장 알기를 깁히 하얏다고 할만한 터이니 한 사년쯤 전에 창동 술집 건너 오막살이 단간방에서 무릅을 맛대고 인사를 엿준뒤로 돌아가실 때까지는 거의 날마다 뵙고 일마다 의논하야오니"(한샘, 「굽은 다리 겻흐러셔」, 『새별』 15호, 1914.12)

70) 가로풀어쓰기는 1909년의 「국문연구 의정안」에서 주시경이 처음으로 주장하고 『말의 소리』(1914)에서 완성된 체계가 나타났다는 것이 통설이나 이보다 먼저 외국 선교사들에 의해 착상되었다는 의견도 있다. 고영근은 당시 주시경이 선교사들과 접촉이 잦았다는 점에서 주시경이 이들로부터 정보를 얻었을 가능성은 충분하다고 보았다.(고영근, 『한국어문운동과 근대화』, 탑출판사, 1998, 7면) 이러한 설명에 주시경의 가로풀어쓰기 등의 한글 표기 실험은 일반 잡지보다 『아이들 보이』(1913~1914)와 같은 아동을 대상으로 한 잡지에서 먼저 시도되었으며, 이는 표기 방식의 개량을 통해 새로운 민족 주체를 만들어 내고자 하는 민족주의적 기획의 일환으로 이루어진 것이었다는 점을 덧붙일 수 있을 것이다.

71) 주시경, 『말의 소리』, 신문관, 1914.

을 아주 이루어 노흘지며 이 글씨를 아즉 모르는 이들은 다 나아오아 더할 수 업는 편한 그릇을 쓸지어다 우리 변변치 못한 것이 어찌 이 큰 소임을 지리오 다만 무틘 것을 들어내며 결을 못한 것을 깁어 짓으신 이가 생김생김의 한썻 다함을 가지고 쓰임의 한썻을 다하는 압장이나 서려 함이며 이리함으로 왼 세상이 열리어 감에 애오라지 힘을 더하려 함이로라

—「한글 새로 쓰는 까닭」, 『아이들 보이』 10호, 1914.6

대강의 요지는 한글은 어떤 소리라도 다 적을 수 있는 세계적으로 아주 우수한 글자인데, 다만 표기의 방식이 약간 미비하니 이를 개량하여 "더할 수 업는 편한 그릇"을 만들자는 것이다. 그런데 한글을 "더할 수 업는 편한 그릇"으로 만들기 위해 가로풀어쓰기를 해야 한다는 주장은 남녀노소 누구나 읽고 써야 하는 세상이 된 것, 활자 인쇄로 된 책이 보편화된 것 등과 밀접한 관련을 갖고 있다. 가로풀어쓰기는 로마자 표기를 대표적인 모델로 삼아 구상된 것으로, 주시경은 『말의 소리』에서 가로쓰기가 '쓰기', '보기', '박기'에 편리하다고 주장한 바 있다. 비슷한 시기에 발표된 「한글 새로 쓰자는 말」에 따르면 가로풀어쓰기는 첫째, 일반적으로 사람들이 오른손을 많이 사용하므로 왼쪽부터 오른쪽으로 쓰는 것이 좋고 가로로 쓸 경우 세로로 쓸 때와는 달리 팔꿈치를 움직이지 않고 팔만 움직여 쓸 수 있으므로 편하며 둘째, 글은 반드시 한 줄씩 읽는 것이지 여러 줄을 한꺼번에 보는 것이 아닌데 사람의 두 눈이 가로로 박혀있으니 글을 읽는 것도 세로로 읽는 것보다 가로로 읽는 것이 쉬우며 셋째, 세계가 개화시켜 나가는 것은 "글박음틀"이라고 할 수 있는데 음절 단위로 묶여질 경우 묶음 단위가 너무 많아 번거롭지만, 자모를 풀어서 쓰게 되면 낱글씨마다 하나의 활자를 만들어 사용하면 되므로 인쇄 공정이 간편해진다는 논리로 주장되고 있었다.[72] 또한 이

72) 「한글 새로 쓰자는 말」, 『청춘』 4호, 1915.1. 이 글은 주시경의 사후에 발표되었는데 주시경의 가로쓰기의 주장을 거의 계승하면서 보다 상세하게 풀이했다. 고영근은 이 글을 최남선이 썼으리라는 소견도 있지만, 내용이나 어휘, 문체로 볼 때 주시경의 제

처럼 음절 단위를 풀어 쓰게 되면 자연스럽게 한자를 쓰지 않게 되므로 한글 전용의 표기로 나아갈 수 있는 계기가 보다 빨리 마련된다는 점에서도 가로풀어쓰기는 오랜 기간 국어운동가들의 지지를 받았다.[73)]

누구나 읽고 써야 하는 시대가 도래함으로써, 한글은 국민 통합을 매개하는 근대 인쇄어의 자격으로 출현하게 되었다. 근대적 문자 표기를 둘러싼 논쟁은 국민의 내부를 어떻게 통일시킬 것인가 하는 문제가 중심에 있었으며, 이러한 문제가 특히 아동에 대해 적용될 때에는 보다 근본적이고 혁신적인 개혁을 시도하고자 하는 방향으로 흘러가는 경향을 보였다. 문자 표기의 문제는 곧 새로운 세대를 어떠한 방식으로 읽고, 쓰며, 생각하는 주체로 만들 것인가 하는 문제였기 때문에 간과할 수 없는 것이었으며, 아직 정형화되지 않은 아동들의 감각은 얼마든지 새로운 계획과 훈련을 통해 만들어 나갈 수 있다고 생각되었기 때문에 보다 이념적이고 이상적인 주장이 제기될 수 있었던 것이다.

또한 이러한 문제는 전대와는 큰 폭으로 달라진 근대 매체의 조건이나 기술에 적응해야 한다는 과제와도 긴밀하게 연결되어 있는 것이었다. 이는 우리만의 사정이 아니어서 메이지 시대의 일본 학자들도 "한자는 아동의 단두대"라고 주장하면서 일본을 세계화시키려면 로마자 표기를 사용해야 한다는 급진적 주장을 제기한 바 있었으며, 중국에서도 한자를 배우느라 세계 정보에 늦어지고 있으며, 전보, 타이프라이터 등의 근대적 어음(語音)의 이기(利器)들을 사용하기 어렵다는 것이 문자를 개혁해야 한다는 이유로 제시된 바 있었다.[74)] 1910년대의 아동용 정

자였던 김두봉의 것이 틀림없다고 주장했다.(고영근, 『한국어문운동과 근대화』, 탑출판사, 1998, 7면)

73) 박영준 외, 『우리말의 수수께끼』, 김영사, 2004, 223면 참조.

74) 김태준은 「중국의 한문폐지운동」(『신흥』 9호, 1932.12)에서 한글 전용을 주장하기 위해 일본과 중국의 문자개혁 주장을 소개하였다. 특히 다음의 메이지 시대의 일본 학자들의 주장은 아동과 문자와의 관계를 설명한 것이어서 관심을 끈다.

1. 무한한 한자는 무한한 자옥(字獄)이다.
2. 한자는 아동의 단두대다.

기간행물에 나타난 한글 표기는 매체 전환의 상황에서 식민지 시대에 이루어진 근대적 민족 주체 생성 기획의 일면을 보여주는 것으로, 가장 어린 미성년을 대상으로 가장 이념적인 표기의 실험이 이루어질 수 있었다는 사실을 보여주는 예가 될 수 있다.

이와 비교할 때 1920년대 『어린이』의 한글 표기 문제는 그다지 특별하게 의식되지 않았다는 인상을 준다. 기사의 표제어는 물론이고 본문에서도 이해를 돕는 수준 정도의 한자 표기가 허용되고 있었다. 물론 1920년대의 『어린이』도 한문보다는 한글 사용을 지향하고자 하는 기본적인 태도는 보여주고 있었다. 『어린이』 1권 3호의 「남은 잉크」란에는 "이번 三號는 漢文보다도 언문을 만히 느엇슴니다. 한 분이라도 더 잘 보실 수 잇게 되기를 바라고 그런 것이오니 언문만 아시거든 누구에게던지 닑도록 권해 주십시요"라는 편집자의 말이 실려 있었다. 그러나 『어린이』의 한글 표기는 한글이 더 쉬우므로 보다 많은 사람이 읽을 수 있다는 정도의 인식 차원에서 이루어졌으며, 1910년대 신문관의 아동 잡지들처럼 철저하고 적극적인 태도를 보여주었던 것은 아니었다.

이는 일단 1910년대의 신문관 아동 잡지들이 당대 최고의 민족주의적 언어학자였던 주시경과 같은 인사의 영향을 받고 있었으며, 한글 표기의 원칙을 관철하고자 했던 의지가 보다 확고했기 때문이었다고 할 수 있을 것이지만, 1920년대의 아동 잡지에 비한다면 실제 아동 독자와의 교섭이 극히 미약했던 만큼 아동 잡지의 공간을 운영해 가는 데에 현실 독자의 수준과 요구를 받아들이면서 계획을 수정해 나가는 과정을 거치지 않아도 되었기 때문이라고 할 수도 있을 것이다. 1910년대 아동잡지들의 지면이 보여줄 수 있었던 균질성과 일관성은 어쩌면 현

---

3. 한자는 순진한 아이들을 바보로 만든다.
4. 한자를 폐지하여 아동의 뇌세(腦稅)를 감하라.
5. 그리하여 교육의 무기를 개혁하자.
6. 세계적 일본은 세계적 문자를 써야 한다.
7. 로마자 26자면 전세계에 통한다.

실 아동독자와의 접속의 부재로 만들어진 이념의 부산물일 수도 있을 것이다.

한편 1920년대 아동문학에서의 표기 문제는 한글이냐 한문이냐의 문자의 차원과는 또 다른 층위에서 제기되고 있었다. 전래되던 이야기도 마찬가지였지만 전래 동요는 모집 공고를 낼 때 자기 "맘대로 곳치지 말고 옛날부터 불러온 고대로 적어"[75] 보내야 한다는 것이 강조되었다. 아동문학이 제도화되기 이전에도 이미 오랫동안 사용되어 온 내력을 가진 '동요'라는 어휘는 아동들이 부르는 아동을 위한 노래로서의 '동요'의 개념과 민간에 유행하는 노래로서의 '민요'의 개념을 구별하기 어렵게 했다.[76] 아동문학이 자리를 잡아가는 과정 내내 동요와 민요의 개념은 상당히 많은 부분 겹쳐져 있었다고 보아야 할 것이다. 한 민족이 오랜 기간 동안 불러오던 노래는 천진한 '아동성'과 더불어 그 민족의 고유한 '민족성'을 고스란히 담고 있는 노래라고 상정되었으며, 따라서 본래의 '자연' 상태를 훼손하거나 변형하지 말고 그대로 옮겨 적어야 하는 것이었다.

다음은 시 전문 잡지를 표방했던 『금성』의 지면에 '동요'라는 명칭으로 분류되어 실렸던 것이다.

童 謠

새는새는

75) 『어린이』 3권 6호, 1925.7, 20면.

76) 중국에서 '동요'라는 말은 요임금 시절부터 사용되었던 것이며, 우리의 경우에도 「서동요」에서부터 용례를 찾아 볼 수 있다. 석용원은 "우리나라 동요의 최고형이 삼국유사에 실려진 「서동요」라는 사실은 이미 밝힌 바와 같다. 그러나 서동요의 동요는 '아동의 노래'라는 뜻이 아니라 오히려 '놀잇노래'(遊歌·流行歌)를 의미하는 것이며, 중국의 『列子』, 『漢書』 등에서 볼 수 있는 '童謠'와 같이 민간의 가요를 통해서 세정을 풍자한 노래라고 보아야 할 것"이라고 했다. 석용원, 『아동문학원론(증보판)』, 동아출판사, 1992; 전원범, 「한국 전래 동요 연구」, 세종대 박사논문, 1992, 16~22면.

새는새는 남게자고
쥐는쥐는 궁게자고
나는나는 울어마니 품에자고

미꾸랭이 뻘에놀고
숭어색기 물에놀고
나는나는 울어마니 품에노네

註. 남게(나무에), 궁게(구멍에), 울어마니(우리 어머니), 미꾸랭이(鰍), 뻘(감탕, 溝泥)
(東萊 孫重子 寄)

—「새는새는」, 『금성』 2호, 1924.1

위의 전래 동요에는 수집된 지역의 이름이 밝혀져 있을 뿐 아니라, 그 지방에서 불리던 형태를 변형시키지 않기 위해 지역어를 그대로 노출시키고 있어 관심을 끈다. 동요를 소개한 뒤, 지방어 표현을 다시 경성어로 바꾸어 주를 달아놓은 것을 볼 때 기고자는 '중심' 언어로서의 경성어와 '주변' 언어으로서의 지역어를 구별하는 분명한 감각을 가지고 있었음을 알 수 있다.[77] 기고자는 동요의 장르적 특성을 염두에 두면서 지역의 언어를 그대로 노출시켰다고 볼 수 있다. [78] 동요의 문학성은 바로 이와 같이 중심과 주변을 구별하면서, 순수함으로 상정된

77) 당시에는 표준어가 확정되지 않았다는 사정을 감안하여, '표준어'와 '사투리' 대신, '경성어'와 '지방어'라는 표현을 사용하였다.

78) 인용문에서 볼 수 있는 것처럼 이 동요의 기고자는 '동래' 지역의 '손중자'라고 되어 있다. 그런데 이 동요가 실린 『금성』 2호 「잡기」란에는 "이번 寄稿 中 民童謠와 時調가 업슨 것이 매우 서어하엿습니다"라는 구절이 있었다. 추측컨대 동요의 기고자는 일반 독자가 아니라 잡지 동인의 한 사람이자 색동회의 회원이었던 '손진태'였던 것 같다. 마침 손진태의 가족이 소장하고 있었던 미발표 친필 원고 중에는 1922년경 동래, 부산 지역 등지에서 수집한 동요나 민요 자료도 다량 남아 있음이 밝혀져 이러한 추측을 뒷받침해 준다.(최광식, 「새로 발견된 손진태 유고의 내용과 성격」, 『남창 손진태의 역사민속학 연구』, 민속원, 2003)

'자연' 그대로의 상태를 연출하는 방식들을 통해 구현될 수 있었던 것이다.

시 전문지를 표방했던 『금성』은 '시가'로 묶일 수 있는 모든 구체적 장르들을 종합적으로 소개하고 싶어 했다. 『금성』은 창간호에서부터 일반 독자에게 '시', '민요', '동요', '시조', '시가에 대한 평론'을 투고해 줄 것을 요청했으며, 이후 '동시', '서사시', '산문시' 등 시의 하위 장르명들을 선보였다. "시가의 새로운 길, 새로운 정열, 새로운 형식을 발견"하고자 했던 다양한 양식들의 전시 공간에서 동요는 민요와 더불어 순수하고 소박한 자연의 상태를 꾸밈없이 그대로 드러낸다는 양식적 특성을 부여 받아 자리를 배치 받을 수 있었다고 말할 수 있을 것이다. 아동문학의 양식적 특성이 오래전부터 내려오던 것이라는 과거의 시간, 하나의 민족이나 한 지방의 특성을 담지한다는 지역성 내지 주변성, 자연 그대의 상태를 투명하게 재현한다는 순수성 등으로 설명될 때, 이러한 특성들은 자연의 미로 예찬될 수도 있었지만 소박하고 세련되지 못하다는 가치 판단을 받을 수도 있었다. 아동문학의 양식적 특성은 이러한 이중성을 언제나 내포하고 있는 것이라고 말할 수 있을 것이다.

2) 친근한 서술자와 위계적 소통 구조

1920년대의 상황에서 '동화'는 인쇄된 텍스트를 조용히 눈으로 따라가며 읽는 독서 방식에 한정된 장르가 아니었다. 당시에 동화는 눈으로 '읽는 것'이면서 동시에 귀로 '듣는 것'이기도 했다. '동요'가 노래로 불릴 것을 전제하는 것처럼, '동화'도 언제든지 이야기될 수 있는 가능성을 내포하고 있는 장르였다. "金君의 獨唱과 崔君의 童話도 잇슬 터이오며"[79]라는 구절에서 '동화가 있다'는 표현은 별다른 설명 없이도 '동화구연을 한다'는 뜻으로 이해될 수 있었으며, "동요두 하구 동화도 하지요"80)에서 볼 수 있는 것처럼 동화는 '하는 것'이라는 의미를 지닌 동태적 개념이었다.

다음 장면은 당시의 독서 상황을 보여주는 하나의 예이다.

> 음력 8월 가우 달 밝은 저녁에 여러 동모와 여러 어른까지 모여 안져 새로운 「어린이」 특별호를 닑은 때 손 하나 깟닥하지 안코 자미잇게 듯고나서 사람마다 감탄하난 소리를 드를 째 나는 「어린이」 讀者된 것이 큰 榮光인 것갓치 생각되엇습니다.
>
> —「독자담화실」, 『어린이』 1권 10호, 1923.11

위의 『어린이』 독자는 자기 또래의 친구들은 물론이거니와 어른들까지 모인 자리에서 잡지를 '낭독'하게 되었는데, 모인 사람들 모두가 재미있는 내용에 매료되어 감탄하였으며, 이에 "『어린이』 독자된 것이 큰 영광"처럼 느껴졌다고 했다. 읽을거리가 부족했고 무엇보다 문맹율이 상당히 높았던 당시의 사정을 생각해 볼 때81) 잡지를 구독한다거나 이를 읽어줄 수 있다는 것은 특별한 자부심을 느끼게 하는 일이었을 것이다.82) "『어린이』 독자된 것이 큰 영광"처럼 느껴졌던 것은 일단 잡지의 내용이 재미있어 청중의 반응이 좋았던 결과였겠지만 이와 같은 저변

79) 「어린이 회의 밤」, 『어린이』 1권 2호, 1923.4, 3면.

80) 소파, 「나그네 잡긔장」, 『어린이』 2년 2호, 1924.2, 14면.

81) 조선총독부의 「조선국세조사보고」에 따르면 1930년도에 조선인 문맹자(일본어, 한글 모두 읽고 쓸 수 없는 자)의 비율은 전체 인구의 77.73%(남성 63.92%, 여성 92.04%)였다. 일본어 및 한글을 모두 읽고 쓸 수 있는 사람은 6.78%(남성 15.4%, 여성 1.91%)로 극히 드물었으며, 한글만 읽고 쓸 수 있는 사람도 15.44%(남성 25.41%, 여성 6.02%)밖에 되지 않았다.(박정우, 「일제하 언어민족주의」, 서울대 석사논문, 2001, 13면에서 재인용)

82) 실제로 『어린이』는 창간호에서부터 "동화는 물론이려니와 그 외에 모든 것을 읽은 대로 한아버지, 한머니, 어머니, 누님, 동생, 동리집 동모에게도 이약이하야 들려주십시요 책을 못 보는 이에게도 조흔 것은 잘 들려주어야 할 것"이라면서 읽은 것을 다른 사람에게 읽어주거나 이야기해줄 것을 권장하였다.(「남은 잉크」, 『어린이』 1권 1호, 1923.3)

의 사정도 고려해 볼 수 있을 것이다.

물론 당시의 아동문학 텍스트들이 항상 이러한 방식으로 향유되었다고는 할 수 없다. 많은 수의 아동 잡지의 독자들은 낮에는 일하느라 읽을 시간이 없어서 밤에 혼자서 겨우 읽는다거나 아는 사람도 없는 고달픈 타향살이에서 잡지를 읽는 것만이 유일한 위로를 준다고 말하고 있어 단독적으로 이루어지는 독서 상황을 간접적으로나마 엿보게 해준다. 그럼에도 불구하고 위의 독서 장면은 활판 인쇄 문자가 자율적 매체로서의 기능을 충분히 발휘할 수 있는 제반의 여건이 갖추어지기 전에는 "활자가 개인적인 커뮤니케이션 양식으로서 작용하는 한편, 가족 공동체 · 지역 공동체 · 정신적 공동체 등 집단을 단위로 삼는 커뮤니케이션 양식으로 이용되는"[83] 과도적 시기가 있기 마련이라는 점을 보여준다는 점에서 시사적이다. 근대적 인쇄 문화의 조건에서 독서의 방식은 크게 보아 집단적인 것에서 개인적인 것으로, 음독에서 묵독의 방식으로 변모해 갔다고 할 수 있지만, 그 실제적인 변화가 하나의 형태에서 다른 형태로 단번에 대체되는 방식으로 이루어졌던 것은 아니다. 앞에서 살펴본 '동화회'의 경우도 구술 문화와 인쇄 문화의 접경에서 만들어진 특수한 문화 공간이었다고 볼 수 있을 것이다. 이러한 매체 상황에서 동화 텍스트는 언제든지 '낭독'되거나 '구연'될 가능성을 상상하면서 생산되고 있었다고 볼 수 있다. 이러한 점을 생각해 볼 때, 당시의 아동문학 텍스트가 구술적 특성을 강하게 보이고 있었다는 사실은 지극히 자연스러운 일일 수 있다.

우선 아동문학 텍스트의 서술자는 소설의 서술자처럼 자신의 현실적인 존재감을 지워나가는 형식[84]이 아니라 오히려 자신의 존재를 적극

83) 마에다 아이는 목판 인쇄에서 활판 인쇄로 교체되는 메이지 초년을, 리스먼의 '과도기' 개념을 빌어, 활자가 구화 커뮤니케이션을 복제하는 수단으로 병용되던 시대였다고 설명했다.(마에다 아이, 유은경 · 이원희 역, 「음독에서 묵독으로」, 『일본 근대 독자의 성립』, 이룸, 2003, 180면)

84) 근대소설 언문일치의 대표적인 표지인 '－다'체는 서술자를 사회 현실적 관계에 놓

적으로 노출하는 태도를 취했다는 점을 확인해 볼 수 있다.

> ① 먼저 번에 고주몽의 이약이를 하지 안엇습닛가? 이번에 하고저 함은 고주몽의 아달 류리의 이약이올시다 (…중략…)
>
> 그 보물은 일곱뫼(山이란 말과 갓습니다)
>
> —손진태, 「류리 이약이」, 『어린이』 1권 10호, 1923.11

> ② 에－헴 나는 여러분께 길듸긴! 웃이 업시 긴 이약이를 하겟습니다 웃이 잇나…… 업나…… 조용히 들어주십시요 에－헴
>
> —「웃업는 이약이」, 『어린이』 2권 1호, 1924.1

> ③ 엇더하엿겟습닛가, 다라낫겟습닛가 안이 다라낫겟습닛가?
>
> 어듸 알켜내시오.
>
> 안이 다라나셔요 용하게도 맛침니다. 과연 이 용감한 두 분 소년은 꼼작도 안이하고 공부만 하얏습니다.
>
> —박달성, 「오성과 한음(두번재)」, 『어린이』 2권 7호, 1924.7

①의 서술자는 자신이 지난 호에서 했던 이야기를 독자에게 환기시키면서 앞으로 할 이야기의 내용을 소개하고 있다. 서술자는 마치 잘 알고 지내는 친숙한 독자들을 눈앞에 두고 대화하는 것처럼 분위기를 조성하고 있으며, 자신이 독점하고 있는 이야기를 독자에게 들려준다는 태도를 견지하고 있다. 이때 서술자의 이야기 전달권이나 편집권은 텍스트의 내적인 자율성보다도 우위에 있는 것이어서 "그 보물은 일곱뫼

여있는 존재가 아닌 것으로 느끼게 하는 효과를 가질 수 있다. 황종연이 정리한 것처럼 '－다'체는 "일상 언어의 존대 체계에서 벗어난, 다시 말해 의사소통의 특수한 상황에 따라 언어 행위를 지배하는 예법과 윤리의 효력을 중지시킨 문체이며, 바로 그러한 이유에서 현존하는 특수한 삶의 모델과 관행으로부터 초연함(disengagement)을 표시한다"고 볼 수 있다. 소설의 '－다'체는 서술하는 상황의 초연성, 서술된 세계의 자율성, 소설가의 창조적 주체성과 연관되는 서술 장치이라고 할 수 있을 것이다.(황종연, 「낭만적 주체성의 소설」, 『김동인 문학의 재조명』, 새미, 2001)

(山이란 말과 갓습니다)"에서 볼 수 있듯이 독자가 잘 모르고 있다고 판단되는 대목이 나올 경우에는 이야기의 흐름을 중단시키고 끼어들어 설명을 하기도 했다.

②의 서술자는 자신의 존재를 인격적으로 드러내기 위하여 기침 소리까지 연출하고 있다. "씃이 잇나…… 업나…… 조용히 들어주십시요"에서 사용된 말줄임표도 말의 내용이 생략되었음을 표시하는 기호라기보다는 개인의 말버릇을 재현하여 마치 육성을 듣는 듯한 느낌을 불러일으키기 위해 삽입된 장치라고 볼 수 있다. 이와 같이 청각적 인상을 환기시키는 서술 장치들도 '이야기 속의 상황'보다 '이야기가 전달되고 있는 현장'에 대한 실감을 조성하는 데에 기여하고 있다.

③도 역시 인격적인 모습으로 등장한 서술자가 독자에게 질문하고, 대답을 듣는 등, 독자와 교섭하면서 이야기를 진행시켜가는 듯한 상황을 연출하고 있다. 앞의 경우와 마찬가지로 독자는 이야기가 진행되는 내내 이야기를 안내하는 서술자의 존재를 의식하지 않을 수 없으며, 결과적으로 이야기의 내용 뿐 아니라 이에 대한 서술자의 가치 판단이나 감정적 반응 등에 크게 영향 받게 된다.

이처럼 인격적인 형태로 노출된 서술자의 존재가 전면으로 나서게 될 경우, 독자는 자신이 이야기의 상황에 직면하여 그대로 들여다보고 있다는 '현전성(現前性)'의 느낌을 갖기 어려울 수 있다. 앞서 언급한 것처럼 서술자의 육성이 주는 청각적 인상은 '발화된 내용의 장면'을 감싸 안음으로써, '발화하는 장면' 자체를 강하게 재현하는 효과를 가질 수 있기 때문이다. 흔히 아동문학이 구술성을 지녔다고 말해지는 것은 이러한 특성들 때문이다.

그러나 근대적 매체 환경에서 만들어진 아동문학의 구술성은 가족이나 친지가 사적인 공간에서 옛날이야기를 전해주는 장면에서 발생했던 구술성과는 근본적인 차이가 있었다. 『어린이』 2년 1호에서 '誌上新年會'라는 특집이 있었다. '지상신년회'는 당시에 유행했던 '동화회'나 '소년소녀대회'와 같은 아동을 위한 공연 형식을 모방하여 만들어진 것으로, 독창, 동화, 사담(史談), 유희, 경창(競唱), 기예, 연극 등의 순서로 짜여져 있었다. 공연 장면을 상상하면서 꾸며졌던 특집이었던 만큼 각 텍스트들을 연결할 때에는 사회자의 역할을 표방하는 서술자가 나타나서 "대단히 유익한 말슴을 들엇슴니다 이번에는 各 시골 童謠 競唱 어느 시골 동요가 자미잇는지 조용히 들어보아 주시기 바람니다" 등 앞뒤의 순서를 연결해주는 서술을 해주고 있었다. 뿐만 아니라 각 텍스트의 내부에는 "에－ 여러분? 나는 긔술을 하나하겟슴니다.", "에듸손 선생에 관한 여러 가지 자미잇는 이약이는 이다음에도 또하겟슴니다만은 여러분은 뎐긔등 뎐화 활동사진을 보고", "그래서 약속대로 그 총각이 그 부자집 사위가 되여서 잘 살앗다는대 그때 그 총각의 이약이가 끈허저서 나도 그 끗은 몰으는고로 여러분께 이약이해 드리지 못함니다"에서 볼 수 있는 것처럼 수많은 아동 관객들을 대하면서 이야기하는 것 같은 상황을 조성해 내는 서술 장치들이 들어 있었다. 당시의 대부분의 아동문학 텍스트들이 발화 상황을 상상하는 방식도 이와 크게 다르지 않았을 것이다. 실제로 낭독되거나 구연될 것인지 그렇지 않은지는 알 수 없다고 하더라도 작가들은 수많은 아동 청자들을 앞에 두고 이야기를 들려주는 기분으로 창작에 임했으리라고 추측해 볼 수 있다.[85)]

여기에서 좀더 생각해 볼 것은 아동문학에 나타난 구술성은 일상적 공간의 '입말'을 반영하는 것은 아니었다는 점이다. 특히 '－습니다'와 같은 존대의 어말 표현은 아동문학의 구술성이 재래의 옛이야기 공간의 구술성과는 차원이 다른 것이었다는 점을 여실하게 보여주는 징표라고 할 수 있다. 이 문제와 관련하여 좀더 살펴볼 것은 옛이야기가 수

85) 아동 독자 '여러분'을 강하게 의식하는 커뮤니케이션 상황으로 인해 나타나는 아동문학의 서서사적 특성에 관해서는 권복연과 김화선에 의해서도 자세하게 논의된 바 있다. 권복연, 「근대 아동문학 형성과정 연구: 1910~1920년대초를 중심으로」, 연세대 석사논문, 1999; 김화선, 「한국 근대 아동문학의 형성과정 연구」, 충남대 박사논문, 2001, 115~121면.

집되어 소위 '전래동화' 혹은 '고래동화'들로 정착되는 장면이다.

> 녯날에 어느 깁흔산골에, 「원보」라하는 불상한 사람이 살고잇섯습니다. 그는 집이매우 가난하야서 나히 삼십이 넘도록 장가도 들지못하얏나이다. 그는 총각중에도 아주늙은 총각이올시다. 그의 영업이라고는, 매일 산에올라가서 나무를해다가 시장에팔아서, 그돈으로 간신간신이 죽술이나 끌혀먹고 세월을 보내엇습니다.
>
> —이영숙, 「숫닭의 래력」, 『개벽』 32호, 1923.2

위의 글은 『개벽』 32호에 실린 것으로 전년도에 현상 공모한 '조선고래동화 모집(朝鮮 古來童話 募集)'에 당선된 이야기의 시작 부분이다. 이 텍스트의 문체가 관심을 끄는 이유는 전래되는 이야기들이 어떠한 정련 과정을 거쳐 '고래동화'로 재탄생되었는지 엿볼 수 있기 때문이다. 1922년 8월 개벽사에서 '고래동화' 모집을 대대적으로 광고할 때, 덧붙여진 주의 사항은 "반듯이 朝鮮 古來의 童話"여야 한다는 점과, "文體보다(文體는 本社編輯局에서 修正할 것인즉) 內容을 主로 하되 되도록 事實만 正確히 하기에 努力"해 달라는 것이었다. 일반 원고를 공모할 경우에는 한정된 지면의 조건을 고려하여 분량의 제한을 엄격히 제시하는 것이 보통의 관례였지만, 이 공모에는 분량에 아무런 제한이 없었다. 처음부터 공모의 대상은 조선의 '토종' 이야기였다. 잘 다듬어진 문체 등의 조건은 고려의 대상이 아니었다. 수집된 이야기는 단지 동화의 재료로 사용될 것이었으며, 실제 동화로 가공하는 과정은 편집국에서 담당할 계획이었다. 동화적 문체의 구현 과정이라 부를 만한 이러한 가공의 작업은 아무나 할 수 없는 것이라는 의미에서 배타적 권한으로서의 전문성의 논리를 내포하는 것이기도 했다.[86]

86) 현상 공모에는 1, 2등에 당선된 것은 없었고, 3등에 '숫닭의 내력', '금선의 이약이', '고양이와 개', '쏘드락 방맹이', '톡기의 재판' 등 5편, 등외 입선에 19편이 선정되었다. 3등 당선 이야기 중 '톡기의 재판'을 제외한 나머지 4편은 이후 『개벽』에 차례로 실렸

그런데 기본적으로 '고래동화모집'은 항간에 떠돌아다니는 이야기들을 수집하는 기획이었다. 즉 이미 문자로 정착되어 있던 문헌 설화나 고소설을 동화로 바꾸어 쓰는 것이 아니라, 구술적 언어 구성물을 문자적 언어 구성물로 전환하는 성격의 문제였던 것이다. 모르긴 해도 응모자들이 보내온 이야기의 서술 방식은 그야말로 천태만상, 각양각색이었을 것이다. '동화'라는 어휘조차 생소했던 당시의 사정에서 '동화적 글쓰기'의 규범을 공유할 수 있었으리라는 것은 상상하기 어렵기 때문이다. 그러나 이렇게 추측해 볼 수 있는 혼란에 비한다면 실제로 『개벽』에 발표된 당선 동화의 외양은 상당히 안정적이었다. 물론 이는 방정환 등 몇몇 소수의 관계자들이 도맡아 정리해서 생겨난 결과일 수도 있지만, 동화 형식의 안정감을 조성한 인상적인 요인은 무엇보다 문장의 종결이 '-았/었습(슴)니다'로 통일된 데서 찾을 수 있다. 앞에서 예로 든 「숫닭의 내력」의 경우 '-았/었나이다', '-(이)올시다'도 함께 사용되었지만, 뒤이어 발표된 「금선의 이약이」(33호), 「금 방맹이」(35호), 「고양이와 개」(38호) 등에는 거의 예외없이 '-았/었습니다'만 사용되었다. 가장 처음 발표된 「숫닭의 내력」이 보여준 어미의 변주는 오히려 잠깐 나타났다 사라진 예외라고 할 수 있다.

사실 '-았/었습니다'로 문장을 맺는 방식은 1920년대 초의 번역 동화들에서도 이미 선보인 바 있었다.[87] 그러나 이 때의 문체적 안정감은

으며, '톡기의 재판'도 '쪼드락 방맹이'와 함께 동화극으로 만들어져 『어린이』에 실렸다. 고래 동화 모집 광고에는 "원고는 반환치 아니하며 여하한 지면에 발표하던지 일체권리는 본사에 재함"이라는 구절이 있었다. 수집된 이야기는 어떠한 지면에든, 어떠한 장르로든 활용될 것이었다. 이러한 과정에서 단지 이야기에 대한 소유 권한뿐 아니라 가공의 과정에서 생겨나는 권한, 즉 동화를 제대로 이해하고 있는 전문적 소양을 갖춘 자만이 배타적으로 행사할 수 있는 이야기의 사용 권한, 특정한 방식으로 말할 수 있는 권한의 문제가 발생한다.

87) 또한 '-습니다'의 형태는 1910년대의 아동잡지의 서사물들에서도 이미 정형화된 형태로 나타났으므로, 아동 서사의 문체가 1920년대에 처음으로 형성되었다고 볼 수는 없다.

원문 자체의 형식적 통일성을 반영하는 것일 수 있으며, 무엇보다 이국어 문자 텍스트를 대상으로 해서 '번역'한 결과일 수 있었다. 특히 '-았/었습니다'의 경어체로 통일되어 있는 점으로 보아 서구 동화의 일본어 번역본을 다시 중역하여 생긴 결과가 아닐까 추측해 볼 수 있다.[88] 반면 어렸을 때부터 모국어로 익숙하게 '듣고' 자랐던 친근한 이야기들을 인쇄 매체에 옮기는 과정에서는 구술적 언어구성물을 문자적 언어구성물로 전환시키는 작업의 성격이 새삼스럽게 자각되었으리라고 짐작해 볼 수 있다. 모르긴 해도 수집된 이야기들을 동화로 재구성하는 과정에서는 번역 과정과는 달리 귀에 쟁쟁한 청각적 이미지들을 쉽게 떨쳐버릴 수 없었을 것이다. 이러한 점에서 이전의 번역물과는 달리 「숫닭의 내력」이 문장의 종결 형태를 변주하는 등 좀더 자연스러운 구어적 표현에 신경 쓴 흔적을 보였다는 점은 생각해 볼만한 일이다.

그럼에도 불구하고 동화가 제도적으로 정착되는 시기였던 1920년대 전반, 동화의 문체는 구어의 자연스러운 재현을 반영하고자 하는 다채로운 시도보다는 형태상의 규준을 확립하고자 하는 의지를 더 강하게 보여주고 있었다. 그 규준의 중심에 '-았/었습니다'가 있었다. '-았/었습니다'는 외국 동화를 '번역'할 때에도, 전래되는 이야기들을 동화로 '발굴'하여 정리할 때에도, 나아가 개인 작가가 동화를 '창작'할 때에도 규범이 되는 문체로 작용함으로써 다양한 계기로 만들어진 텍스트들을 아동을 위한 이야기로서의 '동화'라는 범주에 묶이게 하고, '소설' 등의 다른 근대 서사 장르들과 구별되게 하는 대표적인 표지로 자

---

88) 일본어에서 동화 텍스트 문장의 어미는 '-ました'가 대표적인데 이는 우리말의 '-았/었습니다'에 해당하는 것이다. 참고로 「개척되는 동화」와 비슷한 시기에 조선총독부에서 편찬한 『조선동화집』에 실린 「놀부와 홍부」의 예를 보이면 다음과 같다. 대화 부분을 제외한 모든 문장이 'ました'로 통일되어 있다.

むかし慶尚全羅兩道の境のほとりに二人の兄弟が住んでゐました. 兄の名は乭夫,弟の名は興夫と申しました. 兄の方は大した金持で, 弟の方はまた至つて貧乏でしたが, 兄弟はどうしたものか, その性質に天と地ほどの違ひかありました.(「乭夫と興夫」, 『朝鮮童話集』, 조선총독부 편, 大阪屋號書店, 1924)

리 잡았다.

아동을 위한 이야기로서의 동화가 문장의 종결 형태를 '-았/었습니다'로 선택했다는 것은 특기할 만한 일이다. '-았/었습니다'는 지금도 그렇지만 대우 관계가 훨씬 세분되어 있던 당시에도 상당한 존대의 표현이었다.[89] 1920년대 초반, 나이 어린 아이에게 존대어를 사용하는 일은 캠페인을 벌여야 할 정도였으니 사회 전반에 익숙했던 관습이 아니었다.[90] 또한 아동에게 존대어를 사용한다고 해도 이는 가족이나 친근한 일상적 공동체에서가 아니라 학교나 강연회 같은 공공의 장소, 교과서에 실린 글이나 연설문 등 주로 공적인 담론에 한정된 것이었다.[91] 따라서 동화의 '-았/었습니다'는 비록 어린 독자를 대상으로 하더라도 서술 주체로 하여금 사적인 친분 관계에 있는 실제의 '누구'가 아니라, 불특정 다수의 아동 집단을 상대로 한 공식적인 서술 행위를 하는 것으로 상상케 하는 효과를 가지고 있었다. 동화를 읽는 독자에게 생겨

---

89) 우리말에서 청자의 대우 등급은 시대에 따라 약간의 차이가 있으나 전반적으로 간소화되어 가는 것이 추세라고 한다. 1920년대 초반의 상황에서도 '하소서체'를 제외한다면, '-습(읍)니다(합쇼체)'가 청자를 가장 높여주는 종결형이었다. 서정수는 '-습니다(합쇼)'는 화자가 상하 관계가 친소관계에 비추어 청자를 최고로 높이고자 할 때 쓰이는데 상하의 격차가 큰 경우, 친하지 않은 성인 사이, 회의나 발표 등 공식적인 자리 등에서 사용되는 격식체라고 하였다.(서정수, 『존대법의 연구』, 한신문화사, 1984, 210~213면)

90) 1923년 5월 1일, 40여개 소년회 연합체인 '조선소년운동협회'가 주최하여 열렸던 제1회 '어린이의 날' 선전지에는 사회 일반 성인들에 대한 요구가 실려 있었는데 "어린이에게 경어를 쓰시되 늘 보드랍게하여 주시오"라는 것도 그중 하나였다.(정인섭, 『색동회 어린이 운동사』, 학원사, 1975, 53면)

91) 1909년, 미성년을 예우하는 문화적 격변에 비판적이었던 한 논자는 "새학교에셔 션ᄉᆡᆼ들이 학도들을ᄀᆞᄅᆞ치ᄂᆞᆫᄃᆡ ᄒᆞᄂᆞᆫ 말이나 교쟝이나 교감ᄀᆞᆺ흔이가 학도들의게 연셜이나 샹졉ᄒᆞᄂᆞᆫ말을드르니 이젼 우리나라례의의 풍쇽을아조거ᄉᆞ리ᄂᆞᆫ지라 이젼풍쇽대로는 우ㅅ사ᄅᆞᆷ을ᄃᆡ졉ᄒᆞ고아래ㅅ사ᄅᆞᆷ을ᄃᆡ졉ᄒᆞᄂᆞᆫᄃᆡ 넘지못ᄒᆞᄂᆞᆫ 한뎡규례가잇서 아ᄒᆡ는ᄋᆞᄒᆡ요 어룬은어룬이더니 즉금은좀큰ᄋᆞᄒᆡ는고샤ᄒᆞ고 조고만ᄋᆞᄒᆡ라도 학교에 드러가는 날에 곳 어룬들이 그 아ᄒᆡ들을 어룬으로 ᄃᆡ졉ᄒᆞᄂᆞᆫ도다"(「아이는 암만하여도 아이지」, 『경향신문』, 1909.5.28)라고 개탄했다. 근대적 전환의 과정에서 미성년에 대한 관심과 기대가 유례없이 커졌던 것은 우승열패의 시대에 국가의 존망은 오로지 새로운 세대에 달려있다는 절박함에서 비롯된 것이며, 인용된 글에서도 엿볼 수 있듯이 아이들을 대하는 사회적 관습이 달라지게 된 데에는 학교라는 근대 교육 제도의 역할이 컸다.

났을 효과도 마찬가지로 설명할 수 있을 것이다. 동화를 읽으면서, 아동 독자들은 자신들을 공적인 어법으로 호출해 내는 담화 상황에 참여함으로써 근대적 독자 주체로서 구성된다. 이러한 점을 감안한다면, '-았/었습니다'가 소설 등 다른 근대 서사 장르의 문체에 비해 구어적 환기력을 가지고 있는 것은 사실이지만, 그것은 사적 공간의 '일상어'보다는 오히려 일상적 언어 관습을 전도시킴으로써 나타난 근대적 '공식어'와 관계있는 것이며, 옛이야기의 구술 상황보다는 근대적 문화 공간에서 동화가 향유될 때의 상황들, 예컨대 동화회나 소년 단체, 학교 같은 공공의 장소에서 '구연'이나 '낭독'으로 향유되는 상황을 반영하여 나타난 현상이라고 보는 것이 타당할 것이다. 요컨대 동화적 글쓰기의 대표적 표지인 '-았/었습니다'는 '존중받아야 할 아동'이라는 사회적 이념, 이야기의 새로운 구술 양식인 구연 등과 동화가 맺고 있던 친연 관계를 표시하는 근대적 서술 장치라고 할 수 있을 것이다.

3) 재미와 유익의 황금 비율

미성년을 대상으로 한 잡지가 유용한 지식이나 깨달음을 주되 독자의 흥미를 끌 수 있는 방법을 간구한다는 것은 재론의 여지없는 당연한 일일 수 있다. 그러나 1900년대 말의 『소년』이나 1910년대의 『붉은 져고리』, 1920년대의 『어린이』에서 유익함과 재미가 맺는 관계는 상대적인 차이가 있었다. 우선 『소년』은 은연 중 독자의 흥미를 끌어들일 요소를 여러모로 모색했음에도 불구하고 "경연(輕軟)한것을 주장하야 아동의 호기심과 환의(歡意)를 영합"[92]하는 외국 잡지의 태도를 표나게 비난하거나, "이러한 글은 어렵고 무미하더라도 연해 닑으라",[93] "보거든 닑

92) 『소년』 1년 1호, 1908.11.1, 83면.
93) 『소년』 2년 7호, 1909.7.1, 10면.

고 닑거든 생각하라 흥미만 구하거든 애초에 보들마라"[94]고 당당하게 명령하는 태도를 보였다. 어렵고 재미가 없더라도 계속 읽어야 하며, 재미만 따지려거든 아예 읽지도 말라는 『소년』의 태도는 위기의 시대에 애국과 계몽의 실천이 갖는 절대적인 권위에 힘입어 당당하고 위압적일 수 있었다. 이에 비해 1910년대 『붉은 져고리』와 같은 아동 잡지는 "이 신문의 ᄌ미 잇고 업슴은 여러분이 어린 아희가 되여셔 생각ᄒ실것이오"[95]라고 할 정도로 아동의 "졍도와 셩미"가 성인과 다르다는 점을 감안하기 시작했다. 아동의 "졍도와 셩미"를 적극적으로 감안하는 과정에서 '재미'는 중요한 요소로 부각될 수 있었다. 그러나 이때의 재미는 어디까지나 "맛잇는 음식과 가치 덕셩과 학업을 살지게ᄒ며 묘리 잇는 작란감이 되어 의사와 슬긔를 붓게홀것"[96]을 내세우는 한에서만, 즉 유용성을 증진시키는 가치를 지니는 한도 내에서만 존재 의의를 인정받았다는 점에서, "교훈담이나, 수양담은 학교에서 만히 듯는고로. 여긔서는 그냥 자미잇게 읽고 놀자"[97]고 했던 1920년대의 『어린이』의 태도와도 차이가 있는 것이었다.

1910년대 아동잡지에 이르러서야 부각되기 시작한 '재미[滋味]'의 가치는 무엇보다 유익한 지식이나 교훈적 가르침에 '맛[味]'을 들이게 하는 데에 적절한 '방편'이 된다는 이유 때문에 긍정적으로 검토될 수 있었다. 당시에 '재미있다'는 말은 곧잘 '맛있다'라는 말과 통용되었으며, '취미(趣味)' 또한 어떤 것에 '맛'을 느끼는 것으로서, '재미', '흥미' 등의 단어와 바꾸어 쓸 수 있는 말이었다.[98] '취미'는 '맛'을 들이는 반복적

94) 『소년』 2년 7호, 1909.7.1, 14면.
95) 「이 신문은 무슨 ᄌ미가 잇는가」, 『붉은 져고리』 4호 부록, 1913.2.15.
96) 「이 신문 내는 의사」, 『붉은 져고리』 4호 부록, 1913.2.15.
97) 「남은 잉크」, 『어린이』 1권 1호, 1923.3.20.
98) 예컨대 『신교 옥루몽』, 『고본 춘향젼』 등을 "趣味情景이 窮奇極妙", "趣味津津"(『청춘』 4호, 1915.1.1)하다고 선전할 때, '취미'라는 말은 '재미', '흥미'의 의미로 사용되고 있었다.

습관으로서, 육욕의 만족을 주는 "저급 취미", "관능적 쾌락"에 머물지 말고 정신적 만족에 이르는 "고급 취미", "고상한 쾌락"[99]에 이를 수 있도록 점진적으로 향상시켜 나가야 할 것으로 역설되고 있었다. 이런 의미에서 지덕의 향상에 도움을 주는 '독서'는 최고의 고급한 취미로서 호평받을 수 있었으며, 진정한 '독서의 미(味)'를 깨닫기 위해서 '독서력'을 향상시킬 것이 촉구되었다. 그런데 이 때 요구되는 '독서의 능력'은 과거의 방식처럼 몇몇의 정전을 반복, 암송하는 것으로 얻어지는 것이 아니었다. 근대적 인쇄 매체의 도입과 더불어 독서는 다종 다량의 신문·잡지·저서 등을 두루 편람하여 정보를 취사하는 방식으로 변환되는 중이었고 이에 따라 새로운 '읽기 기술'의 훈련이 요구되었다.[100] 『붉은 져고리』가 아동들에게 풍부한 읽을거리를 정기적으로 제공함으로써 독서에 맛을 붙이고 독서 능력을 진작시켜줄 수 있는 '신문'으로서, "趣味性 養成의 大關鍵在此", "感受力訓練의 好資料滿紙"[101]라는 선전 문구를 내건 것은 당시의 소비자에게 적절한 호소력을 지니는 것이었다.

1910년대 아동 잡지에서 유용한 것을 재미있게 전달하는 방법은 여러 면에서 모색되었다. 『붉은 져고리』 창간호의 1면에 실린 「은진미력」은 이러한 시도가 구체적으로 어떤 방식으로 이루어졌는지 보여주는 하나의 예가 될 수 있다. 「은진미력」은 2단으로 구성되어 있는데, 아랫단의 중앙에는 은진미륵의 삽화가 실려 있으며, 은진미륵을 소개하는 글이 전반부에, 은진미륵이 화자가 되어 독자에게 자신을 소개하는 7.5조의 창가가 후반부에 실려 있다. 즉 은진미륵이라는 하나의 소재를, 우선 '삽화'를 통해 시각적 흥미를 유발하고, "이 그림은 은진(恩津) 고을 반야산(般若山) 관촉절(灌燭寺)에 잇는 돌 미력이니"로 시작하는 '설명문'

99) 「고상한 쾌락」, 『청춘』 6호, 1915.3.1.
100) 이기훈, 「독서의 근대, 근대의 독서」, 『역사문제연구』 7호, 2001.
101) 『붉은 져고리』 4호 부록, 1913.2.15.

을 통해 객관적이고 사실적인 지식을 전달한 뒤, "나좀보오내키는 쉰다섯자오 / 아모든지쳐다보면 싸마오리다", "사랑ᄒᆞᄂᆞᆫ동무야 어서자라서 / 소견이며몸집이 커다라커든 / 머시나갓가오나 차자오시오 / 억개동무ᄒᆞ리다 목말태리다"는 '창가'[102]로써 정서적 공감까지 유도하는 방식으로 제시하고 있는 것이다. '그림+글+노래'가 상응하는 이러한 구도는 독자들에게, 가치 있고 유용하다고 생각되는 어떤 것을 보고, 듣고, 깨달아 아는 동시적 감각 효과를 유발시키기 위해 고안된 것이라고 할 수 있다. 특히 시가에서 화자를 은진미륵으로 설정하고 어린 아동을 청자로 설정한 것은 아동 독자를 적극적으로 고려한 것이라고 볼 수 있다.

아동 독자를 적극적으로 고려함으로써 『붉은 져고리』의 담론 공간은 나름의 특정한 경향성을 띠게 되었다. 우선 눈에 띄는 것은 아동 인물을 중심으로 한 이야기나 시가의 구성이다. 『붉은 져고리』에서는 허구적 인물은 물론이고, 역사적 인물을 제시할 때도, 심지어 '우슴거리'에 실렸던 짤막한 우스개 이야기에 등장하는 인물까지도 나이 어린 아동으로 설정되는 경우가 많았다. 예컨대, 「우리 오누」라는 시가의 화자는 일곱 살짜리 보통학교 1학년생으로 설정되어 있었으며,[103] '죠지, 워싱톤'과 같은 인물을 소개할 때에도 "그 어른의 크신 뒤에 ᄒᆞ신 일은 매오 크고 거룩ᄒᆞ니 이는 이 다음 아시려니와 여긔는 우리맘때 일 몃가지를 말슴하겟"[104]다고 하면서 위인의 전 생애의 궤적이나 업적을 연대기적 서술로 그려내는 대신 어렸을 때의 일화를 중심으로 재단하는 방식을 취했다. '우슴거리'란에 등장한 '홍동이', '차손이', '직돌이' 등도 학교에 다니거나 부모의 보살핌을 받는 어린 아동들이었다.[105]

한편 이야기의 구조도 아동 독자의 이해를 돕기 위해 보다 단순화되

---

102) 곡조는 "普通教育唱歌集第六 兎와 龜"을 따르라고 지시되어 있다.
103) 「우리 오누」, 『붉은 져고리』 4호, 1913.2.15.
104) 「일홈 난 이 : 죠지, 워싱톤」, 『붉은 져고리』 7호, 1913.4.1.
105) 「우슴 거리」, 『붉은 져고리』 10호, 1913.5.15.

는 경향을 보였는데, 이러한 과정에서 이야기의 주제 중심축도 함께 이동하는 모습을 보였다. 「짜님의 간곳」(1호)과 「네 아오동생」(2호)은 그림 형제의 메르헨을 번역한 것이다. 그런데 이 이야기들은 원래의 모습과는 약간의 차이가 있다.[106] 전자에는 사건 해결에 큰 역할을 하고 나중에 공주와 결혼까지 하게 되는 '젊은 백작'이 등장하지 않음으로써 내용이 소략해졌을 뿐 아니라 결과적으로 공주의 아름답고 매력적인 여성으로서의 면모는 가려지고 부모에 대해 진실된 마음을 가진 딸로서의 모습만 부각되는 현상이 나타났다. 후자의 경우에도 네 형제가 자신의 재주와 공을 내세워 서로 다투는 장면이 생략되고 대신 함께 협력하는 것의 유익함이 돋보이도록 변모되었다.

또 다른 예로 「바보 온달이」라는 제목으로 『붉은 져고리』 1·2호에 연재된 '온달의 이야기'를 들 수 있다. 이 이야기에는 온달이 신라를 공격할 것을 제안하여 전쟁터에 나갔다가 전사하였다는 사실과 온달을 장사지낼 때 관이 움직이지 않았는데 평강 공주가 "죽고 사는 것은 이미 결판이 났으니 마음 놓고 돌아가시오"라고 하면서 어루만지자 비로소 움직여 나갔다는 유명한 에피소드가 생략되어 있다.[107] 온달의 '죽음'과 그 이후가 생략됨으로써, 이야기는 온달이 후주(後周)의 무제가 쳐

---

106) 물론 번역물의 경우, 모습이 변형된 데에는 『붉은 져고리』의 기자(記者)가 의도적으로 직접 개작했을 가능성 이외에도, 일본 등에서 이미 변형이 이루어진 텍스트를 이용해서 생긴 결과일 가능성을 무시할 수 없다. 최남선이 잡지 간행을 결심하고 일본으로부터 다량의 참고 서적과 인쇄 기구를 구입해 온 것은 1908년이었다. 그가 일본에서 주로 공부했던 장소는 일본의 대표적인 출판사였던 '博文館' 소유의 오오하시 도서관(大橋圖書館)이었는데, 당시 '博文館'에서는 『세계명작동화집(世界お伽噺)』 전100권(1899~1908)을 출판하고 있었다.(大竹聖美, 「近代 韓日 兒童文化教育 關係史 研究(1895~1945)」, 연세대 박사논문, 2002, 38~39면) 일본에서 성행하던 '오토기 바나시'는 최남선이 '아동용 이야기'를 만들어 내기 위한 새로운 글쓰기를 모색하는 데에 적지 않은 영향을 미쳤을 것이다. 한편 신문의 지면이 제한적이어서 충분한 양을 실을 수 없었다는 것도 텍스트를 단순화시킬 수밖에 없는 현실적인 이유가 되었을 것이다. 그림 형제가 정리한 『어린이와 가정의 메르헨』의 본래 내용과 비교하기 위해 김경연이 옮긴 『그림동화(1~10)』(한길사, 1995)를 참조하였다.

107) 온달 이야기는 『삼국사기』 열전(『三國史記』 卷第四十五 列傳 第五)에 실려 있다.

들어왔을 때 큰 공을 세워 왕의 인정을 받게 되었으며, 나라의 중추적인 역할을 잘 해냄으로써 훗날까지 이름을 남기게 되었다는 '성공'의 지점에서 끝을 맺는다. 온달의 이야기는 마지막에 "그러나 압서는 낫브던 그가 뒤에는 덥흘이 업시 슬긔롭고 놉다란 이가 되기는 참 그 짜님의 애와 힘이외다. 그러틋훈 호강과 그러틋훈 질거음을 우숩게 버리고 깁히 바라시는 한가지 일을 이루시랴고 무서운 괴로움을 달게 안 그 짜님의 정셩이외다. 무서운 것은 졍셩이외다"라는 구절이 덧붙여짐으로써 역사적 인물의 일대기가 아니라, 누추한 환경 속의 보잘 것 없는 존재가 조력자를 만나 성공에 이르게 되는 '행복한 결말'의 이야기, 공들이고 애쓰는 정성의 중요성을 깨우쳐주는 '교훈적인 이야기'로 전화된다. 「바보 온달이」는 온달 이야기가 본래가지고 있던 '傳' 양식을 부분적으로 변용하는 과정을 통해[108] 새로운 서사 구조와 주제를 갖는 아동용 이야기로 재탄생될 수 있었던 것이다.

생략과 단순화를 통한 이야기의 재구성이라는 소극적인 방법이 아닌 보다 적극적인 창작의 양상을 보여준 예도 찾아 볼 수 있다. 「말굽 가는 곳」은 『붉은 져고리』 7호부터 11호까지 연재되었으나 잡지의 폐간으로 마무리되지는 못했다. 「말굽 가는 곳」은 『삼국사기』에 실려 있던 '해명태자'의 이야기를 바탕으로 한 것인데 개작의 양상이 커서 창작이라고 보아도 무방한 텍스트이다. 『삼국사기』의 본기 유리대왕조에 실려 있는 내용에 따르면, 유리왕의 둘째 아들 해명태자는 힘과 기개가 남다르게 뛰어났음에도 불구하고 21살이라는 한창 젊은 나이에 아버지로부터 자

108) 융통성이 큰 편이기는 하지만 전통적인 전(傳)의 형식은, 대략 '도입부(창작동기, 입전 의도, 출생, 성명, 가계 소개 등)－전개부(업적, 일화, 행적)－종결부(죽음, 사후 평가, 논찬)' 정도로 정리할 수 있다. 위에서 예로 든 온달 이야기의 경우 도입과 전개부는 대체로 삼국사기 열전의 원문 내용을 따르고 있으나 마지막 종결부는 생략·변형되었다. 특히 '논찬(論贊)' 부분은 평강 공주의 정성과 노력을 기리는 내용으로 새롭게 쓰여졌다. 박희병, 「조선후기 '전'의 소설적 성향 연구」, 서울대 박사논문, 1991; 김찬기, 「근대계몽기 전(傳)에 관한 연구」, 고려대 박사논문, 2003 참조.

결하라는 명령을 받아 스스로 목숨을 끊을 수밖에 없었던 비극적인 인물이다. 그러나 「말굽 가는 곳」에서의 해명은 자라나는 소년이었으며, 역사의 기록에서처럼 아버지인 유리왕으로부터 자결하라는 명령을 담은 패륜의 칼을 내려 받는 것이 아니라, 죽은 동명성왕 할아버지가 꿈에 나타나 악한 무리로부터 백성들을 구하라면서 전해준 소명의 칼을 받는다. 『삼국사기』의 '해명 태자'가 아이러니한 역사 현실 속에서 희생되었던 '비극적 인물'이었다면, 「말굽가는 곳」의 '해명 아기'는 시대적 염원과 이상을 안고 부활한 '영웅적 인물'이었다고 할 수 있다. 서술자는 1910년대 아동 잡지 지면에서 새롭게 부활한 어린 영웅의 표상을 하나하나 섬세하게 그려낸다. 영웅을 묘사하는 서술자의 태도는 자못 경건하고 극진하다.

> 이 아기가 자랄스록 슬긔와 날냄이 빨니 늘어 예닐곱살부터 임의 제법ᄒᆞᆫ 소견과 그 소견 대로 ᄒᆞᆯ만ᄒᆞᆫ 결단셩이 잇습니다 무슨 일의 올코 그른 것을 능히 가리며 ᄯᅩ 두로 생각ᄒᆞ야 한번 올흔 줄을 알면 아모런 어려움이라도 무릅ᄭᅮᆯ고 ᄭᅩᆨ 그대로 ᄒᆞᆸ니다 그의 눈은 오즉 한군ᄃᆡ만 보니 곳 올흠 잇ᄂᆞᆫ 곳이오 그의 발은 오즉 한길만 가니 곳 올흔 일에만 움즉이며 그 날냄은 오즉 올흔 곳에만 들어납니다 어린 동모와 서로 놀ᄯᅢ에도 착흠을 돕고 모짐을 치며 굿셈을 누르고 약흠을 붓들어 넘칠듯ᄒᆞᆫ 사랑과 견ᄃᆡ릴 수 업ᄂᆞᆫ 위엄이 아모 ᄯᅢ던지 그 손 속에 쥐어 잇습니다.
>
> —「말굽 가는 곳(1)」, 『붉은 져고리』 7호, 1913.4.1

「말굽 가는 곳」은 '성인'인 도적의 괴수와, 힘과 용기가 범상치 않은 '소년' 영웅으로서의 해명 아기의 대결을 빠르고 박진감 넘치게 묘사하고 있어 서사의 흥미를 더해주었다.

「세 가지 시험(솔거의 꿈)」은 신라시대의 화공 솔거의 이야기를 소재로 한 것으로 『붉은 져고리』 3호부터 6호까지 4회에 걸쳐 연재되었다. 그러나 「세 가지 시험」은 솔거의 그림 솜씨가 훌륭하여 그가 그린 황룡사

노송에 새들이 날아들기까지 했다는 널리 알려진 일화를 중심에 다루지 않는다. 「세 가지 시험」은 이미 훌륭한 솜씨로 인정받은 '화공 솔거'의 이야기가 아니라, 그림을 그리고 싶어 하는 '아이 솔거'의 이야기로 바꿈으로써 소망을 이루기 위해 정진하는 동안에 겪는 어려움과 그 극복 과정이 전면에 내세워진다. 이야기의 서두는 "솔거는 신라때 낫븐 사람의 아희외다 그 어버이는 남의 집에 품팔이 ᄒᆞ야 먹는 가난ᄒᆞᆫ 사람인더 늣게야 이 아희 한아를 나핫습니다"[109]로 시작한다. 이는 "率居는 新羅사람이다. 출신이 한미한 까닭에 그 族系가 기록되지 않았다"[110]는 역사적 기록과는 차이가 큰 것이다. 원래는 알 수 없었던 솔거의 유년 상황은 허구적 상상력을 통해 구구절절한 내력을 얻었다. 사실 솔거에 관한 삼국사기 열전의 기록은 총 94자의 몇 줄에 지나지 않는다. 얼마 되지 않는 간략한 내용을 바탕으로 4회 연재 분량의 새로운 아동 서사가 만들어졌던 것이다. 대략의 내용을 정리해 보면 다음과 같다.

① 살림 걱정은 하지 않고 그림 그리는 것만 좋아하는 아이 솔거는 결국 집에서 쫓겨난다.

② 솔거는 산 속에서 깜빡 잠이 들었다가 깨어나 흰 머리의 신령한 노인을 만난다.

③ 흰머리 노인은 솔거에게 그림 잘 그릴 재주를 얻을 수 있는 세 가지 시험을 제시한다.

④ 솔거는 백일 안에 수풀 아래의 새 소리를 그려내라는 첫 번째 시험을 통과한다.

⑤ 백일 안에 나무가 자라나는 모양을 그려내라는 두 번째 시험을 통과한다.

⑥ 백일 동안 마음으로 오로지 그림 한 가지만 생각하면서 호랑이의 환영과 싸워 이겨내라는 세 번째 시험도 통과한다.

⑦ 세 가지 시험을 모두 통과한 솔거는 노인을 따라 신성한 세계에 들어가

109) 「세 가지 시험」, 『붉은 져고리』 3호, 1913.2.1.

110) "率去新羅人所出微故不記族系". 솔거의 이야기는 삼국사기 열전(『三國史記』 卷第四十八 列傳 第八)에 실려 있다.

하나님의 재주 헛간에서 그림 잘 그리는 재주를 얻게 된다.

⑧ 산 속에서 잠들어 있는 솔거를 지나가던 중이 발견한다.

⑨ 전후 사정을 들은 중이 솔거를 데려가 그림 공부를 시킨다.

⑩ 솔거는 훌륭한 화가가 되는데, 가장 유명한 것은 단군의 초상과 황룡사의 늙은 소나무 그림이다.

요약된 줄거리만 보더라도 「세 가지 시험」은 역사 속의 인물 솔거의 명망과 이미지를 차용했을 뿐 이야기 자체는 완전히 새로운 것임을 알 수 있다. 새롭게 허구화된 이야기에서 두드러지게 눈에 띄는 것은 서사적 구조와 표현에서 환상성을 적극적으로 도입했다는 점이다. 물론 위기에 빠진 주인공이 신령한 조력자를 만나 문제를 해결한다거나, 세 번의 고비를 넘겨 소원을 성취한다는 설정, 꿈꾸는 동안 잠깐 환상계에 들어가서 신성한 인물로부터 선물을 받아 돌아온다는 것 등은 옛이야기를 통해서 이미 익숙한 서사 패턴이라고 할 수 있을 것이다. 아동용 이야기는 재래의 이야기에서 재미를 더해 주던 모티프들을 활용함으로써 독자에게 친화력 있게 다가가고자 했다고 볼 수 있다.

그러나 1910년대의 아동 잡지 지면에서 재미는 앞서 살핀 바와 같이 유용성의 범주 내에서만 가치가 부여되는 것이었다. 대부분의 이야기 속의 환상적이고 흥미로운 요소들은 일정한 교훈적인 깨달음을 유도해 내기 위해 존재했다. 「세 가지 시험」에서 꿈속에서의 시험을 통해 확인하고자 했던 마음의 '불'과 '물'은 처음에는 마치 신비롭고 환상적인 그 '무엇'인 것처럼 묘사되었지만 결국 어떤 일을 꼭 해내고자 하는 '의지'와 더할 수 없는 '정성'이라는 덕목으로 곧바로 연결되는 것이었다. 즉 친숙하고 재미있는 서사 형식이 실어 나르는 것은 당시의 계몽적 담론들이었던 것이다. 예컨대 흰머리 노인이 솔거에게 들려주었던 "오냐 오냐 억세게만 가거라 정셩스럽게만 ᄒᆞ여라 짬짝홀 동안이라도 마음을 노치 말고 그림 한가지만 생각ᄒᆞ면 아모 것도 너를 건더리지 못홀지니라"[111]라는 말 속에는 바로 한 호 전에 발표되었던 최남선의 "홈이 잇고져 ᄒᆞ며 그 홈이 남보담 뛰어나고져 ᄒᆞ면 힘을 오로지 ᄒᆞ며 남보담 더 힘을 오로지 하"[112]라는 계몽적 언설이 변주되어 끼어들어 있었다. 환상 속에서 단련 받아 훌륭한 화가로 성공한 솔거가 일생의 역작으로 남긴 것이 다름 아닌 '단군의 초상'이었다는 것은 이러한 환상의 서사들이 목적하는 바가 무엇이었는가를 여실하게 보여 주는 것이라고 할 수 있을 것이다.

이처럼 1910년대 신문관 아동 잡지의 이야기에는 이야기의 표면에 전달하고자 하는 주제가 노골적으로 드러나 있거나, 아예 "가ᄅᆞ침", "풀이", "생각ᄒᆞ실일" 등 일정한 독법을 유도하는 장치들이 덧붙어 있는 경우가 많았다. 그런데 이때의 교훈은 '정성', '믿음', '용기', '인내', '정직' 등 당시 준비론자들이 내세웠던 덕목들로 수렴되는 경향이 있었다. 이와 같은 주제들은 아동 잡지 담론 공간 내의 형식과 표현이 다른 여러 종류의 글들, 시가와 이야기, 논설적인 글과 문예적인 글, 허구적인 글과 사실적인 글들을 두루 관통하여 공명되고 있었다.

재미의 가치는 아동 독자를 배려하는 차원에서 재조명되었다. 이는 아동을 위해 이야기나 시가가 만들어질 때 양식적 특질을 구성하는 중요한 계기가 되었다. 그러나 재미와 유익의 관계가 기계적으로 사유될 경우, 재미는 단지 유익한 것을 전달하기 위한 도구적 기능으로만 이해될 가능성이 컸고, 재미 혹은 취미의 미학적인 원리가 깊이 있게 탐구되지 못할 수 있었다. 『붉은 져고리』와 『아이들 보이』에 실렸던 7.5조 옛이야기 서사 창가[113]의 독특한 실험 양식이 보여주는 것은 바로 그러

111) 「세 가지 시험(4)」, 『붉은 져고리』 6호, 1913.3.15.

112) 한샘, 「힘을 오로지홈」, 『붉은 져고리』 5호, 1913.3.1.

113) 이들 텍스트는 흔히 '동화요(童話謠)'라는 명칭으로 불리기도 했다. 그러나 이는 당시에는 사용되지 않았던 명칭으로 후일에 아동문학 연구자들이 붙인 것이다. 이 책에서는 전통 서사들을 아동용 읽을거리로 전환하면서 7.5조의 창가 율조를 선택했다는 점을 드러내기 위하여 '옛이야기 서사창가'라는 용어를 사용하고자 한다.

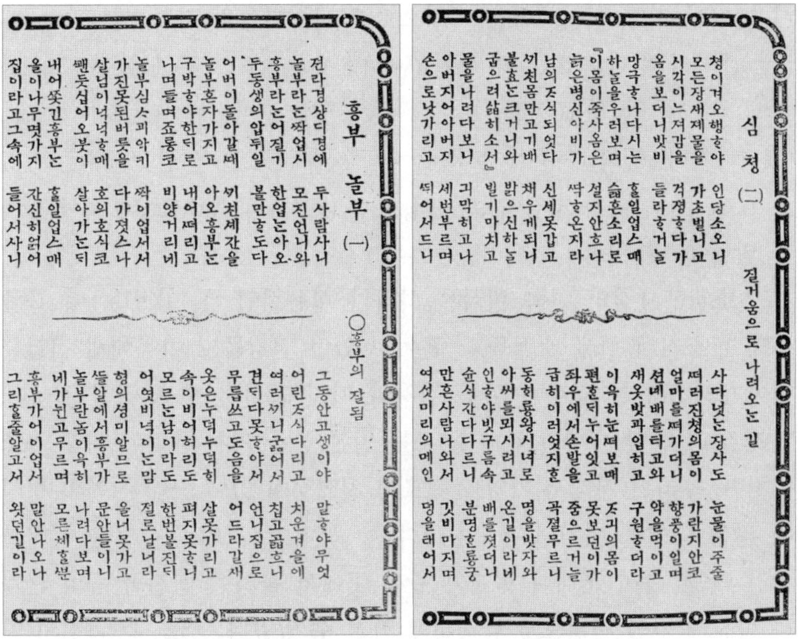

『아이들보이』에 실려있던 옛이야기 창가. 「흥부전」, 「심청전」 등 잘 알려진 이야기들을 7·5조 4행 연속체의 틀에 맞추어 실었다.

한 가능성과 한계이다.

최남선은 '옛 것'과 '고유한 것'이 가질 수 있는 근대적 가치를 누구보다도 빨리 간파하고 이를 '조선적인 것'의 자양분으로 삼아 다양한 문화적 실천을 전개했던 대표적인 인사이다. 1910년대에 그는 조선 광문회를 설립하여 고서 수집과 번역 출판에 힘쓰는 한편,[114] 신문관을 통해서는 고전 소설을 '육전소설' 시리즈로 새롭게 선보이기도 했다.[115] 또한 『아이들 보이』와 같은 아동 잡지에서는 '샹급 주는 이약이 모음' 광고를 통해 옛이야기를 현상 공모하기도 했다. 그는 이와 같은 과정에

114) 오영섭, 「조선광문회 연구」, 『한국사학사학보』 3호, 2001.3.

115) 이주영, 「신문관 간행 '六錢小說'연구」, 『고전문학연구』 11, 1996; 이태화, 「신문간 간행 판소리계 소설의 개작 양상」, 고려대 석사논문, 2003.

서 얻어진 각종 이야기들을 바탕으로 「고든 마음의 갑흠」(『붉은 져고리』 10호), 「자라 령감허고 토끼 생원」(『아이들 보이』 1호), 「홍부 놀부」(『아이들 보이』 2~3호), 「심청」(『아이들 보이』 4~5호), 「세 선비」(『아이들 보이』 6~8호), 「옷 나거라 뚝딱」(『아이들 보이』 9호), 「나무군으로 신션」(『아이들 보이』 10~11호), 「남잡이가 저잡이」(『아이들 보이』 12호)와 같은 7.5조의 서사 창가를 만들어 냈다.[116)]

7.5조 4행 1절의 연속 형식은 하나의 실용적인 '틀'이었다. 이 틀을 통해 판소리계 한글 소설들도, 흩어져 있던 민담들도 아동에게 적합한 이야기의 요건을 갖추어 아동 잡지의 지면에 실릴 수 있었던 것이다. 널리 알려져 있는 바와 같이 7.5조는 일본 등을 거쳐 유입된 외래 율조이지만, 우리의 전래 시가와도 구조적 친연성이 있어 근대 시가의 형성에 많은 영향을 미쳤던 음수율이다.[117)] 특히 7.5조의 음수율은 시가를 서양 악곡, 특히 군대나 학교와 같은 곳에서 불리던 행진곡 풍의 군가나 학교 창가의 영향으로 급속하게 퍼질 수 있었다. 7.5조 4행 1절의 연

---

116) 서사창가 「홍부 놀부」, 「심청」는 각각 신문관에 발행한 육전소설 『홍부젼』과 『심청젼』을 저본으로 삼은 것으로 보인다. 육전소설 『홍부젼』이 발간된 날짜와 서사창가 「홍부 놀부」가 연재된 날짜는 모두 1913년 10월 5일로 정확하게 일치하며, 신문관 육전소설 『심청젼』만의 특징으로 알려져 있는 "고려말년 남군 짜"라는 국내 배경 설정 등이 서사창가 「심청」에서도 마찬가지로 나타나 둘의 연관 관계를 추정할 수 있다. 한편 『아이들 보이』의 '이약이 모음'을 통해 수집된 이야기들도 서사창가를 만드는 데에 많이 활용되었다. 『아이들 보이』 7호의 이야기 현상 공모에는 「옷나거라 뚝딱 금나거라 뚝딱」(강서군 최승환)이 뽑혔는데 바로 그 다음 호인 8호에 서사창가 「옷나거라 뚝딱」이 발표되었다. 또 11호에서 뽑힌 「남잡이가 저잡이」(강서군 최승환)도 다음 호인 12호에 서사창가로 각색되어 실렸다.

117) 한수영이 정리한 바에 따르면, 7.5조에 대한 연구는 첫째, 일본으로부터 수입된 외래율이라는 입장에서 가치 평가를 하는 시각에서 시작되어 둘째, 당대 문학 공간에서 수행한 기능적 역할에 대한 논의를 거쳐 셋째, 어떻게 우리 시의 한 리듬으로 자연스럽게 적응될 수 있었는가를 묻는 것으로 변모되어 왔다고 할 수 있다. 셋째의 운율론적 관점에는 우리 시의 잠재적 요소 중에 7.5조를 수용할 자질이 이미 존재했으므로 이것이 친화력을 가질 수 있었다고 보고, 그 기저 자질을 층량 3음보의 기층 구조(성기옥) 또는 4보격의 두 마디 대응구조라는 의미의 율(김대행)로 분석하는 견해 등이 있다.(한수영, 『운율의 탄생』, 아카넷, 2008, 14~19면)

속 형식은 최남선이 창가집 『경부텰도가』에서 이미 선보였던 것이기도 했는데, 최남선은 『경부텰도가』에서 "이 노래는 학도모댜를 쓰고 담바귀를 불느고 택보댜를 끼고 홍씌여라를 노래하난 아해들노 하여금 시맛과 댜미를 맛보게 하고 아울너 우리나라 남방편의 디릿디식을 듀기 위하여 지은 것"[118]이라고 밝혔다. 그는 새로운 세대들에게는 '담바귀 타령'이나 '홍 씌어라' 류의 재래의 민요풍과는 다른 보다 씩씩하고 진취적인 노래가 필요하다고 생각했으며, 이에 따라 새로운 "시맛"과 "댜미"를 도모하기 위해 선택한 것이 7.5조의 창가 형식이었던 것이다. 7.5조의 정형률은 시가를 서양 악곡의 노래로 호환시키기에도 편했지만, 가창되지 않는 경우라고 하더라도 책을 소리를 내면서 리드미컬하게 읽는 '율독'의 방식에도 유리했다. 율독은 혼자 고독하게 텍스트를 마주대하는 개인적이고 성찰적인 독서보다는 여럿이 모인 자리에서 함께 읽고 듣는 공동체적 독서에서 사용하기에 적합한 방법이며, 어떤 내용을 오래 잘 기억할 수 있게 해주는 효과가 있어 경전과 같은 것을 암기할 때에도 자주 사용되어온 전통적인 독서법이기도 하다. 이런 점에서 전해져 내려오던 옛이야기를 운율에 싣고자 했던 이와 같은 시도는 민족의 전통 서사를 다음 세대가 오랫동안 기억하고 함께 공유하게 만들기 위한, '리듬'의 기획이자 '재미'의 기획이었다고 할 수 있을 것이다. 그런데 이러한 리듬의 기획에 7.5조의 외래 율조가 선택되었다는 사실은 지금의 시각에서 본다면 아이러니한 일로 느껴진다. 그러나 이는 『경부 텰도가』의 창작 취지에서도 엿볼 수 있듯, 당시의 최남선에게 7.5조의 창가 운율은 외래적인 운율이라기보다는 구태를 벗어난 새로운 율조, 어린 세대의 감각에 부합될 만한 근대적이며 진취적인 리듬으로 이해되었기 때문일 것이다.

그러나 이러한 새로운 리듬의 기획이 각 텍스트가 줄 수 있는 재미를

118) 최남선, 「뎐례말」, 『경부텰도노래』, 신문관, 1908(김병선, 『창가와 신시의 형성 연구』, 소명출판, 2007, 220면에서 재인용).

최대치로 보장해 줄 수 있었던 것은 아니었던 것으로 보인다. 모든 종류의 이야기들을 엄격한 음수정형률의 7.5조 4행 1절 연속체의 틀에 밀어 넣는 것은 각 이야기의 특성들을 무리하게 억압하는 결과를 낳을 수도 있었기 때문이다.

『올치이건나먹고』 ᄒᆞ고서줍고
ᄯᅩ한알은『마누라 주리라』ᄒᆞ고
ᄯᅩ한알나오는건 **아들에게나**
갓다주리라』ᄒᆞ고 거둬너터니

이ᄯᅢ마츰소낵이 쏘다지거늘
『응한알더나오면 아버님게나
들이려ᄒᆞ얏더니 엇져라』ᄒᆞ고
얼는빈졀을차져 비를피ᄒᆞᆫ다

—「옷나거라 뚝딱」, 『아이들 보이』 9호, 1914.5

위의 인용문은 「도깨비 방망이」 설화를 서사창가로 각색한 「옷나거라 뚝딱」의 일부분이다. 표시한 부분의 예에서 볼 수 있듯, 인물들의 대사나 어떤 행동이 한 행이나 한 절의 단위에서 완결되지 않을 때, 혹은 앞의 7음절을 '3+4' 혹은 '4+3' 정도의 음절로 뒤의 5음절을 '2+3', '3+2' 정도의 음절로 자연스럽게 나누어 읽기 곤란할 때, 앞뒤에 휴지(休止)가 필요한 독립어 등이 시행에 들어 있어 등장성을 해칠 때 등 '통사적 의미 구조의 단위'와 '형식적 율격의 단위'가 서로 어긋나는 경우에는 운율의 흐름도 매끄럽지 못하고 의미의 전달도 효과적이지 못한 경우가 종종 발생했다. 이는 서사창가의 본래의 목적이 조선의 고유한 이야기를 어린 세대에게 전달한다는 데에 있었으므로, 이야기의 서사적 구성이나 내용 자체는 크게 손대지 않고 분량을 줄이는 정도로만 처리한 뒤 이미 마련되어 있는 정형적 틀에 맞춰 넣으려 했기 때문에 발생했던 문제일 가능성이 크다. 창가의 정형적인 틀은 왕성한 생산력을 발휘할 수 있는 것이기도 했지만, 본래의 이야기가 가지고 있었던 다양한 서사적 장치들의 풍요로움까지 흡수해 내기에는 협소하고 단조로웠으며, 똑같은 시도가 재차 반복되면서 처음의 참신한 느낌은 급속하게 빛을 잃을 수밖에 없었다고 할 수 있을 것이다.

1923년 『어린이』의 1호와 2호에 연재되었던 「노래주머니」는 방정환의 아동극 각본이다. 『어린이』는 「노래주머니」가 실렸던 1호의 마지막 페이지에서 다음 호의 내용을 "불상한 불상한 이태리 동화 하나, 세계적 명작으로 유명한 독일 것 하나, 조선 동화 혹쟁이의 연극과 하는 법 이외에, 「귀여운 희성」이라는 유명한 글과, 수선화의 이약이를 가하고 재미잇는 새 유희와, 톡기의 귀와 자동 전화, 외국에서 온 편지 등 그야말로 몹시 재미잇는 것만 지금 추리는 중"이라고 예고했다. 『어린이』는 시종 "몹시 재미잇는 것"만을 추려 모아 놓았다는 것을 강조하고 있었는데, 이때 「노래주머니」는 재미있는 '조선동화'의 대표 자격으로 '이태리 동화', '독일 명작(그림 동화)'와 나란히 놓여 있었던 것이다.

작품에서 전면에 등장하는 문제 또한 '재미'이다. 「노래주머니」는 전체 1막 3장으로 구성되어 있었는데, 1막 1장의 첫 장면은 다음과 같다.

□ 一 場 □

(어두컴컴한 森林속에 파－란빗만 훤－하게 비치는데 푸른옷입은 독갑이들이 여덟인지 아홉인지 늘어안젓고 한가운데 나무뿌리에는 독갑이괴수가 걸터안저잇다.

후루룩후루룩 새소리가들리면서 開幕

독갑이들이 손바닥을치면서 노래를부른다

노래 『山 속에 숩속에 쏘두락짝

金나라 銀나라 쏘드락짝

첫닭이울기前에 ᄯᅩ드락ᄯᅡᆨ
ᄯᅩ드락ᄯᅡᆨ ᄯᅩ드락ᄯᅡᆨ ᄯᅩ드락ᄯᅡᆨ

괴수『아아, 밤낫 그 소리뿐이냐? 이애들아 너의는 다른소리는 족음도 모르느냐 몃十年 두고 그 소리만하니 무슨재미가 잇니』

첫 장면에 등장한 도깨비들의 문제적 상황은 한 마디로 '심심하다'는 것이다. 극 중 사건은 몇 십년씩 똑같은 노래만 지루하게 불러왔던 도깨비들이 '재미'있는 노래를 원했기 때문에 발생한다. 대개 「혹부리 영감」류 설화는 전반부에는 효성스럽거나 마음씨 착한 인물이 도깨비를 만나 혹을 떼고 보물을 얻는다는 내용이, 후반부에는 악하고 욕심 많은 인물이 샘을 내어 흉내 내다가 화를 당한다는 내용이 대비적으로 구성되어 있다. 이러한 서사 구성 방식은 똑같은 상황에 대한 상반된 태도와 그로 인한 결과를 한 눈에 비교해 보여주기 때문에 권선징악의 주제를 드러내는 데에 매우 효과적이다. 그러나 「노래주머니」는 「혹부리 영감」 설화의 기본적인 구성을 변형하여, 1막 3장의 구성을 취했다. 이는 「노래 주머니」의 주제가 단순히 선을 권하고 악을 징치하는 데에 집중되어 있지 않았음을 보여주는 것이다. 대신 「노래주머니」는 도깨비들의 노래잔치를, 웃음이 나는 해학적인 정경을 전면에 내세웠다. 이 작품이 「혹부리 영감」이 아니라 「노래주머니」라는 제목을 취했던 것도 이 때문이라고 볼 수 있다.

「노래 주머니」의 제2장은, 작품 속의 '선인'과 '악인'이라고 할 수 있는 '박서방'과 '김서방'이 동네 아이들과 만나는 장면으로 되어 있다. 이 작품에서 선인과 악인의 가장 큰 차이는 바로 아이들을 대하는 태도에서 드러난다. 김서방은 아이들이 애써 잡은 미억이(메기)를 힘으로 빼앗으려 하는 등 아이들을 괴롭히는 인물이며 박서방은 이러한 위력적인 행동을 말리는가 하면 "소년의 말슷마다 벙글벙글" 웃어주는 다정한 인물이다. 이는 기존의 「혹부리 영감」이나 「도깨비 방망이」 등의 설화에서 흔히 선인의 징표로 남다른 효심을 강조했던 것과는 차이가 큰 것이다. 옛이야기의 동화로의 변신 과정에서 발생한 성격 창조의 예라고 할 수 있을 것이다.

그런데 김서방은 아이들을 괴롭히는 인물이기도 하지만, 철저한 악인이라기보다는 욕심이 많고 성질이 급한 자기중심적인 인물에 더 가깝다고 볼 수 있다. 그는 단순하고 성질이 급하기 때문에 상황도 잘 파악하지 않은 채로 무조건 숲 속으로 달려가며, 도깨비를 만나서는 도깨비들이 자신을 놀리면서 시험하는 줄도 모르고, 보물을 가져오지 않으면 혹을 주지 않겠노라고 허세를 부리기도 하고 어제 준 보물보다 세 갑절은 더 줘야 한다고 조르기도 한다. 김서방의 이와 같이 어수룩하고 단순한 성격은 이미 모든 상황을 지켜보아 잘 알고 있는 관객들에게 웃음을 불러일으키게 된다. 또한 도깨비들이 괴수에게 코를 잡아 늘이는 벌을 주자고 하자 코를 쥐고 쩔쩔 매고, 입에다 혹을 붙이자고 하자 입을 꼭 쥐며, 허리를 늘려서 나뭇가지에 친친 감자고 하자 두 손으로 자기 가슴을 꼭 껴안는다거나, 입에서 개구리가 나오게 하자고 하자 다시 입을 가리는 행동은 사뭇 과장되고 희극적이다. 요컨대 이 작품에서 재미는 단지 유익한 내용을 실어 나르는 부수적 역할에 그치고 있는 것이 아니다. 이 작품에서 재미는 문제적 상황의 핵심인 동시에, 극 전체를 흥겹게 하는 중심 원리로서의 추구되고 있는 것이다. 「노래주머니」가 실렸던 『어린이』 창간호의 첫 페이지 중앙에는 활짝 웃는 아이의 사진이 실려있었으며, 그 아래에는 별다른 설명 없이 "아 하하하하하하" 하는 웃는 소리만 적혀 있었다. '어린이'가 발견됨과 동시에 재미는 그 자체로 이미 유익한 것으로, 아동을 위한 문학을 창작하는 중심 원리로서 인식되기 시작했다고 볼 수 있을 것이다.

한편 당시에는 이처럼 우습고 즐거운 얘기들만 재미있는 것으로 여겨진 것은 아니었다. 『어린이』 2권 11호에 실려 있던 「영애의 불상한 녁」[119]은 제목 앞에 "자미잇는 동화"라는 구절이 붙어 있었지만 제목을 통해서도 짐작할 수 있는 것처럼 내용 자체가 우습거나 즐거운 것은 아니었다. '영애'는 마치 콩쥐와 같이 의붓어머니로부터 구박을 받는 처지였다. 의붓어머니가 깨어진 바가지로 물을 긷거나 돌멩이로 불을 피우라는 터무니 없는 과제를 주어 괴롭힌다거나, 중이나 기름 장수 이웃집 노파 등의 도움으로 이러한 난관을 극복할 수 있게 되는 것도 콩쥐 이야기와 흡사한 패턴을 보여준다고 할 수 있다. 그러나 영애는 콩쥐와는 달리 상황을 완전히 극복하지 못하고 죽임을 당하고 만다. 그런데 이처럼 가련한 운명을 다룬 슬픈 이야기의 제목 앞에 "재미있는 童話"라는 구절이 붙어 있었다는 것은 '재미'가 어떤 방식으로 발생하는 것인지 생각해 보게 한다. '재미있다'는 것은 단순히 이야기의 내용이 우습거나 즐거울 때만 발생하는 것이 아니라, 그 이야기에 흠뻑 빠져들어 깊은 감동을 받거나 감정의 동요를 느끼게 될 때 발생하는 느낌이라고 할 수 있다. 슬프고 가련한 이야기이건 즐겁고 우스운 이야기이건 독자들이 텍스트에 몰입하고 정서적으로 합일되는 경험을 제공할 때, 성인 작가와 아동 독자 간의, 얼굴도 모르는 수많은 소년과 소녀들 사이의 동정의 연대가 가능할 수 있었을 것이다. 이것은 아동문학이 막 모습을 갖추기 시작했을 때부터 꿈꾸었던 것일 뿐 아니라, 지금까지도 내내 소망하는 어떤 경지일 것이다.

119) 권영희, 『어린이』 2권 11호, 1924.11.

제2부

제1장 식민지 시기 '동화구연회[童話會]'의 공간

제2장 유성기 음반에 담긴 옛이야기

제1장
식민지 시기 '동화구연회[童話會]'의 공간

'동화회(童話會)'[1]는 식민지 시기, 특히 1920~1930년대에 동화구연(口演)을 중심 프로그램으로 하여 '동화회', '동화대회' 등의 이름으로 개최되었던 대중적 문화 행사를 가리키는 말이다. 당시 동화회는 조선 전역에서 개최되어 한 번에 수백, 수천의 청중을 모을 만큼 인기를 모았으나, 지금은 동화회라는 이름조차 낯설게 느껴질 정도로 일반인들의 기억으로부터 멀어졌다. 물론 아직도 색동회를 비롯한 아동문화단체에서 동화구연 행사를 꾸준히 열고 있으므로 그 명맥이 끊겼다고 할 수는 없지만, 각종 단체와 언론의 지원을 받으며 사회적 관심을 모았던 과거

---

1) 식민지 시기, 동화구연회의 대표적인 표현은 단연 '동화회' 또는 '동화대회'였다. 이 글에서는 '동화회'를, 소년운동이나 아동문학 관계자들이 연사가 되었던 구연 행사와 미성년들이 참가하여 우열을 가렸던 구연 경연 대회 등을 포괄하는 용어로 사용하되 식민지 시기에 개최되었던 것으로 한정하고자 한다. 굳이 당시의 표현을 사용하고자 하는 것에는 식민지 시기의 '동화회'가 지금의 '동화구연대회'와는 역사적 상황 맥락에서 차이가 있다는 점을 강조하고자 하는 의도도 내포되어 있다.

동화회의 규모나 위상과는 비교하기 어려울 것이다.

동화회가 처음 개최되기 시작한 것은 1920년대 초반 정도로 추정된다.[2] 이는 곧 우리 사회의 문화 지형 전반이 '어린이'의 출현과 더불어 새로운 구도로 재편되기 시작한 시점이기도 하다. 당시의 몇몇 상징적인 사건들, 예컨대 '어린이 날'의 제정, 각종 소년 단체의 조직과 소년 운동의 전개,[3] 교육열의 급속한 팽창, 아동용 출판물의 급증, 아동문학의 제도화 등을 떠올린다면 동화회와 연동되었던 일련의 상황들을 짐작할 수 있을 것이다. 한편 1920~1930년대는 신문, 잡지 등의 인쇄 매체는 물론이고 영화, 라디오와 같은 새로운 매체까지 광범위하게 보급되기 시작하여 보통 사람들의 매체적 일상을 급변시켰던 때이기도 했다. 풍문으로만 들리던 '모던'이 일상의 풍속으로 경험되는 문화의 보편화 혹은 세속화 속에서 '대중', '취향', '유행'이 계층별, 성별, 연령별 차이를 배태하면서 만들어지기 시작한 때였던 것이다. 특히 동화회는 번역동화집 『사랑의 선물』[4]이나 아동 잡지 『어린이』[5] 등이 당대 최고의

---

2) 『동아일보』에 실린 동화회 관련 첫 번째 기사는 1922년 4월 15일에 인천 엡윗 청년회 문학부에서 개최한 동화회 소식이며, 잡지 『어린이』에 기록된 첫 번째 동화회는 방정환이 1922년 9월 4일에 천도교 소년회에서 연 것이다.(『어린이』 1권 3호, 1923.4, 1면)

3) 소년 운동의 기점은 연구자에 따라 1921년(김정의), 1922년(이재철), 1923년(조찬석) 등으로 주장되고 있지만, 소년 운동이 1920년대 초반에 새로운 사회 현상으로 부상했다는 점에는 대체로 합의를 이루고 있다고 볼 수 있다.(김정의, 『한국소년운동론』, 혜안, 2006, 309~332면 참조) 1920년대 말의 동아일보의 한 기사도 소년 단체의 결성과 소년 운동의 발생 시점을 1919년경으로 잡고 있는 것으로 보아 이러한 견해는 당시의 감각과도 합치되는 것으로 판단된다.(『동아일보』, 1929.1.4)

4) 『사랑의 선물』(방정환 역, 개벽사, 1922.)은 나오자마자 4판을 찍는 "暴風雨갓치 팔려가는 책"(『개벽』 31, 1923.1, 광고 참조)이 되었으며, 1928년에는 11판을 찍을 정도로 당대의 베스트셀러였다.

5) 1923년에 창간된 『어린이』는 2, 3년 후에는 조선에서 가장 많이 팔리는 잡지 중 하나가 된다. 1924년 말 방정환은 『어린이』가 조선에서 제일 많이 팔리는 잡지보다 세 배나 더 많이 팔린다고 한 바 있으며(「독자담화실」, 『어린이』 1924.11, 47면), 1925년 1월 23일자 『동아일보』는 『어린이』 1월호가 나온 지 1주일만에 절판되고 곧 3판까지 찍는 신기록을 세우게 된 것은 조선 잡지계의 새로운 현상이라고 보도하였다.(「'어린이'잡지는 잡지계 초유의 레코드, 삼판을 또 발행했다고」, 『동아일보』, 1925.1.23)

베스트셀러가 되어 출판 기록을 갱신해나가는 독서 문화의 전개 과정과 맞물리면서 활기를 띠고 개최되었다. 요약하자면, 동화회는 미성년에 대한 새로운 인식이 일상의 영역들을 횡단하며 새로운 문화 현상을 창출해 나가던 시기에 개최되기 시작하여, 근대적 인쇄 매체의 대량 보급으로 아동 독자 인구가 급증하는 흐름을 타고 활성화되었으며, 특정한 시기가 지나자 차차 감소해 가는 추이를 보였다고 할 수 있다. 동화회의 발흥, 활황과 쇠퇴를 둘러싼 이러한 정황들은 확실히 여러 가지 점에서 학문적 호기심을 자극하는 측면이 있다.

특히 이 장에서는 독서문화의 전개 과정과 관련하여 동화회가 시사하는 바가 무엇인가 하는 데에 관심의 초점을 두고자 한다. 보다 구체적으로는, 신문, 잡지 등 근대적 인쇄 매체가 대중화되기 시작하는 시점에서 '구연'이라는 특별한 방식의 '이야기하기' 공간이 활성화되었던 이유는 무엇인가, 동화회와 같은 행사가 미성년에게만 한정되지 않는 폭넓은 인기를 누릴 수 있었던 이유는 무엇인가, 아울러 동화회와 전통적 독서 문화 혹은 이야기 문화와의 관계는 어떻게 이야기할 수 있을 것인가 하는 것 등이 동화회 연구를 통해 살펴보고자 하는 세목들이다.

현재 '독서'는 근대적 일상 연구의 한 분야로 떠올라, 우리 사회 독서문화의 전개 과정을 전체적으로 검토해 가는 중에 있다.[6] 특히 최근에는 대중, 어린이, 청소년, 여성 독자층의 분화 과정과 그 성격을 추론하고자 하는 노력이 시도되고 있으며, 이러한 관심은 양식이나 글쓰기 등의 주제와 결합하여 연구의 영역을 더욱 확장시켜 나가고 있는 추세이다.[7] 최근의 독서 연구는 '음독에서 묵독으로' 혹은 '공동체적 독서에서

---

6) 권보드래, 「연애의 형성과 독서」, 『역사문제연구』 7, 2002; 이기훈, 「독서의근대, 근대의 독서 : 1920년대의 책읽기」, 『역사문제연구』 7, 2002; 천정환, 『근대의 책읽기』, 푸른 역사, 2003; 김종철, 「근대 초기의 독서론」, 『독서연구』 10, 2003; 윤금선, 「1920~30년대 독서 운동 연구」, 『한말연구』 17, 2005.

7) 이기훈, 「1920년대 '어린이'의 형성과 동화」, 『역사문제연구』 8, 2002. 천정환, 「근대 초기의 대중문화와 청소년의 책읽기」, 『독서연구』 9, 2003; 김옥란, 「근대 여성 주체로

개인 중심의 독서로'라는 전반적 이행 과정을 확인하는 것에 그치지 않고, 이러한 변화들이 단번에 이루어지는 것은 아니며 근대의 지형 안에도 묵독으로 대표되는 내면적 독서 방식 이외의 형태들이 여전히 유지된다는 사실을 간과하지 말아야 한다는 지적에 의해 보다 섬세한 지층을 형성하기 시작했다.[8] 동화회 연구 또한 이와 같이 이제 막 제기되기 시작했거나 혹은 제기되었으되 구체적으로 다루어지지 못했던 문제들을 풀어나가는 데에 하나의 출발점이 될 수 있으리라 생각한다. 동화회야말로 근대적 인쇄 매체가 지배적인 위력을 얻어가는 전환의 상황에서 때 아닌 활황을 누린 청문예(聽文藝)적[9] 독서 공간의 대표적인 예가 될 수 있으며, 나아가 민간의 전통적인 공동체적 독서 관습이 근대적 매체 환경 속에서 해체되고 변이되는 과정을 보여주는 문제적인 사례라고 할 수 있기 때문이다.

그러나 막상 동화회에 대하여 알고자 할 때, 참고할 수 있는 자료는 그리 많지 않다. 현재 동화회에 대해서는, 방정환 등 아동문학가의 행적

서의 여학생과 독서 체험」, 『상허학보』 13, 2004; 박지영, 「"신여성"지의 '독자투고'문을 통해서 본 '여성적 글쓰기'의 형성과정」, 『여성문학연구』 12, 2004; 이경하, 「"제국신문" 여성독자투고에 나타난 근대계몽담론」, 『한국고전여성문학연구』 8, 2004; 배정상, 「"독립신문"의 '독자투고'와 '서사적 논설'연구」, 『현대문학의 연구』 25, 2005; 천정환, 「주체로서의 근대적 대중독자의 형성과 전개」, 『독서연구』 13, 2005.

8) 천정환은 "도식적으로 공동체적 독서와 음독을 전근대사회의 독서형태라 간주하고, 개인적 독서와 묵독을 근대 이후의 독서형태라 보는 것은 곤란하다. 현대사회에서도 필요에 따라 공동체적 독서와 음독이 많이 행해지며, 반대로 전근대사회에서도 지배계급이나 식자계층의 독서는 자주 개인적인 묵독으로 이루어졌을 것이기 때문"이라고 이러한 점을 지적했다. 이기훈도 마찬가지의 의견을 제시한 바 있다. 천정환, 『근대의 책읽기』, 115면; 이기훈, 「근대적 독서의 탄생」, 『역사비평』, 2003년 봄, 2003, 348~349면.

9) '청문예(聽文藝)'는 듣는 것으로 문예를 향수하는 독자를 지칭하기 위해 천정환이 사용한 말이다. 이는 영미 문학에서 사용하는 'aural reader', 마에다 아이의 '잠재적 독자'의 개념과 통한다. 마에다 아이는 '잠재적 독자'가 "구승 문예로 문예에 대한 관심을 키워온 민중들에게 기록 문예가 침투해가는 과정에서 나타"났으며, "읽을거리에 대한 관심과 욕구를 겸비하면서도 자주적으로 독서하는 의욕과 능력이 부족한 독자로, 혼자서 읽고 이해하는 노력은 아끼면서도 귀로 들으며 즐기려는 독자"라고 정의했다. 천정환, 『근대의 책읽기』, 84면; 마에다 아이, 유은경·이원희 역, 『일본 근대 독자의 성립』, 이룸, 2003, 168면.

을 소개하는 글이나 소년 운동의 연보 등에서 단편적인 정보를 얻을 수 있을 따름이다. 전자는 개인의 역량이 얼마나 대단했는가를 조명하는 데에 초점이 맞춰진 것이어서 전체적인 모습을 파악하기 어려우며, 후자는 여러 지역에서 활발하게 개최되었다는 개략적인 정보만 전해줄 뿐이어서 그 외의 구체적인 사항을 알기 어렵다는 한계가 있다. 이는 무엇보다 동화회가 지금까지 본격적인 연구 대상이 되어 본 적이 없었다는 사실에 기인한다.

따라서 동화회 연구에서 우선 시급한 일은 동화회의 실제적인 면모를 파악할 수 있는 기초 자료를 수집하고 정리하는 일이다. 이 장에서는 이를 위해 동화회 관련 자료를 다음과 같이 분류하여 정리, 활용하였다. 각 자료의 구체적 서지 사항은 본문에서의 인용을 통해 밝히도록 하겠다.

첫째, 식민지 시기 신문에 실린 동화회 개최 관련 홍보・보고 기사나 광고[10)]

둘째, 식민지 시기 아동 잡지 등에 수록된 동화회 관련 글[11)]

셋째, 식민지 시기 발표된 동화회 진행상 유의점이나 동화구연 방법 등을 설명한 글[12)]

넷째, 아동문학 관계자들의 회고담 및 문단이면사 관련 글[13)]

다섯째, 일본 아동문학가들의 식민지 지역 순회 동화구연 여행에 관한 자료[14)]

---

10) 식민지 시기 『동아일보』의 동화회 관련 기사 390여 건을 대상으로, 기사의 내용을 주최, 후원, 시간, 장소, 참가 자격, 입장료 여부, 주요 프로그램, 참가 인사 및 기타 특기 사항 등의 항목으로 정리하여 기초 자료로 활용하였으며, 이외에 『조선일보』, 『시대일보』, 『중외일보』, 『조선중앙일보』, 『중앙일보』 등의 관련 기사 일부도 비교하여 참조하였다.

11) 식민지 시기 대표적인 아동 잡지인 『어린이』, 『아희생활』, 『별건곤』 등에 실린 동화회 광고 기사, 동화회 경험담, 독자 투고 등.

12) 식민지 시기 대표적 동화구연가였던 연성흠, 이정호 등이 발표한 관련 글, 『신선동화법』 등 동화구연지침서.

13) 조풍연, 윤석중 등 아동문학 관계자들의 회고담 및 김병익 등의 문단 이면사.

1. 식민지 시기 동화회의 개최 양상

식민지 시기 『동아일보』에 실린 동화회 관련 기사 건수를 토대로 살펴볼 때, 동화회는 1920년대 초반에 개최되기 시작하여, 1920년대 후반에 전성기를 누렸으며, 1930년대 초반 이후에는 점차 위세가 약해지기 시작했다. 물론 동화회 관련 기사의 건수가 동화회 개최의 양적 규모를 그대로 반영하는 것이라고 볼 수는 없다.[15] 그러나 적어도 동화회 개최의 전반적인 양적 변화 추이를 파악하는 데에는 무리가 없으리라 판단된다. 다음은 1920~40년까지 『동아일보』에 실린 동화회 관련 기사 건수를 그래프로 표시한 것이다.

〈표 1〉

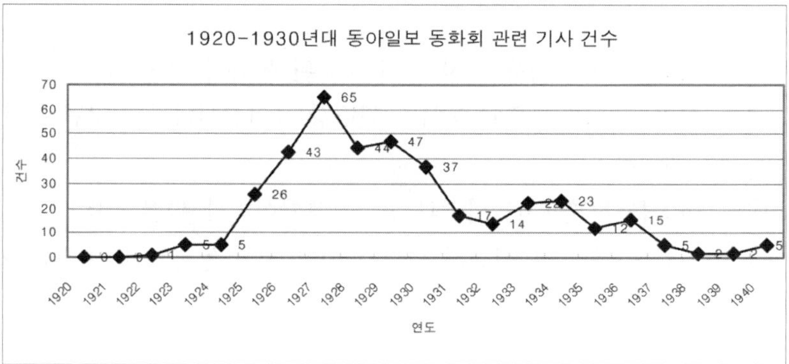

1기(1910~1924), 2기(1925~1930), 3기(1931~1936), 4기(1937~1945)

---

14) 『金の星』 등 일본 아동잡지 및 일본 아동문학가의 동화구연에 관한 논문.

15) 제시한 동화회 관련 기사 건수 통계에 기사의 종류나 분량, 내용 등의 질적 차이는 반영하지 못하였다. 또한 동화회 개최 관련 기사에 한정해 보더라도, 개최를 예고하는 기사와 결과를 보고하는 기사 등이 중복되어 실리는 경우도 많았으며, 순회 동화회처럼 한꺼번에 여러 지역의 동화회 소식을 종합하여 싣는 경우도 있었으므로 동화회 개최의 양적 규모를 정확하게 반영하고 있다고 볼 수는 없다.

동화회 관련 첫 번째 기사는 1922년 4월 13일자 인천 엡윗 청년회 문학부의 동화회 개최 소개 기사이다. 1922년 당시 1건에 불과했던 동화회 관련 기사는 1923~24년에는 연간 5건으로 소폭 증가하다가, 25년에는 26건으로 급증하게 되며 1927년에는 65건이 되어 최대치를 기록하게 된다. 27년 정점을 맞이한 이후에도 관련 기사 건수는 약 3년간 평균 35회를 웃도는 높은 수치를 보이다가, 1931년 이후 약 6년 동안에는 10~25건 정도를 유지하게 되며, 1937년 이후에는 5건 이하로 현저하게 줄어들게 된다. 이러한 양적 변화 추이를 바탕으로 식민지 시기 전체를 크게 네 부분으로 나누어 볼 수 있다.

제1 시기는 1910년부터 1924년까지로 동화에 대한 개념이 막 보급되기 시작한 시기이며, 동화회가 개최되기 시작하여 사회적 관심을 모으기 시작한 때이다. 제2 시기는 1925년부터 1930년까지로 동화회가 가장 활발하게 개최되었던 기간이다. 제3 시기는 1931년부터 1936년까지로 전 시기에 비해 정도는 약간 감소되었지만 계속 안정적인 수치를 유지하며 개최되었던 시기이다. 제4 시기는 1937년부터 1945년까지로 동화회 개최 횟수가 현저하게 줄어들고 일반인의 관심으로부터 멀어지기 시작한 때이다.

구체적인 시기별 특색을 살펴보기 전에 먼저 짚어볼 것은 일본 아동문학가들의 식민지 순회 동화구연 여행이다. 이에 대한 가장 자세한 논의는 최근 大竹聖美의 『근대 한일 아동문화교육 관계사 연구』[16]에서 이루어졌다. 大竹聖美의 조사에 따르면, 식민지 시기 일본 아동문화 관계자들의 조선 방문은 1913년부터 시작되어 1930년경까지 이루어졌다.[17] 최초의 방문자인 동시에 최다 방문자는 이와야 사자나미(巖谷小波)

---

16) 大竹聖美, 「근대 한일 아동문화교육 관계사 연구」, 연세대 박사논문, 2002.

17) 이를 간략히 정리해 보면 다음과 같다. ① 이와야 사자나미(1913.9~1913.10, 조선・만주), ② 오키노 이와사부로우(1922.5.10~1922.7.17), ③ 이와야 사자나미(1923.6~1923.7), ④ 이와야 사자나미(1930.5~1930.6; 1930.12)(大竹聖美, 같은 책, 54~66면)

이다. 일본 아동문학을 발흥시켰다고 일컬어지는 이와야 사자나미는 동화구연 또한 처음으로 시도했다고 알려져 있다.[18] 1890년대부터 일본 전역을 돌아다니며 구연동화를 했던 이와야 사자나미는 1913년에는 조선과 만주로까지 구연 여행을 한다. 조선에서 조선인 주최 동화회가 개최되기 시작한 것을 1922년경이라고 본다면, 이와야 사자나미는 이보다 약 10년 전인 1913년에 동화구연을 선보이고 돌아갔다고 할 수 있다.[19] 그러나 이때의 구연동화회가 어떤 특별한 영향을 미쳤으리라고 판단하기는 어려울 것 같다. 이와야 사자나미 동화회의 주 대상은 재조선 일본인 자녀들이었기 때문이다. 또한 당시 조선은 아동문학이 자리 잡을 만한 제반 여건이 조성되지 않았을 때여서 신문관에서 기획한 아동용 정간물들도 1, 2년을 넘기지 못하고 잇따라 폐간되는 형편이었다. 여건이 그러하였으므로 이와야 사자나미의 행보도 실질적인 반향을 일으키기는 어려웠을 것으로 추측된다.

이보다는 1922년 일본 아동잡지 『킨노후네(金の船)』의 동화강연부 오키노 이와사부로우(沖野岩三郎)의 동화구연이 훨씬 많은 조선인들을 상대로 이루어졌으며, 식민지 땅에 동화를 보급하고 조선 아동들에게 자신들의 잡지를 선전하겠다는 목적의식을 확고하게 가지고 있었다는 점에서 주목을 요한다. 『킨노후네』는 조선과 만주에서 약 3개월간 이루어진 이 구연 여행 동안 총 107회의 강연에 무려 44,000명의 청중이 참여했다고 보고하였다.[20] 오키노의 동화구연회가 단기간에 이렇게 많은 청중을 동원할 수 있었던 이유는 잡지사의 후원으로 여행이 조직적으로

18) 일본에서는 이와야 사자마미(巖谷小波), 구루시마 다케히코(久留島 武彦), 기시베 후쿠오(岸辺福雄) 등 세 사람이 구연동화의 창시자로 일컬어지고 있다.(上地ちづ子, 「口演童話の方法と思想」, 『兒童文學の思想史 社會史』, 日本兒童文學學會 編, 東京書籍, 2003, 171~176면)

19) 이와야 사자나미는 1913년 9월, 1923년 6.25~7.14 동안 조선구연동화여행을 했다. 자세한 내용은 다음을 참조. 金永順, 「植民地時代の日韓兒童文學交流史硏究」, 梅花女大 博士論文, 2006, 25~37면.

20) 『金の星』(『金の船』에서 개칭) 1922년 6・7・8・10호에 관련 내용이 소개되어 있다.

계획될 수 있었을 뿐 아니라, 미성년들이 집단적으로 모여 있는 장소인 소학교나 심상소학교 등을 구연 장소로 활용할 수 있었기 때문으로 보인다. 식민지지배 기간 동안 일본 아동문학가들은 조선과 만주를 가로질러 놓인 철도 노선을 따라 이동하였으며, 학교와 같은 근대적 교육제도를 중간 거점으로 삼음으로써 높은 동원력을 확보할 수 있었다. 그런데 학교를 동화구연의 중심 무대로 삼는 것은 단지 식민지에서만이 아니라 일본에서도 마찬가지였다. 일본의 경우 동화구연 활동이 주로 학교를 중심으로 전개되었다는 것이 특색이다. 뒤에서 살펴보겠지만 이는 학교 바깥의 소년단체를 중심으로 하여 이루어졌던 우리의 경우와 비교할 때 가장 두드러진 차이 중 하나라고 할 수 있다.

일본 아동문학가들은 이러한 순회 여행을 통해 식민지 아동에 대해서는 제국의 문화를 보급하여 문화적 동일성을 구축하고,[21] 자국의 아동들에게는 식민지에 대한 관심을 유발하는 한편 제국의 영토에 대한 심상 지도를 각인시키고자 하는 이중의 목적을 달성하고자 했다.[22] 당시 일본에서 성황을 누렸던 동화구연회나[23] 일본 아동문학가들의 식민

21) 예컨대, 『金の星』의 기자는 "이번 여행으로 지금까지 동화가 보급되어 있지 않았던 지방까지 널리 보급되어 동화가 얼마나 소중한 것인지 알게 되었다는 것은 정말 기쁜 일이 아닐까요? 조선의 어린이들도 만주의 어린이들도 선생님의 이야기를 듣고 너무 좋아했고 '이렇게 재미있는 이야기는 들어본 적이 없다'고 외쳤다고 합니다"(『金の星』, 1922.10, 87면. 大竹聖美 역)라고 전하고 있다. 오키노 이와사부로의 구연동화 레파토리는 「大太郎小太郎」, 「蝙蝠の唄」 등이었다.

22) 『金の星』은 오키노 이와사부로의 여정에 따라, 그 지역의 특색 있는 볼거리(경주 첨성대, 한강 철교, 개성 남대문 등)들을 사진과 함께 소개하는 편집 방식을 취했으며, 순회 경로를 표시한 지도를 싣기도 했는데, 이는 일본 아동들에게 조선에 대한 안내문 내지 기행문과 같은 효과를 발휘할 수 있었으리라 생각된다.

23) 일본에서의 구연동화는 명치기 중반부터 약 45년간 활발하게 이루어졌으며, 전후에는 급속히 쇠퇴되었다고 한다. 가미찌 찌즈코는 구연동화의 전체적인 흐름을 명치 중반 이와야 사자나미를 비롯한 창시자들의 구연 효과 추구와 모모타로주의, 1910년대 사범출신 교사들의 이야기하는 법 연구와 통속주의, 1920년대 프롤레타리아 아동문학운동이 추구한 필요성과 예술성, 1920~40년대 자유예술사조와 전쟁협력, 전후 1960년대 이후 구연동화의 후퇴 등으로 요약 정리했다.(上地ちづ子, 앞의 책, 2003)

지 순회 동화회가 조선의 동화회에 직접적으로 어떠한 영향을 미쳤는가에 대해서는 단언하기 어렵다. 그러나 이제 막 아동문학을 보급하고 소년운동을 전개하고자 하는 계몽적 활동가들에게 일본의 경험이 인상적인 모델이 되었을 것은 분명해 보인다.

앞의 시기 구분은 일차적으로 동화회 개최의 양적 변화 추이에 따른 것이지만, 이는 동화회의 성격이 변모해가는 단계적 과정과도 조응하는 면이 있다. 제1기(1910~1924년)는 일본 아동문학가들의 식민지 순회 동화회 등에 자극받으면서, 동화회가 처음으로 개최되기 시작한 기간이다. 동화회는 1920년대 초반부터 인천, 대전, 정주, 고양, 영광, 개성 등 전국 곳곳에서 산발적으로 개최되기 시작한다. 제1기에 가장 눈에 띄는 현상은 경성을 중심으로 동화회가 정기적으로 개최되었던 것이다. 1923년 11월 18일, 경성 도서관에는 방정환의 동화회가 열리게 되었으며 이는 곧 주말마다 열리는 정기 동화회가 된다. 이 동화회에는 특별히 '보통학교 아동'에 한해 입장할 수 있다는 단서가 붙었다. 이는 비슷한 시

방정환 등이 연사를 참여했던 경성도서관 주최 동화회. 까까머리에 두루마기를 입은 학생들의 모습이 보인다.(『동아일보』, 1923.11.20)

기의 다른 동화회가 "남녀 아동, 부형모제(父兄母弟) 동참 무방",[24] "소년 소녀와 아동의 모제제씨(母弟諸氏)의 다수 참석 요망"[25]처럼 일반인들의 참여에 대해 관용적인 태도를 보였던 것과 대비된다. 이러한 제한 조건은 일단 경성 도서관의 공간이 협소했던 탓에 붙여졌을 수도 있지만, 동화회를 포괄적인 문화 계몽의 장으로 사고했던 일반 사회, 종교 단체 주최의 동화회와는 달리 도서관 주최의 동화회는 취학 아동에 대한 교육이라는 목표에 한정하여 대상 집단을 사고했던 것은 아닐까 추측해 볼 수 있다. 그러나 실제 식민지 시기 대부분의 동화회의 청중에는 아동과 성인이 섞여 있는 경우가 많았으며, 때로는 아동보다 성인의 숫자가 더 많은 경우도 있었다. 예를 들어, 1925년 5월 28일 김기전이 연사로 출연했던 '함흥동화대회'에는 청중이 300~400여명이나 모여 성황을 이루었지만 정작 소년소녀는 적은 수만 참석하였다고 보고되기도 했다.[26] 이는 당시의 동화회가 미성년은 물론이거니와 일반 성인들에게까지 흥미로운 유흥과 유의미한 정보를 제공해주는 문화 공간이었으리라는 추측을 가능케 한다. 방정환은 천도교 기념관에서도 정기적으로 동화회를 열었는데 그의 동화회는 매우 인기가 높아서 매번 1000장의 입장권을 준비해도 모자랄 정도로 만원이 되었다고 한다.[27] 이러한 성황에 힘입어 『어린이』를 비롯한 아동잡지, 소년 단체들은 일정 기간 특정 지역을 순회하는 대규모 동화회를 기획하게 된다.

제2기(1925~1930년)의 주요한 특징 중 하나는 순회동화회와 같은 대규모 동화회가 집중적으로 나타났다는 점이다. 순회동화회는 오월회(연사:

---

24) 「仁川懿法青年會童話會」, 『동아일보』, 1922.4.13.

25) 「彰義校主催童話會(高陽)」, 『동아일보』, 1924.1.7.

26) 「함흥동화대회」, 『동아일보』, 1925.6.5.

27) 당시 한 『어린이』 독자는 방정환의 동화회를 듣기 위해 토요일마다 동소문 천도교 기념관에 가는 데 만원이 되는 바람에 허탕을 치고 되돌아갔다고 하소연했다. 이에 방정환은 "토요일마다 2천여 명씩 모여오니까 어떻게 할 수 없어서 1천명만 드리려고 입장권을 1천매 맨들어 분배하였더니 그래도 2천명이나 드러와서 만원이 되었습니다.(방)"라고 해명했다.(「독자담화실」, 『어린이』 3권 3호, 1925.3)

정홍교 · 방정환 · 문병찬 · 김만기 · 이원규 · 인장환 · 민병희 · 문병찬 · 이윤규 · 이한용),[28] 신우회(연사 : 정홍교 · 방정환 · 김만기 · 노성석 · 고장환 · 고희성),[29] 별탑회(연사 : 연성흠 · 안준식 · 이정호 · 정순철 · 김영복), 가나다회(연사 : 최병화 · 고익상 · 송영 · 박세영),[30] 가나리아회,[31] 애조소년회,[32] 오성운동회(연사 : 조진우 · 길봉완 · 정강식 · 김한복 · 강재희),[33] 조선소년문예연맹[34]과 같은 단체나 아희생활사(연사 : 김태오 · 한석원),[35] 새벗사(연사 : 이원규),[36] 별나라사[37]와 같은 잡지사에서 주로 개최하였다. 물론 순회 동화회에 대한 계획은 20년대 전반부터 있었던 것이지만, 본격적으로 개최되기 시작한 것은 1925년경부터이며 1920년대 후반에 가장 활발하게 이루어졌다. 순회동화회가 내건 일차적인 목적은 어린이들에게 동화를 널리 보급한다는 것이었으며, 간혹 각 지방의 전설을 채집하기 위해서라는 목적을 밝히는 경우도 있었다.[38] 또한 자신들의 잡지를 홍보하고, 독자들과의 유대를 강화

---

28) 「조선 순회 동화, 오월회의 정씨가 남조선 각지로 순회 동화」, 『조선일보』, 1925.8.1; 「오월회 순회」, 『동아일보』, 1926.7.29; 「오월회 주최 순회동화회」, 『동아일보』, 1926.10.14; 「순회 童話次로 출발, 丁洪教 氏가」, 『동아일보』, 1926.11.10; 「동화대회 성황, 李元珪 氏 순회(長湖阮)」, 『동아일보』, 1926.12.12.

29) 「시내 연강 일대 순회 동화회」, 『동아일보』, 1929.1.7; 「연강을 순회, 동화대회 개최, 신우회에서」, 『동아일보』, 1929.1.18.

30) 「'별탑회' 주최 동화동요순회대회, 래 십사일부터 천도교기념회관에서 방정환 연성흠 안준식 리정호 정순철 김복진 '가나다회' 최병화, 고익상, 송영, 박세영 씨 등 출연」, 『조선일보』, 1929.2.5.

31) 「순회동화회 개최, 인천 청년 유지가」, 『동아일보』, 1926.11.5; 「가나리아 순회 셩황」, 『동아일보』, 1926.11.26.

32) 「愛助少年巡廻童話」, 『동아일보』, 1927.10.2; 「愛助少年會 巡廻童話會」, 『동아일보』, 1928.3.23.

33) 「오성운동부 동부순회동화위원 선정」, 『조선일보』, 1929.4.26.

34) 「朝鮮少年文藝聯盟, 平安道 巡廻童話」, 『동아일보』, 1927.8.17.

35) 「金泰午 氏 巡廻童話」, 『동아일보』, 1927.8.10; 「安州의 童話會」, 『동아일보』 1927.8.21.

36) 「순회동화성황, 새벗사에서(괴산)」, 『동아일보』, 1926.12.22.

37) 「별나라사 순회동화회, 애조소년회 주최로 금 이일 왕십리에서 개최」, 『조선일보』, 1927.10.2.

38) 「순회 童話次로 출발, 丁洪教氏가」, 『동아일보』, 1926.11.10.

하려는 목적을 갖는 경우도 많았다. 순회동화회는 20년대 후반 동화회가 전국적으로 활성화되는 데에 가장 핵심적인 역할을 했으리라 판단된다. 이 시기에 『동아일보』, 『조선일보』를 비롯한 신문사들은 동화회의 가장 적극적인 후원자가 되었으며, 때로는 각 신문사 지국들이 직접 나서서 지역의 동화회를 주최하기도 했다. 한편 당시 동화회는 사전 원고 검열에 걸려 특정 내용의 구연을 금지당하는 일이 잦았으며, 아예 집회 자체가 허가되지 않는 경우도 적지 않았다. 매 집회에는 순사들이 장내에 임석하여 진행을 감시하였는데 순사들은 특별한 내용이 아니더라도 장내의 분위기가 고조 된다 싶으면 돌연 중지시키기도 했다.[39] 각 신문들은 천진한 어린 아이들의 행사까지 금지하는 것은 지나치게 예민한 처사라며 이에 대한 비판 기사를 싣기도 했다.[40] 또한 이 시기부터 현상 동화대회를 위시하여 동화구연 실력을 경합하는 각종 경연대회가 성행하기 시작한다.[41] 이와 동시에 동화회 광고에는 입장할 수 있는 나이,

---

39) 방정환의 경험담에서 이러한 사정을 엿볼 수 있다. 방정환은 전 조선 각지에서 매번 똑같은 주제로 똑같은 강연을 했는데, 유독 황해도 강연에서는 한창 청중들이 기운이 나서 막 들먹거리는 판에 중지 명령을 받게 되었다. 그 다음 연사가 평소 방정환의 강연 내용을 외우고 있었던 터라 내용을 이어서 마무리했지만 그 연사는 아무런 제지를 받지 않았다. 나중에 강연을 중지시켰던 경관이 말하기를, 같은 내용이라도 방정환의 '음성'은 남을 격동시키는 힘이 있어서 무척 위험하다고 했다고 한다.(방소파, 「演壇珍話」, 『별건곤』 5권 9호, 1930.10)

40) 다음은 식민지 시기 『동아일보』에 실린 동화회 금지, 검열 관련 기사 목록이다. 특히 1920년대 후반에는 동화회도 많이 개최되었지만, 탄압도 여러 가지 형태로 가장 많이 받았다. 「童話會에도 檢閱制, 原稿檢閱前에는 童話會不許 苛酷無智한 全州署」(25.10.10); 「광주少年會 동화회 금지」(27.3.18); 「金海童話大會 禁止」(27.6.14); 「童話會中止」(27.11.2); 「普校生 參加로 童話會를 禁止, 소년들 참가한다고 검속까지, 唐津警察의 怪態」(28.6.6); 「少年童話會 禁止(馬山)」(28.9.7); 「金海少年會 童話會」 (28.9.12); 「論山少年會 童話大會」(29.1.11); 「童話大會不許, 沙里院 警察이」(29.1.23); 「현상 동화대회 개최 금지」(29.3.6); 「咸青少年部童話」 (29.3.23); 「童話會禁止 부득이 연긔(京西)」(30.2.20); 「過敏의 義州警察 童話大會도 禁止 준비할대로 내버려두다가 理由는 警察政策」(30.12.9); 「관계자 불온타고 동화대회 금지 목포경찰서의 고압」(30.12.20); 「평양 동화회 금지」(35.5.7).

41) 동화경연대회는 '동화대회'라는 명칭으로 자주 불렸다. 그러나 유의해야 할 것은 '동화대회'라고 해서 언제나 동화경연대회를 의미하는 것이 아니었다는 점이다. 당시에

경연 대회에 참가할 수 있는 자격, 신청 장소와 기한 등이 보다 상세히 명시되기 시작한다. 청중에 대해서는 '소년소녀에 한함' 정도인 경우가 많았으나, 경연대회 신청 자격은 나이나 거주지를 한정하여 명시하는 경우가 많았다. 경연대회에 나갈 수 있는 나이는 18세 이하가 가장 많았으며, 16세나 15세 이하로 설정되는 경우도 있었다. 동화회가 활성화되면서, 동화회를 선도했던 아동문학가나 소년운동가들은 점차 이 분야의 전문가 집단을 형성하게 된다. 이들은 동화에 관한 강연을 하거나, 구연대회의 심사자 노릇을 하기도 하는데, 연성흠은 『중외일보』에 「동화구연방법 그 이론과 실제」[42]라는 글을 장기간 연재하기도 했다. 심의린의 『實演童話 第1集』이 "實地로 口演에 應用할 만한 것이 업서서 매우 遺憾"이었던 차에 "讀書口演 兼用의 童話集"이 나왔노라고 광고되는 등 구연 방법에 대한 전문성이 강조되기 시작한 것도 이 때부터이다.[43]

제3기인 1930년대(1931~1936년)에 들어서는 동화경연대회가 동화회의 주류를 차지하게 된다. 물론 현상동화대회를 비롯하여 각종 동화경연대회는 제2기부터 꾸준히 있었던 것이지만, 제3기에 들어서면 지방 순회 동화회의 열기가 잦아드는 대신 현상동화대회의 비중이 전체의 약 50% 정도를 차지할 정도로 커지게 된다. 전체적으로 동화회 개최는 많이 줄어들게 되지만, 현상동화대회는 일정한 정도를 계속 유지하며 개최되었기 때문에 나타난 결과이다. 동화경연대회가 주류가 되면서 대회에 참가하는 연사의 나이, 지역, 학교, 단체 등의 요건은 보다 상세해지고, 대회에 신청할 때에 원고를 함께 제출하라는 조건이 덧붙는 경우가 많아졌으며, 대회 시작 전에 전문 심사위원의 명단이 미리 공개되기도 했다. 입장료를 받는 경우도 종종 눈에 띄게 되는데, 입장료는 보통 10전 정

는 경합이 벌어지지 않는 동화회에 대해서도 크게 열리는 동화회라는 의미로 '동화대회'라는 이름을 사용하기도 했다.

42) 연성흠, 「동화구연방법 그 이론과 실제(1~18)」, 『중외일보』 1929.7.15~1929.11.6.

43) 광고, 『어린이』 6권 4호, 1928.7.

도였다.

점차 동화회의 열기가 식어 가던 제4기(1937~1945년)에는 일제 말기 전쟁 시국을 맞이하여 '군국 동화대회(軍國童話大會)'와 같은 군국주의 동화회가 등장했다는 것이 특기할 만한 현상이다. 예를 들어, 지나사변 3주년 기념사업으로 경성 '동심원'이 주최한 '군국동화대회'에는 「날리는 일장기」, 「요비네(군견)은 언제오나」 등이 구연되기도 했다.[44]

이상에서 살펴본 내용의 이해를 돕기 위해 순회동화대회와 현상동화대회 개최 관련 신문 기사 건수를 앞에서의 『동아일보』 동화회 관련 전체 기사 건수 그래프 위에 표시하면 다음과 같다.

〈표 2〉

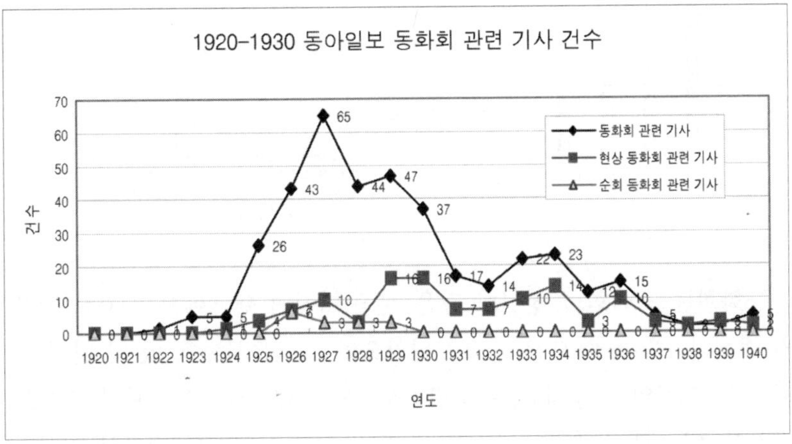

식민지 시기 동화회는 경성을 비롯한 각 지역의 중심 도시에서 개최된 경우가 많았다. 특히 철도가 닿는 교통의 요지에는 순회동화회를 비롯하여 유명 연사들을 초청하는 큰 규모의 동화회가 자주 열릴 수 있었다.[45] 식민지 시기 『동아일보』의 동화회 관련 전체 기사에서 개최 예정

44) 「軍國童話大會 京城童心園 主催로」, 『동아일보』, 1940.7.14.

기사나 개최 보고 기사가 중복된 경우를 제외한 뒤, 지역별 개최 상황을 분류해 본 결과, 경성이 총 67회로 단연 많았으며, 그 외 5회 이상 개최된 곳은 의주(14건), 개성(13건), 마산(10건), 인천(8건), 함흥(7건), 평양(6건), 강화(6건), 공주(6건), 고원(5건)이었고, 4회는 간도, 광주, 군산, 김해, 대동, 순천, 예산, 진남포, 홍천, 화천, 3회는 신의주, 겸이포, 광양, 목포, 수원, 청주, 진천, 해주 등이었다. 지역별 개최 횟수를 그래프로 표시하면 다음과 같다.

〈표 3〉

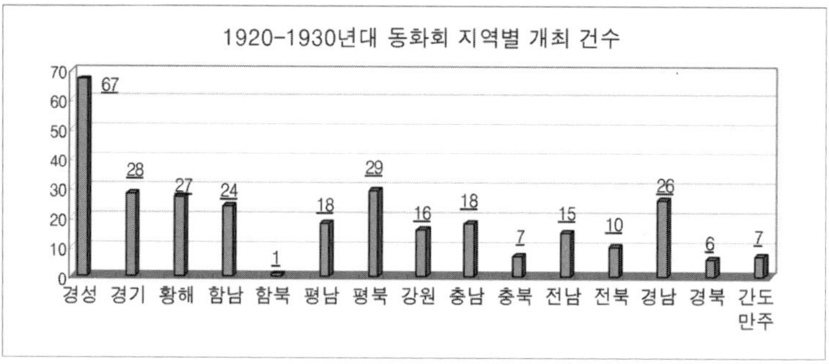

동화회는 소년회나 청년회 같은 각종 미성년 단체에서 주최한 경우가 전체의 57%를 차지할 정도로 많았으며, 그 외에는 아동문화 관련 사회단체, 교회의 주일학교, 아동잡지사, 신문사, 학교, 도서관의 순으로 많았다. 이처럼 소년회나 청년회 등의 단체가 동화회를 비롯한 미성년 문화 활동의 중심축이 되었던 것은 우리 사회의 독특한 경험이라고 할

45) 『어린이』에는 방정환 등 유명 구연가들이 자기 고장을 방문해주기를 고대하는 독자들의 글이 자주 실렸다. 그 중에는 "어린이를 사랑하시기는 일반이실터인대 엇지하야 도회지에만 가시는지 모름니다"(『어린이』, 1925.9, p.65)라는 식의 원망의 글도 있었으며, 자기 고장(안성)에도 기차가 곧 놓이게 되니 그때는 꼭 와달라고 부탁하는 경우도 있었다.(『어린이』, 1925.9, 70면) 교통의 문제는 문화적 계몽의 실천과 이러한 활동의 상호 연락에 있어 결코 부차적인 문제가 아니었다.

수 있다. 동화회의 주최 측은 아동의 정서 함양, 품성 도야, 소년 단체 부흥, 소년소녀의 웅변기능 장려, 동화 보급, 전설 채집, 단체 창립 기념, 추석이나 단오 등의 명절 기념, 어린이날 기념, 성탄절 기념, 정의·의분·도덕심 함양, 잡지 홍보 및 독자 위안 등을 개최의 목적으로 밝히는 경우가 많았다. 『동아일보』, 『조선일보』, 『중외일보』, 『조선중앙일보』 등의 신문사들은 동화회의 적극적인 후원자 역할을 하였으며, 때로는 지역 유지가 기부금을 내어 경비를 조달하기도 했고, 지역 서점이나 상회에서 만년필·하모니카·책·시계·공책 등의 상품을 지원해 주기도 하였다.

〈표 4〉

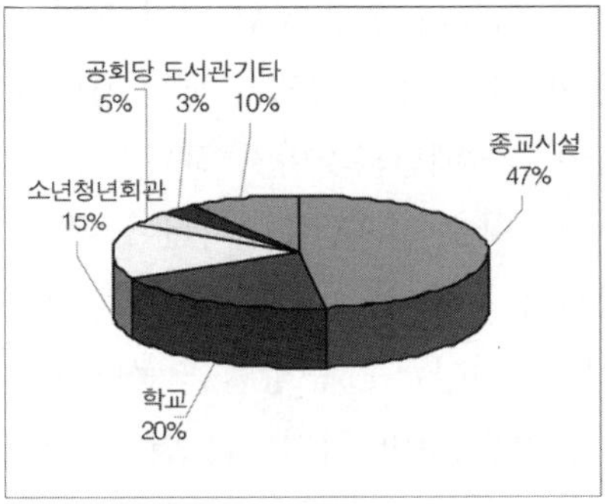

〈표 5〉

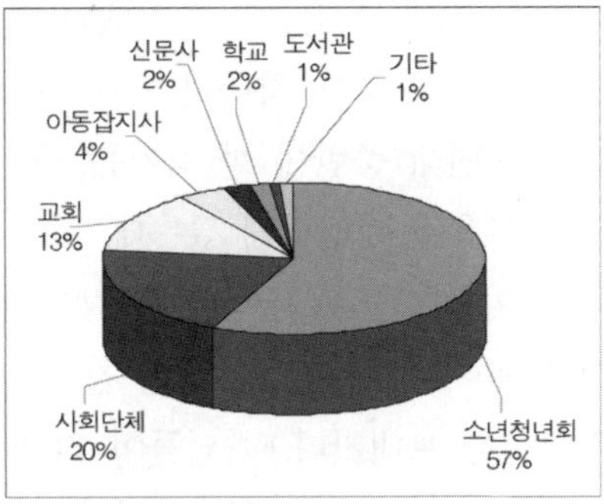

동화회는 저녁 7시를 전후한 시각에 시작하여, 밤 10시를 넘겨 폐회하는 경우가 많았으며, 천도교 회관이나 예배당과 같은 지역의 종교 시설이나 학교 강당 등 많은 사람들이 모일 수 있는 공공장소가 가장 애용되었고, 청년회관, 공회당, 도서관, 유치원 등에서도 자주 열렸다. 당시의 신문 기사들은 매 동화회가 입추의 여지가 없을 정도로 성황을 이뤘다고 보고하곤 했는데, 300~500명 정도 모였다는 것은 예사이고, 1,000명 이상의 관중이 모였다고 보고하는 경우도 드물지 않았다.

2. 근대 인쇄 매체와 콘텐츠로서의 동화

이른바 근대 독자 대중의 탄생은 매체의 혁신에 힘입어 이루어졌다고 해도 과언이 아니다. 20세기 초 대량 인쇄 출판 기술의 보급과 교통의 발달은 원거리에 흩어진 수많은 독자로 하여금 같은 시간대에 같은 글을 읽는 것을 가능하게 했다. 이러한 동시성의 경험은 신선하고도 매혹적인 근대의 이미지를 담지하는 것이어서, 개인들에게 베스트셀러 도서의 수많은 독자 중 한 사람이 되고자 하는 욕망을 끊임없이 자극하고 있었다. 대중의 유행은 의복이나 구두, 머리 모양뿐 아니라 책을 통한 독서열에 의해서도 급속도로 만들어지고 있었던 것이다. 당시 근대적 독자 계층의 큰 비중을 차지했던 미성년 독자의 형성 또한 이러한 과정과 무관하지 않다. 하나의 예로, 『어린이』가 10만 독자의 규모를 자랑했던 1920년대 중반에 한 독자는, 『어린이』가 배달되자마자 하루만에 다 읽고 다음날 예배당에 갔는데, 마침 주일 학교 선생님도 『어린이』에 실렸던 이야기를 해줘서 서로 같은 잡지의 구독자인 줄 알게 되었으며, 이를 옆에서 보고 부러워한 친구들이 『어린이』 구독 방법을 묻더라는 경험담을 보내왔다.[46] 남들이 다 읽는 것을 나만 읽지 않으면 시대에 뒤처지게 될지 모른다는 불안감, 이왕이면 보다 새로운 정보를 좀더 빨리 접하고 싶다는 욕망 속에서 근대의 독자 대중은 급격히 확대되고 있었다.

한편 인쇄 매체는 다양한 정보를 집약적인 형태로 저장하여 대량으로 유통시키는 것을 가능케 했으며, 이러한 매체의 특성상 전대와는 비교할 수 없을 정도로 많은 양의 문화적 콘텐츠를 요구하게 되었다. 미성년을 대상으로 한 아동잡지의 경우, 각종 '이야기'들이 가장 유용한

46) 「독자담화실」, 『어린이』, 1926.7, 57면.

자원이 되었을 것은 물론이다. 아동잡지들이 외국의 동화를 번역하고, 각 지역에 전래하는 이야기들을 수집하는 데에 적극적이었던 것은 새로운 매체 도입으로 인해 이야기에 대한 수요가 급증했던 때문이기도 했다. 재미있는 현상은 이렇게 '이야기', 혹은 아동을 위한 이야기로서의 '동화'가 책을 통해 '읽는' 것이 됨으로써 문자해독력을 가진 어린 독자가 이야기를 '들려주는' 위치에 설 수 있게 되었다는 점이다. 『어린이』는 창간호에서부터 독자에게 『어린이』를 혼자만 읽지 말고 주변 사람들에게 이야기해 주라고 권장했다.47)

> 童話는 물론이려니와 그 외의 모든 것을 읽은 대로 한아버지, 한머니, 어머니, 누님, 동생, 동리집 동모에도 이약이하야 들려주십시요. 冊을 못 보는 이에게도 조흔 것은 잘 들려주어야 할 것이오며, 쏘, 다른 이에게 이약이를 한번 하면 자긔도 그 이약이를 어느 때까지던지 니저버리 안케 되는 것입니다. 듯는 사람도, 재미잇서 할 것입니다.
>
> —「남은 잉크」, 『어린이』 1권 1호, 1923.3, 12면

인용문에 따르면 책에서 읽은 것을 들려주라고 권유하는 이유는 첫째, 글을 읽을 줄 모르는 사람에게 도움을 줄 수 있으며, 둘째, 이야기하는 사람이 그 이야기를 잘 기억하게 되는 효과가 있으며, 셋째, 이야기하고 듣는 과정 자체가 재미를 주기 때문이다. 이야기를 들려줄 수 있는 대상으로 열거한 "한아버지, 한머니, 어머니, 누님, 동생, 동리집 동모"는 곧 문자해독력을 지니지 못한 계층을 지시하는 것으로, 당시의 문맹 상태를 고려할 때 이는 현실적인 제안일 수 있었다.48) 사실 기층

---

47) 실제로 한 아동 독자는 동네 아이들과 어른들이 모인 자리에서 『어린이』를 낭독했던 일을 적어 보내기도 했다.(「독자담화실」, 『어린이』 1권 10호, 1923.11, 42면)

48) 1930년도를 기준으로 조선인 문맹자(일본어, 한글 포함)는 전체 인구의 77.73%(남성의 63.92%, 여성의 92.04%)였다. 일본어와 한국어 모두를 읽고 쓸 수 있는 사람은 6.78%(남성의 15.4%, 여성의 1.91%)였으며, 한글만 읽고 쓸 수 있는 사람도 15.44%(남성의 25.41%, 여성의 6.02%)에 지나지 않았다.(박정우, 「일제하 언어민족주의」, 서울대

의 문화에서 누군가가 낭독(혹은 구연)해주고 이를 다른 사람이 듣는 방식으로 이루어지는 '공동체적 독서'[49]의 관습은 오랫동안 지속되어 온 것이다.[50] 그러나 활판 인쇄술로 아동용 도서가 대량 보급되고 보통학교 진학률의 상승으로 미성년들이 문자 해독력을 갖추게 되면서 아동 '독자'가 혈연, 지역 공동체 내부의 '낭독자'로 급부상하게 된 것은 전에 없던 새로운 현상이라고 할 수 있다.

더욱 새로운 현상은 아동용 도서가 많이 팔리기 시작하면서 '동화회'의 공간도 함께 만들어졌으며, 이에 따라 수많은 청중을 앞에 둔 공공장소의 연단 위에서 동화가 '구연'되기 시작했다는 것이다. 앞에서 살펴본 것처럼 초창기 동화회를 선도해 나간 연사들은 잘 알려진 소년운동가, 아동문학가 들이었다. 이들은 자신이 번역하거나 창작한 동화를 주 레파토리로 삼는 경우가 많았다. 예컨대 방정환은 자신의 번안동화집 『사랑의 선물』에 실린 「난파선」, 「산드룡의 유리구두」와 같은 이야기를 구연해 호평을 받았고,[51] 고한승은 자신이 아동 잡지에 기고했던 「백일홍 이야기」[52] 같은 것을 자주 구연했다고 한다.[53] 이처럼 전문적인 아동문학가가 아니라고 해도 대부분의 연사들이 구연할 이야기의 재료를 신문이

석사논문, 2001, 13면)

49) 물론 공동체의 의미를 엄격하게 규정한다면 낭독자의 도움을 받아 이루어졌다고 모두 공동체적 독서라고 말할 수는 없을 것이다. 여기에는 보다 섬세한 구분이 필요하다. 다만 이 글에서는 '공동체적 독서'를 전통적인 혈연·촌락 공동체 내부에서, 공동의 방식으로 이루어진 독서 방식을 지칭하는 것으로 사용하고자 한다. 한편 근대적 상황에서는 전통적인 의미의 공동체, 즉 혈연이나 의례를 중심으로 맺어져 일상 생활 문화의 전반을 공유하는 공동체가 아니라, '취미'나 '의식', '세대'를 중심으로 이루어지는 공동체의 개념을 상정할 수 있다고 보았다. '독서의 공동체'는 이러한 인식에서 사용한 표현이다.

50) 대표적인 예로 고전 국문소설의 향유 방식을 들 수 있다. 임형택, 「18·9세기 '이야기꾼'과 소설의 발달」, 『한국학논집』 2, 1980; 배수찬, 「고전 국문소설의 서술 원리 연구: 낭독이 서술에 미친 영향을 중심으로」, 서울대 석사논문, 2001, 10~14면.

51) 방소파, 「演壇珍話」, 『별건곤』 5권 9호, 1930.10, 119면.

52) 고한승, 「백일홍 이야기」, 『어린이』 1권 10호~11호, 1923.11~12.

53) 윤석중, 『어린이와 한평생』, 범양사 출판부, 1985, 108면.

나 잡지를 통해 구했으리라는 것은 추측 가능한 일이다. 자료의 인쇄 상태가 좋지 않아 일일이 확인하여 정리하기는 어렵지만 동화회 관련 신문기사를 통해 대략 확인할 수 있는 주요 연사와 연제는 다음과 같다.

〈표 6〉

구연가(관련단체)	구연 작품	비고
고장환(소년총연맹)	천일야화(「동화회 개최 이십일밤팔시 입장은 무료」, 『동아일보』, 30.9.21)	「천일야화」(『어린이』 4권2호~5권6호, 26.2~27.7)
고한승(색동회)	백로가 된 왕자(「개성동화대회, 고려청년 주최」, 『동아일보』 34.7.1)	
김기전 (천도교소년회)	아버지를 차저서 삼천리(「함흥동화대회」, 『동아일보』, 25.6.5)	
김태오(『아희생활』)	말 잘 듯는 소년(「동화대회성황 보은당 주최의」, 『중외일보』, 27.8.30)	
방정환(『어린이』)	바보의 장사(「추석동화회」, 『동아일보』, 28.9.28) 불상한 남매(「천도교소년기념동화회」, 『중외일보』, 30.5.3)	
안준식(『별나라』)	후란다스의 소년(「시내 현대소년구락부 동화대회」, 『동아일보』, 26.11.13) 바보 길동(「수원동화대회 성황」, 『동아일보』, 32.8.25)	『불상흔 동무』(최남선 역, 신문관, 1912)
연성흠(별탑회)	개고리와 왕녀(「동화대회성황」, 『동아일보』, 24.9.27) 은혜 갑흔 고양이(「별탑 동화대회」, 『동아일보』, 27.6.12) 아리바바 이야기(「백의 소년 주최 동화회를 개최」, 『동아일보』, 28.1.14) 밤에 우는 돌(「추석동화회」, 『동아일보』, 28.9.28) 용감한 소년(「천도교소년기념동화회」, 『중외일보』, 30.5.3)	「개고리 왕녀」(『동명』 2권5호, 23.1.28) 「아리바바 이야기」(『어린이』 5권7호, 27.10)
염근수	에물내 종(「동화회, 시천교 소년회와 무궁화사 주최로」, 『동아일보』, 26.9.17)	
이정호(『어린이』)	불쌍한 삼남매(「백의 소년 주최 동화회를 개최」, 『동아일보』, 28.1.14) 울지 않는 종(「동화회 개최 이십일밤팔시 입장은 무료」, 『동아일보』, 30.9.21)	「울지 않는 종」(『어린이』 4권6호, 26.6)
정홍교(오월회)	삼형제의 행로(「강경동화회」, 『동아일보』, 25.8.13) 세 사람의 형제(「동화회 개최 이십일밤팔시 입장은 무료」, 『동아일보』, 30.9.21)	「삼형제의 행로」(『동명』 2권9호~11호, 23.2.25~23.3.11)
한석원(『아희생활』)	이상한 두루마리(「동화대회성황 보은당 주최의」, 『중외일보』, 27.8.30)	

위의 연제를 통해 알 수 있듯이 연사들은 구전하는 옛이야기들을 각

색하여 구연하기도 했지만, 이미 단행본으로 출간되었거나 신문·잡지에 실렸던 것들을 즐겨 사용하였다. 일찍이 출간되었던 라이미의 『불샹혼 동무』[54]를 비롯하여, 잡지 『동명』에 소개되었던 「개고리 왕녀」, 「삼형제의 행로」와 같은 그림 형제의 민담, 『어린이』에 실렸던 「울지 않는 종」이나 「아리바바 이야기」, 「천일야화」 등의 제목을 어렵지 않게 발견할 수 있는 것이다.

이는 각종 동화경연대회에 참여한 미성년 연사들의 연제에도 마찬가지 현상으로 나타난다. 예컨대, '김해소년동화회(『동아일보』, 28.6.14)'에서 이정식 군이 구연한 〈어머니를 위하야〉는 이정호가 『어린이』(『어린이』 5권 8호, 27.12)에 '美談'이라는 이름을 붙여 기고했던 프랑스의 '쌔찌온'이라는 어린이의 이야기이다. 또 1935년 6월 1일 '전(全)평양 기독소년소녀 현상동화대회'에서 김신덕 군이 구연한 〈동생을 찻즈려〉(『조선중앙』, 35.6.1)는 방정환이 『어린이』(「동생을 차즈려」, 『어린이』 3권 2호~3권 10호, 25.2~25.10)에 연재했던 탐정소설이며, 같은 대회에서 서기복 군이 구연한 〈曲馬團을 차저가는 즘생 네 머리〉는 『동명』(2권 7호, 23.11)에 번역된 바 있는 그림 형제의 민담이다. 이밖에 〈늑대와 염소〉(『동아일보』, 28.4.8), 〈구두신은 고양이〉(『중외일보』, 29.5.24), 〈불상한 동무〉(『동아일보』, 29.7.14), 〈곡마단을 차저가는 즘생 네 머리〉(『조선중앙』, 35.6.1), 〈사자와 산쥐〉(『동아일보』, 39.6.6) 등도 일반 미성년들이 책을 통해 먼저 접했을 가능성이 큰 이야기들이다. 단언할 수는 없으나 1920년대에는 전해져 내려오던 옛이야기들이 '동화집'이라는 이름으로 묶여 출간되기 시작했다는 점을 생각해 본다면, 동화회에 나서는 연사들이 번역물이나 창작물뿐 아니라 민족 고유의 옛이야기들까지도 인쇄 매체에 정리된 텍스트를 기본 자료로 활용했을 가능성이 높을 것으로 생각한다.

---

54) 『A Dog of Flanders [프란다스의 개]』를 최남선은 『불샹혼 동무』라는 제목으로 번역했다.

3. 계몽과 오락, 감정 교육의 공간으로서의 동화회

'동화'라는 말이 처음 보급된 이후 상당 기간, '동화'는 별 수식이 덧붙지 않아도 으레 '이야기하는 것'으로 이해되고 있었다. 책에 실린 텍스트라고 해도 그것은 혼자 조용히 읽는 독서만이 아니라, 언제든지 여러 사람 앞에서 낭독되거나 구연될 수 있는 가능성을 내포하고 있었던 것이다. 방정환이 1920년대 중반 「동화작법」[55]이란 글을 쓰면서, "아동 이외엣 사람(성인-인용자)이 낡거나 듯거나 하는 경우", "그것(동화-인용자)을 낡거나 듯는 아동", "동화를 쓰거나 이약이하는 사람", "동화작자나 구연자" 등에서 볼 수 있는 것처럼 한 편의 동화가 '읽혀질 가능성'과 '들려질 가능성', 혹은 '문자화될 가능성'과 '구연될 가능성'을 동시에 전제해야 했던 것도 이러한 상황에서 말미암은 것이다.

그런데 이처럼 동화가 이야기하는 방식으로 실현될 가능성이 컸던 이유를 이해하기 위해서는 동화가 기본적으로 어린 아동을 대상으로 하는 장르라는 점뿐 아니라, 식민지 시기에는 지금과는 비교할 수 없을 정도로 문맹자의 비율이 높았다는 점을 생각해볼 필요가 있다. 즉, 지식인 계층이나 근대 교육 제도에 편입된 미성년자를 대상으로는 끊임없이 자기 자신의 깊은 내면과 조우하는 고독한 독서 방식이 훈련되는 한편, 기층의 일상에서는 귀로 듣는 방식으로 문학적인 글들을 향유하는 청문예적 독서 방식이 여전히 유지되고 있었다는 사실을 환기하는 것은 동화회와 같은 이야기하기의 공간이 번성할 수 있었던 배경을 이해하는 데 도움을 준다. 근대적 문물이나 제도의 도입이 일상의 모든 국면을 큰 폭으로 바꾸어가는 과정에서도 기층에서 오래 쌓여왔던 문화적 관습들이 단번에 사라지거나 대체된 것은 아니었을 것이다. 오히려 동화회가 활황을 이루

55) 소파생, 「동화작법」, 『동아일보』, 1925.1.1.

청주 현상 동화대회(『동아일보』, 1936.6.17)

평양 소년소녀 동화대회(『동아일보』, 1934.5.2)

었던 사례에서 볼 수 있듯이 전통적인 공동체적 독서 문화는 신문, 잡지 등 근대적 인쇄 매체의 도입과 새로운 문학 장르의 보급이 이루어졌던 시기에 이를 나름의 방식으로 수용하고, 전유하는 교섭의 장을 제공하고 있었다고 보는 편이 더 타당할 것이다. 동화회에 모여들었던 남녀노소는 함께 이야기를 듣고 즐기는 문화에 익숙한 청중들이었으며, 소문으로 접했던 '동화'라는 새로운 이야기의 재미를 맛보기 위해 모여든 사람들이었을 것이라는 점은 어렵지 않게 짐작할 수 있는 일이다.

그러나 식민지 시기 동화회의 풍경은 재래의 이야기판[56]의 모습과는 많은 점에서 차이가 있었다. 우선 이야기판의 물리적 구조에서부터 차이가 컸다. 동화회는 예배당, 학교, 소년・청년회관, 공회당, 극장 같은 공공장소에서 이루어지는 경우가 많았으며, 이들 장소는 아래의 그림에서 볼 수 있는 것처럼 구연이 이루어지는 연단과 이를 듣는 청중석이 단절적으로 구분된다는 특징을 지녔다.

이는 화자와 청자의 상호적인 커뮤니케이션이 어느 정도 허용될 수 있었던 기존의 이야기판의 구조와는 차이가 큰 것이다. 한 사람의 연사가 단상에 올라서고 수많은 청중들이 정연하게 연단을 향해 앉아 연사를 주목하는 동화회 공간의 특성상 구연의 과정은 마치 하나의 공연처럼 미리 꼼꼼하게 준비되고 연습되어야 했다. 원고를 몇 번씩 읽어서 완전히 암기해야 하는 것은 물론이고, 이야기 중간 중간의 손동작이나 몸짓, 서있는 자세와 표정에 이르기까지 모든 것이 미리 상세하게 계획되어야 했다. 한편 이러한 이야기판의 구조는 청자의 참여도 특정한 형태로 제한하게 되며, 이에 따라 이야기를 감상하는 태도나 감동을 표현하는 방식에도 변화가 생겨나게 된다.

둘째, 이야기의 내용이나 형식 측면에서 새로운 규준이 요구되었다. 연성흠은 「동화구연방법 그 이론과 실제」[57]라는 글에서 구연에 적합한 동화로 재미있는 것, 깨끗하고 담박(淡泊)한 것, 교훈적 이야기라면 적극

56) 촌락에서 설화가 구연될 때 이야기판이 갖는 특성에 대해서는 홍태한 등에 의해 연구된 바 있다. 홍태한은 '이야기판'을 '이야기가 구연되는 장소(현장)'라는 개념으로 사용하여, 촌락에서 설화가 구연될 때 이야기판 자체의 질서가 화자와 청자, 설화의 내용에 영향을 미치게 된다는 점을 고찰한 바 있다.(홍태한, 「이야기판의 현장성」, 『한국민속학보』 6, 1995)

57) 연성흠, 「동화구연방법 그 이론과 실제(1~18)」, 『중외일보』, 1929.7.15~1929.11.6.

적 교훈을 주는 것을 권하였고, 지나치게 슬프거나 무서운 것, 몸을 베는 등의 잔인한 내용, 계모 이야기 등은 피하라고 권유한 바 있다. 이러한 기준은 연성흠 개인의 견해라기보다는 동화라는 새로운 장르가 표방했던 기본적인 지향이었다고 볼 수 있으며, 구연하는 상황에만이 아니라 동화를 창작하거나 전래되는 이야기를 수록하는 상황에도 마찬가지로 적용되는 것이었다. 또한 같은 글에서 연성흠은 동화에는 여러 가지 종류가 있지만 특히 구연하는 데에는 예로부터 내려오는 '민족적 동화', 근대 서양 동화를 골자로 하여 '번안 혹은 개작한 동화', 문학적 취미가 포함된 '창작 동화'가 적합하다고 제시하였다. 한편 이정호는 1930년대 중반에 개최되었던 특정 동화회를 비판하는 글[58]에서, 외국 동화를 개작할 때 인물만 조선 어린이로 바꾸는 식으로 "외국 것을 억지로 조선 것으로 만들려는 데서" 문제가 발생하는 경우가 많다고 하면서 어설픈 개작보다는 차라리 그대로 전달하는 것이 더 낫다는 견해를 피력하기도 하였다. 이러한 언급은 역으로 당시 동화회에서는 외국 동화라고 하더라도 조선의 실정과 청중의 지향에 맞추어 개작되는 경우가 많았다는 것을 엿보게 한다. 그는 같은 글에서, 읽어서 진미를 알게 되는 이야기와 들어서 알게 되는 이야기가 다르다고 주장하면서 들려주기에 적합한 동화를 '실연(實演) 동화'라는 용어로 특화하여 설명하였다. 그가 들려주기에 적합한 동화의 특징으로 제시한 것은 정경이나 심리의 묘사는 간략하고, 줄거리는 극적 변화가 많을 것 등이었다. 개개의 주장에 대한 검토는 일단 유보하기로 하고 위와 같은 언급들을 종합해 볼 때, 당시의 동화회에 사용된 많은 텍스트들은 재래하던 이야기이건 외국으로부터 수입된 이야기이건 '동화의 규준'과 '조선적 정서'에 부합되는 것이 주로 선택되었으며, 그렇지 않을 경우에는 이에 부합되도록 '개작'되는 경우가 많았으며, 채택된 이야기들은 '구연에 적합한 양식적 특질'

58) 이정호, 「中, 保, 同窓會 主催 童話大會 雜感: 동창회, 연사, 심판제씨에게 (1~9)」, 『조선중앙일보』, 1934.3.9~1934.3.21.

을 갖추도록 '각색'되는 과정을 거쳤다고 할 수 있다. 이러한 점들은 외부로부터 유입된 동화라는 새로운 장르를 나름의 방식으로 '전유'하는 과정에서 동화적 글쓰기가 형성되었음을 시사해 주는 것이라고 생각해 볼 수 있다. 동화회와 동화적 글쓰기의 상호 영향 관계에 대해서는 추후 심도 있게 다루어질 필요가 있을 것이다.

셋째, 구연에 참여한 연사(특히 미성년)에게 새로운 문학적 향유의 기회를 제공하였다. 동화구연(oral Performance)이 갖는 연행적 성격은 특정한 이야기하기의 기술을 요구하였다.[59] 동화구연가는 마치 일인극을 하는 것처럼 동화 속의 각 인물이 되어 대화를 전개해야 하고, 대목마다 목소리(고저 · 강약 · 장단 · 완급 · 단속 · 휴지 등), 표정, 몸동작 등을 적절히 계획하여 전체 이야기의 상황과 의미를 전달하는 역할을 담당해야 한다. 이는 말하는 구연가가 이야기 전체를 충분히 이해하고 나름의 방식으로 해석하는 과정을 거치지 않으면 불가능한 일이다. 구연자는 자신이 평소 자신이 들었거나 읽었던 수많은 텍스트 중 가장 즐거움을 만끽했던 것을 선택하게 되며, 이를 구연상황에 합당하도록 특정 부분을 부연 · 확장하거나 축소 · 삭제하는 과정을 거쳐 대본을 작성하게 되는데, 이러한 과정에서 단순한 반복 읽기와는 비교할 수 없는 작품에 대한 심도 있는 이해와 감상의 기회가 생겨나게 된다고 한다.[60] 연성흠이 "연사자 자신이 자기를 이야기 속에다 집어너흘 수만 잇다면 이야기 속 인물이 자기 자신가튼 생각만 들게 된다면 자연히 울음도 나오고 노여운 생각이 불현듯 나서 청중에게 진정한 감동을 줄 수 있"[61]을 것이라고 말한 것도 구연 활동에 있어 텍스트에 대한 적극적인 해석, 깊이 있는 감상이 필수적이라는 점을 지적한 것이다. 동화회에 참석한 청중들은 이야

59) 연행으로서의 동화구연에 대한 개념에 대해서는 다음의 글 참조. 이지호, 「연행을 통한 아동의 문학 향유」, 『문학교육학』 8, 2001; 곽춘옥, 「연행의 관점에서 본 동화구연」, 『청람어문교육』 25, 2002.

60) 이지호, 앞의 글.

61) 연성흠, 앞의 글.

기를 듣는 과정에서 직접 읽을 수 없었던 독서물에 대한 문학적 향유의 기회를 얻을 수 있었을 것이지만, 구연하는 사람 또한 이야기를 들려주는 과정뿐만 아니라 이야기를 준비하는 과정 자체에서 깊이 있는 문학적 체험의 기회를 가질 수 있었다고 할 수 있다. 앞에서 확인한 것처럼, 동화회는 제1기나 제2기에는 유명 아동문학가나 소년운동가의 계몽 활동이 주축이 되어 전개되었으나, 3기인 1930년대 이후에는 유명 구연가들은 전문가 혹은 심사위원 집단이 되며 대신 미성년 연사들이 서로 실력을 다투는 경연 대회가 주류를 차지하게 되었다. 식민지 시기 동화회는 문화적 계몽 활동으로 발생하였으며, 점차 미성년들의 문학적 향유와 학습의 공간, 이에 대한 표현과 확인의 공간으로 정착되어 갔다고 할 수 있다.

넷째, 동화회에 참석한 청중에게도 새로운 향유 문화가 형성되었다. 1925년 3월, 대구를 방문했던 방정환은 상당히 긴 시간 이야기했는데도 "끗가지 그 만흔 어린이가 끗까지 종용하게 듯는 것과 이약이 듯고 눈물 흘리는 사람이 만히 잇는 것을 보니 자조 童話를 드러본 경험이 잇는 것 가태서 마음에 깃벗"[62]다고 하였다. 여기에서 주목해 볼 것은, '조용히 듣는 것'과 '눈물을 흘리는 것'이 동화를 들어본 경험이 많다는 증표가 되었다는 점이다. 앞서 언급한 것처럼 동화회가 개최되는 장소는 예배당이나 학교 강당, 소년·청년회관, 공회당 등 근대적 공공건물들이 많았다. 대구에서 방정환이 동화를 구연한 곳도 '만경관'이라는 활동사진관이었다. 이러한 장소들의 특징은 연단과 청중석이 단절적이라는 점이며, 연단 위의 연사와는 달리, 청중들은 오로지 구연가 한 사람에게 시선을 집중할 수밖에 없다는 것이다. 자연히 극장식 구조 속의 청중들에게 요구되는 적절한 태도는 똑바로 앉은 자세로 옆 사람을 방해하지 않고 집중해서 조용히 듣는 것이 되기 쉽다. 방정환이 조용하게

---

62) 방정환, 「나그네 잡긔장」, 『어린이』 3권 5호, 1925.5.

끝까지 듣는 청중들의 관람 자세를 보고 동화를 들어본 경험이 많은 것 같다고 했던 것은 이와 같은 억압적 신체 규율이 반복적인 훈련 없이 단번에 익혀지는 것이 아니기 때문이다. 한편 움직이거나 소리내지 말고 조용히 들어야 한다는 억압적 신체 규율과는 달리 눈물을 흘리거나 큰소리로 웃는 행위는 적극적으로 표현해도 무방한 행위에 해당했다. 오히려 청중들이 많이 웃고 울었다는 것은 동화회가 성공적으로 개최되었다는 강력한 증거가 되었다. 방정환의 동화회에 대한 일화는 다른 구연가들에 비해 상대적으로 많이 남아 있는 편인데, 최고의 구연가로서 그의 면모를 보여주는 에피소드들은 특히 청중들을 많이 울렸다는 것에 집중되어 있었다.

> (……) 내가 맨 처음 서울에서 동화 강연이란 것을 할 때 천도교당에서 '난파선' 이야기를 듣고 그날 온종일 울고 앉았는 소년을 두 사람 본 일이 있었지만, 금년 봄에 이화여자 보통학교에 끌려가서 전교 학생에게 '산드룡이' 이야기를 할 때 옆에 늘어앉아 계신 남녀 선생님이 가끔 얼굴을 돌이키고 눈물을 씻으시는 것을 보았다. 그러나 그때 학생들은 벌써 눈물이 줄줄 흘러 비단저고리에 비오듯 하는 것을 그냥 씻지도 않고 듣고 있었다.
>
> 그러다가 이야기가 산드룡이가 의붓어머니에게 두들겨 맞는 구절에 이르자, 그 많은 여학생이 그만 두 손으로 수그러지는 얼굴을 받들고 엉엉, 마치 상가집 큰소리로 소리치면서 일시에 울기 시작하였다.
>
> —방정환, 「단상진화」, 『별건곤』 5권 9호, 1930.10

함께하는 웃음과 눈물은 일시적으로 그 집단을 강하게 결속시키는 힘이 있다. 당시의 동화회의 성공적 개최를 보고하는 많은 글들은 이러한 상태를 '취한 것 같다.', '홀린 것 같다'고 표현하곤 했다. 청중들은 연단의 구연자가 재현하는 이야기의 세계에 깊이 빠져들면서 순간적으로 강한 감정적 일체감을 맛볼 때 감정이 고조되는 격정적 흥분과 몰입 상태에 휩싸일 수 있었다. 당시의 동화회는 때때로 이러한 감정적 고조

상태 때문에 진행 도중에 돌연 중지 명령을 받는 경우도 있었다. 그런데 이러한 집단적 감정의 공동체는 개개인의 적극적인 반응 없이는 가능할 수 없는 것이다. 같은 대목에서 감탄사를 터뜨리고, 같은 대목에서 눈물을 흘리는 것은 순간적으로 강한 '동정(同情)의 공동체'[63]를 만들어 낼 뿐 아니라. 그 내부의 개인에게 감정적, 윤리적 주체로서의 자신의 정체성을 확인받을 수 있는 기회를 제공하게 된다. '눈물'은 감동할 줄 알고, 공감할 줄 아는 능력의 표시가 되고 있었다.[64] 동화회가 번성했던 시기는 근대적 인쇄물의 보급으로 책이 대중화되는 과정에서 오히려 독서가들을 공적 장소로 나오도록 부추기고, 이러한 개인의 독서의 체험을 공적 장소에서 함께 웃고, 함께 눈물을 흘리며 나누는 동정의 공동체 속에서 확인하는 과정에서 감정적, 윤리적 주체의 형성을 기획했던 감정적 계몽의 시기였다고 할 수 있을 것이다. 동화회는 공동체적 독서를 통해 공공의 행동 양식과 공공의 감정 양식을 교육하고 훈련하는 장이 되었던 것이다.

이러한 동화회의 계몽적 성격과 관련해서는 동화회의 프로그램이 동화구연뿐만 아니라 강연이나 연설이 함께 구성되는 경우가 많았다는 점을 짚어 볼 필요가 있다. 당시의 동화회는 보통 동화구연을 시작하기 전에 생활 개선이나 소년 문제 각성을 촉구하는 강연이 있는 경우가 많았다. 이러한 강연이나 연설이야말로 동화회가 갖는 계몽적 성격을 직접적으로 보여주는 것이지만, 동화를 듣고 함께 웃고 울면서 공동체적 감정을 맛본다는 것만으로도 당시의 대중에 대한 문화적 계몽의 중심 모토 중 하나였던 '동정'의 기획을 실천하는 공간이 되었다고 할 수 있

---

63) 20세기 초반 '동정'의 개념과 이를 통한 문화적 기획에 대해서는 김현주에 의해 논의된 바 있다.(김현주, 『이광수와 문화적 기획』, 태학사, 2005)

64) '눈물'의 이러한 기능에 대해서는 안 뱅상 뷔포의 연구를 참조할 만하다. 안 뱅상 뷔포는 보통 사적인 것으로만 여겨지는 '눈물'의 사회적, 역사적 성격을 18세기, 19세기 서구의 문화적 현상들을 추적하여 추론한 바 있다.(안 뱅상 뷔포, 이자경 역, 『눈물의 역사』, 동문선. 2000)

을 것이다.

식민지 시기 동화회는 크게 네 시기의 과정을 거쳐 전개되었다. 제1기는 1910년부터 1924년으로 일본 아동문학가들의 식민지 순방 동화회 등에 자극받으면서 동화회가 개최되기 시작했으며 정기적인 모임으로 상설되기도 한 시기이다. 제2기는 1925년에서 1930년까지로 전국을 순회하는 대규모 동화회가 개최되는 등 식민지 시기 전체에서 동화회가 가장 활발하게 개최되는 모습을 보여주었다. 제3기는 1931년부터 1936년까지로 전 시기에 비해 정도는 다소 감소되었으며 미성년들이 참여하여 경합을 벌이는 현상동화대회가 주류를 차지하게 된다. 제4기는 1937년부터 1945년까지로 동화회 개최 횟수가 현저하게 줄어들게 되며 일제 말기 전쟁 시국에서 군국주의 동화회가 열리기도 했다. 식민지 시기 동화회는 경성을 비롯한 각 지역의 중심 도시에서 개최된 경우가 많았으며, 소년회나 청년회 같은 각종 미성년 단체가 주최한 경우가 가장 많았고, 각종 사회단체, 교회의 주일학교, 아동잡지사, 신문사, 학교, 도서관 등도 주최하였다.

식민지 시기의 동화회는 근대적 인쇄매체가 기층에서 자리 잡아 가는 경로를 생각해 보는 데에 중요한 시사점을 제공한다. 즉, 동화회는 보통학교 취학률이 높아져서 문자를 해독할 수 있는 아동이 증가하고, 아동용 도서의 판매가 급증하는 흐름과 맞물려 있는데, 전체 문맹률이 높았던 당시의 상황에서 동화구연은, 청문예적 독서 관습에 익숙해 있던 대다수 기층민들에게는 풍성한 볼거리와 더불어 근대적 인쇄물들을 재미있고 실감나게 읽어주는 특별한 역할을 수행함으로써 근대적인 독서에 대한 선망어린 욕망을 채워주는 기능을 가질 수 있었으며, 문자 해독력을 갖추게 된 미성년들에게는 자신들이 인쇄 매체를 통해 읽었던 것을 다시 듣고, 들었던 것을 다시 읽는 반복 학습과 경연을 통해 이에 대한 학습 능력을 평가 받는 교육적 공간으로서의 기능을 가질 수 있었다. 동화회는 인쇄매체에 쉽게 접근할 수 있었던 엘리트 문화와는 또 다른 층위에서 이루어진 일상 문화의 근대적 전환의 양상을 보여주는 사례가 될 수 있으며, 동화회와 관련된 독서 문화는 이후 근대의 대중문화, 혹은 하위문화의 계보를 형성한다고 가정해 볼 수 있을 것이다.

또한 식민지 시기의 동화회는 근대적 문물이나 제도의 도입이 일상의 모든 국면을 큰 폭으로 바꾸어가는 과정에서도 기층에서 쌓여왔던 문화적 관습들이 단번에 사라지거나 대체된 것은 아니었다는 것을 보여주는 사례가 될 수도 있다. 동화회의 활황은 전통적인 공동체적 독서 문화가 신문, 잡지 등 근대적 인쇄매체의 도입과 새로운 문학 장르의 보급이 이루어졌던 시기에 이를 나름의 방식으로 수용하고, 전유하는 교섭의 장을 제공했음을 보여주기 때문이다. 그러나 동화회의 풍경이 재래의 이야기판의 모습과 많은 점에서 차이를 갖는 것도 사실이었다. 일단 주로 서구식 극장구조를 갖는 공공장소에서 이루어졌다는 점에서 큰 차이가 있었으며, 이야기의 내용과 형식 측면에서도 근대적 인쇄매체에 수록된 텍스트를 '동화의 규준'이나 '조선적 정서', '구연에 적합한 특정한 양식'을 감안하여 '각색'한 것이 많이 사용되었다는 점도 차이를 갖는 점이었다. 한편 동화회는 구연에 참여한 연사들에게 텍스트에 대한 적극적인 해석과 깊이 있는 감상을 요구하고, 청중들에게는 이야기에 대해 함께 웃고 우는 공감의 반응을 촉구하는 등 문학적 향유와 감정 학습의 공간으로 기능하였다. 특히 공공장소에서 함께 흘리는 '눈물'은 당시 대중에 대한 문화적 계몽의 핵심 모토였던 '동정(同情)'의 기획과도 밀접하게 관련되는 것이었다. 이야기하기를 통한 연행, 혹은 연행으로서의 이야기하기 공간인 동화회는 전통적인 기층의 청문예적 독서의 관습에 토대한 것이면서도, 전통적 청문예적 독서가 기반하고 있던 혈육, 촌락의 생활 공동체와는 다른 조건에 기반하고 있었다. 즉 동화회는 근대적 인쇄 매체가 만들어내는 새로운 독자들, 다시 말해 독서와 취향의 공동체라는 상징적 범주에 기반하고 있었던 것이다. 동화회의 발흥과 번성, 쇠퇴의 과정은 기존의 공동체에 틈이 생기고 문화적 상징에 의한 세대별·취향별 유대가 강화되어 가는 과정과도 긴밀하게 관련되어 있다고 할 수 있다. 물리적으로는 성글게 보이지만 특정한 측면에서는 더 강하고 깊은 정서적 유대를 느끼는 문화적 연대는 신문이나 잡지의 독자가 되는 매체의 경험을 공유함으로써 가능했다. 독자들은 멀리 떨어져 있어도 서로 하나의 끈으로 묶여 있다는 상징적 유대감을 지면을 통해 강하게 느낄 수 있었고, 그들은 종종 이러한 연대감을 가시적으로 표현해 적극적으로 확인하고 싶어 했다. 동화회는 이러한 욕망들과 결합하여 더욱 번성할 수 있었다고 볼 수 있을 것이다. 이러한 취향의 연대를 근대 매체가 가능케 한 새로운 공동체라고 부를 수 없을까. 근대의 매체 조건에서는 혈연과 지역에 기초하여 노동과 의례로 만들어지는 생활의 공동체가 아니라, 오락과 취미로 만들어지는 취향의 공동체, 혹은 그러한 공동체로 구성되는 새로운 일상이 문제가 될 수 있다. 이러한 새로운 공동체를 통해 근대적 일상은 보다 다양한 층위에서 복잡한 연관 관계를 맺으며 유지된다고 말할 수도 있을 것이다. 만약 그렇다면, 이제 새로운 질문의 출발점은 '공동체적 독서'로부터 '독서의 공동체'로 옮겨 가게 되는 셈이다.

제2장
유성기 음반에 담긴 옛이야기

1. 근대의 매체 환경과 동화의 향유 방식

이 장에서는 1930년대 중반에 취입된 김복진의 유성기 구연동화를 중심으로 첫째, 유성기라는 근대 매체가 가정과 아동의 표상과 관계 맺으면서 계층별 문화적 취향을 분화시켜 나간 양상을 살피고 둘째, 김복진이 취입한 10편의 구연동화가 모두 동서양의 옛이야기[1]를 재구성한

1) 최근 '옛이야기'라는 용어는 대략 ① '설화(특히 민담)'의 동의어(서정오) ② 어린이를 위한 설화, '전래동화'의 대체어(이지호・한명숙) ③ 서구의 '메르헨(märchen)', '페어리테일(fairy tale)', '민담(folk tale)' 등을 포괄하는 번역어(김환희) 등으로 사용되고 있다. '옛이야기'는 보통 신화・전설・민담을 포함하는 '설화'의 의미로 사용되지만 넓게는 '구비 서사문학' 전체를 가리킬 때도 있으며, 좁게는 '민담'에 한정하여 사용되기도 한다. 또한 최근 아동문학(교육) 영역에서는 '옛이야기'라는 용어를, 개념상의 오해를 불러일으키기 쉬운 '전래동화'라는 말 대신에 사용하자는 주장도 제기되고 있다. 한편 옛이야기라는 용어는 메르헨이나 페어리테일 등을 번역할 때도 사용되는데 이 경우에

것들임에 착안하여 텍스트의 변용 양상과 그 의미를 분석하고자 한다.

유성기 음반이 대량으로 발매, 소비되기 시작한 것은 전기녹음 방식의 도입으로 음반 제작 기술의 혁신이 이루어진 1928년경부터이다. 일제 말 소위 '암흑기'에 이르기 전까지 유성기 음반은 대중문화의 유행을 선도하며 큰 인기를 누렸다.[2)] 아동을 위한 유성기 음반 또한 1920년대 후반부터 발매되기 시작하여 1930년대에는 비교적 활발하게 취입되었다. 아동용 음반의 대부분은 동요를 녹음한 것이었지만, 아동극(동화극, 동요극, 아동비극 등) 음반도 여럿 취입되었으며 구연동화 음반도 10여 장 발매되었다.[3)] 유성기 구연동화는 당시에 동화작가, 야담가, 연극배

는 구비 전승된 형태뿐 아니라 개인 작가가 창작한 문학 작품이 포함될 가능성도 있다. 이처럼 '옛이야기'는 아직 개념과 범주가 안정적으로 자리 잡지 못한 어휘이므로 학술용어로 사용하기에는 다소 무리가 있다. 그러나 이 글과 같이, 장르적 기원이 다양한 이야기들이 '동화'라는 하나의 장르로 편입되어 재구성되는 과정을 살피고자 할 때에는 유용한 점이 적지 않다. '옛이야기'는 전래되어 내려온 동서양의 각종 이야기들을 아우를 수 있는 최소한의 표현으로서, 이들을 함께 묶어서 지칭하고 사유할 수 있는 여지를 마련해주기 때문이다. 이 글에서는 '옛이야기'라는 용어를 동서양에서 구비 전승된(문헌 정착 설화 포함) 각종 이야기를 통칭하는 광의의 개념으로 사용하고자 한다. 서정오, 『옛이야기 들려주기』, 보리, 1995, 29~32면; 이지호, 『옛이야기와 어린이 문학』, 집문당, 2006, 15~65면; 김환희, 「뒤엉킨 용어의 실타래」, 『옛이야기의 발견』, 우리교육, 2007; 한명숙, 「옛이야기 교육을 위한 용어 사용의 문제와 과제」, 『문학교육학』 25호, 2008.

2) 유성기의 수용과 전개 과정에 대해서는 다음의 글들을 참조하였다. 배연형, 「한국 유성기 음반 총목록 해제」, 『한국 유성기 음반 총목록』(한국정신문화연구원 편), 민속원, 1998; 이상길, 「유성기의 활용과 사적 영역의 형성」, 『언론과 사회』 62호, 2001; 장유정, 『오빠는 풍각쟁이야』, 민음in, 2006; 김재관, 「기술복제시대와 소리의 에크리튀르」, 『한국 문화전통의 자료와 해석』, 단국대 출판부, 2007.

3) 『한국 유성기 음반 총목록』(한국정신문화연구원 편, 민속원, 1998)을 참조하여 확인한 구연동화 음반은 모두 14장이다. 고한승과 남궁선이 각각 1장, 윤백남이 4장, 김복진이 8장을 취입하였다. 고한승은 〈백일홍〉(Nt.B161, 일축, 1927), 남궁선은 〈바위나리와 아기별〉(마해송 원작, Ch.185, 시에론, 1934) 윤백남은 〈무영탑〉·〈삼색병〉 (C.40253－A·B, 콜럼비아, 1931), 〈船長의 子〉(V49067, 빅타, 1935), 〈仁童의 끔〉(V.49068, 빅타, 1935), 〈自作의 笛〉(V.49091, 빅타, 1935) 등을 취입하였다. 김복진의 구연동화 음반 8장은 1934년 7월부터 1936년 2월까지 콜럼비아 축음기 주식회사에서 보급반('Regal' 음반)으로 발매하였는데 모두 10편의 구연동화가 실려 있었다. 이에 대한 자세한 사항은 본론에서 소개하도록 하겠다.

우 등으로 활동했던 고한승·윤백남·남궁선·김복진 등이 녹음했다. 특히 김복진의 음반은 8장이나 되어 유성기 구연동화 음반 중 양적으로 가장 큰 비중을 차지한다.

사실 식민지 시기에 동화가 구연되었던 보다 대중적인 공간은 각종 '동화회(童話會)'였다고 할 수 있다. 동화는 근대문학 장르로서 신문, 잡지, 단행본 등의 인쇄 매체에 기반을 두고 형성되었음에도 불구하고, 구술적 향유 방식 또한 여전히 유지하고 있었다. 동화는 인쇄된 지면을 소리 없이 읽어가는 개인적인 묵독의 방식뿐 아니라, 여럿이 함께 모인 자리에서 낭독하거나 구연하여 음성으로 텍스트를 감상하는 청문예(聽文藝)적 방식으로도 널리 향유되고 있었던 것이다. 소년회를 비롯한 각종 아동 단체들과 1920~30년대에 크게 성행했던 동화회는 동화가 구술적인 형태로 향유되었던 대표적인 공간이다. 물론 이때의 구술성은 전대의 이야기판이 가지고 있던 구술성과 동일한 것은 아니다. 인쇄매체 시대에 구술되는 이야기들은 이미 문자 텍스트를 거쳐서 이루어진, 준비된 대본을 가지고 있는 것이라고 할 수 있기 때문이다.[4] 이와 같은 동화의 이중적 향유 방식은 텍스트 구성에도 영향을 미치는 것이어서 당시의 동화 창작론들을 살펴보면 처음부터 '읽힐 가능성'과 '이야기될 가능성'을 동시에 염두에 두었음을 확인할 수 있다. 당시의 동화들이 일반 소설과는 달리 인격체적 서술자라든가 이야기적 구성, 구어체적 문체 등의 양식적 특성을 띠었던 것도 이러한 사정과 무관하지 않다.

그런데 이와 같은 동화의 향유 방식은 1920년대 말, 라디오와 유성기 등의 대중 매체의 보급으로 인하여 또 다시 새로운 지형을 형성하게 된

4) 이는 라디오, 유성기, 전화, 텔레비전 등의 전자 매체에 의해 구술성이 강하게 복원되는 경우에도 마찬가지이다. 전자매체에 의한 구술성은 이미 준비된 대본이나 메모를 전제하고 있는 것으로서 쓰기와 인쇄의 사용에 계속적으로 의존한다는 점에서 청각문화 시대의 구술성과는 질적으로 다른 것이라고 할 수 있다. 월터 옹은 이를 문자문화 이전의 구술성과 구별하여 '2차적 구술성'이라고 명명한 바 있다. 월터 J. 옹, 이기우·임명진 역, 『구술문화와 문자문화』, 문예출판사, 1995, 204~208면.

다. 1927년 개국한 경성방송국은 정규 방송에 아동을 위한 시간을 배분하였고, 이러한 아동 코너는 동화구연 등의 프로그램으로 채워지는 경우가 많았다. 시끌벅적한 동화회의 무대 위에서 이름을 날리던 유명 구연가들이 라디오 방송실의 텅 빈 무음의 공간에서 마이크를 잡는 낯선 경험의 시대가 도래하게 된 것이다. 라디오 방송은 비록 눈앞에는 당장 보이지 않을지라도 동화회와는 비교할 수 없는 대규모의 청중을 만들어 낼 수 있는 잠재력을 가지고 있었다. 라디오 방송은 공회당이나 극장과 같은 동화회가 열리는 공공장소에 직접 찾아가지 않아도, 집안에서 편안하게 이야기를 즐길 수 있는 가능성을 열어 주었다. 또한 아동용 유성기 음반들은 구연되는 이야기를 개인적으로 소장할 수 있으며 시간과 장소에 구애받지 않고 언제든지 맘껏 활용할 수 있다는 환상을 만들어 낼 수도 있었다.

그러나 당시의 경제 사정으로 미루어 볼 때, 실제로 라디오나 유성기와 같은 매체를 통해 가정에서 구연동화를 청취할 수 있었던 아동은 그리 많지 않았을 것이다. 1930년대에 들어 유성기의 가격이 대폭 인하되었다고는 하지만 아무나 부담 없이 구입할 수 있을 정도로 저렴해진 것은 결코 아니었다.[5] 대다수의 가정에서 라디오나 유성기를 구비한다는 것은 요원한 꿈이어서 식민지 시기 내내 이들은 여전히 공공의 매체였으며 거리의 소리였다. 당시에 라디오나 유성기를 갖춘 가정의 이미지가 중상류층의 문화 상징으로 작용할 수 있었던 일차적 조건은 이와 같은 경제적인 여건에서도 찾을 수 있다.

그렇지만 특정한 상품이 문화 상징적 효과를 갖는 것은 그것이 단지 고가의 사치품이기 때문만은 아니다. 문화적 '구별짓기'[6]는 단순히 경

---

5) 식민지 시기 유성기와 음반 가격의 변화 추이에 대한 보다 상세한 내용은 다음의 글을 참조할 것. 이상길, 「유성기의 활용과 사적 영역의 형성」, 『언론과 사회』 62호, 2001, 65~69면.

6) 삐에르 부르디외, 최종철 역, 『구별짓기』 상 · 하, 새물결, 2006.

제적인 차별성에 의존해서 이루어지는 것이 아니기 때문이다. 이런 점에서 유성기 구연동화는, 유성기라는 근대 매체를 사적으로 활용하는 과정에서 문화적 취향의 분화와 차별화가 어떻게 이루어졌는가를 살펴보는 데에 유용한 사례가 된다. 이 장에서는 유성기 음반에 수록된 구연동화들을 통해, 근대 문명의 이기를 사적으로 소유하고자 하는 욕망, 과학적이고 합리적인 교육 방식을 추구한다는 믿음, 단란한 핵가족의 이상과 천진하고 순진한 아동의 표상, 아동의 심리와 아동문학에 대한 전문적인 지식 등이 서로 연동되면서 건전한 가정 및 아동 취미의 모델을 창출해가는 맥락을 짚어보고자 한다.

현재 유성기 구연동화에 대한 연구는 거의 진행된 것이 없다. 다만 음성학적 관심에서 김복진의 음반을 분석한 것이 눈에 띌 뿐이다.[7] 유성기 구연동화에 대해서는 취입 동기 및 과정, 판매량, 청자의 수용 양상 등에 관한 기초 자료도 찾기 어려워 전체적인 윤곽을 그리는 데에 어려움이 크다. 이와 같은 상황에서 이 글은 앞으로의 유성기 구연동화 연구의 발판을 마련하기 위한 시론으로서 의미를 지닌다.

7) 오새내, 「20세기 초 서울말 모음 음운현상에 반영된 계층적 지표 : 1930년대 김복진의 동화구연 유성기 자료의 분석」, 『국어문학』 40호, 2005. 김복진의 음반은 LG미디어에서 1996년에 CD로 복간되었으나(〈콜럼비아 유성기 원반(11) : 동화를 얘기해주는 여자, 김복진〉)현재는 절판된 상태인데, 오새내 선생님의 도움으로 구할 수 있었다. 지면을 빌어 오새내 선생님의 후의에 감사드린다.

2. 유성기를 둘러싼 가정 및 아동 교육 담론

1) 유성기와 아동 교육

1880년대 말 조선에 처음으로 도입된 이래, 유성기는 강연회, 학교, 카페, 상점 등 다양한 장소에서 여러 가지 목적으로 활용되었으나, 크게 보아 공공장소에서의 공적 활용으로부터 사적 장소에서의 개인적 사용으로 용도를 확산시켜 가는 과정을 밟았다고 볼 수 있다. 유성기는 도입 이후 처음 얼마 동안에는 주로 행사장 등에 군중을 모으는 용도로 사용되었다. 외래로부터 박래된 신기한 물건인 유성기는 공공장소에 청중을 동원하거나 여흥을 즐기는 데 사용하기에 적합했던 것이다. 이후 1920년 초반부터는 음악을 감상하기 위한 '축음기 음악회' 등도 간간이 열렸으나 일반인들과의 거리는 여전히 멀었다. 유성기의 대중적 보급에 획기적인 변화가 생긴 것은 전기녹음 방식이 채택되어 음반 제작 기술이 혁신된 1928년 무렵이다. 이로 말미암아 1920년대 후반에는 콜럼비아, 빅터, 포리돌, 오케, 시에론, 태평 등 대형 음반사들이 설립되었으며, 각종 음반들이 쏟아져 나오기 시작했다. 판소리, 신민요, 영화극, 난센스, 만담, 양악 등 다양한 종류의 음반이 취입되었으며 본격적인 대중 유행가의 시대가 열리게 된다. 중상류 계층에 한정된 일이기는 했지만 일반 가정에까지 유성기가 보급되고 영향력을 미치기 시작한 것도 20년대 후반부터이다. 유성기는 30년대 전반을 거치면서 거리에서는 대중의 오락물로, 가정에서는 단란한 스위트 홈의 필수품으로서의 이미지를 확고하게 다지게 된다.

실제로 1930년대에 유성기 보급률이나 음반의 판매량이 어느 정도였는지는 정확하게 알기 어렵다. 1934년의 한 기사는 전 조선에 유성기 음반을 보급하는 판매점은 약 200개소이고, 1년에 콜럼비아와 빅타가 각각 200만 장씩을 파는데 여기에 포리돌, 시에론, 오케, 태평양 등의 판매량까지 모두 합하면 총 600~700만매 정도가 판매되는 셈이라면서, 음반 한 장에 1원씩만 계산하여도 600~700만원이나 되니, "놀납게도 큰 시장이라 아니할 수 업다"고 했다.[8] 그러나 이 수치는 실제보다 많이 과장된 것으로 추측된다. 비슷한 시기에 오케 음반사 문예부 소속 김능인은 위의 6개 음반 회사가 각각 매월 10종 내외의 음반을 평균 2만장 정도 팔고 있으므로 모두 합하면 1년에 총 100만~90만장 정도를 팔게 된다고 말해 이와 큰 차이를 보이기 때문이다.[9] 또한 1930년대 후반의 다른 기사들을 참조해 볼 때에도, 1년에 약 100만장 내외가 판매되는 것으로 거론하는 경우가 많아 당시 음반 관계자들은 연간 총 판매 규모를 대략 100만장 내외로 어림하고 있었다고 추정해 볼 수 있다.[10]

음반 판매의 수치는 정확하게 알기 어렵다고 하더라도 분명하게 알 수 있는 것은, 유성기와 음반의 대량 보급이 사회 전반에 미친 파장이다. 유성기 음반 시장이 확장되고 유행가나 만담이 대중적으로 크게 인기를 누리면서 이는 무시할 수 없는 새로운 사회 현상으로 대두된다. 유성기 음반의 대중화에 따라 이에 대한 사회적 담론 또한 긍정, 부정의 양가성을 띠고 전개되어 나갔다. 과학상식의 이름을 달고 유성기 발명의 역사나 음반 제작 방법, 사용 방법 등을 소개함으로써 근대 과학문명의 이기(利器)로서의 유성기에 대한 상식을 보급하고자 했던 각종 정보 기사들이 전자에 속한다면,[11] 퇴폐적이고 저급한 유행가를 퍼뜨리

8) 「레코-트 판매점과 육백만원」, 『신시대』 6권 8호, 1934.8.

9) 김능인, 「조선어교육 레코오드 취입 제작의 경과」, 『한글』 29호, 1935.4.

10) 예를 들어 「풍속치안방해로 압수 팔천매, 악성유행물의 전성」(『동아일보』 1937.6.9)에서는 매년 평균 100만개가 수입되어 소화된다고 하였으며, 「조선 축음기 한화」(『신시대』 10호, 1941.10)에서는 1940년에 조선에서 소화된 음반 수량이 130만 매가 되어 "조선 축음기계 미증유의 최고 기록"을 세웠다고 했다. 물론 '100만'이라는 숫자는 서적 등 각종 상품의 판매량을 자랑할 때에 관용어처럼 사용되던 숫자이므로 이에 대한 정확한 판단은 보다 객관적인 자료가 확보되기 전까지는 유보해 둘 수밖에 없다.

11) 「과학상식 : 축음기 레코-드」, 『신동아』 3권 2호, 1933.2; 이하윤, 「레코-드와 라디

는 등 풍속을 문란케 하는 주범으로 유성기 음반을 지목하는 비판적 기사들은 후자의 경우이다.

후자처럼 유성기 음반으로 인한 풍속 문란을 비판하는 경우에는 특히 아동의 교육 문제를 연관시켜 거론할 때 한층 강도 높은 목소리를 냈다.

> 그러나 그 괴괴망측한 차마 창피스러운 그 짜위 것들이 집집에서 거리거리에서 들닐 제 그 영향이 사회적으로 또는 아동의 교육상으로 얼마나 조치 못한 현상을 주는지 아느냐 말이다 요새 유성기에도 취체법이 새로 엄격해졌다. 그러나 사상문제 이외에는 아모런 것을 부려너어도 조타는지는 모르나 그런 것이 취체법에 걸니지 안는 것을 보아서는 좀 섭섭한 생각이 업지 안타. 왜 사상들은 취체하며 사회교육 가정교육상 아동에게 미치는 큰 영향을 좀 생각해주지 안는가 하는 것이다. 요새 거리거리 모퉁이모퉁이에서 어린 아이들 입으로 하지 말엇스면 하는 겻말 따위 괴상한 유행 노래 짜위가 큰 세력을 가지고 아이들을 교육(?)하고 잇스니 이것이 가정이나 학교에서 가르킨 것일가 (…중략…) 창고에 나머지가 잇스면 그 짜위는 다—쓰러바리자
>
> —掃除夫, 「秋期紙上大淸潔」, 『별건곤』 8권 8호, 1933.9

1933년 掃除夫라는 필명을 사용한 『별건곤』의 한 필자는 거리에 흘러넘치는 괴상망측한 유모어·넌센스·유행가들이 큰 세력을 가지고 아이들을 '교육(?)'하고 있는 형편인데도 새로 생긴 유성기 취체법(取締法)은 사상문제만 관여할 뿐 사회교육, 가정교육상 아동에게 악 영향을 미치는 유성기 음반들은 왜 단속하지 않는지 모르겠다며 "그 짜위는 다—쓰러바리자"고 목소리를 높였다.

유성기 음반에 대한 치안 당국의 풍속 취체는 1932년 6월부터 시작되었다. 이후 검열 당국은 매해 수십 종의 레코드를 '치안방해(治安妨害)'과 '풍속괴란(風俗壞亂)'의 두 가지 기준에 의거해 금지시켰다. 그런데

오 考」, 『중앙』 3권 3호, 1935.3 등이 그 예이다.

검열 당국은 1930년대 중반 아동교육을 목적으로 취입된 '조선어교육 레코드'[12]를 두고서는 문화상 가치가 있는 유익한 유성기 음반이라고 평가했다. 다시 말해 조선어 교육 음반을 치안 유지에도 방해되지 않고, 풍속 괴란의 염려도 없는 안전한 음반의 모범으로 보았던 것이다. 검열 관계자는 "레코―드 업자도 문화의 사명을 자부하야 불온불량한 레코―드를 제작치 안을 뿐만 아니라 최근에는 일보전진하야 유익한 레코―드를 점점 이 사회에 내여놋케 되엿습니다. 작년도에 잇서 오―케 회사에서는 조선어교육 레코드를 창시적으로 제작하야 일반 학동에게 편의를 주게 하엿스며, 코롬비아 회사에서는 「국어독본」 전부를 정확한 음으로 레코―드화 식힐 예정이라. 이와 갓치 진보된다면 문화상 가치가 얼마나 만흘것인가함을 성심으로 기대하는 바이다"라고 밝혔다.[13] 이보다 한 해 앞서 오케 문예부의 김능인은 조선어 교육 레코드 취입 제작의 경과를 밝히는 글에서 "레코오드가 언제나 대중의 저급 취미만 영합하고 대중의 질적 향상이 있을 때까지 건전한 레코오드의 생산을 보류한다면 그것도 또한 큰 일"이기에 "대중의 요구보다 한걸음 앞서 나가 대중의 질적 향상을 꾀하는 길"을 찾기 위해 여러 가지 현실적인 어려움을 무릅쓰고 아동교육 교재용 레코드를 만들게 되었다고 했다. 그는 음반 취입 과정에는 '취입난', '타산난', '허가난'의 3대 난관이 있었지만, 그중 판매 허가만은 예상보다 큰 어려움 없이 받을 수 있었다고 진술하였다.[14] 앞서 살펴본 검열 당국의 입장과 일치하는 진술이다.

이 지점에서 좀더 논의를 확장해 볼 부분은 검열 당국이 가졌던 '소리'의 선동성에 대한 두려움이다. 앞에서 인용한 글에서 검열 당국은 유성기 음반은 극이나 영화와 마찬가지로 사람의 '말'로 전해지는 것이

---

12) 조선어교육 음반은 1936년 1월에 전 12매 1질로 오케 축음기 회사에서 발매되었다.(o100~o111)

13) 「엇더한 『레코―드』가 금지를 당하나」, 『삼천리』 8권 4호, 1936.4.

14) 김능인, 「조선어교육 레코오드 취입 제작의 경과」, 『한글』 29호, 1935.4.

라 듣는 사람에게 감격과 자극을 주는 것이 소설이나 회화에 비할 바가 아니라고 했다. 따라서 단지 가사만 보아서는 별 문제가 없는 것이라고 하더라도 노래로 불렸을 때의 느낌이 지나치게 회고적, 애상적인 것은 금지 명령을 내렸다고 했다. 소리가 갖는 감정 격발의 선동적인 힘을 간파한 것으로, 여기에는 방향을 예측하거나 제어할 수 없는 감정의 일탈적 흐름에 대한 두려움이 배면에 깔려 있었다고 볼 수 있을 것이다. 이런 점에서 교과서의 내용을 정확한 표준어 발음으로 낭독하여 녹음한 조선어교육 레코드는, 교과서를 대상으로 한다는 점에서도 그렇지만 발성의 효과를 명료하고 투명하게 예상할 수 있는 절제되고 표준화된 소리의 기획이었다는 점에서도 검열자에게 불온하지 않은 건전한 유성기 음반의 표본으로 받아들여질 수 있었을 것이다.

조선어교육 레코드 제작에 실제로 참여했던 정인섭과 심의린은 유성기가 말과 글의 '통일', 작가와 독자의 투명한 '소통'을 위한 교육을 가능하게 해줄 것으로 기대했다. 즉 정인섭은 유성기를 통해 언문일치에 입각한 표준어와 표준 발음을 과학적으로 교육할 수 있는 가능성을 내다보았고, 심의린은 유성기가 작가의 사상과 감정을 정확하게 이해하고 그것을 잘 드러내 표현하는 낭독법을 훈련하는 데 편리하다는 점을 높이 샀다. 정인섭과 심의린은 각각 어학적 · 문학적 측면에 관심을 갖고 있었지만, 둘 모두 유성기가 가진 음성 저장과 반복의 기능이 실제를 정확하게 재현하는 데에 탁월하다는 점에서 교육적으로 유용하다고 판단했던 것이다.

> 문명이 될 수록 교통이 밀접해지는 만큼, 현금 문화가 발달한 사회는 말과 글의 통일을 부르짖고, 각지방의 사투리는 점점 적어지는 동시에 문화중심지를 토대로 한 중류 이상의 현대어를 그 표준어로 정하고, 여기에 비추어서 언어의 교육을 합리화하고 있습니다. 그리고 레디오 방송과 발성영화와 축음기 같은 기계를 이용하기도 하는데, 그중에서 레디오는 시간의 제한이 있고, 발성

영화는 반듯이 교육적으로만 되었다고 할 수 없는 것입니다. 그런데 축음기로 말하면, 소리가 훨신 육성에 가깝고 정확하게 들리며, 특히 시간의 제한을 받지 않고 얼마든지 자유롭게 반복할 수 있는 것입니다.

—정인섭, 「언어교육과 축음기」, 『한글』 29호, 1935.12

독서 즉 글을 읽는다는 것은 어떤 자의 사상과 감정을 말하는 대신에 문장을 늘어놓아 표현한 것 즉 문장을 해득하야 그 문의 작자와 같은 심정을 갓게 되어야 비로소 그 글을 읽었다 할 것입니다.

(……)

그러니까, 글을 읽을 때는 말하는 것 같이 읽되, 작자의 정신을 잘 이해하야 기쁜 사실이면 기쁜 표정으로, 슬픈 내용이면 슬픈 표정으로 감정이 나타나게 읽어야 할 것입니다.

그러나 독서는 어디까지든지 독서요, 결코 배우의 극이 아니므로 너무 야단스럽게 읽어서는 못씁니다. 실지의 말과 같이 감정을 표시하야 읽되, 곱고 정하고 아름답고 고상하게 독서의 본질을 잃지 않게 읽어야 합니다.

(……)

실지의 구체적 낭독법에 이르러서는 문자로 설명하기가 매우 불충분한 점이 있으므로, 지도한 아동의 음성을 빌어서 레코오드에 취입하야 금후 연구 재료의 참고로 드리는 바입니다.

—심의린, 「독서낭독법에 대하야」, 『한글』 29호, 1935.12

'육성에 가깝고 정확한 소리', '실제의 구체적 낭독법을 보여주는 아동의 음성' 등이 강조하는 것은 유성기가 가진 실제의 재현 능력이다. 그런데 여기에서 '실제적인 것'으로 내세워진 '육성에 가깝고 정확한 소리', '아동의 실제 음성'은 결국 표준어와 표준발음, 작가 정신에 대한 정확한 해석과 적합한 표현이라는 점에서 '표준적인 것'을 대리하는 것이기도 하다. 요컨대 교육용 유성기 음반은 '실제적인 것을 재현한 표준'이라기보다는, '표준적인 것이 재현된 실제'라고 말할 수 있다. 유성기는 일회적이고 개인적 편차가 클 수밖에 없는 불안정한 소리를 붙들어 정착시킴으로써 표준의 권위를 입히고, 이렇게 만들어진 표준을 반복적으로 학습시키기에 유용한 매체였으며, 바로 이와 같은 점이 교육용 유성기 음반을 '불온불량'한 '대중의 저속 취미'와 구별되는 진일보된 '문화상 가치'를 창출하는 것으로 평가받게 했던 요체라고 볼 수 있을 것이다.

한편, 이처럼 직접적인 교육의 목적을 내걸지는 않았을지라도, 동화나 동요와 같은 아동문학의 유성기 음반 취입은 유해한 환경으로부터 아동들을 보호할 수 있는 대안적 방편으로 논의되기도 했다. 이는 유성기 음반에 담긴 퇴폐적인 유행가, 은어나 속된 말장난 따위를 늘어놓는 만담류가 아이들에게 나쁜 영향을 끼친다고 강하게 비판했던 글들 속에서 찾아볼 수 있다.

> 「그 레코-드에 겻말 엇말 나아오는 소리! 그놈 큰일 낫데 집안 아해들이 모조리 그 말버릇을 달마가서 집안이 추해 쓸 수가 잇서야지」
>
> 집집에서 이가튼 嘆聲이 비빨치듯해젓다. (…중략…) 現在 市內 某某 家庭에서는 「넌센스」 레코-드 中에 겻말 엇말 만히 든 놈을 모조리 께트려 바렷다는 소리를 듯고 나는 製作業者의 處地와 家庭을 가진 者로서의 良心을 가지고 몸서리를 첫다 (…중략…)
>
> 넌센스를 發賣한 까닭에 神聖한 兒童들이 추잡한 말 버릇을 배웟다 하면 이것은 分明히 「惡」이다. 나는 그 대신 임의 넌센스를 世上에 내노흔 사람으로서의 죄를 속하기 爲하야 새해부터는
>
> 平和한 家庭에
> 明快한 레코-드
>
> 라는 新 「못트」를 들고 나스기로 決心을 햇다
> (…중략…)
> *
> 어린이를 爲하야 레코-드를 特히 求하시는 이가 적다. 그 증거로는 어느

會社에서든지 童謠 童話의 레코-드를 내는 데가 업다. 이제부터는 童心에 適合될 레코-드를 만히 만들 것을 약속해 둔다.

—이서구, 「봄○○와 레코-드」, 『별건곤』 9권 4호, 1934.4

이서구는 거리에 흘러넘치는 '유모어', '넌센스' 등 망측한 유성기 만담들이 '신성한 아동'들에게 '겻말', '엇말' 등의 추잡한 말버릇을 흉내내게 한다면, 이것은 죄를 짓는 사회 '악'이라면서 단호한 어조로 비판하고 있다. 선과 악의 윤리적 판단의 수사법은 어린이의 '동심(童心)'에 맞는 동요와 동화 음반을 많이 만들겠다는 결심을 양심적이고 도덕적인 결단으로 느끼게 해준다. 앞에서 살펴본 掃除夫의 "그 따위는 다-쓰러바리자"는 태도로부터 한 발 더 나아가 구체적인 대안으로 실천의 방향을 제시한 것으로 볼 수 있다. 상업적인 유성기 음반의 무분별한 대중 추수가 저속한 유행을 만들어 내고 이것이 아이들에게까지 악영향을 미친다는 비판적 목소리는 건전한 유행을 만들어 내기 위한 대안 모색에 힘을 실어주었으며, 그러한 모색의 과정에서 때 묻지 않은 순수하고 천진한 아동의 동심을 보호해야 할 필요는 새삼스럽게 각인되었다. 이에 따라 동요나 동화의 유성기 음반 취입을 가능하게 하는 분위기도 서서히 무르익을 수 있었다.

2) 유성기가 있는 가정의 풍경

유성기는 도입 시기부터 단란한 가족의 오락물로서 선전되어 왔지만, 일반 가정에까지 본격적으로 보급되기 시작한 것은 1920년대 후반부터라고 볼 수 있다. 물론 당시의 형편을 고려해본다면 가정용 유성기는 중상류 계층 이상에서나 구입 가능했을 것으로 판단된다. 다음은 1932년 『신동아』의 '주부의 가정일기'라는 란에 「김치와 레-코드」라는 제목으로 실렸던 이준숙 주부의 일주일 간의 일기 5편 중 일부이다.

六 月 十九日(日) 曇

오날은 하날이 찌푸리고 우는 상을 하고 잇다. 아츰에 김치를 해담고 英이와 레코트를 트럿다. 레코트만 틀면 손벽을 치고 춤을 추는 우리 네 살된 英이! 나는 그적게 온 週刊朝日에서 藤原義江[15]의 少年時代를 읽고 우리 英이 性格이 그와 몹시도 방불하다고 생각하엿다. 世界的 테－너－나의 꿈은 그애의 將來를 그 고흔 별빗아레 고이〻매고 십펏다. 오후에 城津 언니의게서 편지가 왓다.

六 月 二十日(月) 曇

(…중략…)

아츰먹고 나는 남편의 조아하는 칼피스水를 만들어 보앗다 실패한 셈이다.

오후에 月桂에 물을 주었다. 眞紅의 봉우리가 피기 시작하엿다. 한송이 두송이－꼿을 사랑하는 사람은 그 마음에 슯흠이 업다고－ 이것은 로단의 말이엇다 만은…….

(…중략…)

오늘은, 토끼가 색기를 나코 새닭이 알을 나엇다. 우리 英이가 사랑하는 조흔 친구들－ 저녁에는 이곳 名物인 櫻桃를 사다가 온 식구가 滋味잇게 먹엇다.

六 月 二十一日(火) 晴

(…중략…)

오전은 새로 끈어온 보에루 치마를 하엿다 곱게 곱게 달려서 입어 보앗더니 남편이 곱다고 놀녓다

(…중략…)

건넌산 松陰에서 뻑국새 우는 소리가 들렷다. 퍽이나 애상적이고 시적인 그 리듬! 그 리듬은 나의 마음을 쓸고 그립은 소녀시대의 그 고흔 황금탑을 사어려 하엿다만…….

15) 후지하라 요시에(藤原義江), 일본의 유명 테너 가수.

저녁에 친정 아버지가 단여가섯다. 두 살된 철이가 레코-트판을 두개나 깨치고 엄마에게 매를 마젓다.

六 月 二十二日(水) 晴

고발트色으로 곱게개인 하날에 白鳩의날개가튼 구름덩이! 나는 나의 職業인 化粧品製造業!

(…중략…)

조선여자란 죽이되든지 밥이되든지 그저 안저 먹어야만 조흔 줄 알고 또는 직업을 가진다 해도 회사나 학교 가튼데서 오육십원에 목을 매고 지내여야 조흔 직업으로 생각하는 모양이다. 그러나 나는 내 손으로 물건을 만들고 내손으로 판다는 이 자유스러운 직업에 만흔 뿌라이드를 늣겻다. 잘되면 하로에 일이십원 버리. 못되여도 오육원버리!

(…중략…)

저녁에 백장미 두송이를 사왓다. 남편은 빗갈이 매우 곱다고 하며 화병에 꼬잣다 그는 또 시를 쓸 모양이다.

六 月 二十五日(土) 晴

(…중략…)

오늘은 아츰부터 漢江노리를 가느라고 야단이엇다.

(…중략…)

두살된 철이는 물만 보면 기여들어가서 작란을 첫다. 그이도 물에 들어가 헤염을 치고 나는 조개를 잡고 어멈은 밥을 짓고-이런 곳에서 점심을 먹으니 손씨업는 밥이라도 맛이 이섯다. 네 살된 英이는『밥에 술을 첫는지 맛이 조아-』하야 일동을 우켯다.

—이준숙,「주부의 가정일기 : 김치와 레코-드」,『신동아』2권 8호, 1932.6

필자인 이준숙은 춘성 노자영의 부인이다.16) 일기 속에 나오는 시 쓰

16) 이준숙의 일기에 드러난 신변의 정보는 다음『별건곤』의 기사의 내용과 정확하게 일치하고 있다. 이를 통해 이준숙이 노자영의 부인임을 확인할 수 있다. "오래동안 病床에서 신음하던 春城 盧子泳 씨는 근래에 건강이 매우 회복되고 그의 부인 李俊淑 씨는 市內 安國洞 네거리에서 무궁화 화장품 상회를 설입하고 화장품제조 판매업을

는 남편이 바로 1920년대에 『사랑의 불꽃』이라는 연애 서간문으로 조선의 젊은 남녀들의 가슴에 낭만적 연애의 불을 지폈던 작가 노자영이었던 것이다. 춘성의 부인이 쓴 글답게 위의 일기 또한 화려한 미문(美文)으로 아름다운 연애의 결실이라고 할 단란한 가정의 행복한 모습을 한껏 드러내고 있다. 이준숙의 가정은 두 살, 네 살의 남매와 부부로 이루어진 전형적인 핵가족이며 경제적 사정도 넉넉한 중상위층으로 판단된다. 이준숙은 주부이면서 경제적인 수입도 상당한 직업여성으로 자신의 직업에 대한 소견이 매우 뚜렷했던 것으로 보인다. 위의 글에서 이준숙이 자부심을 느낀다는 "내 손으로 물건을 만들고 내손으로 판다는 이 자유스러운 직업"은 화장품 제조, 판매업이다. 그녀는 당시 안국동에 '무궁화 화장품 상회'를 열어 운영하고 있었다. 이준숙은 문학과 예술에 대한 교양을 가지고 있었으며, 일본어 잡지를 읽을 수 있었고 외래어를 자주 사용했던 극소수의 엘리트 여성으로 파악된다.

다섯 편의 일기에는 도시 중상류층 가정의 일상 속에서 소비되었던 상품들이 곳곳에 배치되어 있다. 잡지(週刊朝日), 칼피스, 보에루 치마, 백장미 등의 목록 속에서 단연 눈에 띄는 것 중 하나는 '레코-트'이다. '레코-트(판)'는 6월 19일 일기에 딸과 함께 음악을 감상하는 장면, 6월 21일 일기에 어린 아들이 유성기 음반을 깨뜨려서 야단을 쳤다는 에피소드를 통해 2회나 나오며, 다섯 편의 일기를 대표하는 제목도 「김치와 레코-드」이다. 1930년대에 이르면 이미 가정은 부부 간의 사랑을 기초로 맺어진 핵가족의 이미지로 대표되고 있었으며, 외부인이 쉽게 들여다 볼 수 없는 사적 영역으로 자리 잡아 가고 있었다.[17] 가정의 사적 일

하는데 평소부터 화장품을 애용하고 거긔에 대한 연구가 만흔 춘성씨는 매일 오후가 되면 그의 사랑하는 부인도 만날겸 부인의 대리로 화장품도 팔겸하야 그 상점으로 왓다가 밤이면 그 부인과 가티 성북동 자택으로 도라간다고 한다. 문인으로 화장품업을 하기는 그의 가정이 조선에서 처음인 듯."(「文壇風聞」, 『별건곤』 46호, 1931.12.1)

17) 물론 당시 중상류층의 지배적인 가족 유형이 핵가족의 형태였으리라고 생각할 수는 없다. 식민지 시기에 중상류 계층에서 태어나 1930년대부터 1940년대 중반 정도에 아동

상을 공개하고 있는 이러한 일기 형식의 기사는 가족의 내밀한 행복을 외적으로 과시하고자 하는 의식적, 무의식적 노출 욕망 속에서 쓰였다고 볼 수 있을 것이다. 그런데 다섯 편의 일기 중 첫 번째인 6월 19일자 일기의 첫머리, 행복한 가정을 소개하는 서두에는 유성기에서 흘러나오는 음악에 맞춰 손뼉을 치고 춤을 추는 아이의 모습이 있었다. 유성기에서 흘러나오는 음악, 손뼉치고 춤추는 네 살짜리 아이의 천진한 모습, 클래식 가수 후지하라 요시에(藤原義江)의 어린 시절, 미래의 꿈으로서의 '고흔 별빗'의 이미지는 서로를 비추면서 가정이라는 사적 공간을 가득 채우고 있다. 이 글에서 유성기는 단순히 소리를 재생해주는 실용적이고 기능적인 가치 이외에도 화목하고 단란한 가정의 이미지, 고급문화의 이미지를 조성해주는 문화적 환기력을 갖는 상품으로서도 제 역할을 톡톡히 해내고 있다고 볼 수 있다.18)

기를 보낸 노인들을 면담한 구술 자료를 분석한 김은희는, 당시 도시 중상류층의 가족은 핵가족 구성원 외에 친척이나 일꾼들과 함께 사는 대가족 형태가 오히려 더 많았다고 보고했다. 실업자가 많았던 당시의 경제 상황 때문에 부유한 계층일수록 대가족 형태가 더 많았다는 것이다. 김은희는 이러한 가족 구조 속에서 아이들은 '젖어멈'이나 '애보는 아이'에게 맡겨져 키워지는 경우가 많았으므로, 근대적 양육법의 담론적 수용과 실제 현실 사이에는 낙차가 컸다고 주장한다. 김은희의 사례 분석 연구는 기존의 아동이나 가족에 대한 연구가 '담론' 분석에 치우쳐 있었던 한계를 환기시킨다는 점에서 의미를 지닌다. 그러나 이러한 사례들이 1920~30년대에 부상하였던 '신여성', '신가정' 담론과 새로운 자녀 양육법 및 모성 역할에 대한 담론들이 발휘했던 '문화적 선도성'까지 부정하는 논거가 되지는 못할 것이다. 전미경은 1920~30년대의 가정탐방기를 대상으로 당시 '신가정' 담론을 분석하였다. 이에 따르면, 신가정이란 "핵가족의 가족형태, 남자는 사회에서 일하고 여자는 가정에서 어머니·아내·주부로서 일하는 뚜렷히 이분화된 성역할, 쉼터로서의 가정(사적공간으로서의 가정), 자녀를 중심으로 한 가족생활을 특징"으로 하는 것이다. 전미경은 가족탐방기에 실린 사진이 후기로 갈수록 부인 혹은 모자 사진에서 부부와 그 자녀중심의 핵가족 사진으로 변모하고, 근면·청결·검약한 가정생활을 중시하는 것에서 가정의 단란함을 강조하는 것으로 변모한 것은 신가정에 대한 인식의 변화를 반영한 것이라고 보았다. 이를 통해서도 핵가족을 중심으로 한 가정 담론과 그것의 상징적 이미지가 변화의 방향을 선도하면서 영향력을 행사했음을 엿볼 수 있다. 김혜경, 『식민지하 근대가족의 형성과 젠더』, 창비, 2006; 김은희, 「대가족 속의 아이들 : 일제시대 중상류층의 아동기」, 『가족과 문화』 19집 3호, 2007; 전미경, 「1920~30년대 가정탐방기를 통해 본 신가정」, 『가족과 문화』 19집 4호, 2007.

18) 당시 유성기는 단란한 가정오락의 매체로 광고되곤 했다. "황국단풍 울밋헤 욱어지

전체적으로 감각적인 표현을 많이 사용하여 화려하게 꾸며진 미문체의 글이지만, 특히 아이들의 모습이나 '소년시대', '소녀시절' 등 어린 시절의 꿈을 묘사하는 부분은 두드러지게 장식적인 표현으로 꾸며져 있음을 살필 수 있다. 그런데 이 글에서 사용된 '고흔 별빛', '고흔 황금탑', '토끼', '닭', '앵두'와 같은 것은 아동기의 순수함이나 어린이의 천진한 동심을 묘사할 때 흔히 동원되는 관용적인 것들이다. 중상류층 신여성이 이상적인 모습으로 그려내는 가정의 풍경 속에 아동기는 곱게 보호되어야 할 미적 표상으로 자리 잡고 있었다. 이와 같이 아동을 미적으로 표상하는 동심의 수사들과 가장 친연성을 가지고 전개되었던 것이 동화나 동요와 같은 아동문학이었음은 길게 설명할 필요가 없을 것이다.

행복한 가정에는 연애와는 또 다른 아름다움이 깃들어 있어야 하며, 그것은 거리의 유행가나 만담류가 만들어내는 취향과는 질적으로 차별화되는 것이어야 했다. 가정의 행복과 아름다움을 연출하는 중심에 유성기가 있고 아이들이 있었다면, 그 유성기에서 동화나 동요가 흘러나오는 것을 상상해 보는 것은 어렵지 않은 일이다. 구연동화 음반이 "團欒한 家庭에는 업지못한 明盤"[19]으로 선전될 수 있었던 것은 이 때문이다. 일상의 취향들은 이처럼 문화적 표상을 뒷받침하는 상품이나 매체들의 지원을 받으면서 자연스러움의 맥락을 형성해 갔다고 할 수 있을 것이다.

고 버레소래 달빛 아래 처량한 가을밤— 길고 긴 밤 가명 오락은 무엇보다 레코—드임니다 어머님도 아버님도 아기네도 로인네도 누가 듯든지 벙글〈 밤이 느저도 하픔 한 번 하는 일이 업슴니다."(「광고 : 一圓짜리 樂園—가을밤, 家族노리 點景」, 『삼천리』 4권 10호, 1932.10)

19) 김복진의 음반 〈숫닭과 호도〉(RegalC282-A), 〈콩배터진이야기〉(RegalC282-B)의 광고에 사용된 문구이다. 「八月新譜」, 『八月新譜』, 1935(『한국 유성기 음반 총목록』, 377면에서 재인용).

3. 1930년대 김복진의 유성기 구연동화에 나타난 옛이야기의 변용

1) 김복진의 동화 창작 및 구연 활동

김복진이라는 서울 출신의 교양 있고 지식 있는 신여성의 목소리는 동화를 통해 이러한 가정의 꿈을 보존해 주는 데에 잘 어울렸다. 김복진의 음반이 1930년대의 그리 많지 않은 구연동화 음반 중 절반 이상을 차지하는 것도 이러한 점과 무관하지는 않았을 것이다. 김복진의 신상 정보를 정리해 보면 다음과 같다.20)

- 이름 : 김복진(1909~1951)
- 출신지 : 서울
- 성별 : 여성
- 녹음시기의 연령 : 만 25~27세
- 교육수준 : 전문학교 졸업(진명고녀, 경성보육학교)
- 사회계층 : 중상류
- 수상 : 『동아일보』 주최 연극경연대회 연극상(1938)
- 경력 및 직업 : 유치원 보모, 연극배우, 동화구연가, 동화작가
- 발표 작품(동화 및 소년소설) : 「사랑, 양, 배암, 사람, 황금」, 「돌문이와 쌀분이」, 「꼭꼬댁」, 「두눈백이」, 「금비들기」, 「낙시」, 「울지 않는 종」, 「산—동아줄 썩은 동아줄」, 「꼬마토끼」, 「운동화」, 「전차 차장」, 「山 밑엣집」 등

김복진은 경성보육학교를 졸업하고 유치원에서 아이들을 보육한 경험이 있었으며, 이때 동극을 했던 것이 연극을 시작하게 된 동기라고 밝힌 바 있다. 그는 유치원 보모의 경험을 중요하게 생각하여 연극배우로

20) 김복진의 신상 정보에 대해서는 오새내가 정리한 것을 보충하여 작성하였다. 오새내, 「20세기 초 서울말 모음 음운현상에 반영된 계층적 지표 : 1930년대 김복진의 동화 구연 유성기 자료의 분석」, 『국어문학』 40호, 2005.

서 성공한 뒤에도 자신의 꿈을 아동 전용 극장을 짓는 것이라고 밝히기도 했다.[21] 또한 그는 아동문학 분야에서도 활동했다. 「사랑, 양, 배암, 사람, 황금」, 「돌문이와 쌀분이」, 「꼭꼬댁」, 「두눈백이」, 「금비들기」, 「낙시」, 「울지 않는 종」, 「산―동아줄 썩은 동아줄」, 「봉뚝섬」, 「꼬마토끼」, 「운동화」, 「전차 차장」, 「山 밑엣집」 등 다수의 동화와 소년소설을 발표했다.[22] 이 중 「돌문이와 쌀분이」, 「꼭꼬댁」, 「두눈백이」, 「금비들기」, 「산―동아줄 썩은 동아줄」 등은 잘 알려진 옛이야기를 다시 쓰거나 새로 쓴 이야기들이다. 이와 같은 텍스트들은 김복진의 유성기 구연동화 텍스트 또한 옛이야기를 재구성한 것들이었다는 점에서 주목을 요한다.

김복진(1909~1951). 경성보육학교를 졸업하고 유치원에서 근무하기도 했으며, 동화작가·연극배우로서 이름을 날렸던 당대의 엘리트 여성이다.

특히 관심을 끄는 것은 「돌문이와 쌀분이」, 「꼭꼬댁」이다. 이는 김복진의 유성기 구연동화에도 들어있는 것들로, 김복진 자신이 구연동화의

21) 「아동극장 건설, 보육 사업에도 종사하고 싶어」, 『동아일보』, 1937.11.27.

22) 김복진, 「사랑, 양, 배암, 사람, 황금」, 『매일신보』, 1931.1.31~2.5. 「돌문이와 쌀분이」는 『신가정』에 먼저 발표되었고, 이후 『만선일보』에 다시 연재되었는데 두 텍스트는 큰 차이가 없다. 김복진, 「돌문이와 쌀분이」, 『신가정』 1권 12호, 1933.12; 「돌문이와 쌀분이」, 『만선일보』, 1940.7.25~27, 1940.7.30; 「꼭꼬댁」, 『조선중앙일보』, 1934.10.15; 「두눈백이」, 『신가정』 3권 3호, 1935.3; 「금비들기」, 『신가정』 3권 5호, 1935.5; 「낙시」, 『동아일보』, 1935.7.28; 「울지 않는 종」, 『조광』 3권 3호, 1937.3; 「산―동아줄 썩은 동아줄」, 『소년』(조선일보사 출판부) 1권 1호, 1937.4; 「봉뚝섬」, 『소년』 1권 5호~1권 9호, 1937.8~1937.12; 「꼬마토끼」, 『동아일보』, 1939.1.24~27; 「운동화」, 『소년』 3권 8호, 1939.8; 「전차차장」, 『소년』 3권 12호, 1939.12; 「山밑엣집」, 『소년』 4권 6호, 1940.6.

대본을 직접 작성했다는 근거가 될 수 있다. 1933년 12월 『신가정』의 지면에 발표되었던 「돌문이와 쌀분이」는 1936년 1월에 취입된 유성기 구연동화 〈돌문이와 쌀분이〉의 저본으로 판단되며, 1934년 10월 15일에 『조선중앙일보』에 발표되었던 「꼭꼬댁」은 1934년 11월 20일에 취입된 유성기 구연동화 〈야옹, 꼬꼬댁, 찍, 멍멍〉의 저본으로 보인다. 이는 옛 이야기가 근대 인쇄 매체로 정착되고, 이것이 다시 유성기와 같은 음향 매체로 전환되는 경로와 이러한 과정에서 생겨나는 변이를 구체적으로 살필 수 있게 해준다는 점에서 주목해 볼 필요가 있다.

김복진이 취입한 첫 번째 유성기 음반 구연동화인 〈용감한 소년〉(1934. 7.15)의 광고에는 "유치원 보모로 다년간 교편을 잡고 잇든 김복진 선생은 수삭을 두고 죠션 아동을 위하여 각방으로 연구하여 오든 즁에 용감한 소년에 대한 자미잇는 동화를 내놋케 되엿다"[23]는 문구가 들어 있었다. 이 또한 김복진 자신이 구연할 이야기를 직접 선택하고 재구성했으리라는 추정을 뒷받침해주는 대목이다. 당시에는 구연가들이 자신들이 구연할 동화를 상황에 맞춰 적당한 형태로 각색하여 사용하는 것이 대체적인 관행이었으므로,[24] 김복진 또한 자신이 구연할 동화를 각색하는 작업에 관여했을 가능성이 클 것으로 생각된다.

김복진은 유성기 음반뿐 아니라, 라디오 방송이나 동화회[25]에서도

---

23) 「리-갈 레코-드 第一回 七月新譜」, 『七月 新譜』, 1934(『한국 유성기 음반 총목록』, 358~359면에서 재인용).

24) Cather, Katherine Dunlap, 彼得 역, 『童話硏究法』, 조선주일학교연합회, 1927('彼得'은 미국인 'Alexander A. Pieters'의 한국 이름); 연성흠 「동화구연방법 그 이론과 실제(1~18)」, 『중외일보』, 1929.7.15~1929.11.6; 이정호, 「中, 保, 同窓會 主催 童話大會 雜感-동창회, 연사, 심판제씨에게(1~9)」, 『조선중앙일보』, 1934.3.9~1934.3.21; 탐손 박사, 『신선동화법』, 한성도서주식회사, 1934 등 식민지 시기의 동화구연법 관련 글들은 구연자가 구연 상황에 맞게 텍스트를 선택하고 각색하는 방법 등을 소개하고 있다. 예를 들어 『동화연구법』에는 '동화를 단축하는 연습법', '확대법의 연습' 등의 내용을 담고 있다.

25) 김복진의 동화회 활동은 「동화의 밤 개최」(『조선중앙일보』, 1934.2.11) 등의 기록을 통해 엿볼 수 있다. 김복진은 아동예술연구협회가 주최하는 동화회(1934.2.15)에 동화 실연부의 회원 자격으로 참여했던 것으로 보인다.

동화구연가로서 이름을 알렸다.

> 1927년 2월 16일, 첫방송을 내보낸 '경성방송국'(호출 부호 JODK)은 새 동요 보급에 큰 구실을 하였다. 어린이 시간이 마련되어 있었기 때문이다.
>
> (…중략…)
>
> 라디오 동화는 몸짓 없는 목소리만의 동화여서 힘이 들었는데,
>
> 방정환은 목소리가 거칠고 탁해서 방송국에서 꺼렸고 정홍교는 강연조였으며, 이정호는 말투는 소파를 닮았으나 목소리가 간드러져서 어울리지가 않았고, 최인화는 설교조인데다가 너무 수선을 떨어 탈이었다.
>
> 진장섭은 목소리가 쨍쨍하고 말재주는 있었으나 자기가 먼저 감격해 버려 울어 버리는 일이 많았다. 소인극에서 이름을 날린 고한승은 방송국이 시작되던 해에 개성에서 서울로 이사를 해와서 더욱 자주 방송을 했는데 구수하고 능란한 신파 연극조 화술로 이야기를 다루었으며, 자작 동화인 '백일홍 이야기'는 자꾸 들어도 물리지를 않았다.
>
> 유치원 보모 출신으로 극예술연구회 연극 공연에서 다부진 연기를 보였던 김복진과, 목소리가 방송에 적합한 정규완은 단골 구연가들이 되었다. 나는(윤석중—인용자) 너무 겁을 내어 이야기를 종이에 베껴 가지고 가서 그대로 읽는 통에 딱딱하고 재미가 없어들 했으나 원체 사람이 귀한 때라 종종 불러 주었다.
>
> —윤석중, 「새로 생긴 방송국」, 『어린이와 한 평생』, 1985, 107~108면

위의 인용문에서 재미있는 것은 당시 최고의 구연동화가로 대단한 인기를 누렸던 방정환이 라디오 방송에서는 그리 환영받지 못했다는 언급이다. 방정환의 거칠고 탁한 목소리는 동화회의 공간에서는 운집한 수많은 청중들을 쥐락펴락할 만큼의 대단한 위력을 발휘하는 것이었지만, 라디오라는 매체가 요구하는 맑고 정확한 목소리는 아니었던 것이다. 윤석중의 언급을 종합해 보자면, 라디오 구연동화는 거칠고 탁한 목소리를 가졌거나 강연조, 설교조로 해서는 곤란하고, 맑고 깨끗한 목소리로 구수하고 능란한 연극조로 실감나게 해야 환영받을 수 있었다고 볼 수 있다. 소인극 활동을 했던 고한승이나 연극 배우였던 남궁선의

경우와 마찬가지로 김복진의 극예술연구회 활동 또한 발성을 정확하게 하고 감정을 실감나게 표현하는 데에 유리한 조건이 되었을 것으로 생각된다. 1936년의 「라디오는 누가 제일 잘하나」라는 기사에서도 "동화에는 김태석(金泰晳) 윤석중(尹石重) 씨제('가'의 오기인 듯—인용자) 그리고 김복진(金福鎭) 여사가 리채(異彩)인 모양"[26]이라고 꼽고 있어, 김복진이 라디오와 같은 방송 매체에서 두각을 나타냈음을 알 수 있다.

2) 김복진의 유성기 구연동화에 나타난 변용의 양상

김복진의 유성기 구연동화 음반은 총 8장으로 10편의 동화가 실렸는데, 1934년 7월부터 1936년 1월까지 일본 콜럼비아(Columbia) 축음기 주식회사에서 '리갈(Reagal)'이라는 상표로 발매되었다. 리갈 음반은 1930년대 중후반에 가격 경쟁을 위해 콜럼비아사에서 발매한 80전짜리 염가 보급반이다. 콜럼비아 정규반이 대략 1원 50전 정도였던 것과 비교한다면 무척 싼 가격이다. 배연형은 "유행이 지났다거나, 대중적인 인기가 떨어진다던가, 시의에 따른 상업적 가치가 부족하다던가 하는 데 따라 발매회사에서 임의로 정규반과 보급반으로 나누"어 판매하는 전략을 썼을 것으로 보았다.[27] 사실 식민지 시기에 아동용 음반에 대한 실제 수요는 그리 많지 않았을 것으로 판단된다. 아동을 위한 문화 상품을 구매할 만한 경제적 여건이 충분치 못했을 뿐 아니라, 그 필요성에 대한 인식도 넓게 확산되어 있지 않았기 때문이다. 상업적 성공을 확신하기 어려웠던 아동용 음반은 대개 저렴한 가격의 보급반으로 기획되는 경우가 많았다. 예를 들어 일본 빅타 축음기 주식회사에서는 'Victor 兒童레코드'를 아동들이 다루기 쉬운 소형반으로 따로 제작하여 2장에 1원 50전

26) 안테나生, 「라디오는 누가 第一 잘하나」, 『조광』 2권 1호, 1936.1.
27) 배연형, 「콜럼비아(Columbia) 레코드의 한국음반 연구(2)」, 『한국음반학』 6호, 1995.

이라는 싼 가격에 내놓기도 했다.[28] 그러나 이는 일반 음반과 비교할 때만 저렴한 가격이다. 식민지 시기의 아동잡지들이 대략 5전에서 10전 정도를 받았던 것과 비교한다면 상당히 비싼 편이었다고 할 수 있다.[29] 따라서 식민지 시기 아동용 음반들은 그나마 아동문화 상품에 대한 이해가 있고 실제적인 구매력이 있는 중상류층을 대상으로 자신의 활로를 조심스럽게 타진해 나갔으리라고 보는 것이 타당할 것이다.

김복진의 구연동화는 각종 동서양의 옛이야기를 재구성한 것들인데, 전체 10편 중 그림형제의 메르헨이 5편이나 되는 등 주로 서구의 옛이야기가 많이 사용되었으며 조선의 옛이야기라고 할 수 있는 것은 1편에 불과했다. 김복진의 유성기 구연동화는 바탕이 된 원래의 이야기들을 다양한 방식으로 재구성했다. 물론 근대 초 외국 문학 작품의 수용은 대부분 번역이라기보다는 번안이라고 해야 할 정도로 텍스트의 변화가 많았고, 이는 아동을 위한 옛이야기의 번역 과정에서도 마찬가지로 나타난 현상이었지만 김복진 유성기 구연동화에 나타난 변화의 양상은 일찍이 『붉은 져고리』(1913), 『아이들보이』(1913~1914), 『동명』(1922~1923), 『어린이』(1923~1934) 등의 아동잡지에서 선보였던 것과 비교할 때 이채로운 면이 있다.[30] 김복진 구연동화에 나타난 변용의 정도에 따라 '다시 쓰기', '고쳐 쓰기', '새로 쓰기'로

---

28) 한국정신문화연구원 편, 『한국유성기음반총목록』, 민속원, 1998, 545면.

29) 잡지마다 시기마다 차이는 있지만, 1920년~30년대의 대표적인 아동잡지 『어린이』, 『신소년』, 『아이생활』, 『별나라』, 『소년』 등의 가격은 대개 5전에서 10전 안팎이었다.

30) 식민지 시기 아동문학의 번역에 대한 최근의 논의는 다음의 글을 참조할 것. 박혜숙, 「서양동화의 유입과 1920년대 한국동화의 성립」, 『어문교육』, 2005; 이정현, 「方定煥の兒童文學における翻譯童話をめぐって:『オリニ』誌と『サランエ　ソンムル(愛の贈り物)を中心に」, 일본: 오사카대 박사논문, 2005; 박현수, 「산드룡, 재투성이王妃, 그리고 신데렐라: 한국 근대 번역동화의 정전 형성과 그 의미」, 『상허학보』 16집, 2006; 김화선 · 안미영, 「1920년대 서구 전래동화의 번역과 번역 주체의 욕망」, 『어문연구』 53집, 2007; 염희경, 「'네이션'을 상상한 번역으로서의 동화: 방정환의 『사랑의 선물』에 대하여(1)」, 『동화와 번역』 13집, 2007; 염희경, 「민족주의의 내면화와 '전래동화'의 모델 찾기(2)」, 『한국학연구』 16집, 2007; 오세란, 「『어린이』지 번역동화 연구」, 충남대 석사논문, 2007.

분류하여 정리해 보면 다음과 같다.[31)]

〈김복진의 유성기 구연동화 목록〉

음반 고유번호[32)]	제목	바탕이 된 옛이야기	변용 양상	시간(분 : 초)	발매일
RegalC193-A · B	용감한 소년	미확인[33)]	미확인	5 : 19	34.7.15
RegalC218-A · B	생명수	그림형제 메르헨 「생명의 물」 (KHM 97)[34)]	다시 쓰기	6 : 57	34.9.30
RegalC228-A	겁만흔 톡기	인도(불교)의 설화	다시 쓰기	2 : 57	34.10.20
RegalC228-B	혹 뗀 이야기	조선의 설화(교과서)	다시 쓰기	3 : 11	34.10.20
RegalC237-A · B	야옹, 꼬꼬댁, 꺽, 멍멍	그림형제 메르헨 「브레멘의 음악대」(KHM 27)	새로 쓰기	5 : 19	34.11.20
RegalC250-A · B	현철이와 옥주	그림형제 메르헨 「헨젤과 그레텔」(KHM 15)	고쳐 쓰기	5 : 56	35.1.20
RegalC258-A · B	새끼도야지세마리	유럽의 설화 「아기돼지 삼형제」	다시 쓰기	6 : 55	35.2.20
RegalC282-A	수탉과 호도	그림형제 메르헨 「암탉의 죽음」(KHM 50)	고쳐 쓰기	2 : 52	35.7.20
RegalC282-B	콩배터진이야기	그림형제 메르헨 「지푸라기와 숯과 완두콩」(KHM 18)	다시 쓰기	2 : 45	35.7.20
RegalC314-A · B	돌문이와 쌀분이	호머 「오딧세이」	새로 쓰기	5 : 42	36.1.20[35)]

31) '다시 쓰기', '고쳐 쓰기', '새로 쓰기'는 서정오의 용어를 빌린 것이다. 서정오는 옛이야기를 글로 적을 때 나타나는 양상을 다섯 가지로 정리했다. 서정오의 분류 방식에서 '받아쓰기', '떠올려 쓰기'는 이야기를 그대로 적는 것을 원칙으로 한 것이라면, '다시 쓰기'는 "큰 줄거리는 손대지 않고 틀린 말을 바로 잡는다든지 사투리를 표준말로 고친 정도", '고쳐 쓰기'는 "줄거리를 군데군데 고쳐서 쓴 것"으로 본래의 유형으로 볼 수 없게 달라진 것, '새로 쓰기'는 "이야깃거리나 분위기만 빌어서 전혀 새로운 이야기를 만들어 낸 것"으로 창작이라고 볼 수 있는 것을 말한다. 물론 이러한 변용의 양상은 상대적인 문제여서 이를 정확하게 갈라서 분류하기에는 곤란한 점이 많다. 아래 표의 대각선이 의미하는 것은 이러한 문제이다.

〈본래의 모습〉 | 받아쓰기 | 떠올려쓰기 | 다시쓰기 | 고쳐쓰기 | 새로쓰기 | 〈달라진 모습〉

서정오, 『옛이야기 들려주기』, 보리, 1995, 52~53면.

32) 음반 고유 번호는 각 음반 회사들이 음반의 발매 순서에 따라 부여한 것이다. 여기에서 'C'는 일본 콜럼비아 축음기 주식회사, 'A', 'B'는 음반의 앞, 뒷면을 나타낸다. 유성기 음반 자료의 약호에 대한 보다 자세한 내용은 「한국 유성기음반 총목록 해제」(『한국 유성기음반총목록』, 민속원, 1998)를 참조할 것.

45) 〈용감한 소년〉은 수돌이라는 아이가 나라의 근심거리인 머리가 열둘인 구렁이를 물리치고 임금님의 사위가 되었다는 이야기이다. 모티프나 이야기의 구성으로 보아 이 또한 옛이야기를 차용한 것으로 보인다.

34) KHM 번호는 그림형제의 메르헨 모음집 『Kinder-und Hausmärchen』에 수록된 텍스트

유성기 구연동화의 전체적인 각색 양상은 매체적 조건에 적응시키기 위한 것, 구연하기에 적합하게 하기 위한 것, 사회 문화적으로 수용되는 정서를 감안한 것, 특정한 이념이나 가치관이 반영되어 나타난 것 등 몇 가지 층위에서 논의될 수 있다.

첫째, 유성기라는 매체의 물리적 조건에 따라 이야기가 재조정되어야 했다. 당시 유성기 음반은 한 면에 3분 내지 3분 30초 정도를 녹음할 수 있었기 때문에, 앞면과 뒷면을 모두 사용해도 7분 이상 녹음할 수는 없었다. 한 편의 이야기는 최대 7분 안에 구연 가능한 텍스트로 짧게 줄여져야 했다. 이를 위해 각 이야기들은 중심적인 서사만을 남겨놓고 부수적인 모티프들은 생략되어야 했으며, 세부적인 묘사는 최대한 경제적으로 해결되어야 했다.

둘째, 구연되는 텍스트로서의 특징이 고려되었다. 애초에 구술성을 강하게 반영하고 있는 동서양의 옛이야기들이 선택된 것도 이와 관련된다. 구연동화 텍스트들은 대부분 구체적인 시간과 장소가 아닌 초월적인 시공간을 배경으로 삼고 있었다. 동물을 의인화한 이야기들은 '어썬날(〈겁 만흔 톡기〉)', '아주 놉흔 산 쏙째기(〈야옹, 꼿꼬댁, 꾁, 멍멍〉)' 등으로 시공간적 배경을 모호하게 처리하였으며, 사람이 주인물로 등장하는 경우에는 '옛날 어썬 나라에'(〈용감한 소년〉), '옛날 어썬 동리(〈혹 쎈 이야기〉)' 등의 관용적 표현을 사용하여 옛이야기의 보편적인 시공간을 채택하였다. 또, 의성어, 의태어, 첩어 등 구연할 때 소리의 고저, 강약, 반복의 재미를 줄 수 있는 문체적 요인들이 적극적으로 고려되였다. 예를 들어

의 순서에 따라 부여된 고유 번호이다. 텍스트 제목의 번역은 김경연(『그림동화(1-10)』, 한길사, 1995)을 따랐다.

35) 다른 음반의 발매일은 대부분 음반 가사지에 표시되어 있으나, 〈돌문이와 쌀분이〉의 가사지에는 발매 날짜가 생략되어 있어 확인이 불가능했다. 그러나 콜럼비아사(리갈)의 신보 광고(『二月新譜』, 1936.2)에 〈돌문이와 쌀분이〉의 발매일이 '昭和 十一年 正月二十日發賣'로 나와 있어 발매일을 알 수 있었다.(한국정신문화연구원 편, 『한국유성기음반총목록』, 민속원, 1998, 384면)

〈야옹, 꼬꼬댁, 찍, 멍멍〉에는 '수군수군', '쏙싹 쏙싹 쏙싹', '옳지 옳지', '엉금엉금', '들석들석' 등의 표현이 많이 사용되었는데 이는 구연할 때 소리 변화의 즐거움을 주는 요소가 된다. 그러나 이와 같은 유성기 음반 텍스트에 나타난 구술적 요소는 음반의 취입에 앞서 신문이나 잡지 등 인쇄 매체에 발표된 텍스트(「꼬꼬댁」, 『조선중앙일보』, 1934.10.15)에도 이미 반영되어 있었음에 유의해야 한다. 이는 당시에 동화가 읽는 텍스트인 동시에 듣는 텍스트로서 향유되었으며, 이러한 향유 방식이 글쓰기 방식이나 텍스트의 양식에도 크게 영향을 미쳤음을 확인시켜 주는 것이다. 또한 이는 일찍이 월터 옹이 간파한 것처럼, 근대의 매체 환경 속에서는 유성기나 라디오 등의 기기에 의해 구술성이 복원된다고 하더라도 이는 '쓰기'나 '인쇄 매체' 등에 의존하여 발생하는 소위 '2차적 구술성'을 지니는 것이라는 점을 시사해 주는 것이라고 할 수 있다.

셋째, 사회 문화적 정서와 이해의 수준을 고려한 변형도 있었다. 즉 주인공의 이름을 흔하게 접할 수 있는 조선 사람의 이름으로 바꾼 것이 많았으며, 주변에서 쉽게 접할 수 없는 이국적인 소재를 보다 친근한 사물로 대체하기도 하였다. 〈현철이와 옥주〉에서 '헨젤'과 '그레텔'을 '현철'과 '옥주'이라는 이름으로 소개하거나, 숲 속의 마녀 노파를 여우가 변신한 꼬부랑 할머니로 바꾸어 놓은 것, 〈새끼 도야지 세 마리〉에 나오는 '버터 만드는 통'을 '오지항아리'로 대체한 것 등이 그 예이다. 그러나 이러한 변용은 다른 매체에서도 외국의 작품을 번안할 때면 흔히 나타났던 것으로 유성기 구연동화 텍스트만의 특성이라고 할 수는 없다.

넷째, 폭력적인 표현이나 극단적인 갈등이 조절되었으며, 플롯의 변화에 따라 중심 주제가 달라지는 변화도 있었다. 특히 가족 내부의 폭력과 갈등이 약화되어 나타나곤 했는데, 〈현철이와 옥주〉처럼 부모에 의해 아이들이 버려지는 모티프가 생략된다거나, 〈돌문이와 쌀분이〉처럼 악인으로서의 의붓어머니가 대개의 옛이야기나 저본이 된 잡지 텍스트(「돌문이와 쌀분이」, 『신가정』 1권 12호, 1933.12)와는 달리 순화되어 묘사된 것 등을 예로 들 수 있다. 이러한 변용은 각색이 적극적으로 이루어진 '고쳐 쓰기'나 '새로 쓰기'의 텍스트의 경우에 보다 확실하게 나타났다. 이는 김복진 개인이 가졌던 아동교육과 아동문학적 관점이 반영된 것인 동시에 가정용 유성기 음반의 주 구매층인 중상류 계층이 지향했던 윤리와 정서 등이 고려된 결과로, 김복진의 유성기 구연동화 각색에서 두드러졌던 특징이라고 가정해 볼 수 있다. 이에 대해서는 구체적인 분석의 과정에서 좀더 살펴보게 될 것이다.

(1) 다시 쓴 옛이야기 : 〈혹 뗀 이야기〉

김복진의 〈혹 뗀 이야기〉는 흔히 '혹부리 영감', '혹 뗀 영감', '혹 떼러 갔다가 혹 붙인 이야기' 등으로 불리는 우리의 옛이야기를 내용이나 형식은 크게 손대지 않고 길이 정도만 조정하여 다시 쓴 것이다. 〈혹 뗀 이야기〉는 식민지 시기 조선어독본 교과서에 조선 고유의 대표 설화로서 거듭 실렸던 이야기이다. 이 이야기는 최근에도 아동용 도서나 그림책으로 만들어져 계속 소개되고 있다.

그런데 몇몇의 연구자들은, '혹 뗀 이야기'는, 우리에게 예로부터 구전되던 '도깨비 방망이 설화'[36]와는 다른 유형으로서 민간의 구술 채록에는 잘 나타나지 않던 것인데, 일본인 학자 다카하시 도루(高橋亨)가 조선의 설화들을 수집하여 『朝鮮物語集 附俚諺』(1910)을 편찬하는 과정에서 이를 조선의 대표적인 옛이야기로 맨 앞에 내세웠고, 그 영향을 받아 이후 교과서에서도 이를 조선의 설화로 거듭 소개함으로써 지금까

36) '도깨비 방망이 설화'의 근대적 전승 양상에 대해서는 최근 강재철에 의해 자세히 논의된 바 있다.
강재철, 「설화문학에 나타난 권선징악의 지속과 변용의 의의와 전망 : 민담 「도깨비 방망이 설화」를 중심으로」, 『개화기에서 일제강점기까지 한국 문화전통의 지속과 변용III』(단국대 동양학연구소 중점연구소 연구과제 학술세미나 발표문집), 2008.7.22.

지도 우리의 대표적인 옛이야기로 오해하게 되었다고 주장하고 있어 계속적인 논쟁거리가 남겨져있는 텍스트이기도 하다. 다카하시 도루가 다른 조선의 설화를 뒤로 미루고 일본의 '瘤取り爺' 계열인 '혹부리 영감' 이야기를 맨 앞에 내세운 것은 이를 통해 '내선일체'나 '일선동조론'을 논리적으로 보강할 수 있는 근거를 마련하고자 했기 때문이라는 것이 이들 연구자의 주장이다.37)

이에 대한 진위 판단은 뒤로 미루더라도, '혹부리 영감'이 식민지 시기에 거의 유일하게 조선어 독본에 계속 실림으로써 지금과 같이 널리 파급되었다는 사실은 분명해 보인다. '혹부리 영감'은 1915년 『보통학교조선어급한문독본』 권2에는 「혹 잇는 노인」이라는 제목으로, 1923년 『보통학교조선어독본』 권2에는 「혹 쎈 이약이」라는 제목으로, 1933년 『보통학교조선어독본』 권4에는 「혹쎈 이야기」로 실려 있다. 김복진이 구연동화의 재료가 되는 이야기로 〈혹부리 영감〉을 선택했던 것도 식민지 시기 교과서가 만들어 낸 조선 고유의 설화로서의 대표성 때문이었을 것으로 판단된다. 구연동화의 제목 또한 〈혹 쎈 이야기〉이므로 교과서에 실린 이야기에서 영향을 받았을 가능성이 크다.

그런데 교과서에 실린 '혹부리 영감' 이야기의 텍스트들에는 약간의 차이가 있었다. 특히 도깨비들이 노래 소리가 어디에서 나오는 것이냐고 묻고, 이에 혹부리 노인이 대답하는 장면에 나타난 차이는 자주 비교의 대상이 되어 왔다.

①

그 중 괴슈되는 독갑이가 노인을 대하여 뭇되, 「노인은, 어듸서 그런 조흔 음성이 나옵닛가.」 하얏소. 노인의 대답이, 「이 목에 달녀잇는 혹속에서 나온다.」 하얏소

—「혹 잇는 노인」, 『보통학교조선어급한문독본』 권2, 1915

---

37) 김종대, 「「혹부리영감譚」의 형성과정에 대한 시고」, 『우리어문연구』 20호, 2006.

②

괴슈 독갑이가 그 노인에게 그런 조흔 소리가 어듸서 나오느냐고 물엇소. 노인은 텬연스럽게 내 목에 달닌 혹에서 나온다고 디답하얏소.

—「혹 쎈 이약이」, 『보통학교조선어독본』 권2, 1923

③

「대체 그런 고은 소리가 어듸서 나옵닛가」하고 물엇습니다. 「목에서 나오는 것일세」하고 노인이 대답한 듯, 「령감, 거짓말슴 마시오. 보통 소리 같으면, 목에서 나온다고 하겟지마는, 그런 조은 소리는, 결코 목에서 나오지 안을 것이오. 령감의 그 커다란 혹에서 나오는 것이 아닙닛가」

—「혹 쎈 이야기」, 『보통학교조선어독본』 권4, 1933

④

「여보, 영감님— 당신은 어듸서 그런 조흔 노래소리가 나오십니까?」하고 무르니까 박첨지는 무심코

「네— 내 목에 달린 혹 속에서 나옵니다」 이러케 대답을 하니까 도깨비들은 이상하게 생각을 하고는

—김복진의 유성기 구연동화, 〈혹 쎈 이야기〉, 1934

①, ②에서는 노인이 스스로 혹에서 노래가 나온다고 대답하지만, ③에서는 노인은 목에서 노래가 나온다고 사실대로 대답했음에도 불구하고 도깨비들이 목이 아니라 혹에서 나올 것이라고 멋대로 추측한다. 이는 당시의 교과서 편집자들이 노인이 거짓말하여 도깨비들을 속이는 장면이 비교육적이라고 판단하여 개작함으써 생겨난 결과이다.[38] 이들

38) "본과는 조선의 전래동화에서 뽑은 것이다. 단지 교육적 견지에서 고려하여, 재래의 이야기에 약간의 개정을 가하였다. 예를 들면 이야기의 후반을 생략한 점, 아름다운 목소리가 혹에서 나온다고 말하는 것을 노인에게 말하게 하지 않고, 도깨비에게 말하게 한 점, 노인이 읊은 노래로 시조 및 동요를 써 넣은 점 등이 그것이다."(『보통학교 조선어독본 권4 편찬취의서』, 조선총독부, 1933(김용의, 「한국과 일본의 「혹부리 영감」 譚」, 『일본어문학』 6호, 1999에서 재인용, 번역은 김용의))

을 ④의 김복진의 텍스트와 비교해 보면, ②의 유형에 가장 흡사해 보인다. 만약 김복진이 교과서에 실린 '혹부리 영감' 이야기를 사용했다면, 〈혹 뗀 이야기〉는 1934년 10월에 취입되었으므로 1933년에 발행된 조선어 독본을 저본으로 채택할 수도 있었을 것이다. 그럼에도 1933년판이 저본으로 사용되지 않았던 것은 각색자 자신이 교육과정에서 배웠던 텍스트의 내용이 깊숙하게 각인되어 있었기 때문이었을 것이라고 추측해 볼 수 있다. 〈혹 뗀 이야기〉는 근대의 문화적 조건 속에서 옛이야기는 입에서 입으로 자연스럽게 전파되는 경로를 거치기보다는 교육제도에 의해 영향 받고, 대중 매체에 의해 확산되는 제도적, 매체적 조건 속에서 확산된다는 점을 확인시켜 주는 사례라고 볼 수 있다.

(2) 고쳐 쓴 옛이야기 : 〈현철이와 옥주〉

〈현철이와 옥주〉는 제목만으로는 그림형제의 유명한 메르헨 「헨젤과 그레텔」을 떠올리기 어렵다. 그러나 어린 남매가 숲 속에서 길을 잃고 과자집의 유혹에 빠져 생명의 위협에 처한다거나 백조의 등을 타고 물을 건너 집으로 돌아간다는 등의 주요 모티프와 기본 플롯이 들어 있어 상호텍스트적 관계를 파악할 수 있다. 〈현철이와 옥주〉의 내용을 정리해 보면 다음과 같다.

① 어느 시골 오막살이에 아버지, 어머니, 현철이, 옥주 네 식구가 재미있게 살았다.

② 어느날 부모가 외출한 사이 남매는 몰래 산에 놀러 갔다가 길을 잃는다.

③ 산 속에서 이상한 새의 안내로 조그만 집을 찾게 된다.

④ 숲 속의 집은 빵, 비스켓, 사탕, 바나나로 만들어진 과자집이어서 배고픈 아이들은 집을 뜯어 먹는다.

⑤ 과자집에서 꼬부랑 할머니가 나와서 아이들을 맞아 재워준다.

⑥ 꼬부랑 할머니는 사실 여우가 둔갑한 것이었는데 그런 사정도 모르고 아

이들은 곤히 잠이 든다.

⑦ 이튿날 잠을 깨어보니 과자집은 사라지고 남매는 벌판에 누워있었다.

⑧ 흰옷에 지팡이를 짚고 머리가 허연 신선이 나타나 자신이 여우 할멈으로부터 아이들을 구했음을 밝힌다.

⑨ 남매는 집으로 돌아가는 중에 큰 개천을 만나는데 하얀 백조가 남매를 태워서 건너게 해 준다.

⑩ 남매는 집으로 돌아가 부모에게 그간의 얘기를 다 하고, 다시는 몰래 놀러 나가지 않겠다고 약속하고 부모의 말씀을 잘 듣는 더 좋은 아이들이 된다.

우선 주인공 남매의 이름이 조선식으로 바뀌고, 부모-자식 간의 관계가 재조정되었음을 알 수 있다. 현철과 옥주 남매의 가정은 「헨젤과 그레텔」과는 달리 친부모, 친자식의 혈연 관계로 설정되어 있으며 부모 자식 간의 애정 관계가 공고하다. 아이들이 사라지자 부모는 울면서 기도해서 신선을 감동시키고, 이것이 아이들을 구출하는 중요한 계기가 된다. 「헨젤과 그레텔」에서 남매의 구출 계기가 아이들 스스로의 용기와 지혜에서 나왔던 것과는 결정적으로 차이가 있는 대목이다. 이에 따라 〈현철이와 옥주〉는 아이들이 귀가하여 단란했던 가정이 다시 회복되고, 아이들도 가정의 울타리에서 안전하게 보호받으면서 부모의 말을 어기지 않는 착한 아이들이 된다는 것으로 결말을 맺게 된다. 이러한 서사적 변용은 근대적 핵가족의 이념을 아름답게 그리고자 하는 욕망이 아이들의 자립적 성장을 보여주는 서사에 대한 지향보다 강했기 때문에 나타난 결과로 보인다.

또한 이 텍스트는 「헨젤과 그레텔」에 나타난 숲 속의 과자집과 같은 매력적인 소재는 그대로 활용하되, 한국적 정서에 맞도록 숲 속의 '식인 마귀할멈'을 '여우가 둔갑한 꼬부랑 할머니'로 그린다든가 아이들의 구원자로 '신선'을 등장시킨다든가 하는 고려를 보인다. 신선이 나타나 아이들을 구출함으로써 아이들이 직접 마귀할멈을 불타는 아궁이 속에 밀어 넣는 등의 잔인하고 자극적인 장면은 생략될 수 있었다. 〈현철이와 옥주〉는 서구의 옛이야기를 나름의 문화적 토양을 바탕으로 전유하는 방식을 보여주는 하나의 사례이다. 또한 핵가족을 중심으로 한 중상류 계층의 윤리 감각과 정서적 취향을 엿보게 하는 텍스트라고 할 수 있을 것이다.

(3) 새로 쓴 옛이야기 : 〈돌문이와 쌀분이〉

〈돌문이와 쌀분이〉는 외딴 섬에 버려진 남매가 부모를 찾아 바닷길을 헤매는 중에 이상한 섬에 도착하여 외눈박이 거인을 만나고 생명을 위협받기도 하지만 기지를 발휘하여 무사히 탈출하고 다시 부모를 만나 행복하게 살게 된다는 이야기이다. 이 동화에서 외눈박이 거인의 눈을 찔러 앞을 못 보게 한 뒤 거인을 속이기 위해 양가죽을 둘러쓰고 양의 목소리를 흉내 내어 외눈박이의 굴을 빠져나온다는 모티프는 『오딧세이』 중의 한 장면, 오디세우스 일행이 외눈박이 거인 폴뤼페모스로부터 탈출하는 모티프를 활용한 것으로 보인다. 그러나 이 모티프는 〈돌문이와 쌀분이〉에서는 영웅의 이야기가 아닌 버려진 어린 남매의 모험과 귀환이라는 서사에 귀속된다. 그리하여 〈돌문이와 쌀분이〉는 버려진 아이들이 집 밖의 세계에서 모험과 고난을 겪고 이를 해결하는 과정을 통해 성장하여 다시 돌아온다는 전형적인 아동 서사의 플롯을 갖게 되었다. 인명이나 소재, 모티프의 변환이 아닌 전체적인 플롯이 아동 서사로 전환되었다는 점을 고려하여 새로 쓰기로 분류하였다.

〈돌문이와 쌀분이〉는 하나의 작품이 잡지, 음반, 신문 등 다양한 매체에 수용되는 양상을 보여준다는 점에서 흥미롭다. 앞서 언급한 것처럼 〈돌문이와 쌀분이〉는 유성기 음반으로 취입되기 전에 이미 잡지에 발표된 바 있다. 또 유성기 음반 취입 이후에도 다시 신문에 연재되기도 했다. 이를 정리해 보면 다음과 같다.

〈김복진의 동화 「돌문이와 쌀분이」의 매체 전환 경로〉

	잡지	유성기 음반	신문
매체	『신가정』 1권 12호	콜럼비아사 '리갈' 음반 RegalC314-A · B	『만선일보』
시기	1933.12	1936.1.20	1940.7.25~27, 1940.7.30
비고	'오딧세이'의 모티프 중 일부를 차용하여 '새로쓰기' 한 텍스트	잡지본 텍스트를 전체적으로 축약하고 일부분은 삭제 및 수정	4회 연재. 잡지본 텍스트와 동일[39]

특히 이 글에서 관심을 갖는 것은 잡지본 텍스트가 유성기 음반본으로 변용되는 양상이다. 유성기 구연동화 〈돌문이와 쌀분이〉는 잡지본 「돌문이와 쌀분이」가 발표된 후 약 2년 후에 취입되었다. 유성기 음반본은 잡지본 「돌문이와 쌀분이」를 저본으로 삼은 것으로 판단되는데 잡지본을 전체적으로 조금씩 축약한 형태를 띠고 있다. 이는 무엇보다 유성기 음반에 담을 수 있는 분량의 한계 때문인 것으로 생각된다.

그런데 이 과정에서 몇몇 특정한 부분은 축약되는 것이 아니라 아예 생략되어 버리기도 했다. 두 문장 이상 연속적으로 삭제된 부분은 첫째, 서두에서 배경과 인물의 성격을 제시하는 부분 둘째, 새로 들어온 어머니에게 돌문이와 쌀분이가 구박받고 서러워하는 장면 셋째, 외눈박이 괴물이 아이들을 굴에 가두고 매일 굴 속의 양을 하나씩 잡아먹는 장면 등이다. 물론 이 또한 일차적으로는 유성기 음반의 매체적 제약에서 원인을 찾을 수 있을 것이다. 그러나 새어머니가 아이들을 구박하는 장면이 생략된 것은, '마음이 고약한 계모' 등의 구절을 유성기 음반본에서는 일괄적으로 '새어머니'로 바꾸어 부정적 표현을 억제했던 것과 연관해서 생각해 볼 때, 가족 내의 갈등을 약화시키고자 하는 의도가 반영된 것으로 추측해 볼 수 있다.

39) 신문본 텍스트는 잡지본 텍스트에서 표기법 정도만 부분적으로 바뀌었을 뿐이어서 동일한 것으로 보아도 무방하다. 다만 3회에서 일부분이 삭제되었는데 이는 지면의 분량 때문이거나 편집상의 실수로 보인다.

새로 들어온 어머니는 말할수없이 마음이 고약하여서 돌문이와 쌀분이를 죄도 없는데 날마다 따리며 구박을합니다.

그럴때마다 돌문이와 쌀분이는 굴뚝모퉁이로 돌아가서 맞은자리를 만지며 「오빠 이렇게 아프게 매만 맞으니 어떻게 하나」하고 엉엉울면 돌문이는 「쌀분아 많이 아프지? 참고서 울음을 뚝 그쳐라」하고 달랩니다.

—김복진, 「돌문이와 쌀분이」, 『신가정』 1권 12호, 1933.2

〈돌문이와 쌀분이〉는 〈현철이와 옥주〉와는 달리 부모–자식 간의 관계가 친부모, 친자식으로 설정되어 있지 않았다. 〈돌문이와 쌀분이〉에서 새어머니는 옛이야기에 흔히 등장하는 악인으로서 경제적인 어려움을 이유로 아버지에게 자식들을 버릴 것을 종용했다. 대부분의 옛이야기에서는 이런 경우 아이들이 집으로 다시 귀환하게 되면 나쁜 새어머니(마녀)는 벌을 받거나 죽게 된다. 이는 옛이야기가 권선징악의 보편적 윤리 감각에 의존하여 플롯의 인과성을 획득하는 전형적인 방법이다. 그러나 〈돌문이와 쌀분이〉에서는 악인에 대해 아무런 조처가 설정되지 않았다. 아이들을 버린 부모는 단지 '후회'의 감정만을 표시하고 만다. 이에 따라 플롯의 인과성은 현저히 약화되고 말았다. 악인을 처벌하는 권선징악의 가치보다도 가족의 사랑을 다시 확인하고 이를 보존하는 것이 더 소중한 가치로 제시되고 있는 것이다.

그래서 돌문이허고 쌀문이는 엇더케도 조흔지 배를 내려가지고 손목을 붓잡고 뛰어서 그저 기뿐김에 아무 집이나 쑥 드러갓습니다 그랫드니 아 바루 그 집이 아버지와 새어머니가 이사와서 살고 잇는 집이엿습니다.

그래서 아버지와 새어머니도 애들이 고생한 애기를 죄다 드르시고는 잘못햇다고 후회를 하시고 그 집에서 더 재미잇게 잘 살드랍니다.

—김복진, 〈돌문이와 쌀분이〉(RegalC314-A · B), 콜럼비아 축음기 주식회사, 1936.1.20[40)]

40) 인용문의 텍스트는 최동현 · 임명진 편 『유성기 음반 가사집 5』(민속원, 2003)의 가사지를 이용했다. 구연 녹음 자료의 텍스트와 가사지의 텍스트는 거의 일치한다. 다만 몇 어절에서 사소한 차이가 나타나는데 이에 대해서는 오새내가 정리한 바 있다.(오새

중심 모티프는 달라졌을지라도 〈놀문이와 쌀분이〉를 통해서도 앞에서 살핀 〈현칠이와 옥주〉와 비슷한 패턴화, 혹은 표준화를 읽을 수 있다. 이는 옛이야기가 보여주는 보편적인 패턴과는 또 다른 차원의 것으로, 근대 가족의 이상과 아동 보육의 이데올로기가 텍스트 전반에 강하게 작동하여 나타난 결과로 보인다. 보육학교 출신이며, 아동의 심리와 아동문학에 대해 전문적인 이해를 가지고 있다고 자타가 공인한 한 지식인 여성의 동화적 글쓰기의 방식을 통해 옛이야기의 보편성을 '전유'하고자 했던 인식과 실천의 반복적인 패턴을 읽어 볼 수 있다.

김복진의 구연동화 음반은 식민지 시기의 일상생활 속에서 근대 매체와 문화 상품이 대중적 취향의 형성과 분화에 어떠한 방식으로 연관되었는가를 살피는 데에 유용한 사례가 된다. 또한 아동문학 텍스트의 다양한 매체적 수용 양상을 확인할 수 있다는 점에도 주목을 요한다. 식민지 시기에 동화는 근대 인쇄 매체를 기반으로 형성되었으면서도 낭독이나 구연 등의 청문예적 향유 방식을 강하게 유지하고 있었다. 유성기 구연동화는 그간 인쇄매체를 중심으로만 논의되었던 '동화적 글쓰기'에 대한 논의를 확장시켜준다는 점에서도 의미가 적지 않다. 지금까지의 논의를 정리해 보면 다음과 같다.

첫째, 1930년대에 접어들면서 유성기는 핵가족을 중심으로 한 신가정에 대한 이상과 천진하고 순수한 아동의 표상과 연동되면서 건전하고 명랑한 가족 오락의 매체로서 자리 잡아 나갔다. 특히 유성기의 대중적 사용이 퇴폐적 유행가나 저속한 만담류 등을 통해 저급한 '거리의 유행문화'를 만들어 나간다는 사회 비판적 담론이 팽배해질수록, 깨끗하고 천진한 아동의 마음(동심)을 지켜주는 동요, 동화 등의 유성기 음반 취입은 도덕적 명분과 문화적 실천의 동력을 확보할 수 있었다. 그러나 당

내, 앞의 글, 134~136면)

시의 경제 문화적 여건으로 미루어 볼 때, 아동용 음반의 실제 수요는 그리 크지 않았을 것으로 보이며, 유성기 음반 제작자들은 주로 중상류층을 대상으로 아동용 음반의 판로를 조심스럽게 타진해 나갔으리라고 판단된다.

둘째, 이와 같은 상황을 고려해 볼 때, 고등교육을 받은 신여성이며, 아동 보육 전문가이자 연극배우로서 동화회나 라디오 등에서 동화구연가로 활약했던 김복진은 유성기 구연동화를 취입하기에 여러모로 적임자였다고 할 수 있다. 김복진은 실제로 동화를 창작한 경력이 있으며, 〈야옹, ᄭᅩᄭᅩ댁, 찍, 멍멍〉, 〈돌문이와 쌀분이〉처럼 자신이 신문이나 잡지에 발표했던 작품을 각색하여 유성기 구연동화로 취입하기도 했다. 이러한 텍스트들의 비교 · 검토를 통해, 동화는 인쇄매체로 발표되는 경우에도 구술적 특성을 강하게 띠고 있었으며, 유성기 음반과 같은 음향매체를 통해 구술성이 복원되는 경우라고 하더라도 인쇄매체 텍스트에 의존하는 '2차적 구술성'을 갖는다는 점을 확인하였다. 이는 앞으로 근대적 매체 환경과 관련하여 '동화적 글쓰기'의 문제를 연구하는 데에 시사해 주는 바가 적지 않을 것으로 생각된다.

셋째, 김복진의 10편의 유성기 구연동화는 대부분 구연하기에 좋은 동서양의 옛이야기를 재구성한 것으로, 조선, 인도, 유럽의 설화, 독일 그림 형제의 메르헨, 호머의 「오딧세이」 등이 바탕이 되었다. 특히 독일 그림 형제의 메르헨은 5편이나 된다. 이처럼 서구의 옛이야기가 월등히 많이 선택되었다는 것은 아동 교육과 아동문학의 전문화, 취향의 고급화 등에 의한 문화적 구별 짓기가 서구적인 것의 이미지를 경유하여 가능했음을 시사해 주는 것이라고 볼 수 있다.

넷째, 김복진의 유성기 구연동화의 각색은 옛이야기가 갖는 보편적 패턴을 바탕에 두면서도 핵가족의 이상적인 이미지와 순진하고 천진한 아동의 표상을 반영시킴으로써 중상류 지식 계층의 윤리적 감각과 미적 취향을 교섭시키는 방향에서 이루어졌다. 유성기 구연동화는 근대

문명의 이기를 사적으로 소유하고자 하는 욕망, 과학적이고 합리적인 교육 방식을 추구한다는 믿음, 단란한 핵가족의 이상과 천진하고 순진한 아동의 표상, 아동의 심리와 아동문학에 대한 전문적인 지식 등이 서로 연동되면서 건전한 가정 및 아동 취미의 모델을 창출하여 대중문화의 분화를 시도했던 하나의 장면을 보여준다고 할 수 있다.

1. 기본 자료

1) 잡지

『서우』, 『소년』(신문관), 『붉은 저고리』, 『아이들 보이』, 『새별』, 『청춘』, 『학지광』, 『신청년』, 『창조』, 『개벽』, 『천도교회월보』, 『동명』, 『백조』, 『금성』, 『폐허』, 『어린이』, 『신소년』, 『아희생활(아이생활)』, 『별건곤』, 『신여성』

2) 신문

『대한매일신보』, 『동아일보』, 『조선일보』, 『시대일보』, 『중외일보』, 『조선중앙일보』, 『중앙일보』

3) 단행본

Louis De La Ramee, 최남선 역, 『불샹흔 동무』, 신문관, 1912.

朝鮮總督府 편, 『朝鮮童話集』, 大阪屋號書店, 1924.

嚴弼鎭, 『朝鮮童謠集』, 彰文社, 1924.

中村亮平, 『朝鮮童話集』, 副山房, 1926.

沈宜麟, 『朝鮮童話大集』, 漢城圖書, 1926.

케이터(Cather, Katherine Dunlap), 『童話硏究法』, 彼得(Pieters, Alexander A) 역, 조선주일학교연합회, 1927.

탐손, 강병주 필기, 『신선동화법』, 한성도서주식회사, 1934.

4) 전집 · 자료집 · 사전류

『소파전집』 상 · 하, 박문서관, 1940.

조선아동문화협회 편, 『소파동화독본』, 을유문화사, 1946.

『이광수 전집』, 삼중당, 1962.

이재철, 『세계아동문학사전』, 계몽사, 1989.

『한국신문사설선집』, 방일영 문화재단, 1995.

한국정신문화연구원 편, 『한국 유성기 음반 총목록』, 민속원, 1998.

고미숙 · 강명관 편, 『근대계몽기 시가 자료집』, 대동문화연구원, 2000.

민족문학사연구소 편역, 『근대계몽기의 학술 · 문예사상』, 소명출판, 2000.

『육당 최남선 전집』, 역락, 2003.

최동현 · 임명진, 『유성기 음반 가사집 5－리갈(Regal) · 콜럼비아(Columbia)』, 민속원, 2003.

권혁래 역저, 『조선동화집』(조선총독부, 大阪號書店, 1924), 집문당, 2003.
이향지 편, 『윤극영 전집』, 현대문학, 2004.
단국대 동양학연구소 편, 『일상생활과 근대 음성매체－유성기・라디오』, 민속원, 2007.
____________________, 『구비문학 관련 자료집』, 민속원, 2007.

4) 음반

김복진, 〈콜럼비아 유성기 원반(11)－동화를 얘기해주는 여자, 김복진〉, LG미디어, 1996.

2. 국내 논저

강재철, 「설화문학에 나타난 권선징악의 지속과 변용의 의의와 전망－민담 「도깨비 방망이 설화」를 중심으로」, 『개화기에서 일제강점기까지 한국 문화전통의 지속과 변용Ⅲ』(단국대 동양학연구소 중점연구소 연구과제 학술세미나 발표문집), 2008.7.
건국대 동화와번역연구소 편, 『동화와 설화』, 새미, 2003.
계명대 철학연구소 편, 『인간과 자연』, 서광사, 1995.
고미숙, 「근대계몽기, 그 생성과 변이의 공간에 대한 몇 가지 단상」, 『민족문학사연구』 14호, 1999.
______, 「계몽시가를 통해 본 근대적 시간표상의 몇 국면」, 『민족문학사연구』 22호, 2003.
고영근, 『한국어문운동과 근대화』, 탑출판사, 1998.
______, 「개화기의 한국 어문운동」, 『관악어문연구』 25집, 2000.12.
고은지, 「계몽가사의 문학적 형상화 방식과 그 의미」, 고려대 박사논문, 2004.
고형진, 「윤동주의 동시 연구」, 『어문학연구』 5호, 1997.
곽춘옥, 「연행의 관점에서 본 동화구연」, 『청람어문교육』 25호, 2002.
곽춘옥・권혁준・신헌재, 『아동문학과 교육』, 박이정, 2007.
구인환・김은전・이상익, 『아동문학』, 서울대 출판부, 1973.
구자황, 「'독본'을 통해 본 근대적 텍스트의 형성과 변화」, 『상허학보』 13집, 2004.
권보드래, 『한국 근대소설의 기원』, 소명출판, 2000.
________, 「연애의 형성과 독서」, 『역사문제연구』 7호, 2002.
권복연, 「근대 아동문학 형성과정 연구」, 연세대 석사논문, 1999.
권순긍, 『활자본 고소설의 편폭과 지향』, 보고사, 2000.
김경수, 「어린이의 시간과 공간－순응인가, 아니면 생성적 변화인가?」, 『문화과학』 21호, 2000 봄.
김경연, 「독일 '아동 및 청소년 문학' 연구」, 서울대 박사논문, 1999.
김동식, 「한국의 근대적 문학 개념 형성과정 연구」, 서울대 박사논문, 1999.
김병문, 「말과 글에 대한 담론의 근대적 전환에 관한 연구」, 연세대 석사논문, 2000.

김병선, 『창가와 신시의 형성 연구』, 소명출판, 2007.
김상욱, 『숲에서 어린이에게 길을 묻다』, 창작과비평사, 2002.
김선영, 「근대 동화 문체 형성과정 연구」, 연세대 석사논문, 2004.
김성기 편, 『모더니티란 무엇인가』, 민음사, 1994.
김성연, 「한국 근대 문학과 동정의 계보」, 연세대 석사논문, 2002.
김세완, 「개화기 창가 연구」, 이화여대 석사논문, 1995.
김수용, 『예술의 자율성과 부정의 미학』, 연세대 출판부, 1998.
김영민, 『한국근대소설사』, 솔, 1997.
______, 『한국 근대소설의 형성과정』, 소명출판, 2005.
김영우, 『한국초등교육사』, 한국교육사학회, 1999.
김예란, 「변신의 기호, 그 이중성과 잠재성」, 『당대비평』 25호, 2004.
김옥란, 「근대 여성 주체로서의 여학생과 독서 체험」, 『상허학보』 13호, 2004.
김완진 · 안병희 · 이병근, 『국어연구의 발자취』(1), 서울대 출판부, 1985.
김용의, 「한국과 일본의 「혹부리 영감」譚」, 『일본어문학』 6호, 1999.
김우창, 「감각, 이성, 정신」, 『한국문학이란 무엇인가』, 민음사, 1995.
김윤식, 『이광수와 그의 시대 1』(개정 · 증보), 솔, 1999.
김은천, 「'어린이'지 게재 전래동화 연구」, 홍익대 석사논문, 2002.
김은희, 「대가족 속의 아이들－일제시대 중상류층의 아동기」, 『가족과 문화』 19집 3호, 2007.
김이구, 「아동문학을 보는 시각」, 『아침햇살』 가을호, 1998.
김인환, 『언어학과 문학』, 고려대 출판부, 1999.
______, 『기억의 계단』, 민음사, 2001.
김자연, 『아동문학 이해와 창작의 실제』, 청동거울, 2003.
______, 『한국 동화문학 연구』, 서문당, 2000.
김재관, 「기술복제시대와 소리의 에크리튀르」, 『한국 문화전통의 자료와 해석』, 단국대 출판부, 2007.
김정의, 『한국소년운동사』, 민족문화사, 1992.
______, 『한국의 소년운동』, 혜안, 1999.
______, 『한국소년운동론』, 혜안, 2006.
김제곤, 「우리 동시가 걸어온 길」, 『아동문학의 현실과 꿈』, 창작과비평사, 2003.
김종대, 「「혹부리영감譚」의 형성과정에 대한 시고」, 『우리어문연구』 20호, 2006.
김종엽, 「동화와 민족주의: 19세기 후반 이탈리아 민족국가 형성기의 학교 동화 '쿠오레'의 경우」, 『사회와 역사』 52집, 문학과지성사, 1997.
김종철, 「근대 초기의 독서론」, 『독서연구』 10호, 2003.
김준오, 「문학사와 장르 변화」, 『문학사와 장르』, 문학과지성사, 2000.
김지영, 「근대문학 형성기 '연애' 표상 연구」, 고려대 박사논문, 2004.

김진수, 『우리는 왜 지금 낭만주의를 이야기하는가』, 책세상, 2001.
김찬기, 「근대계몽기 전(傳)에 관한 연구」, 고려대 박사논문, 2003.
김채수 편저, 『한국과 일본의 근대언문일치체 형성과정』, 보고사, 2002.
김행숙, 「1920년대 동인지 문학의 근대성 연구」, 고려대 박사논문, 2002.
김현정, 「중국현대아동문학 형성과정 연구」, 연세대 석사논문, 2000.
김현주, 「식민지 시대와 '문명' · '문화'의 이념」, 『민족문학사연구』 20호, 2002.
______, 「이광수의 문화 이념 연구」, 연세대 박사논문, 2002.
______, 『이광수와 문화적 기획』, 태학사, 2005.
김현철, 「일제기 청소년 문제에 대한 연구」, 연세대 박사논문, 1999.
김현희 · 홍순정, 『아동문학』, 한국방송통신대, 1993.
김형목, 「1910년대 동화정책과 사립경성유치원」, 『한국 근 · 현대 민족운동의 재인식』, 국학자료원, 2001.
김혜경, 『식민지하 근대가족의 형성과 젠더』, 창비, 2006.
김혜경, 「일제하 '어린이기'의 형성과 가족변화에 관한 연구」, 이화여대 박사논문, 1998.
김화선, 「한국 근대 아동문학의 형성과정 연구」, 충남대 박사논문, 2001.
김화선 · 안미영, 「1920년대 서구 전래동화의 번역과 번역 주체의 욕망」, 『어문연구』 53집, 2007.
김환희, 「뒤엉킨 용어의 실타래」, 『옛이야기의 발견』, 우리교육, 2007.
노제운, 「한국 전래동화의 심층 의미 분석」, 고려대 박사논문, 2003.
류덕희 · 고성휘, 『한국동요발달사』, 한성음악출판사, 1995.
류점숙, 『전통사회의 아동교육』, 중문출판사, 1994.
류준필, 「'문명' · '문화' 관념의 형성과 '국문학'의 발생」, 『민족문학사연구』 18호, 2001.
______, 「근대 계몽기 신문 및 소설의 구어 재현 방식과 그 성격」, 『대동문화연구』 44집, 2003.
문학사와비평연구회 편, 『한국문학과 계몽 담론』, 새미, 1999.
문학사와비평학회 편, 『김동인 문학의 재조명』, 새미, 2001.
문혜윤, 『문학어의 근대』, 소명출판, 2008.
민윤식, 『소파 방정환 평전—청년아, 너희가 시대를 아느냐』, 중앙M&B, 2003.
박민수, 『아동문학의 시학』, 양서원, 1993.
박성진, 『사회진화론과 식민지사회사상』, 선인, 2003.
박세영, 「조선 아동문학의 현상과 금후 향방」, 『건설기의 조선문학』, 조선문학가동맹, 1946.
박숙경, 「한국 근대 창작동화 형성과정 연구」, 인하대 석사논문, 1999.
______, 「일본 아동문학의 장르와 그 특질」, 『어린이문학 용어 짚어보기』(보림출판사 창사 30주년 기념 세미나 자료집), 보림, 2006.
박영기, 「한국 근대 아동문학교육의 형성과 전개과정 연구」, 한국외대 박사논문, 2008.

박영준 외, 『우리말의 수수께끼』, 김영사, 2004.
박정선, 「『소년』지 시와 새로움의 의식」, 고려대 석사논문, 1999.
박정우, 「일제하 언어민족주의」, 서울대 석사논문, 2001.
박지영, 「『신여성』지의 '독자투고'문을 통해서 본 '여성적 글쓰기'의 형성과정」, 『여성문학연구』 12호, 2004.
박찬승, 『한국 근대 정치사상사연구』, 역사비평사, 1992.
박헌호, 「한국 근대 소설사 연구에서 '양식'의 문제」, 『국어국문학』 132호, 2002.
박현수, 「산드룡, 재투성이王妃, 그리고 신데렐라—한국 근대 번역동화의 정전 형성과 그 의미」, 『상허학보』 16집, 2006.
박혜숙, 「서양동화의 유입과 1920년대 한국 동화의 성립」, 『어문교육』 33호, 2005.
박화목, 『아동문학개론』, 민문고, 1989.
박희병, 「조선후기 '전'의 소설적 성향 연구」, 서울대 박사논문, 1991.
박희옥, 「1920~1930년대 한국 아동극 연구」, 울산대 석사논문, 1998.
방효순, 「일제시대 민간 서적 발행 활동의 구조적 특성에 관한 연구」, 이화여대 박사논문, 2001.
배수찬, 「고전 국문소설의 서술 원리 연구—낭독이 서술에 미친 영향을 중심으로」, 서울대 석사논문, 2001.
배연형, 「콜럼비아(Columbia) 레코드의 한국음반 연구(2)」, 『한국음반학』 6호, 1995.
______, 「한국 유성기 음반 총목록 해제」, 『한국 유성기 음반 총목록』, 민속원, 1998.
배정상, 「『독립신문』의 '독자투고'와 '서사적 논설' 연구」, 『현대문학의 연구』 25호, 2005.
백명순, 「문학 담론의 변천을 통해 본 어린이기와 교육」, 고려대 석사논문, 2000.
백영서, 『중국 현대 대학 문화 연구』, 일조각, 1994.
백　철, 「아동문학의 문제점」, 『아동문학』 5호, 1963.6.
상허학회 편, 『1920년대 동인지 문학과 근대성 연구』, 깊은샘, 2000.
__________, 『1920년대 문학의 재인식』, 깊은샘, 2001.
서동욱, 『차이와 타자』, 문학과지성사, 2000.
서정수, 『존대법의 연구』, 한신문화사, 1984.
서정오, 『옛이야기 들려주기』, 보리, 1995.
석용원, 『아동문학원론』(증보판), 동아출판사, 1992.
손유경, 「1920년대 문학과 동정(sympathy)」, 『한국현대문학연구』 16호, 2004.
손정수, 「한국 근대 초기 소설 텍스트의 자율화 과정 연구」, 서울대 박사논문, 2001.
손진태, 『한국민족설화의 연구』, 을유문화사, 1947.
송　민, 「개화기 국어에 나타나는 신문명 어휘」, 『어문학논총』 19호, 2000.
송　영, 「해방 전의 조선 아동문학—카프 시기 아동문학을 중심하여」, 『조선문학』, 1956.8.
스즈키 사다미[鈴木貞美], 「일본 근대에 있어서의 언어의식」, 『일본문화연구』 7집, 2002.

신현득, 「한국 근대아동문학 형성과정 연구」, 『국문학논총』 17호, 2000,12.
심명숙, 「한국 근대 아동문학론 연구」, 인하대 석사논문, 2002.
심재기, 「국한문혼용의 타당성에 관한 연구」, 『관악어문연구』 23호, 1998.12.
안경식, 『소파 방정환의 아동교육운동과 사상』(개정 증보판), 학지사, 1999.
______, 『한국 전통 아동교육 사상』, 학지사, 2000.
어효선, 「잡지 '붉은 저고리'와 육당」, 『사상계』, 1967.1.
______, 「韓國兒童誌 60年」, 『세대』, 1968.3.
연성흠, 「동화구연방법 그 이론과 실제(1~18)」, 『중외일보』, 1929.7.15~1929.11.6.
염희경, 「방정환과 어린이운동－천도교 소년회를 중심으로」, 『동화읽는 어른』, 1994.4.
______, 「소파 방정환과 사회주의」, 『아침햇살』 22호, 2000년 여름.
______, 「한국 근대아동문단 형성의 '제도'－『어린이』를 중심으로」, 『동화와 번역』 11집, 2006.6.
______, 「민족주의의 내면화와 '전래동화'의 모델 찾기(2)」, 『한국학연구』 16집, 2007.5.
______, 「'네이션'을 상상한 번역으로서의 동화－방정환의 『사랑의 선물』에 대하여(1)」, 『동화와 번역』 13집, 2007.6.
______, 「소파 방정환 연구」, 인하대 박사논문, 2007.
오새내, 「20세기 초 서울말 모음 음운현상에 반영된 계층적 지표－1930년대 김복진의 동화구연 유성기 자료의 분석」, 『국어문학』 40호, 2005.
오성철, 『식민지 초등 교육의 형성』, 교육과학사, 2000.
오세란, 「『어린이』지 번역동화 연구」, 충남대 석사논문, 2007.
오영섭, 「조선광문회 연구」, 『한국사학사학보』 3호, 2001.3.
오오타케 키요미[大竹聖美], 「두 사람의 소파(小派)－이와야 사자나미(嚴谷小派)와 方定煥」, 『아동문학평론』 93호, 2001 봄.
______________________, 「근대 한일 아동문화교육 관계사 연구(1895~1945)」, 연세대 박사논문, 2002.
오탁번 · 이남호, 『서사문학의 이해』, 고려대 출판부, 1999.
원종찬, 『아동문학과 비평정신』, 창작과비평사, 2001.
______, 『동화와 어린이』, 창작과비평사, 2004.
______, 「잘못된 아동문학사 연표」, 『아동청소년문학연구』 2호, 2008.
______, 「한국 아동문학 형성과정 연구－『소년(1908)에서 『어린이』(1923)까지」, 『동북아문화연구』 15집, 2008.
유안진, 『한국 전통사회의 유아교육』, 서울대 출판부, 1990.
윤금선, 「1920~30년대 독서 운동 연구」, 『한말연구』 17호, 2005.
윤석달, 「근대민요에 나타난 민중의 현실인식」, 『어문논집』 24 · 25호, 1985.
윤석중, 『어린이와 한평생』, 범양사출판부, 1985.
윤석중, 『한국아동문학소사』, 대한교육연합회, 1961.

______, 『어린이와 한평생』, 범양사출판부, 1985.
윤여탁 외, 『국어교육 100년사』(Ⅰ), 서울대 출판부, 2006.
이경하, 「『제국신문』 여성독자투고에 나타난 근대계몽담론」, 『한국고전여성문학연구』 8호, 2004.
이경훈, 「청년과 민족－『학지광』을 중심으로」, 『대동문화연구』 44집, 2003.
이광호, 『위반의 시학』, 문학과지성사, 1993.
______, 『미적 근대성과 한국문학사』, 민음사, 2001.
이기문, 「어린이(어원탐구1)」, 『새국어생활』, 국립국어연구원, 1997 여름.
이기훈, 「독서의 근대, 근대의 독서－1920년대의 책읽기」, 『역사문제연구』 7호, 2001.
______, 「1920년대 '어린이'의 형성과 동화」, 『역사문제연구』 8호, 2002.
이남호, 「전자시대의 문화와 독서」, 『문학교육학』 10호, 2002.12.
______, 「내면성의 빈곤」, 『문자제국 쇠망약사』, 생각의나무, 2004.
______, 「맥루한과의 불편한 대화」, 『매체·역사·근대성』, 나남출판, 2004.
이병한, 「이지의 문학론－'동심설'을 중심으로」, 『중국학보』 27호, 1987.
이병헌, 『한국 현대비평의 문체』, 고려대 민족문화연구원, 2001.
이상금, 『해방전 한국의 유치원』, 양서원, 1995.
______, 『소파 방정환의 생애－사랑의 선물』, 한림출판사, 2005.
이상길, 「유성기의 활용과 사적 영역의 형성」, 『언론과 사회』 62호, 2001.
이상우, 「양계초의 취미론－생활의 예술화를 위하여」, 『미학』 37호, 2004.3.
이상철, 『신문의 역사』, 커뮤니케이션북스, 1999.
이상현, 『아동문학강의』, 일지사, 1987.
이연복, 「천도교 청년당과 신문화운동」, 『최수운 연구』, 한국사상연구소, 1974.
이오덕, 『시정신과 유희정신』, 창작과비평사, 1977.
이원수, 『이원수 아동문학전집 28권－아동문학 입문』, 웅진출판, 1984.
이응호, 『개화기의 한글 운동사』, 성청사, 1975.
이재복, 『우리 동화 이야기』, 우리교육, 2004.
______, 『우리 동요 동시 이야기』, 우리교육, 2004.
이재철, 「한국 아동문학사의 시대구분 시고」, 『대구교육대 논문집』 1호, 1965.
______, 「소파 방정환 연보고」, 『어문학』 27호, 1972.
______, 『한국현대아동문학사』, 일지사, 1978.
______, 「아동잡지 '어린이' 연구」, 『단국대 논문집』 16호, 1982.7.
______, 『아동문학개론』, 서문당, 1983.
______, 「한일 아동문학의 비교연구(1)」, 『한국아동문학연구』 1호, 1990.
______, 「아동문화의 개화와 아동문학의 씨를 뿌린 선구자」, 『한국현대아동문학 작가작품론』, 집문당, 1997.
이정식, 「표상과 의미」, 『한국어 의미학』 2호, 1998.

이정현, 「방정환의 동화론 「새로 開拓되는 童話에 關하야」에 대한 고찰－일본 타이쇼시대 동화이론과의 영향 관계」, 『아동청소년문학연구』 3호, 2008.12.
이정호, 「中, 保, 同窓會 主催 童話大會 雜感－동창회, 연사, 심판제씨에게(1~9)」, 『조선중앙일보』, 1934.3.9~1934.3.21.
이종국, 『한국의 교과서』, 대한교과서주식회사, 1991.
이주영, 「신문관 간행 '六錢小說' 연구」, 『고전문학연구』 11호, 1996.
______, 『구활자본 고전소설 연구』, 월인, 1998.
이지호, 「연행을 통한 아동의 문학 향유」, 『문학교육학』 8호, 2001.
______, 「시 · 동시 · 어린이시」, 『문학교육학』 12호, 2003.
______, 『옛이야기와 어린이문학』, 집문당, 2006.
이진경, 『근대적 시 · 공간의 탄생』, 푸른숲, 1997.
______, 『철학의 외부』, 그린비, 2002.
이태화, 「신문관 간행 판소리계 소설의 개작 양상」, 고려대 석사논문, 2003.
이현식, 「문학의 자율성, 주체의 발견, 근대라는 미망」, 『문학과 사회』, 1998 가을.
인권환, 「『개벽』지의 문학사적 고찰」, 『최수운 연구』, 한국사상연구회, 1974.
임성규, 『초등문학교육의 담론과 아동문학의 지평』, 한국문화사, 2008.
임지룡, 『국어 의미론』, 탑출판사, 1992.
임형택, 「18 · 9세기 '이야기꾼'과 소설의 발달」, 『한국학논집』 2호, 1980.
장유정, 『오빠는 풍각쟁이야』, 민음in, 2006.
장효현, 「근대전환기 고전소설 수용의 역사성－활자본 고전소설 연구 서설」, 『근대전환기의 언어와 문학』, 고려대 민족문화연구소, 1991.
전명희, 「한국 근대 소년소설 연구」, 영남대 박사논문, 1998.
전미경, 「개화기 '청년'과 부모자녀관계에 관한 연구」, 『한국가족관계학회지』 7권 2호, 2002.
______, 「1920~30년대 가정탐방기를 통해 본 신가정」, 『가족과 문화』 19집 4호, 2007.
전복희, 『사회진화론과 국가사상』, 한울아카데미, 1996.
전원범, 「한국 전래동요 연구－내용분류를 중심으로」, 세종대 박사논문, 1992.
정선혜, 『한국 아동문학을 위한 탐색』, 청동거울, 2000.
정인섭, 『색동회 어린이 운동사』, 학원사, 1975.
정혜원, 「1910년대 아동문학 연구－아동 매체를 중심으로」, 성신여대 박사논문, 2008.
조명렬, 「동심의 표현과 동심문학」, 『한국불교학』 5호, 1980.
조연현, 『한국현대문학사』, 인간사, 1968.
조용만, 『육당 최남선』, 삼중당, 1964.
조은숙, 「근대계몽담론과 '소년'의 표상」, 『어문논집』 46호, 2002.10.
______, 「1910년대 아동신문 '붉은 져고리' 연구」, 『근대문학연구』 8호, 2003.10.
______, 「'동화'라는 개척지」, 『어문논집』 50호, 2004.10.

______, 「한국 아동문학의 형성과정 연구」, 고려대 박사논문, 2005.
______, 「식민지 시기 '동화회(童話會)' 연구—공동체적 독서에서 독서의 공동체로」, 『민족문화연구』 45호, 2006.12.
______, 「'아동의 발견'이라는 화두와 아동문학 연구의 새로운 지형」, 『아동청소년문학연구』 1호, 2007.12.
______, 「유성기에 담긴 옛이야기—1930년대 김복진의 구연동화 음반을 중심으로」, 『민족문화연구』 49호, 2008.12.
조지훈, 「동화의 위치—문학 형태 발달과정에서 본 동화와 소설」, 『아동문학』 2호, 1962.11.
조풍연, 「소파 방정환의 추억」, 『신인간』 389호, 1981.
조형근, 「'어린이기'의 탄생과 근대적 가족 모델의 등장」, 『근대성의 경계를 찾아서』, 서울 사회과학 연구소, 새길, 1997.
차혜영, 「1920년대 한국소설의 형성과정 연구」, 한양대 박사논문, 2001.
천도교 청년당본부, 천도교청년당소사』, 1935.
천도교 청년회 중앙본부, 『천도교 청년회 80년사』, 글나무, 2000.
천정환, 「근대 초기의 대중문화와 청소년의 책읽기」, 『독서연구』 9호, 2003.
천정환, 『근대의 책읽기』, 푸른역사, 2003.
______, 「주체로서의 근대적 대중독자의 형성과 전개」, 『독서연구』 13호, 2005.
최기숙, 『어린이 이야기, 그 거세된 꿈』, 책세상, 2001.
______, 「'신대한 소년'과 '아이들 보이'의 문화생태학—『소년』과 『아이들보이』를 중심으로」, 『상허학보』 16호, 2006.
최남선, 「한국문단의 초창기를 말함」, 『현대문학』 1호, 1955.1.
최명표, 「문화 운동과 식민 담론의 상관관계」, 『한국언어문학회』 52호, 2004.
최배은, 「한국 근대 청소년소설의 형성 연구」, 숙명여대 석사논문, 2005.
최석희, 『그림동화의 꿈과 현실』, 대구가톨릭대 출판부, 2002.
최수일, 「1920년대 문학과 『개벽』의 위상」, 성균관대 박사논문, 2002.
______, 「『개벽』 유통망의 현황과 담당층」, 『대동문화연구』 49집, 2005.3.
최운식 · 김기창, 『전래동화 교육의 이론과 실제』, 집문당, 1998.
최유찬, 「장르사 기술의 현황과 문제점」, 『인문과학』 78집, 1997.12.
최인학, 「동화의 특질과 발달과정 연구」, 경희대 박사논문, 1967.
______, 『한국설화론』, 형설출판사, 1982.
최지훈, 『한국현대아동문학론』, 아동문예, 1991.
______, 『어린이를 위한 문학』, 비룡소, 2001.
토지문화재단 편, 『한국문학사 어떻게 쓸 것인가』, 2001.
한국역사민속학회 편, 『남창 손진태의 역사민속학 연구』, 민속원, 2003.
한국칸트학회 편, 『칸트와 미학』, 민음사, 1997.

한기형, 『한국 근대소설사의 시각』, 소명출판, 1999.
______, 「1910년대 문학상황과 잡지 '청춘'의 의미」, 『대동문화연구원 중점과제 학술발표회 자료집』, 2003.6.
______, 「최남선의 잡지 발간과 초기 근대문학의 재편」, 『대동문화연구』 45집, 2004.
한명숙, 「옛이야기 교육을 위한 용어 사용의 문제와 과제」, 『문학교육학』 25호, 2008.
한　연, 「한-중 동화문학 비교연구」, 전남대 박사논문, 2002.
홍일식, 『육당연구』, 일신사, 1959.
홍종선 외, 『현대 국어의 형성과 변천 3』, 박이정, 2000.
홍태한, 「이야기판의 현장성」, 『한국민속학보』 6호, 1995.
황종연, 「문학이라는 역어」, 『한국문학과 계몽 담론』, 새미, 1999.
______, 「낭만적 주체성의 소설」, 『김동인 문학의 재조명』, 문학사와비평학회, 2001.
황호덕, 「한국 근대에 있어서의 문학 개념의 기원(들)」, 『한국사상과 문화』 8호, 2000.

3. 번역 논저

가라타니 고진[柄谷行人], 박유하 역, 「아동의 발견」, 『일본 근대문학의 기원』, 민음사, 1997.
가와하라 카즈에[夏原和枝], 양미화 역, 『어린이관의 근대』, 소명출판, 2007.
강상중(姜尙中), 이경덕・임성모 역, 『오리엔탈리즘을 넘어서』, 이산, 1997.
나카무라 유지로[中村雄二郎], 양일모・고동호 역, 『공통감각론』, 민음사, 2003.
마에다 아이[前田愛], 유은경・이원희 역, 『일본 근대 독자의 성립』, 이룸, 2003.
스즈키 사다미[鈴木貞美], 김채수 역, 『일본의 문학개념』, 보고사, 2001.
야나부 아키라[柳父章], 서혜영 역, 『번역어 성립 사정』, 일빛, 2003.
요꼬스까 카오루[横須賀], 박숙경 역, 『동심주의와 아동문학』, 『창비 어린이』 5-6호, 2004.
요시미 슌야[吉見俊哉], 송태욱 역, 『소리의 자본주의: 전화, 라디오, 축음기의 사회사』, 이매진, 2005.
이효덕(李孝德), 박성관 역, 『표상공간의 근대』, 소명출판, 2002.
코모이 요이치[小森陽一], 정선태 역, 『일본어의 근대』, 소명출판, 2003.
하루오 시라네(Haruo Shirane)・스즈키 토미[鈴木登美] 편, 왕숙영 역, 『창조된 고전』, 소명출판, 2002.
혼다 마스코[本田和子], 구수진 역, 『20세기는 어린이를 어떻게 보았는가』, 한립토이북, 2002.

그림 형제(Grimm, Jacob & Grimm, Wilhelm), 김경연 역, 『그림동화(1~10)』, 한길사, 1995.
닐 포스트만(Postman, Neil), 임채정 역, 『사라지는 어린이』, 분도출판사, 1987.

마리아 니콜라예바(Nikolajeva, Maria), 김서정 역, 『용의 아이들』, 문학과지성사, 1998.
마샬 맥루한(Mcluhan, Herbert Marshall), 김성기 · 이한우 역, 『미디어의 이해』, 민음사, 2002.
________________, 임상원 역, 『구텐베르크 은하계』, 커뮤니케이션북스, 2005.
미셸 푸코(Foucalt, Michel), 홍성민 역, 『임상의학의 탄생』, 인간사랑, 1993.
__________, 오생근 역, 『감시와 처벌』, 나남출판, 1994.
__________, 이정우 역, 『담론의 질서』, 서강대 출판부, 1998.
__________, 이정우 역, 『지식의 고고학』, 민음사, 2000.
베네딕트 앤더슨(Anderson, Benedict), 윤형숙 역, 『상상의 공동체』, 나남출판, 2002.
알베르토 망구엘(Manguel, Alberto), 정명진 역, 『독서의 역사』, 세종서적, 2000.
엘리자베스 아이젠슈타인(Eisenstein, Elizabeth), 김영표 역, 『인쇄 출판 문화의 원류』, 법경출판사, 1991.
와그너(Wagner, Ellasue), 신복룡 역주, 『한국의 아동생활』, 집문당, 1999.
월터 옹(Ong, Walter J.), 이기우 · 임명진 역, 『구술문화와 문자문화』, 문예출판사, 1995.
잭 자이프스(Zipes, Jack), 김정아 역, 『동화의 정체』, 문학동네, 2008.
존 로 타운젠드(Townsend, John Rowe), 강무홍 역, 『어린이책의 역사 1~2』, 시공주니어, 1996.
지크프리트 J. 슈미츠(Schmidt, Siegfried Johannes), 박여성 역, 『구성주의 문학체계이론』, 책세상, 2004.
질 들뢰즈(Deleuze, Gilles), 권영숙 · 조형근 역, 『들뢰즈의 푸코』, 새길, 1995.
테오도르 아도르노(Adorno, Theodor), 홍승용 역, 『미학 이론』, 문학과지성사, 1984.
페리 노들만(Nodelman, Perry), 김서정 역, 『어린이 문학의 즐거움 1~2』, 시공주니어, 2001.
피에르 부르디외(Bourdieu, Pierre), 최종철 역, 『구별짓기 (상,하)』, 새물결, 2006.
______________, 하태환 역, 『예술의 규칙』, 동문선, 2002.
M. 로빈슨(Robinson, Michael), 김민환 역, 『일제하 문화적 민족주의』, 나남, 1990.
W. 타타르키비츠(Tatarkiewicz, Wladyslaw), 손효주 역, 『미학의 기본 개념사』, 미술문화, 1999.

4. 국외 논저

金永順, 「植民地時代の日韓兒童文學交流史研究」, 梅花女大 博士論文, 2006.
仲村修, 「方定煥研究序論: 東京時代を中心に」, 『青丘學術論集』 14, 1999.3.
日本兒童文學學會 編, 『兒童文學の思想史 社會史』, 東京書籍, 2003.
高木敏雄, 『童話の研究』, 婦人文庫刊行會, 1916.
秋田雨雀, 「芸術表現としての童話」, 『早稲田文學』, 1921.6.

小川未明,「私が童話を書く時の心持」,『早稲田文學』, 1921.6.
李姃炫,「方定煥の兒童文學における翻譯童話をめぐって－『オリニ』誌と『サランエソンムル(愛の贈り物)』を中心に」, 大阪大 博士論文, 2005.

Ariés, Philippe, *Centuries of Childhood*, trans by Robert Baldick, New York: Vitage Books, 1962.
De Mause, Lloyd ed., *The History of Childhood*, London: Souvenir Press, 1976.
Jackson, Stevi & Scott, Sue, *"Childhood", Social Divisions*, Geoff Payne ed., New York: St. Martin's Press, 2000.
Lukens, Rebecca, *A Critical Handbook of Children's Literature*, Addison Wesley Longman, Inc., 1999.
Mcgillis, Roderick, ed., *Voices of the Other : Children's Literature and the Postcolonial Context*, New York: Garland Publishing, Inc., 2000.
Postman, Neil, *"Children", Building a Bridge to the 18th Century*, New York: Alfred A. Knopf, 2000.